개정판

아동권리와 복지

Children's rights and welfare

아동권리와 복지

개정판

강경자 · 신태진 · 신효순
이규은 · 이은희 공저

dm 동문사

머리말

아동은 미래 우리 사회의 주역이 될 사람으로서 이들이 바르게 성장한다는 것은 우리 사회는 물론 세계 인류의 밝은 미래를 보장받을 수 있는 일이다. 따라서 아동의 안녕과 발전은 우리 모두의 관심사가 아닐 수 없으며 아동을 존중하고 인간다운 삶을 살아갈 수 있도록 양육하는 일은 오늘날 우리에게 주어진 중요한 책무이다.

하지만 우리 주변을 살펴보면 현실은 그렇지 못한 부분이 많다. 해마다 증가하는 아동학대, 아동을 대상으로 한 각종 성범죄와 엽기적인 사건들, 아동 유기와 아동 생명에 대한 경시현상 등은 많은 이들을 안타깝게 하고 있다. 이러한 결과는 우리 사회가 아동의 권리와 복지를 어떻게 이해하고 있고, 어떻게 받아들이고 있는지를 보여주는 단편적인 사례라 아니 할 수 없다.

아동복지는 아동들이 건강하고 안전하게 자라고 발전할 수 있도록 필수적인 환경을 제공함으로써 사회의 번영과 안정에 기여하기 위한 목적을 지니고 있고 그 수준은 그 나라의 전반적인 경제 수준과 교육수준, 국가의 재원 등에 의해 결정되며 사회적 여건과도 긴밀한 연관성을 유지하고 있다. 이와 같은 아동복지에 대한 목적과 여건이 고려된 아동복지 현장의 변화와 발전을 위해서는 실제적 사례를 다룰 수 있는 실천적 접근 방식의 도서개발이 필요하다.

이 책은 이러한 점에 주안점을 두고 아동복지 현장에서 일하는 아동권리와 복지 관련자 및 관련 분야 전공학생들을 위한 지침서로 활용하기 위해 집필하였다. 수년간 관련 분야에 대한 강의를 해오면서 그동안의 경험을 바탕으로 아동복지 대상자에 대한 실제적인 내용을 중심으로 집필하고자 노력하였다. 특히 최근 들어 증가하고 있는 재혼가정이나 조손가정, 한부모가정과 맞벌이가정, 다문화가정 등 우리 사회에서 정당한 대우를 받지 못하고 고통을 받으며 살아가고 있는 아동들을 보살피기 위해서는 아동의 권리와 복지에 대한 전반적인 이해와 폭넓은 지식을 갖추지 않으면 안 된다는 점에 중점을 두었다. 대상자별 아동에 대한 전문적 지식이 부족할 경우 아동문제에 대한 적극적인 대처와 전문적인 지도가 불가능하기 때문이다. 따라서 이 책은 보육교사와 사회복지사 자격증을 취득할 학생들에게 아동복지에 대한 기초이해와 실천방법, 아동복지의 발전적인 방향 등에 대해 자세히 소개하고자 노력하였다.

이 책은 모두 3부로 구성되어 있다. 제1부에서는 아동권리와 복지의 기초이해에 대한 내용으로, 아동의 이해를 바탕으로 한 아동발달의 이해, 아동복지의 기본적 이해, 인권과 아동권리의 이해, 아동복지의 발달과정, 아동복지 정책, 아동복지 실천의 원칙과 방법 등에 대해 살펴보았으며, 제2부에서는 아동권리와 복지의 실천에 대한 내용으로 빈곤아동, 학대아동, 장애아동, 영유아 보육아동, 가정위탁과 입양아동, 시설아동, 다문화가정아동 등 아동대상별로 아동복지실천에 관한 전반적인 내용을 기술하였다. 제3부에서는 아동권리와 복지의 미래에 대한 주제로 아동권리와 복지의 전망 및 과제라는 내용을 기술하였다.

아무쪼록 이 책이 아동복지 관련 분야에 대해 공부하고 종사하는 사람들에게 아동복지에 대한 이해의 폭을 넓혀주고 아동복지제도와 정책을 계획하고 운영하는 데 유용한 책이 되기를 바란다.

끝으로 이 책이 나오기까지 아낌없는 격려와 애정 어린 충고로 책의 내용을 수정해주신 아동복지 전공 동료 교수님들께 진심으로 감사의 마음을 전한다. 또한 이 책의 출간을 쾌히 승낙해주신 동문사 이중수 사장님과 유재영 상무님, 그리고 바쁜 일정에도 불구하고 끝까지 편집을 위해 애써주신 편집부 직원 여러분께도 감사의 마음을 전한다.

2024년

복정골에서 저자 일동

차례

Part 02 아동권리와 복지의 실천

PART 01

아동권리와 복지의 기초

Chapter

01

아동의 이해

1. 아동의 정의

일반적으로 '아동'은 신체적으로나 정신적으로 미성숙한 단계에 있는 사람을 지칭하는 말로, 발달과정에 있는 사람인 동시에 자립을 준비하는 사람을 지칭하는 말이다. 아동에 대한 구체적인 개념은 전문분야나 관할하는 내용에 따라 차이가 있다. 아동에 대한 사전적인 정의를 살펴보면, 우리말 국어대사전에서는 '어린아이를 대접하여 일컫는 말로 나이가 적은 아이, 대개 유치원에 다니는 나이로부터 사춘기 전의 아이, 법률적으로는 「아동복지법」에서 말하는 18세 미만인 사람'[1]으로 정의하고 있다. 또한 미국의 전국사회사업가협회(NASW)에서 발행한 '사회사업사전'에서는 아동을 '자신에 대해 책임지는 법적 연령이나 부모의 간섭으로부터 벗어나는 법정 연령보다 어린 사람'이라고 정의하고 있다(김민정 외, 2018).

이러한 정의를 종합해 보면, 아동은 넓은 의미에서 '출생에서 청년기에 이르기까지에 해당하는 사람으로, 우리나라에서는 법률적으로는 18세 미만인 사람'이라고 말할 수 있다. 이러한 아동을 지칭하는 의미와 유사하거나 중복되는 의미로 유아, 아이, 어린이, 청소년 등의 용어를 사용한다. 아동을 가리키는 말과 유사한 용어인 '아이'는 나이가 어린 사람을 지칭하는 말로, 옛말 '아해'에서 온 말이다. 우리가 흔히 말하는 '어린이'는 '어린아이'를 높이거나 격식을 갖출 때 사용하는 말로, 대개 4, 5세부터 시작하여 초등학생에 이르기까지의 아이를 가리키는 말이다. 이러한 용어는 17세기부터 사용되어 오다가 1920년 소파 방정환 선생님이 '어린이'라는 말로 정의되어 사용하기 시작하여 오늘에 이르고 있다.

아동에 대한 정의는 유엔아동권리협약에서 중요한 초점을 제시하고 있다. 그것은 나라마다 아동에 대한 연령 기준이 서로 달리 나타나게 되는 여러 가지 문제점을 해결하고자 제시한 것이다. 즉, 아동의 기준을 일본에서 소년은 18세, 소녀는 16세로 정하고 있고, 프랑스는 소년이 18세, 소녀가 15세이며, 엘살바도르는 임신한 경우에는 비록 14세 이하의 아이라고 하더라도 결혼을 허용하는 등의 차이를 보이고 있다. 이러한 나라마다의 차이점을 수용하여 유엔아동권리협약(Convention on the Rights of the Child, 1989) 제1조에서는 아동의 범위에 대해 '특별히 따로 법으로 정하지 않는 한 18세 미만까지를 아동으로 한다.'[2] 라고 규정하고 있다. 이는 나라마

1) 국립국어원(2018). 표준국어대사전. 서울: 국립국어원.

다 아동에 대한 기준의 차이와 각국의 사회적, 문화적 차이를 포괄한 개념이 필요하게 되어 이와 같은 정의가 나오게 되었다. 일반적으로 서구의 여러 나라에서는 만 18세를 아동의 기준으로 하고 있으며, 이를 성년과 미성년을 구분하는 기준으로 삼고 있다. 아동에 대한 정의를 발달·심리학적 관점, 교육·철학적 관점, 법적·제도적 관점으로 구분하여 구체적인 내용을 살펴보면 다음과 같다.

1) 발달·심리학적 관점

발달·심리학적인 측면에서는 아동의 정의를 신체적 성장과 정신적 성숙이라는 입장에서 규정하고 있다. 이러한 규정은 아동발달의 성장, 성숙, 학습이라는 개념으로 설명된다. 아동기를 포함한 인간발달의 단계에 따라 나타나는 발달적 변화를 요약하여 제시하면 다음과 같다.

표 1-1 발달적 관점에서의 인간발달 단계와 주요 발달내용

발달단계	시기	주요 발달내용
태생기	수정에서 출생	• 인간발달의 초석이 되는 가장 중요한 태내 환경 시기 • 태내 환경으로부터 크게 영향을 받음 • 기본적인 신체구조와 기관이 형성됨 • 탯줄을 통해 태반으로부터 어머니의 영양을 먹고 자람 • 신체의 성장이 일생 중 가장 빠른 속도로 일어남
영아기	생후부터 2세 미만	• 출생에 따른 새로운 환경에 대한 적응력이 필요한 시기 • 신체의 성장과 발달의 속도가 매우 빠름 • 양육자와 애착이 형성되는 시기
유아기	만 2세부터 6세 미만	• 인지능력이 발달하고 상상과 환상이 풍부해지는 시기 • 운동기능과 체력이 신장되고 자율성이 크게 증가함 • 어휘습득이 많아지고 의사소통이 활발해짐 • 자기통제력이 증가하고 환경에 대한 탐색이 활발해짐
아동기	만 6세부터 12세 미만	• 초등학교 시기의 학령기로 친구가 생활의 중심이 됨 • 체력과 운동기능이 신장되고 또래집단의 비중이 커짐 • 유아기의 자기중심성이 사라지고 자아개념이 발달함 • 기억력과 언어기능이 증가하고 신체의 성장이 느려지는 시기

2) A child means every human being below the age of eighteen years unless under the law applicable to the child, majority is attained earlier.

발달단계	시기	주요 발달내용
청소년기	만 12세부터 20세 미만	• 중·고등학교의 성장 발달기로 신장과 체중이 급격히 성장하고 성적 성숙이 이루어짐 • 아동과 성인 사이의 과도기로, 추상적 사고가 가능해지는 시기 • 청소년기의 자기중심성이 나타남 • 자아정체감의 확립이 발달과업으로 등장하고 또래집단의 영향력이 커지는 시기 • 심리적·사회적 정체감 형성 시기
성인기	만 20세부터 40세 미만	• 대부분의 사람들이 직업을 선택함 • 갈등과 방황을 경험하게 되고 친밀한 관계가 확대되는 시기 • 결혼을 통해 가정을 이루며 성생활에 대한 즐거움을 향유하는 시기
중년기	만 40세부터 60세 미만	• 신체적 건강이 최고조에 달하다가 서서히 감퇴하면서 갱년기와 완경기를 맞이하게 되는 시기 • 새로운 기계 조작이나 도전에 대한 자신감을 상실하기 시작함 • 문제해결에 대한 능력이 저하됨 • 빈둥지증후군이 나타나기 시작함
노년기	만 60세 이후	• 기억력이 감퇴함 • 은퇴에 따라 수입은 감소하나 여가가 많아짐 • 죽음에 대비한 삶의 목적을 찾을 필요가 있음

2) 교육·철학적 관점

교육·철학적 관점에서 바라본 아동은 초등학교 교육과정 시기의 성장기에 있는 사람이다. 즉, 6세에서부터 12세에 해당하는 발달 시기로 학령기의 사람들이다.

교육·철학적 관점에서 손다이크(Thorndike)는 아동의 교육적 발달단계를 영아기, 유아기, 아동기, 과도기, 청년 전기, 청년 후기로 구분하였고, 루소(Rousseau)는 그의 저서 『에밀(Emile)』에서 교육단계를 신체발육기, 감각기관 훈련기, 지식 교육기, 도덕과 종교 교육기 등으로 구분하였으며, 코메니우스(Comenius)는 그의 저서 『대교수학(Didactica Magna)』에서 학교 제도론을 통해 어머니 무릎학교, 모국어학교, 라틴어학교, 대학학교로 구분하였다. 이들의 아동 연령 구분 내용을 요약하여 제시하면 다음과 같다.

표 1-2 교육·철학적 관점의 아동 연령 구분

손다이크의 교육단계		루소의 교육단계		코메니우스의 교육단계	
교육단계	연령	교육단계	연령	교육단계	연령
영유아기	영아기: 출생~1세 유아기: 1세~5세	신체발육기	출생~5세 미만	어머니 무릎학교	출생~6세 미만
아동기	만 5세~12세 미만	감각기관 훈련기	만 5세~12세 미만	모국어 학교	만 6세~12세 미만
과도기	만 12세~14세 미만	지식 교육기	만 12세~15세 미만	라틴어 학교	만 12세~18세 미만
청년 전기	만 14세~18세 미만	도덕과 종교 교육기	만 15세~20세 미만	대학 학교	만 18세~24세 미만
청년 후기	만 18세~25세 미만				

3) 법적·제도적 관점

일반적으로 아동의 나이 구분 기준은 법률의 규정에 따른다. 그런데 우리나라의 경우 법률상으로 아동과 관련된 용어는 다양하게 표현된다. 미성년, 소년, 청소년, 영유아, 미성년자, 연소자 등이 연령과 관련하여 법령에서 사용되는 용어이다. 또한 목적과 취지에 따라 사용되는 용어에서도 차이를 보인다. 우리나라의 「민법」에서는 '만 19세 미만의 자'를 '미성년'으로 규정하고 있고, 「소년법」에서는 '19세 미만의 자를 소년이라고 한다'라고 규정하고 있으며, 「청소년기본법」에서는 '9세 이상 24세 이하의 자'를 '청소년'이라고 규정하고 있다. 또한 「유아교육법」에서는 '3세부터 초등학교 취학 전까지의 아동'을 '유아'로 규정하고 있으며, 「영유아보육법」에서는 '6세 미만의 취학 전 아동'을 '영유아'라고 규정하고 있다는 점에서 각각 차이를 보이고 있다. 또한 발달 시기별로도 아동기를 규정하고 있는데 일반적으로 '만 2세 미만'을 '영아기'라고 하고, '2세부터 6세 미만'을 '유아기'라고 하며, '6세부터 12세까지'를 '아동기'라고 한다.

국내 법률에서 규정하고 있는 아동 관련 용어에 대한 정의를 연령별로 구분한 내용은 다음과 같다.

표 1-3 국내 법률에서 규정하는 아동의 정의

아동 관련 법률	용어	연령 구분
아동복지법	아동	18세 미만인 사람
영유아보육법	영유아	6세 미만의 취학 전 아동
유아교육법	유아	만 3세부터 초등학교 취학 전까지의 어린이
청소년기본법	청소년	9세 이상 24세 이하인 사람
청소년보호법	청소년	만 19세 미만인 사람(다만, 만 19세까지가 되는 해의 1월 1일을 맞이한 사람은 제외)
청소년복지지원법	청소년	9세 이상 24세 이하인 사람
소년법	소년	19세 미만인 자
모자보건법	영유아	출생 후 6년 미만인 사람
한부모가족지원법	아동	18세 미만인 사람(단, 취학 중인 경우에는 22세 미만)
입양특례법	아동	18세 미만인 사람
민법	미성년자	만 19세 미만의 자
형법	형사미성년자	14세 되지 아니한 자
아이돌봄지원법	아이	만 12세 이하 아동
도로교통법	어린이	13세 미만인 사람
	영유아	6세 미만인 사람
실종아동 등의 보호 및 지원에 관한 법률	아동	실종 당시 18세 미만

2. 아동의 욕구

부모는 아동에게 있어서 누구보다도 중요한 존재이며 동시에 많은 행동을 하는데 지대한 영향을 미치는 사람이다. 따라서 아동의 기본적인 욕구는 대부분 부모와의 다양한 상호작용을 통해 충족해 나간다. 또한 아동은 부모와의 다양한 소통과 접촉을 통해 많은 경험을 하고, 이러한 경험을 통해 자신의 욕구를 충족시켜 나가기도 한다. 아동의 이러한 소통과 경험은 욕구의 충족으로 끝나는 것이 아니라, 아동의 성장과정을 통해 가치관이나 성격, 태도 및 행동 등에 많은 영향을 미친다.

즉, 아동의 욕구는 아동이 성장하는 데 있어서 필수적인 것이며, 성장을 통해 맞이하게 되는 다양한 집단생활에 대한 적응력을 증대시키는 데 있어서도 중요한 역할을 한다.

아동과 관련된 개념을 고찰함에 있어서 반드시 살펴보아야 하는 것 중의 하나가 아동의 욕구이다. 어느 학자는 아동의 욕구에 대해 말하기를 "아동의 욕구를 충족시키는 정도를 보면 사회가 얼마나 건전한지와 관련된 사회의 건전한 정도를 알 수 있다."라고 말하기도 하였다(Liederman, 1995). 그만큼 아동의 욕구에 대한 충족도가 그 사회의 건전성을 대변하는 것이라는 의미이다. 아동욕구에 대한 올바른 이해는 아동을 바르게 이해하는 데 있어서 필수적으로 지녀야 할 조건이라고 할 수 있다. 이는 아동과 관련하여 가장 중요한 개념 중의 하나가 바로 아동욕구이기 때문이다.

1) 아동발달 단계의 욕구

아동은 발달단계에 맞춰 유아기로부터 사춘기에 이르기까지 다양한 욕구를 갖는다. 발달단계에 따라 나타나는 독특한 욕구가 충족되면서 아동은 발달해 나간다. 일반적으로 아동발달의 주요과업에는 정서발달, 행동발달, 보건, 교육, 자아정체감, 가족 및 사회적 관계 형성, 사회적 표현, 자기 돌봄 기술 등이 포함된다. 아동의 발달단계에 따라 표출되는 아동의 욕구내용을 요약하여 표로 제시하면 다음과 같다.

표 1-4 아동발달 단계의 욕구

발달단계	욕구
유아기 (infancy)	• 보호자에 대한 애착 • 언어 • 환경으로부터 자아의 분리 • 자아통제와 순응
아동 중기 (middle childhood)	• 학교에의 적응(출석, 적절한 행동) • 학업성취(읽기, 수학, 쓰기) • 또래집단과의 관계(수용, 관계형성) • 규칙에 따른 행동(도덕적·사회적 행동)

발달단계	욕구
사춘기 (adolescence)	• 제2학령기로 성공적 전환 • 학업성취(교육적 성취를 위한 기술의 학습) • 과외활동에의 참여(스포츠, 음악, 클럽) • 동성 및 이성 간 친구관계의 형성 • 자아정체감의 형성

출처 : 오정수·정익중(2018). p. 33.

2) 아동욕구의 형태와 관련된 관점

아동의 욕구는 다양한 방법으로 표출되며, 그 형태 또한 다양하다. 뿐만 아니라 아동의 욕구를 충족시키는 방법도 발달단계에 따라 달라진다. 아동욕구에 대한 학자들의 주장 또한 학자마다 다소 차이를 보이고 있는데, 일반적으로 아동의 욕구 형태와 관련한 분석 관점은 매슬로우(Maslow)의 관점과 프링글(Pringle)의 관점으로 구분되며 그 구체적인 내용은 다음과 같다(노병일, 2018).

(1) 매슬로우의 관점

매슬로우(Maslow)의 관점은 매슬로우의 욕구이론에 근거하여 도출된 아동욕구의 관점으로 보편적 인간욕구 이론이라고 할 수 있다. 즉, 매슬로우의 아동욕구의 관점은 모든 사람이 가지고 있는 일반적 기본적 욕구라고 할 수 있다.

매슬로우는 여러 수준의 욕구를 이해하기 쉽도록 단계적 틀로 형성된 욕구체계를 제시하고 있다. 그의 이론에 의하면 인간의 욕구는 단계적으로 이루어져 있는데, 그중에서 가장 낮은 수준의 욕구가 바로 생리적 욕구라고 설명하고 있다. 즉 인간에게 가장 우선적이며 기본적으로 요구되는 욕구가 생리적 욕구라는 것이다. 그다음으로 높은 수준의 욕구는 안전의 욕구, 애정과 소속의 욕구, 존중의 욕구 순으로 제시하고 있으며, 가장 높은 수준의 욕구로는 자아실현의 욕구를 들고 있다.

매슬로우의 이론에 의하면 낮은 수준의 욕구에서 다음 수준의 욕구로 가기 위해서는 그보다 낮은 수준의 욕구가 충족되어야 한다고 주장하고 있다. 더 낮은 수준의 욕구를 충족하지 못할 경우, 충족하지 못한 수준의 욕구를 충족시키기 위해서 개인은 욕구 단계를 충족하지 못한 낮은 수준의 욕구단계로 되돌아간다고 보고 있다. 따라서 일반적으로 욕구단계의 아래쪽에 있는 욕구에 대해서는 더 즉시 반응할 필요가 있다. 그러므로 수준이 더 낮은 욕구를 더 급히 충족시켜 줄 필요가 있으며, 특히 아동기의 욕구는 낮은 수준의 욕구를 충족시키는 일이 가장 우선시되어야 한다. 매슬로우의 욕구단계를 표로 나타내면 다음과 같다.

표 1-5 매슬로우의 욕구 단계

욕구수준	욕구 형태	욕구의 예
높음 ↕ 낮음	자아실현의 욕구	창의성, 문제해결
	존중의 욕구	자아존중, 자신감
	애정과 소속의 욕구	우정, 가족관계
	안전의 욕구	신체적 안전, 가족의 안전
	생리적 욕구	음식, 물, 잠자기

출처 : 노병일(2018). p. 99.

(2) 프링글의 관점

프링글(Pringle)은 매슬로우와 달리 아동의 욕구를 단계별로 구분하지 않았다. 프링글의 이론에 따르면 아동의 욕구는 단계별로 구분되는 것이 아니라 동시에 나타난다는 것이다. 프링글의 경우, 현대 사회에서는 매슬로우가 제시하는 생리적 욕구와 안전의 욕구는 대부분 어느 정도 충족되었다고 보고 있다. 따라서 프링글은 아동의 생리적 욕구나 안전의 욕구보다는 아동의 비신체적(non-physical) 욕구에 더 많은 관심을 가지고 있다는 것이다. 프링글은 이러한 아동의 비신체적 욕구를 다음의 네 가지로 구분하고 있다.

첫째, 사랑과 안정에 대한 욕구가 있다. 아동은 사랑을 받고자 하는 욕구와 함께 안정을 추구하는 욕구를 지니고 있다. 물론 아동은 어머니로부터 가장 많은 사랑을 받고 싶어 하겠지만, 어머니로 끝나는 것이 아니라 많은 주변 사람들로부터 사랑을 받고 싶어 하고 친밀감을 관계로 하는 안정적인 관계를 유지하고 싶어 하는 욕구를 지니고 있다.

둘째, 새로운 경험에 대한 욕구가 있다. 성장하는 과정에서 경험하지 못한 다양한 새롭고 신기한 것들에 대한 호기심을 지니고 있는 것이 아동이다. 그런 아동들은 처음 맞이하게 되는 환경이나 여건으로부터 새롭게 도전해 보고 싶고 경험해 보고 싶은 경험의 욕구를 지니고 있다.

셋째, 칭찬과 인정에 대한 욕구가 있다. 자신의 표현이나 행동에 대해 주변 사람들로부터 칭찬받고 싶어 하고 인정을 받고 싶어 하는 욕구를 지니고 있다. 이러한 칭찬과 인정에 대한 욕구의 충족은 아동의 정서발달에도 영향을 미쳐 적극적이고 자발성이 강한 아동으로 변화시킨다.

넷째, 책임감에 대한 욕구가 있다. 아무리 어린 아동이라고 할지라도 자신이 행한 행동이나 말에 대해 책임을 지려는 욕구가 있다. 이러한 아동의 욕구를 활용하여 자신이 펼쳐 놓은 물건을 잘 정리하도록 한다거나 자신이 말한 것에 대해서는 반드시 책임을 져야 한다는 의식을 어려서부터 갖도록 하는 교육이 필요하다.

지금까지 살펴본 이론들의 내용을 요약해 보면 매슬로우는 인간의 욕구는 생리적 욕구를 시작으로 안전의 욕구, 애정과 소속의 욕구, 존중의 욕구, 자아실현의 욕구 순으로 단계적으로 이루어진다고 보았고, 이에 맞춰서 아동발달에 적합한 단계적인 아동의 욕구충족이 이루어져야 한다고 주장하였다. 이와는 달리 프링글은 아동의 신체적 욕구와 관련된 생리적 욕구나 안전의 욕구보다는 비신체적 욕구에 아동들은 보다 더 많은 관심을 가지고 있다고 보았다. 그런 의미에서 아동의 욕구는 신체적인 것보다는 비신체적인 것에 해당하는 욕구로 사랑과 정서적 안정, 새로운 경험, 칭찬과 인정, 책임감 등과 같은 분야의 욕구충족에 더 많은 노력을 기울여야 한다고 보았다. 그렇다고 해서 아동의 생존과 관련한 기본적인 욕구를 소홀히 해서는 안 될 것이다. 아동과 관련하여 가장 중요한 개념 중의 하나인 아동욕구는 아동의 여러 가지 욕구 가운데서 아동이 생존하는 데 필요한 기본적인 욕구는 무엇보다도 먼저 가장 우선하여 충족시켜 주어야 할 것이다.

3) 아동의 기본적인 심리 욕구

대시와 플래스트(Deci & Flaste, 1996)는 생물의 생존을 위해 영양분이 필수적인 것처럼 인간도 심리적으로 제대로 기능하기 위해서는 필수적으로 세 가지 기본적인 심리욕구가 충족되어야 하는데 이것들이 충족되지 않을 경우 성격과 인지구조의 성장과 개인의 안녕에 문제가 발생한다고 보았다. 따라서 건전한 인간으로 성장하기 위해서는 아동기부터 인간의 기본적인 심리 욕구인 자율성, 유능감, 관계성에 대한 충족이 필요하며 아동기에 충족시켜 나가야 할 심리 욕구 세 가지의 특성은 다음과 같이 요약할 수 있다(김민정 외, 2018).

첫째, 자율성의 욕구이다. 자율성은 누군가에 의해서 할 일을 지시받는 것에 의해 영향을 받기보다는 할 일에 대해 스스로 자신의 의사결정을 내릴 수 있는 능력을 말한다. 자율성은 어떤 일을 할 때 선택이나 의사결정에 있어서 외부로부터의 통제나 압력에 상관없이 스스로가 자신의 주체이고 조절자라는 신념을 가지고 자신의 관점과 가치에 따라 행동하는 것을 추구하는 욕구이다. 이러한 자율성 욕구는 학령후기 및 청소년기에 특히 중요한 역할을 하며 성숙하고 건강한 자율성의 획득은 청소년으로서 전환기에 반드시 성취해야 할 발달적 과업이다. 아동의 경우에는 긍정적인 부모와 자녀관계에서 자율성이 형성되며 스스로 행동을 주도하고 관리하는 능력이 높은 아동들은 높은 수준의 자아존중감을 갖는다.

둘째, 유능감의 욕구이다. 유능감은 사회 환경과의 지속적인 상호작용을 통해서 호기심 및 효율성을 느끼고 아동이 자신의 능력을 표현하고 발휘할 기회를 경험하는 것으로 획득된 기술이나 능력이 아닌 행동에서 자신감과 효능감을 느끼는 것을 말한다. 일반적으로 사회적 유능감이 잘 발달한 6세의 아동의 경우에는 성인들의 관심을 끌 때 사회적으로 인정하는 방식을 사용하며, 자기가 성취한 일에 대해 자신감을 가지고 자랑한다. 이러한 유능감은 아동이 사회 구성원으로 살아가는 데 필요한 적응능력으로 아동이 환경과 상호작용하면서 학교생활은 물론, 사회적 목표를 효과적인 방법을 통해 긍정적으로 발달시켜 나가는 능력이다.

셋째, 관계성의 욕구이다. 관계성이란 사회적 환경 안에서 다른 사람들과 관계를 맺고 연결되어 있다는 느낌으로, 다른 사람과 가까워지려는 성향 또는 관계를 맺고 싶어 하는 욕구이자 자신이 속한 사회 환경 속에서 밀접한 관계를 구축하고 발전시키고자 하는 경향성을 말한다. 이러한 관계성의 욕구는 인간의 진화과정에서 종족을 보전하기 위한 의도에서 비롯된 것으로 볼 수 있다. 즉, 다른 사람들과 연결되어 있다는 느낌으로 인해 타인과의 안정적인 공동체 조화를 이루려는 심리적인 감각에 따른 것으로 보인다. 일반적으로 관계성이 높은 아동일수록 공격성으로 인한 비행경험이 저조한 것으로 나타난다는 점에서 아동기부터 관계성의 욕구를 충족시켜 나가는 과정이 필요하다.

이상에서 살펴본 아동의 세 가지 욕구는 인간의 기본적인 욕구에 해당되지만 아동의 성장발달 과정을 통해 충분하게 만족시켜 줌으로써 주관적이고 내재적인 안녕감을 높여줄 수 있다. 이러한 안녕감은 성인이 되어서도 건설적인 사회생활에 도움을 준다는 점에서 결코 아동기의 욕구라고 소홀히 할 수 있는 일이 아니다.

3. 아동의 일반적 특성

아동을 바르게 이해하기 위해서는 발달적 측면에서 아동이 지니고 있는 특성을 알아 둘 필요가 있다. 아동은 발달적 측면에서 성인과 다른 특성을 지니고 있기 때문이다. 뿐만 아니라 아동의 특성에 대한 올바른 이해는 아동에 대한 정의를 이해하는 데도 도움이 된다. 일반적으로 아동은 발달적 측면에서 의존, 성숙, 민감성, 욕구, 적응의 특성을 지닌 존재로 설명한다.

1) 의존

의존은 아동기의 가장 중요한 특징 중의 하나이다. 일반적으로 아동은 자율이나 독립적인 면에서 자유롭지 못해 신체적, 물리적 제약이 많고 욕구를 충족하기 어렵다. 따라서 아동은 출생과 더불어 신체적, 지적, 정서적, 사회적 발달과 생존을 위해서는 누군가의 보살핌이 필요하다. 즉, 아동의 생존을 위한 신체적, 지적, 사회적 발달을 돕는 성인의 사랑이나 관심 또는 보호가 필요하다. 아동기의 발달은 이러한 보살핌, 즉 자신을 돌봐주는 성인과의 관계나 양육자의 양육방식에 따라 많은 영향을 받는다. 아동기는 의존적인 존재로서 누군가의 사랑을 받기를 원하고 또 누군가에게 소속되어 의존하고 있다는 감정을 지니며, 자립할 수 있을 때까지 누군가에게 의존하며 건전하게 성장하고 발달한다. 이러한 아동의 의존은 대부분 가족이라는 범위에서 이루어지지만, 오늘날에 와서는 가족만으로는 독자적으로 이러한 의존이나 보살핌을 감당하기 어려운 부분이 있어 사회적 테두리 안에서 감당하기도 한다.

2) 성숙

성숙은 생물체가 그 생물의 전형적인 작용을 수행할 수 있는 상태에 도달하는 것을 말한다. 따라서 인간의 성숙이라 함은 유전적 요인을 통하여 발달적인 변화들이 통제되는 생물학적인 변화, 즉 태어나서 기고, 걷고, 언어를 발성하는 등 여러 단계의 경험을 통해 인간으로서의 역할을 수행할 수 있는 상태에 이르게 되는 것을 말한다. 이러한 성숙은 아동의 특성 중의 하나로, 아동은 지속적으로 발달하는 존재이며, 자신의 개인적 수준에 따라 각 성장 단계에 적절하게 대처해 나가면서 지적 능력과 기능을 발전시켜 나가는 성숙과정을 거친다. 이러한 점에서 아동기를 미성숙한 단계에서 성숙한 단계로 옮겨가는 과도기라고 말하기도 한다. 이러한 성숙은 일정한 순서와 단계를 거치면서 발전하고, 개인의 환경적 요인이나 유전적 요인에 의해 발달 속도에 차이가 있다.

아동기의 지도는 개인의 발달수준이나 능력을 고려하여야 한다. 아동의 능력이나 수준에 적합하지 않은 지도는 아동에게 스트레스를 받도록 하여 압력으로 작용하게 되며, 이러한 압력은 오히려 아동의 발달을 저해하는 요인이 되기도 한다. 무엇보다 아동이 스스로 변화를 주도해 나갈 수 있도록 적절한 환경을 제공해 주는 것이 중요하다.

3) 민감성

아동기는 감정이 매우 예민하고 강렬한 시기이다. 따라서 아동은 자신이 지니고 있는 욕구나 원망에 대한 만족을 즉각적으로 얻으려 하고, 느슨하게 참고 기다리는 일에 익숙하지 않은 것이 특징이다. 이러한 아동의 민감성은 적절한 자극과 충족을 통해 아동의 정서와 지적 발달을 촉진시키는 역할을 한다. 따라서 아동과 접하는 사람, 아동이 만지고 느끼는 사물, 아동이 보고 듣고 상상하는 모든 것들이 아동의 긍정적인 발달을 이루는 중요한 요인이 된다. 즉, 민감성에 대한 적절한 자극과 충족이 아동의 정서, 지적발달, 신체적 발달, 사회적 발달에 토대가 된다. 이와는 달리 아동들의 욕구충족에 대한 계속적인 실패는 오히려 아동의 불안과 불신 또는 자신의 세계관을 왜곡시키는 적개심 등을 조성하는 요인이 되어 냉담과 퇴행을 형성하게 된다.

4) 욕구

인간은 누구나 다소의 차이는 있지만 욕구를 지니고 있다. 아동에게도 욕구는 마찬가지로 존재한다. 다만, 아동의 경우에는 발달적인 측면에서 성인에 비해 스스로 욕구를 채우기에는 어려움이 있다. 아동기에 가장 필요한 욕구는 식욕, 갈증, 호흡, 수면, 휴식, 배설, 고통회피 등과 같은 인간의 본능적인 욕구이다. 이러한 욕구는 대부분 아동을 돌보는 가족이나 관련 기관들의 관심과 보호를 통해 이루어진다.

이밖에도 심리적 안정이나 신체적 안전, 소속의 욕구, 사랑과 인정을 받고 싶은 욕구, 존중받고 싶은 욕구 등과 같은 것들도 아동의 욕구에 해당된다. 이러한 욕구들은 아동이 가정에서나 사회에서, 친구나 이웃들로부터 얻고자 하는 인격적 욕구이다. 이러한 인격적 욕구는 아동기에 강하게 일어난다. 아동의 욕구에 관심을 가지고 이를 적절히 충족시켜 주기 위한 다양한 방법을 모색하는 일이 아동복지와 관련이 있다.

5) 적응

인간은 태어나면서부터 사회화(socialization)를 거친다. 사회화란 사회적 적응을 학습하는 것으로 성인이 되어 사회에 나아가기 위한 적응을 준비하는 것을 말한다. 아동기는 이러한 사회화가 이루어지는 시기로, 아동이 속한 사회와 문화의 지배를 받으며 적응해 나가는 존재로서 성장한다. 따라서 적응은 아동의 중요한 특성 중의 하나이다. 하지만 중요한 사실은 아동기에는 자기의 힘만으로는 환경에 잘 적응할 수 없다는 점이다. 이러한 적응력을 길러주기 위해서는 지속적인 교육과 학습이 필요하다.

아동이 독립된 인간으로서 제대로 기능하기 위해서는 사회생활에 필요한 지식과 기술을 습득하고, 사회적 인간으로 성장하는 적응이 필요하다. 단지 생물학적인 성장과 발달만으로는 완전한 인간으로서 성장했다고 볼 수 없으며, 가정, 학교, 또래집단, 이웃 등의 사회화집단을 통해 교육과 지도를 받아야 한다. 따라서 아동은 사회적 동물로서 한 사회에서 요구되는 다양한 지식들을 습득함으로써 발달하는 존재이다. 이러한 적응과정은 아동이 적극적인 삶의 주체가 되고 창의적인 인간으로 성장하는 데 기초가 된다. 또한 이러한 과정에서 발생하게 되는 다양한 문제들은 아동만이 아니라 아동을 교육시키는 다양한 성인집단들의 위기이며, 동시에 이것이 적절하게 해결될 경우 아동의 발달에 도움을 주는 긍정적 기회가 될 수 있다(한성심·송주미, 2017). 사회적 존재로서 역할을 수행하기 위한 적절한 학습이 필요하며 독립된 인간으로 기능하기 위한 다양한 상호작용의 기술 습득이 적응을 위한 준비이다.

4. 아동관의 변화

아동관은 아동의 본질에 대한 견해나 입장으로 아동의 세계를 어떻게 인식하고 이해하느냐와 관련된다. 한 사회에서 아동을 어떻게 인식하는가의 문제는 시간·공간적 차이, 그리고 개개인의 학문적 관점에 따라 차이가 있다. 이러한 아동관은 시대와 사회적 배경에 따라 수시로 변화되어 왔으며, 그 시대의 교육제도나 방침을 결정하는 데 영향을 미쳐왔다. 그뿐만 아니라 아동관은 종교적 특성과 영향에 따라서 달라져 왔다. 유교의 아동관이 효도를 강조하고 성인 중심의 사고를 중시한 반면, 불교의 아동관은 아동과 성인은 본질적으로 차이가 없으며 성인도 아동을 보고 본받을 점이 있다고 보는 순수한 존재로서의 아동관을 보였다. 천도교의 아동관은 아이와 태아를 하나님을 대하듯 공경하고 모셔야 한다고 보았으며, 기독교의 아동관은 아동은 미숙하기에 부모와 교사는 아동이 죄를 짓지 않도록 이끌어주고 가르쳐야 할 책임이 있다는 점을 강조하는 아동관을 보였다. 이와 같이 아동관은 어떠한 관점으로 아동의 본질을 이해하고 인식할 것이냐에 따라 달라지는데, 여기서는 아동관의 변화를 시대의 흐름에 따라 고대의 아동관, 중세의 아동관, 계몽주의 시대의 아동관, 근대의 아동관, 현대의 아동관으로 구분하여 살펴보고자 한다.

1) 고대의 아동관

고대사회는 기원 후 4세기경으로, 이 시대의 아동관은 아동 개인의 가치나 존엄은 무시되고 단지 아동이 속한 부족의 소유물로 간주되었다. 또한 아동의 생명은 종족보존을 위한 목적으로 대를 잇기 위한 수단이나 경제적 가치로 인식되었다. 따라서 가문이나 부족의 번영을 위해서 자녀를 많이 낳았으며, 필요에 따라서는 아동을 신에게 제물로 바치거나 노예로 삼기도 했다. 고대사회에서의 기형아나 불구아, 허약아 등과 같은 장애를 지닌 아동은 대부분 유기되거나 살해되었다. 이와 같이 고대사회에서의 아동은 하나의 독립된 인격체로 간주하는 것이 아니라 부모나 부족의 소유물로 인식하여 항상 성인의 도움이 필요한 무력하고 귀찮은 존재로 간주되었다.

아동의 가치는 가문이나 부족의 번영에 얼마나 도움이 되느냐와 관련이 있었다. 예를 들면, 고대 아마존강 유역에 자리 잡은 인디언들은 아이가 태어나면 강물에 그 아이를 넣어 건강한 아이만 끄집어내고, 그렇지 않은 아이들은 그대로 내버려 두는 생존시험을 했으며, 오스트레일리아에 있는 어느 부족들은 허약한 아이나 장애아는 그들에게 부담이 될 것을 두려워하여 내버렸다는 사실이 밝혀졌다. 로마에서도 아동의 생사는 가장의 권한이어서 기형아나 건강한 아동도 집이 가난하여 부모가 아이를 원하지 않을 때는 죽이기도 하였는데, 이와 같은 영아살해는 중세유럽에서도 계속되었다(이효정 외, 2017). 부족이나 가문에 도움이 되지 않는다고 판단되는 아동의 경우에는 살해의 대상이 되었다.

고대 그리스 시대의 스파르타 부족은 아동양육의 중요한 목표는 용감한 군인양성에 있었다. 따라서 스파르타 부족에서는 철저한 우생학적 결혼제도를 실시하고, 신생아의 양육에 대한 국가적 심사와 모친에 의한 엄격한 가정교육을 중시하였다. 튼튼한 아이를 얻기 위해 여성에게 다양한 체육을 장려하기도 하였다. 이와는 달리 아테네 부족에서는 가부장을 중심으로 하여 가정에서 영유아의 양육과 교육을 담당하도록 하였다. 아테네 부족은 스파르타 부족보다는 다소 민주적이고 자율성이 보장되는 양육방법이 적용되었다.

고대 로마 시대에는 자녀의 생명을 결정할 수 있는 절대적인 권한이 아버지에게 부여되었다. 아버지의 절대적인 권한은 아동의 인권을 보장하기보다는 비인간적인 형태의 시발점이 되었다. 영아를 유기하거나, 영아를 매매하는 등의 비인간적 형태가 만연하였고, 가혹한 양육법이 도입되기도 하였다. 이러한 현상은 영아를 미숙한 미개인으로 간주하는 이 시대의 아동관에서 기인한 것이다.

2) 중세의 아동관

중세시대에는 아동이 성인으로부터 보호받아야 한다고 생각했고, 상처받기 쉬운 존재로 인식하였다. 아동을 신체와 성격이 처음부터 성인처럼 만들어진 존재, 즉 아동은 성인보다 크기가 축소되어 있을 뿐, 성인과 동일한 존재라고 인식하는 전성설(前成說, preformation theory)이 중세시대의 아동관이었다. 전성설은 아동이 성장과정을 통해 환경과 끊임없이 상호작용을 하면서 심신양면으로 재통합되는 존재라는 것을 부정하는 것이다. 아동의 신체가 어른의 신체와는 다른 비율과 체제로 구성되어 있을 뿐, 아동의 정신세계도 역시 성인과 다를 것이 없다고 생각하였다. 따라서 성인이 지니는 신체적, 정신적, 사회적, 도덕적 특성은 이미 출생 당시에 타고나는 것이므로, 아동이란 어른으로부터 그 크기만 줄인 존재에 불과하다는 아동관이었다.

이러한 아동관은 당시에 제작된 그림 속에 나타난 모습을 통해 당시의 생활모습을 짐작할 수 있다. 이 시대에 그려진 그림을 보면 느슨하고 편안한 옷을 입고 어른을 올려다보는 어린이의 모습이 나타나기도 하고, 일과 놀이에서 어른과 밀착된 생활 모습을 보이기도 한다. 이러한 현상은 아동을 어른과 동일시하는 아동관이 있었음을 짐작하게 해준다.

중세시대에는 아동에 대해 엄격하고 신분적 계층을 중시하는 경향이 있었다. 당시에는 인간을 원죄를 지닌 존재로 인식하고 엄격한 체벌을 통해서 바꾸어나가야 한다는 신념이 강했다. 따라서 아동을 성숙이 덜 된 어른으로 보고, 아동이 작은 어른처럼 행동하기를 바랐다. 즉, 아동은 성인의 축소판으로 보고, 미성숙한 성인, 어른보다 작고, 약하고 무능한 존재로 인식하였다. 종교적 사상이 강했던 이 시기에는 "매를 아끼면 자식을 망친다"라는 인식으로 자녀양육에도 매우 엄격하였다. 특히 신분 계급이 낮은 하류계층의 아동들은 경제적, 군사적으로 노동력 착취의 대상이 되었으며 경제력 확보의 수단으로 활용되었다.

3) 계몽주의 시대의 아동관

계몽주의 시대는 과학적 발전과 예술 활동의 팽창으로 문화가 꽃을 피운 시기로 인간의 본성을 찾기 위해 많은 탐색이 이루어진 시기이다. 이 시기는 인간의 이성을 강조하였으며, 합리주의를 시대적 배경으로 하고 있다.

'계몽'이라고 함은 인간 스스로의 잘못에 의해 빚어진 미성숙으로부터 탈출하는 것, 즉 인간의 삶에서 무지몽매, 편견, 미신을 제거하고 깨우치는 것을 말하며, 계몽주의 시대의 삶은 이성적 능력으로 합리적인 사회를 만드는 것이 궁극적인 목적이었다. 따라서 계몽주의적 삶을 통해 이 시대의 사람들은 신분 계층으로부터 해방되고, 변화를 통해 시민문화를 정착시키고자 하였다. 계몽주의 시대에는 모든 인간은 교육을 통해 정신적으로 성숙하고 발전할 수 있다고 믿었으며, 국민을 깨우치는 것을 교육적 사명으로 보았다. 즉, 인간의 이성을 일깨우고 이를 올바르게 사용하도록 하는 것이 교육의 핵심이라고 인식하였다. 이성과 과학에 대해서도 과거의 모든 전통과 인습, 편견, 미신, 비합리적 사회제도 등의 구속과 속박에서 벗어나 선입견 없이 인간의 이성에 비추어 정치, 경제, 사회의 모든 불합리한 권위에 대한 비판적, 합리적 태도를 보급시켜 사회를 무지한 상태에서 벗어나게 하고자 하였다. 또한 정치적 절대주의와 종교적 권위주의, 사회적 불평등 등을 이성의 해방을 통해 타파하고자 하였으며, 이러한 계몽주의의 핵심사상은 보편적인 법칙에 의해 지배되는 합리적인 질서를 추구하고자 하였다. 따라서 계몽주의 사상가들은 인간은 누구나 자유롭고 평등하며 독립적인 존재라고 주장하고, 그러한 원리가 사회적, 정치적 여러 문제를 해결하는 데 적용되어야 한다고 보았다.

이와 같은 계몽주의 시대는 인간중심 문화를 특성으로 하고 있다. 인간을 중심으로 한 사회에서는 아동에 대한 인식도 변화를 보인다. 즉, 아동관의 가장 큰 변화는 아동의 일상에서의 휴식, 의료적 처치, 이야기의 전개 등에서 아동을 성인과 분리시키면서 차별화를 두기 시작한 것이다. 따라서 이 시기에는 아동의 훈육도 선험자(先驗者)들에 대한 경험을 중시하고 이들이 주는 조언에도 관심을 갖기 시작하였다. 이러한 아동관의 변화로 상류층 사회에서 자녀들의 훈육을 부모가 아닌 제3자에게 대리양육을 의뢰하는 대리부모 현상이 나타나게 되었으며 이러한 대리양육은 계몽주의 시대에 일반화되는 변화를 가져왔다.

4) 근대의 아동관

근대에 들어서면서 성직자나 인도주의자들을 중심으로 아동은 성인과 같은 축소판이 아니라는 생각을 갖기 시작하였다. 이러한 아동의 특성에 대한 변화된 생각은 17세기에 이르러 철학적 관심으로 나타나기 시작하였다.

17세기의 대표적인 경험주의 철학자인 로크(Locke)는 아동은 태어날 때 '백지상태(tabula rasa)'로 태어난다고 주장하였다. 아동은 백지와 같은 상태로 태어나 학습이나 경험 등 환경의 영향에 따라 서로 다른 인간으로 자라난다는 환경론적 견해를 제시하였다. 또한 18세기의 자연주의 철학자 루소(Rousseau)는 아동을 '자연 또는 자연의 일부'로 보는 자연주의 아동관을 제시하였다. 루소의 교육사상은 성선설을 기반으로 하고 있다. 그는 "조물주의 손에서 나올 때 모든 것은 선하였으나, 인간의 손에 들어갈 때 타락해진다"고 주장하고 인간의 역사와 문명은 인간세계를 타락의 상태로 이끌 뿐 인간을 자연상태에 두고 타락의 세계에 접하지 않도록 하는 것이라고 보았다. 아동들은 옳고 그름의 감각이 자연적으로 길러지고, 선천적으로 타고난 순서에 따라 성장·발달한다고 보았으며, 사회적 환경의 영향이 성장·발달에 중요한 역할을 한다고 보았다. 즉, 인간이 만든 타락한 악의 상태를 떠나 본래의 자연적이고 선한 상태를 회복해야 한다고 보았다. 이러한 자연주의 교육이 곧 아동중심 교육이다. 즉, 아동의 내면 안에 있는 것을 확인하고 밖으로 끄집어내어 개발시키는 것이 교육의 본질이라고 보았다.

19세기 유치원의 창시자인 프뢰벨(Fröbel)은 아동과 성인은 다르며, 성인과 달리 독자적인 심리적 세계를 가지고 있다고 주장하여 근대적 아동관을 확립하는 데 기여하였다.

5) 현대의 아동관

현대의 아동관은 제2차 세계대전 이후 정립되었다. 산업혁명 이후 나타난 아동에 대한 착취는 사회 전반에 걸쳐 만연되었고, 종종 나타나는 아동복지를 위한 사업은 대부분 자선사업의 일종으로 간주되었다. 이러한 아동에 대한 인식이 20세기 들어서면서 새로운 관점으로 대두되기 시작하는데, 그것은 바로 '아동의 독립성과 잠재능력에 대한 인정'과 '아동 욕구의 정당화'이다.

이 시대의 아동관은 아동을 인간의 존엄성과 타고난 잠재 가능성을 가진 존재로 보고, 살아 있는 유기체로 아동을 인식하였으며, 특히 이러한 잠재능력을 지닌 아동을 바르게 발전하고 성숙해 나가도록 하기 위해서는 아동의 내적인 성장을 도울 수 있는 적절한 환경이 제공되어야 한다고 보았다. 이를 위해서는 아동 욕구에 대한 적절한 수용이 필요하며, 부모와 가정의 역할이 매우 중요하다는 점을 인식하게 되었다. 또한 아동을 어른이나 부모에게 예속된 존재가 아닌 독립된 인격체로서의 권리를 갖는다고 보았다. 따라서 미성숙한 아동들도 인간으로서의 존엄성과 잠재적 가능성을 지닌 존재로 인정받아야 한다는 점을 강조하였다.

20세기 행동주의자 왓슨(Watson)은 아동의 성장과정에서 경험하게 되는 객관적인 실험과 관찰을 통하여 인간의 행동이 나타나며, 인간의 사고는 자극에 대한 반응으로부터 비롯된다고 하였다. 즉, 아동의 성장은 경험이나 학습에 의해 좌우된다고 보았으며, 피아제(Piaget)는 아동의 인지발달 단계를 연구하여 아동의 사고는 성인과 다르다는 점을 강조하였다. 프로이트(Freud) 또한, 아동의 초기경험의 중요성을 역설하고, 무의식적 충동이나 욕구충족의 결여는 유아기에 형성되는 성격발달에 중요한 결함을 초래한다고 주장하였다. 이러한 20세기의 아동관은 아동의 독립성을 인정하고 아동의 욕구가 정당히 받아들여져야 한다는 점이 강조되었다. 그래서 20세기는 '아동의 세기'라고 불리기도 한다. 즉, 모든 아동은 생명, 교육, 노동으로부터의 자유, 적당한 기회부여, 건전한 여가활동 등이 보장되고 권리까지도 보장해 주어야 한다고 주장하기에 이르렀다. 20세기에 들어와서야 비로소 아동에 대한 자기발달의 자유를 존중하고 사회일원으로서 아동의 가치를 인정하며, 아동을 목적을 지닌 의식적인 지도 대상으로 삼기 시작하였다. 또한 아동의 인간다운 생활을 할 수 있는 권리를 보장하기 위한 아동복지에 대한 관심도 이 시기에 증대되었다.

이러한 점을 종합해 볼 때 현대사회에서는 아동을 성인과는 다르며, 고유한 특성을 지닌 독립된 인격체로 간주하고, 아동을 무한한 가능성을 지닌 존재로 보았으며, 각별한 관심과 노력으로 양육하고 교육해야 하는 대상으로 보았다. 이러한 아동에 대한 관점은 20세기 현대적 아동관을 만들어내는 배경이 되었다.

5. 아동을 대하는 태도의 전환

현대적 아동관이 정립되는 데에는 여러 가지 요인이 작용하였지만, 일반적으로 다음과 같은 네 가지 측면에서의 큰 요인이 있었다. 첫째는 아동에 관한 많은 학자들의 연구가 축적되었고 아동기의 중요성에 대한 인식이 변화하였다는 점이고, 둘째는 제1, 2차 세계대전을 지나면서 국민의 복지에 대한 국가의 책임의식이 증진되어 각종 복지제도가 확립되었다는 점이다. 셋째는 아동 노동력의 이용이 감소되고 아동보호와 교육에 대한 사회적 관심이 증대되었으며, 넷째는 아동복지와 관련된 단체의 출현과 아동권리에 관한 국제사회의 관심과 노력이 있었기 때문이라고 본다(이용주 외, 2016). 이러한 아동관의 변화는 아동의 행동특성이나 가치관 형성에도 영향을 미친다. 따라서 우리가 가정과 사회에서 아동을 대할 때 우리의 행동이나 태도가 아동에게 직간접적으로 영향을 미친다는 점을 고려하여 수용적인 아동관을 지닐 필요가 있다. 아동을 대함에 있어서는 다음과 같은 점에 유념하여 피동적이고 소극적인 아동관에서 벗어나 능동적이고 적극적이며 긍정적인 아동관으로 전환할 필요가 있다.

1) 존중되어야 할 인권을 지닌 인격체

아동은 성인과 달리 미성숙한 존재이다. 하지만 그들도 인간으로서 존엄하게 대우받을 권리가 있다. 아무것도 모르는 어린아이라고 보고 무시하거나 그들의 자율권을 침범해서는 안 된다. 아동도 성인과 똑같이 외부로부터의 구속에서 벗어나 자신의 생명을 유지하고 자율성을 지키면서 살아갈 권리가 있다. 가난하고 무지한 아동이라 하더라도 다른 사람과 차별받지 않고 동등한 인격체로서 대우받을 권리가 있으며, 이러한 자율권과 평등권을 바탕으로 아동을 대해야 한다. 이러한 권리는 인간의 존엄성을 실현하기 위한 핵심적인 것이다.

복지국가의 등장은 아동의 최소한의 인간다운 생활을 보장하기 위한 것이고 이를 아동복지라고 한다. 아동복지는 법에서 보장하는 것만이 아니라 법에 규정되지 않은 기본적인 권리도 존중되어야 하므로, 아동을 대하는 데 있어서 반드시 아동의 인권이 보장되어야 한다.

2) 사랑으로 양육되어야 할 대상

아동은 안전한 환경에서 충분한 사랑을 받으며 자라야 할 대상이다. 아동기에 충분한 사랑으로 양육되지 않으면 많은 부작용이 발생하여 성격장애나 불안정한 대인관계 등의 어려움을 겪게 된다. 아동기에는 무엇보다도 먼저 생리적 욕구가 충족되어야 하고, 아동이 건전하게 성장하고 발달할 수 있는 충분한 조건이 보장되어야 한다. 이러한 보장은 부모의 존재 여부와 관계없이 보장되어야 하고, 이는 아동은 모두가 사랑으로 양육되어야 할 대상이 되기 때문이다. 사랑의 부족으로 인하여 불안과 불신이 조성되고 냉담과 퇴행에까지 이르게 되면, 사회 구성원으로서의 긍정적인 역할을 수행해 내기가 어렵다. 부모와 교사, 지역사회 사람들로부터 충분한 사랑을 받고 있다는 느낌을 가질 수 있도록 아동에게 충분한 사랑을 주고 베풀어야 한다.

3) 일관성 있는 행동 대처

아동을 대할 때 지나치게 간섭하거나, 일관성 없이 불규칙적이며, 권위주의적인 태도를 보이면 의뢰심이 강한 행동특성을 지닌 아동으로 성장한다. 또한 핵가족제도의 가정에서 자란 아동은 대가족에서 자란 아동보다 독립심이 강하고 정서적으로 불안정한 경향을 보이는 반면, 대가족제도의 가정에서 자란 아동은 핵가족제도의 가정에서 성장한 아동에 비해 의존성이 강하고 사교적이며 지도성이 높은 특성을 지닌다. 이와 같이 부모의 문화적인 가치관과 양육방식은 아동의 행동성향에 영향을 미친다. 따라서 아동을 대할 때에는 지나친 간섭보다는 자율성과 독립성을 인정하고, 일관성 있는 대처방식이 제공되어야 한다.

4) 가정의 수용적인 태도

사람들이 성장하고 발전해 나가기 위해서는 많은 사람들과의 접촉을 필요로 한다. 뿐만 아니라 개인이 만나게 되는 단체, 기관, 조직 등도 성장과 발전에 직접적으로 또는 간접적으로 영향을 미친다. 다만 영향의 정도에 차이가 있을 뿐이다.

어느 사회에서나 개인의 성장과 발전에 가장 큰 영향을 미치는 기관은 가정이다.

가정 내에서도 어머니의 역할이 가장 중요하고, 그 밖의 다른 가족 구성원들도 아동의 성장 발달에 영향을 미친다. 또한 친구, 선생님, 이웃, 친척 등도 아동의 성장과 발달에 영향을 미치며, 가정을 떠나 학교나 직장, 신문이나 텔레비전 등도 영향을 미치는 사회적 요인이 된다. 따라서 이러한 다양한 기관과 매체에서 아동을 어떻게 대해야 할 것인지는 매우 중요한 일이다. 아동 개개인을 인격체로 보고, 그들이 지닌 잠재능력을 인정하고 수용하는 태도가 매우 중요하다.

5) 긍정적인 반응 양식

아동의 성장 및 발달을 위해 구체적으로 어떤 방법을 어떻게 사용하느냐 하는 것은 개개인의 특성이나 문화에 따라 다르다. 하지만 가정에서 흔히 사용하는 훈육방법으로는 꾸짖고, 칭찬하고, 벌을 주고, 설명하고, 애정을 주고, 요구를 거절하고, 통제하는 등의 방법이 있다.

동일한 가정에서 동일한 부모로부터 일어나는 일이라고 하더라도 자세히 살펴보면 아들과 딸을 대하는 태도나 방식 등에서 차이가 있다. 큰아들과 둘째 아들(또는 막내아들)을 대하는 태도가 다르고, 큰딸과 막내딸을 대하는 태도가 다르다. 이와 같이 부모가 아동을 대하는 태도나 훈육방법에 따라 아동의 반응 양식도 달라진다. 또한 부모의 태도에 따라 서로 다른 행동특성을 형성해 나간다. 이러한 현상은 가정에서만이 아니라 군대나 직장에서도 흔히 나타나는 특성이다.

일반적으로 인간관계에서 욕하고 비웃거나, 칭찬하고 벌주는 것 등은 개인의 행동과 반응에 영향을 미치며, 이는 개인의 정서 함양에 영향을 미친다. 따라서 아동을 대할 때 그들의 행동반응을 고려하여야 한다. 아동이 형성하는 가치관, 규범, 도덕, 윤리, 법률 등도 이러한 태도나 훈육방법과 무관하지 않다.

Chapter

02

아동발달의 이해

1. 아동발달의 개념

발달(development)이란 '신체나 지능 따위가 성장하여 제 모양을 갖추거나 성숙해지는 것'으로, 규모나 수준이 점차로 커지거나 나아지는 것을 말한다. 발달과 유사한 개념으로 성장, 성숙, 학습이 있는데, 이들 개념에는 다소 차이가 있다.

성장은 발달과 관련된 양적인 변화로 신체의 크기나 능력이 증가하는 것을 말하고, 성숙은 유전적 요인에 의해 발달적 변화들이 통제되고 생물학적 과정으로 일어나는 양적인 변화를 말한다. 또한, 학습은 직접 또는 간접 경험의 산물로 연습이나 훈련 또는 의도적인 경험 등을 통해 일어나는 발달적 변화를 말한다.

인간이 수태에서 사망에 이르기까지 개인에게 발생하는 양적이고 질적인 모든 변화를 인간발달이라고 한다면, 아동발달은 인간의 발달과정에서 아동기에 이루어지는 발달, 즉 아동기에 이루어지는 성장, 성숙, 학습에 의해 이루어지는 변화과정을 말한다.

1) 성장

성장(growth)은 세포의 양과 크기가 증가하는 것으로 생물학적 기능의 가장 기초적인 것이다. 인간에게 성장이라 함은 신장이나 체중이 증가하는 것처럼 개체의 변화 중에서 양적으로 이루어지는 변화를 말한다. 이러한 성장은 개체의 양과 크기가 증가하는 것뿐만 아니라, 형태적으로 본 크기나 형태가 성숙에 이르는 과정에서 나타나는 변화를 말한다. 특히, 인간에게는 '성장'이라는 용어와 동일한 개념으로 '발육'이라는 용어를 사용하기도 하고, '신장'이나 '체중'과 같은 말로 표현하기도 한다. 인간의 성장은 다른 생명체에 비해 비교적 외적인 자극이나 환경적 영향을 덜 받는다. 성장은 생명체의 양적인 크기의 증가만을 의미하는 만큼, 발달의 전체적인 의미가 아닌, 한 측면만을 포함하는 의미이다. 개체의 변화는 성장을 통한 양적인 변화가 필요하지만, 성숙을 통한 질적인 변화도 필요하다.

2) 성숙

성숙(maturation)은 생물체가 그 생물의 전형적인 작용을 수행할 수 있는 상태에 도달하는 것으로 개체의 성적 성숙, 생식세포의 성숙, 종자의 성숙 등이 성숙에 해당된다. 따라서 성숙을 통해 생물체가 각각의 종으로서의 특징을 충분히 발휘할 수 있게 된다. 식물에서의 성숙은 꽃이 피고 열매를 맺을 수 있는 상태가 되는 것이고 동물에서의 성숙은 생식능력을 지닌 상태로 발달하는 것을 말한다.

인간에게 있어서의 성숙은 환경이나 경험적인 요인보다는 생득적으로 가지고 태어나는 유전적 요인에 의해 신체적, 지적, 정신적으로 분화되고 통합되는 과정을 거친다. 즉, 부모로부터 물려받은 유전적 요인에 의해 생물학적 변화가 이루어지는 것을 말한다. 태아의 태내에서의 발달, 출생 이후에 신생아에게 나타나는 급격한 성장, 사춘기의 변화 등이 대표적인 인간 성숙의 예이다.

성숙의 가장 큰 특징은 발달단계에 순서가 있다는 것이다. 동일한 개체의 발달은 항상 동일한 순서로 이루어진다. 성숙이 너무 빠르거나 늦으면 지적, 신체적, 정신적 발달의 불균형과 부조화를 가져오게 되고 사회적 적응에서 어려움을 겪게 된다.

3) 학습

학습(learning)이란 연습이나 경험의 결과로 일어나는 변화와 능력의 획득으로 비교적 지속적인 유기체의 행동변화를 말한다. 즉, 심신의 모든 분야에서 발생하는 비교적 지속적인 기능의 변화이다. 하지만 성숙에 의해 이루어지는 변화는 학습으로 간주되지 않는다. 학습에서 말하는 행동의 변화는 관찰할 수 있는 현상만이 아니라, 새로운 적응행동의 습득이나 유지, 숙달 등도 학습에 포함된다. 단, 행동변화 과정에서 발전적인 행동의 소거(消去)나 피로 등과 같은 변화는 학습이라 하지 않는다.

학습에는 신체기능의 향상이나 언어능력의 변화처럼 관찰이 가능한 행동적 변화가 있는가 하면, 의식이나 가치관처럼 사람의 눈에 보이지 않는 정신적 변화도 있다. 따라서 학습은 '비교적 지속적인 바람직한 행동의 변화'라고 말할 수 있다.

학습은 개체의 성장이나 성숙단계를 고려하여 이루어진다. 즉, 발달단계에 적합하지 않은 학습은 이루어지지 않는 경우가 많기 때문에 발달단계에 적합한 방식의 학습이 필요하다. 또한 학습을 위해서는 연습의 과정이 필요한데, 연습은 학습의 효과를 높이는 데 도움이 된다.

2. 아동발달의 특성

생명을 부여받은 모든 유기체는 양적으로나 질적으로 성장의 변화과정을 겪는다. 아동발달 또한 양적·질적인 변화과정을 거친다. 양적으로는 신체의 신장이나 체중의 증가와 같은 변화를 보이고, 질적으로는 지능의 발달과 같은 변화를 경험하게 된다. 아동발달의 특성을 신체 및 운동발달, 인지발달, 언어발달, 정서발달, 사회성 발달로 구분하여 살펴보면 다음과 같다.

1) 신체 및 운동발달

아동기는 평생 동안 이루어지는 발달 중에서 신체발달이 가장 빠른 시기이다. 특히 영아기의 신체발달은 놀랄 만큼 빠른 속도로 이루어진다. 이 시기의 발달은 신장과 체중뿐만이 아니라 골격과 근육, 중추신경계와 같은 신체의 내부적 발달도 급속도로 이루어진다.

한국 아동의 출생 시 체중은 남아가 평균 3.4kg, 여아가 평균 3.3kg이고, 신장은 남아가 평균 50.8cm, 여아가 평균 50.1cm이다. 이러한 영아의 신체는 건강한 영아의 경우 만 1세가 되면 출생 당시보다 신장은 약 1.5배, 체중은 약 3배로 증가한다.

아동 후기의 시기인 6~11세가 되면 대부분의 아동은 생활중심을 가정에서 학교로 옮기게 되고, 부모와 가족 이외에 선생님, 친구, 책 그리고 TV와 매체에 의한 영향을 많이 받게 된다. 이로 인하여 아동은 개인적인 특성이 더욱 발달하는 특징을 보인다. 특히 아동 후기의 아이들은 신장과 체중 면에서 빠르게 성장하는데, 한국 남아의 경우 6세에서 12세까지, 즉 6년 동안에 평균적으로 신장이 약 116cm에서 약 149cm로 33cm가 자란다. 12세가 되면 출생 시에 비해 몸무게도 증가하여 약 8배가 되고 신장은 약 2.8배로 성장한다. 이러한 신체적 발달은 사회·경제적으로 상류층에 위치할수록, 지능이 높을수록 그 성장속도가 더욱 빠르게 변화하는 것으로 나타났다(김민정 외, 2018).

아동기의 신체발달은 체중과 신장의 변화만이 아니라 팔과 다리의 대근육 성장도 이루어지는 시기이다. 신체의 대근육이 발달하면서 활동적이고 힘이 넘치는 행동적 특성을 보인다. 아동기의 아이들이 잠시도 가만히 앉아 있지 않는 것은 바로 이러한 신체발달과 무관하지 않다.

아동기의 발달 중 운동 반응에 대한 발달을 살펴보면 출생 시 지녔던 바빈스키 반사, 빨기 반사, 잡기 반사, 모로 반사, 수영 반사 등은 생후 3~4개월이 지나면 사라지기 시작하고 대뇌피질의 발달과 함께 점차 의식적이고 자발적인 운동으로 대치된다. 영아기의 운동발달은 2개월에 엎드린 상태에서 머리 들기, 3개월에 구르기, 6개월에 혼자 앉기, 9개월에 붙잡고 걷기, 11개월에 혼자 서기, 12개월에 혼자 걷기, 16개월에 손잡고 계단 오르기, 24개월에 달리기 등으로 발달한다(김호년 외, 2016). 이러한 운동발달은 영아의 대근육 발달과 관계있다.

대근육의 발달은 전반적인 신체발달을 증진시킬 뿐만 아니라, 소근육의 발달로 이어져 소근육을 강하고 정교하게 발달시킨다. 그림을 그리거나 글씨를 쓰는 일, 간단한 소도구를 이용한 활동 등은 소근육의 발달에 따른 행동이다. 소근육의 발달은 기본적 운동능력인 던지기, 달리기, 뛰어오르기 등의 능력을 발달시키며, 이를 결합한 게임이나 단체경기의 활동 능력, 협응 능력 등으로 발전된다. 학령기의 아동은 신체발달 속도는 다소 늦어지지만 신체발달에 따른 신체의 비율은 거의 성인과 유사해져 머리 크기는 신장의 1/7~1/8의 정도로 변화한다.

아동의 골격발달은 출생 후 뼈의 조직이 연골에서 경골로 변화되면서 시작된다. 유치가 빠지고 영구치가 발아하는 등의 변화도 골격발달과 관계된다. 두뇌는 신체의 어느 부분보다 빨리 발달하여 생후 2년 동안 출생 시의 90%가 발달한다.

아동기의 신체발달은 개인에 따라 다소 차이는 있으나 전 생애 중 가장 빠른 발달속도를 보이며 순차적으로 진행된다.

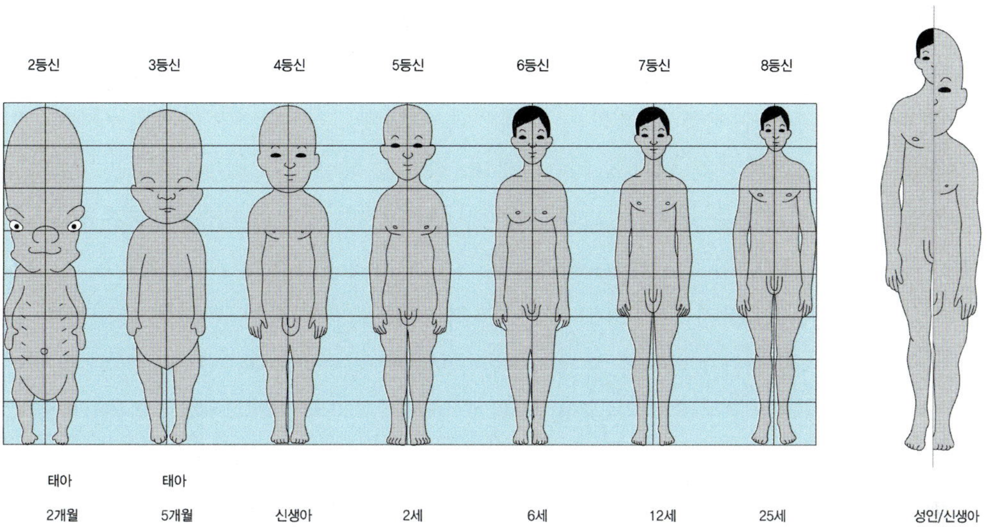

출처 : Muzi, M. J.(2000).

그림 2-1 신체비율의 변화

2) 인지발달

인지발달이란 개인이 정보를 지각하고 평가하며 이해할 수 있는 지적인 능력을 습득하는 변화과정을 말한다. 인지발달은 인간의 정신세계와 밀접한 관계가 있으며 발달심리학에서 중요하게 다루는 영역이다. 인간의 인지능력이 어떻게 발달되어 가는지에 대해서는 여러 가지 이론이 있으나 대표적인 것은 피아제(Piaget)의 이론이다.

피아제는 인지발달 단계에서 영아기는 인지발달의 첫 단계로 감각운동기라고 명명하였다. 감각운동기는 태어나서 2세까지의 시기인데, 이 시기 인지발달의 특성으로 대상영속성(object permanence)을 들었다. 대상영속성이란 특정 대상이 관찰되지 않아도 계속 존재하고 있다는 의미를 설명하는 용어로 발달심리학의 주요 개념이다. 이와 같은 대상영속성은 유아가 지닌 중요한 개념 중의 하나로 감각운동기인 출생에서부터 약 2세까지 이어지는 기간에 습득해야 할 발달과업의 하나이다.

2세부터 6세까지는 전조작기에 해당된다. 이 시기에는 언어와 같은 상징적 기호를 사용하면서 사고능력이 발달하는 시기로 모방능력, 상상력, 묘사능력, 언어능력 등이 발달하는 시기이다. 전조작기는 감각운동기의 사고 유형과 달리 환경에서 사물에 대한 상징과 심상을 사용하는 능력이 증가한다. 하지만 이 시기의 사고는 비가역적이고, 변환과정을 이해할 수 없으며, 자기중심적 사고라는 특징을 지녔다.

7세부터 11세까지는 구체적 조작기에 해당된다. 이 시기는 아동의 보존기술, 분류기술, 조합기술 등이 발달하는 시기이다. 이 시기에 발달하는 보존기술은 형태가 변화하거나 담는 그릇이 달라져도 질량, 부피와 같은 물리적인 부분은 변화하지 않음을 이해하는 능력을 말하며, 분류기술은 대상이 공통적으로 지니고 있는 속성에 따라 물체를 분류·통합하는 능력과 위계적 방식으로 하위집단으로 나열하여 하나의 새로운 집단으로 분류할 수 있는 능력을 말한다. 또한 조합기술은 수를 조작하는 능력으로, 일정한 수의 사물이 있으면 그것을 펼쳐 놓든지 모아 놓든지 또는 형태를 바꾸더라도 그 숫자는 동일하다는 것을 이해하는 능력을 말한다(김호년 외, 2016). 구체적 조작기의 아동들은 가역성의 개념을 획득하여 보존과제를 성공적으로 수행할 수 있고, 수, 질량, 길이, 면적, 무게, 부피와 같은 보존개념을 습득하며, 타인의 감정과 사고에 관심을 가지며 사회적인 특성을 보이는 탈중심화가 이루어진다. 또한 부분과 전체의 논리적 관계, 상하의 위계적 관계를 이해하는 유목화가 이루어지고 크기나 무게가 같은 하나의 기준에 따라 대상을 순서대로 배열할 수 있는 능력인 서열화가 형성되는 시기이다.

12세 이후는 형식적 조작기에 해당된다. 형식적 조작기는 구체적인 실제를 넘어서 여러 가지 가능한 것을 논리적이고 추상적으로 사고할 수 있는 능력이 발달하는 시기로, 상징적 추론이 가능하고 연역적 사고와 분석 및 종합적 사고가 가능한 시기이다.

형식적 조작기에는 가설·연역적 사고가 발달되어 어떤 문제에 직면했을 때 여러 가지 변인들을 동시에 고려하여 해결책을 마련하는 조합적 사고 능력을 갖춘 시기로, 과학적·귀납적 추론이 가능한 시기이다. 따라서 문제에 대한 가설을 설정하고 체계적인 방법으로 검증을 할 수 있으며, 논리적인 검토를 통해 해답을 찾을 수 있는 인지능력이 발달하는 시기이다.

피아제의 이론에 나타난 아동기의 인지발달은 유아기에 비해 상당한 변화를 보인다. 보다 세련된 방법으로 분석하고 논리적으로 생각하며 사물의 다양한 측면을 고려하여 결론을 이끌어내는 능력이 형성되는 시기가 아동기이다. 뿐만 아니라 유아기에 지녔던 직관적 사고와 자기중심화에서 벗어나 논리적 사고와 탈중심화가 이루어지고, 비가역적 사고에서 가역적 사고로 발전하는 것도 아동기이다. 문제해결 과정에서도 직관보다는 논리적 사고를 적용하여 해결하기 시작한다.

3) 언어발달

인간의 언어습득은 타고난 인간의 능력인지, 아니면 사회적으로 학습되는 것인지에 대해 발달심리학의 영역에서 수많은 학자들의 연구가 이루어져 왔다. 특히 언어는 인간 사고의 도구적 역할을 한다는 점에서 인지능력 향상에 필수적으로 갖추어야 할 요소이며, 사회적 의사소통의 도구로 활용된다는 점에서 매우 중요한 발달과업이다. 아동기에 감각기관을 통하여 들어오는 정보를 지각하는 것은 언어발달의 시작이므로 이 시기의 언어발달은 매우 중요하다.

아동의 언어발달과 관련해서는 고전적인 네 가지 이론이 있다. 첫째는 생물학적 이론으로 아동이 출생하면서 동시에 언어를 학습할 수 있는 경향성을 지닌다고 보는 입장이고, 둘째는 학습이론으로 언어획득의 대부분이 경험을 통해서 이루어진다고 보는 이론이다. 셋째는 인지발달이론으로 언어가 인지발달과 관련되어 사고의 발달을 촉진시킨다고 보는 입장이며, 넷째는 상호작용이론으로 언어획득이 생물학적 성숙과 환경, 그리고 경험에 의한 상호작용에 의해 발달한다고 보는 견해이다(김민정 외, 2018).

아동기의 언어발달은 단어의 지식과 의미에 대한 이해와 더불어 필요한 문장과 문법의 규칙을 이해하는 두 가지 측면으로 이루어진다. 일반적으로 아이가 태어나 2~3개월이 되면 옹알이를 시작하는데, 이러한 옹알이는 생후 10개월이 되면 언어 이해력이 빠른 속도로 높아져 뜻이 있는 언어의 사용으로 발전한다. 따라서 이 시기의 언어발달은 언어표현력보다는 언어이해력에 초점이 맞추어져야 한다.

2세가 되면 대부분의 아동은 약 200~300개의 단어를 사용하고, 두 단어로 이루어진 문장을 사용할 줄 안다. 3세가 되면 단어 사용량이 800~1,000개로 증가하고 언어의 표현방법에 있어서도 자신의 욕구와 의지를 표현하려는 언어표현력이 증가하게 된다. 이 시기가 되면 구어에 대한 이해는 거의 완성된다고 볼 수 있다. 4세가 되면 1,500개의 단어를 사용하며, 발음에 대한 정확도도 매우 높아진다. 4세에는 발음한 소리 중 77% 정도는 정확한 발음이다.

아동의 언어발달은 사회·문화적 환경에 영향을 받으며, 아동의 인지발달, 지각성의 발달, 운동성의 발달과 밀접한 관련이 있다. 언어는 아동이 속해 있는 문화에 대한 이해와 문화가 지닌 가치들을 반영하기 때문이다.

4) 정서발달

정서란 자극에 대하여 동요되고 흥분될 때 경험하는 심리상태나 감동으로서 포괄적인 정신적·신체적 상태를 말한다. 즉, 자극이나 내적 상념에 관련되어 느껴지는 쾌·불쾌의 차원을 감정이라 하고, 분노, 공포, 질투, 웃음, 애정 등과 같이 어떤 상황을 맞이하였을 때 유발되는 감정의 분화된 상태를 정서라고 한다. 이러한 아동기의 정서는 표현의 변전성, 일시성, 강열성, 빈번성 등을 특징으로 하는데, 아동이 성장함에 따라 이러한 정서적 표현방법은 변화한다.

아동기 정서의 대표적인 특징인 변전성은 잦은 변화를 말하는데, 아동들은 일시적으로 정서적 분출이 일어나고 특정한 정서 상태의 지속시간이 짧기 때문에, 조그만 일에도 기뻐하다가도 금방 화가 나면 울기도 하는 행태를 보인다. 또 눈물을 흘리면서 울다가도 곧 좋은 선물을 받으면 소리 내어 웃는 모습을 보이기도 한다. 아동의 정서는 성장해 갈수록 감정을 기억하는 시간도 길어지게 되고 자제력도 생기며 감정적 분출의 횟수도 줄어든다. 이는 자신의 문제를 해결하기 위해 다른 방법들을 찾기 시작했다는 것을 의미하는 것이다(김민정 외, 2018).

아동의 정서발달은 일찍부터 시작된다. 생후 2년 동안에 대부분의 정서가 분화되어 발달하고, 생후 2년이 지나게 되면 성인에게서 볼 수 있는 거의 모든 정서가 나타나게 된다.

정서는 생후 2주일 전후부터 나타나는데 흥분상태에서 어떤 자극을 주면 공포, 분노, 애정의 정서반응을 나타낸다. 공포감은 큰 소리가 나거나 돌보아 주는 사람이 없을 때 생기는데, 신생아는 질겁하거나 가쁜 호흡을 하며 손을 꽉 움켜쥐고 입술이 파래진다. 분노는 욕구충족이 안 되거나 신체운동에 억제를 당하였을 때 나타난다. 애정은 신체를 쓰다듬어 주거나 안아주어서 즐겁게 해줄 때 생긴다.

출생 후 3개월이 되면 정서가 쾌(快)와 불쾌(不快)의 상태로 분화된다. 6개월이 되면 불쾌한 정서는 분노, 혐오, 공포 등으로 분화되고 쾌의 정서는 애정으로 분화된다. 5개월에서 1년 사이의 영아는 낯선 사람에 대한 불안을 나타내기 시작한다(김호년 외, 2016). 이 시기의 유아들이 부모와 떨어질 때 느끼게 되는 격리불안은 이러한 정서발달과 무관하지 않다.

만 1세가 되면 불안과 공포의 정서가 발달한다. 돌이 지난 아동들은 자신이 보지 못했던 물건이나 낯선 사람이 나타나는 상황에 대해 공포를 느끼게 된다. 만 2세가 되면 불안과 공포가 더욱 심해져 어두운 곳을 무서워한다. 이 시기에는 분노의 표출 방식이 폭발 행동, 고집부리기, 말 안 듣기, 침묵 등으로 나타난다. 만 3세에 이르면 떼쓰기가 빈번해지고, 화가 나서 바닥에 뒹구는 것과 같은 행동도 자주 보인다. 이 시기의 부모들은 이러한 아동의 불안과 공포에 대해 공감적인 태도로 수용하고 이해해 주어야 한다. 강압적으로 통제하려는 것은 바람직하지 않다.

이러한 정서발달은 일차적 정서와 이차적 정서로 나눈다. 일차적 정서란 다정하게 지내던 친구가 이사를 가서 느끼게 되는 상실감이나 동생이 자신을 무시했을 때 느끼는 분노, 직장에서 일자리를 해고당했을 때의 절망감과 같이 어떠한 사건에 대해 즉각적으로 나타나는 정서반응을 말한다. 이러한 일차적 정서는 일종의 기분정서로 기쁨, 분노, 놀람, 슬픔, 공포 등이 이에 해당된다.

이차적 정서란 일차적 정서에 대한 반응으로 고독감이 가져다주는 수치심의 경우 수치심이 이차적 정서이다. 또한 우울감으로 인해 삶에서의 즐거움과 흥미를 상실하게 되었다고 할 때, 상실된 즐거움, 상실된 흥미가 바로 이차적 정서에 해당된다. 즉, 감정에 대한 감정이 이차적 정서에 해당된다. 이러한 이차적 정서는 일종의 복합정서로 수줍음, 격노, 수치, 당황, 죄책감 등이 이에 해당된다. 이차적 정서반응은 개인이 하나의 감정이 아닌 두 개의 긴장된 감정 사이에 놓이게 되는 경우가 대부분이다. 이차적 정서반응은 정서의 수가 제한되어 있지 않다. 한 가지의 일차적 정서로 시작했다고 할지라도 다수의 이차적 정서반응에 의해 이차적 정서반응으로 변하기도 한다.

5) 사회성 발달

영아가 출생 후 8~9개월이 되면 단순한 행동이나 몸짓 등을 보고 흉내 내기 시작하면서 부모 행동의 모방을 통해 부모의 가치관을 내면화해 간다. 이러한 모방활동은 어린이가 부모로부터 사랑과 권위를 경험하면서 자연스럽게 수용되어 부모의 양육태도가 아동의 인성형성에 영향을 미친다. 영아기에 나타나는 가장 중요한 형태의 사회성 발달은 애착이다. 애착은 다른 사람과의 가까운 관계를 유지하려는 행동 혹은 가까운 관계가 손상되었을 때 회복하려는 행동으로, 부모와의 애착에 대한 경험은 친근한 인간관계를 형성하는 데 중요한 요인이 된다. 아동기의 사회성 발달은 주변에 있는 사람과의 관계를 통해서 발달하는데, 아동기의 발달과업으로는 인격적으로 독립적인 개체로서의 자아개념을 형성하는 일, 또래집단과 어울려 지내는 것을 배우는 일, 성역할을 습득하는 일 등이 있다.

아동기의 자아개념은 자아존중감과 밀접한 관련이 있다. 자아존중감은 다른 사람과 자신과의 비교, 또는 현실적인 자기와 이상적 자기와의 비교 등을 통해 자신을 정확하고 객관적인 관점으로 인식하는 과정을 통해 형성된다. 자아존중감은 자신의 능력을 어떻게 평가하는가와 관련되므로 발달과정에 매우 중요한 역할을 한다.

아동기의 사회성 발달은 가족과의 관계, 가족의 역할, 생활환경 등이 영향을 미친다. 영아에서 유아로 성장하게 되면 부모와 더불어 형제 등 다른 가족과의 상호작용이 확대된다. 이 시기에는 가정 밖에서의 주체성이 형성되기 시작하는데, 이를 제1의 반항기라고 한다. 이러한 행동은 자아의식의 발달로 인해 생기는 자기주장의 표현이다. 아동기로 접어들어 점차 사회적 관계가 확대되면 아동에게는 가족보다 또래집단의 영향이 더욱 중요해진다. 또래와의 관계가 아동의 가장 큰 기쁨이 되기도 하고, 때로는 깊은 좌절의 근원이 되기도 한다. 이러한 또래집단은 아동기의 사회화 과정에서 매우 중요한 역할을 할 뿐만 아니라 사회적 유능성의 발달과도 밀접한 관계가 있다.

아동기에는 성역할을 습득하는 사회화 과정을 거친다. 아동기는 사회적 성이 습득되는 시기인 동시에 신체적인 성에 대한 호기심이 증가하는 시기이다. 유아기에 나타나는 성에 대한 호기심을 충족시키기 위해서는 자연스럽게 놀이를 통해 성을 접할 수 있도록 하는 것이 바람직하며, 유아의 긍정적인 성 발달에도 도움이 된다.

아동기가 되면 성에 대한 태도나 놀이를 단순히 놀이로만 여기지 않는다는 점이다. 8~9세의 아동은 유아나 사춘기에 비해서는 성에 대한 관심이 비교적 덜한 편이어서 이 시기를 '성적 잠복기'라고 한다. 하지만 엄밀히 말하자면 이 시기의 아동도 외부로 나타나는 성적인 행위는 감소할지 몰라도, 내면의 성에 대한 관심은 줄어들지 않는다. 아동기의 어린이는 공공장소나 가정에서 성적인 행위를 자제하고, 부모 앞에서 옷을 갈아입는 것을 부끄러워하며 공중목욕탕에서 남녀를 구분하여 입장할 것 등을 요구하기 시작한다. 또한, 놀이에서도 남자는 남자끼리, 여자는 여자끼리 구분하여 놀이를 한다. 뿐만 아니라, 이 시기의 아동들은 단체놀이를 좋아한다. 단체놀이는 혼자서 하는 놀이에 비해 규칙을 잘 지키게 되고 서로 간에 팀워크를 만들어 나가야 하는 활동의 특성이 있기 때문이다. 단체놀이를 통해 분업의 원리, 경쟁의 본질, 승리의 중요성, 집단 속에 종속된 개인의 발견 등을 배우기 때문이다. 이러한 단체 활동을 통해 사회적 습관이나 태도를 동일시하면서 남자는 보다 남자다워지고, 여자는 보다 여자다워지는 것을 지향해 나간다.

3. 아동발달의 영역과 원리

1) 아동발달의 영역

인간의 발달은 생명이 시작되는 수정의 순간에서부터 죽음에 이르기까지의 전 생애를 통해 일어나는 모든 변화로 상당히 복잡하고 체계적인 여러 요인에 의해 이루어진다. 인간발달의 내용에는 신체, 운동기능, 지능, 사고, 언어, 성격, 사회성, 정서, 도덕성 등 인간이 지닌 모든 특성이 포함된다. 이러한 인간의 발달은 크게 세 가지 영역으로 구분하는데, 생물학적 발달, 인지적 발달, 사회·정서적 발달이다.

생물학적 발달은 신체적 변화와 관련된 것으로 부모로부터 물려받은 유전인자, 두뇌발달, 키와 몸무게, 운동기술, 사춘기 호르몬의 변화 등이 해당된다.

인지적 발달은 개인의 사고, 지능, 언어에서의 변화와 관련된 것으로 움직이는 물체 관찰하기, 시 암송하기, 수학문제 풀기, 상상하기 등이 해당된다.

사회·정서적 발달은 대인관계, 정서, 성격의 변화, 사회적 환경의 변화를 말하는 데, 영아가 엄마에게 미소를 보내는 것, 또래에게 공격적으로 대응하는 것, 유아의 자기주장의 발달 등이 해당된다.

이러한 인간발달 영역 간에는 독립적으로 발달하는 것이 아니라 영역 간에 상호작용을 하면서 영향을 주고받는다. 아동발달의 세 영역과 영역별 주요 내용은 다음과 같다.

표 2-1 아동발달의 영역과 주요 내용

영역	관련분야	관심 내용	주요 요소	관련분야의 제기되는 질문 예시
생물학적 영역	개인의 신체 내에서 일어나는 변화	뇌와 신경계, 근육, 감각능력 등이 행동에 어떤 영향을 미치는가?	부모로부터 받은 유전인자, 두뇌의 발달, 키와 몸무게, 운동기술, 감각운동능력, 사춘기 호르몬의 변화 등	• 아동의 성을 결정하는 요인은 무엇인가? • 부모로부터 받은 유전인자는 아동에게 얼마만큼의 영향을 미치는가? • 모유의 이점은 무엇인가?
인지적 영역	개인의 사고, 지능과 언어의 변화	학습, 기억, 문제해결 능력, 지능 등을 포함하는 지적 능력의 변화는?	움직이는 물체의 관찰, 시 암송, 수학문제 풀기, 상상하기, 주의집중, 기억, 창의성, 언어발달 등	• 유아가 기억할 수 있는 최초의 기억은 어떤 것인가? • 이중 언어의 이점은 무엇인가? • TV 시청의 효과는 어떠한가?
사회·정서적 영역	다른 사람과의 관계, 정서의 변화, 성격의 변화	성격의 안정성과 변화, 대인관계, 사회적 관계의 성장과 변화는?	친밀한 관계, 또래에게 공격적으로 대응하는 것, 유아의 자기주장 발달, 자기이해, 대인관계기술 등	• 신생아는 어머니와 그 밖의 사람들에게 다른 반응을 보이는가? • 아동을 훈육하는 가장 좋은 방법은 무엇인가?

2) 아동발달의 원리

발달은 역동적이며 다양한 요인들의 상호작용과정을 통한 결과이다. 인간의 발달은 수많은 요인에 의해 영향을 받는 복잡한 과정이지만, 자세히 살펴보면 공통된 원칙이나 경향성을 지니고 있는데, 이를 발달의 원리라고 한다. 태내기의 발달 순서가 정해져 있다거나 모든 태아는 동일한 순서로 비슷한 시기에 발달하는 것과 같은 것이 발달원리에 해당된다. 아동발달에는 발달과 관련된 몇 가지 일반적인 원칙이 있는데, 구체적인 내용은 다음과 같다.

(1) 발달의 순서성 : 발달에는 일정한 순서가 있다.

인간이 태어나면서부터 가지고 있는 유전인자와 자신이 속한 환경에 따라 발달하는데, 발달이 나타나는 순서와 방향은 일정하다. 예를 들면, 영유아의 발달을 보면 모든 영유아가 누운 상태에서 앉을 수 있는 상태로 발달하고, 앉은 후에 설 수 있는 상태로, 설 수 있게 된 후에 걸을 수 있는 상태로 발달한다. 뿐만 아니라, 영유아의 언어발달도 옹알이를 한 다음에 말을 할 수 있고, 말을 한 후에 간단한 문장을 사용할 수 있으며, 간단한 문장을 사용한 후에 복잡한 문장을 사용할 수 있게 된다. 이와 같이 아동발달에는 일정한 순서가 있다.

여러 가지 발달 측면이 나타나는 순서와 방향은 일정하며, 이 순서와 방향은 결코 바뀌지 않는다. 이와 같이 발달의 순서가 정해져 있다는 것은 어떤 발달단계에서 나타나는 변화의 양상은 이전의 단계에서 이루어졌던 변화의 내용에 기초하여 발달하게 된다는 의미이다.

(2) 발달의 방향성 : 발달은 일정한 방향으로 진행된다.

아동의 신체 및 운동발달의 경우 일정한 방향으로 발달이 이루어진다. 이를 발달의 방향성이라고 하는데, 발달의 방향성에는 두미발달의 원칙, 근원발달의 원칙, 세분화발달의 원칙이 있다.

① 두미발달의 원칙(cephalocaudal) : 상부에서 하부, 즉 머리에서 다리와 발의 방향으로 발달이 진행된다. 아동의 발달에서 머리 부분이 사지나 몸통보다 먼저 발달한다는 것이다.

② 근원발달의 원칙(proximodistal) : 중심에서 말초 방향으로, 안쪽에서 바깥쪽으로 발달이 진행된다. 즉, 중심부가 말초신경보다 먼저 발달하는 것으로, 팔, 팔목, 손, 손가락의 순서대로 발달이 이루어진다.

③ 세분화발달의 원칙(general specific) : 전체 운동에서 세분된 활동으로 발달이 진행된다. 즉, 일반적인 것에서 특수한 것으로 발달이 진행되는 것을 말하는데, 유아 초기에는 몸 전체를 사용하는 행동으로 거칠고, 산만하고, 분화되지 않은 행동을 보이지만, 점차적으로 분화되고 정밀한 행동으로 대체해 나가는 것을 말한다. 유아기에는 방바닥에 떨어진 머리카락을 줍기 위해 온몸을 사용하

지만 시간이 지나면서 엄지손가락과 집게손가락을 사용하여 정확하게 머리카락을 줍는 행동을 보인다.

(3) 발달의 연속성 : 발달은 계속적인 과정이지만 발달의 속도는 일정하지 않다.

발달은 일생을 통한 계속적인 과정이지만, 그 속도는 일정하지 않다. 때로는 발달이 상승과 하강과정을 거치면서 끊임없이 이루어지지만, 발달해 가는 속도는 신체적·심리적 특성에 따라 혹은 발달 영역에 따라 동일하지 않다. 발달 시기에 따라 신체적 발달이 급속도로 이루어지는 시기가 있는가 하면, 때로는 심리적 발달이 급속도로 이루어지는 시기가 있다. 일반적으로 신체발달은 출생 후 첫돌까지는 신장과 체중이 크게 증가하다가 청년기가 되면 또다시 신장과 체중이 급격히 성장하는데, 이것을 청년기 성장급등이라고 한다. 언어능력의 발달은 유아기에 급격히 발달하여 어휘습득의 속도가 빠르게 진행된다. 생식기관의 발달은 아동기에는 매우 느리지만 사춘기에는 급속도로 발달하며, 인지능력의 발달은 유아기에 어휘력이 갑자기 풍부해지고, 청년기에는 논리적인 문제를 해결하는 능력이 현저하게 향상된다. 하지만 고등정신능력인 추리력의 발달은 출생 후 서서히 발달하여 아동기를 지나 청년기에 이르러서야 완숙해지는 발달과정을 보인다. 발달에는 고정되고 정확한 순서가 있지만 언제나 같은 비율이나 속도로 진행되지는 않는다. 성장의 속도가 상승할 때도 있고 감소할 때도 있다.

(4) 발달의 개인차 : 발달에는 개인차가 있다.

인간의 모습과 행동을 보면 서로 많은 공통점을 지니고 있지만, 자세히 살펴보면 모든 인간이 서로 다르다. 일란성 쌍둥이조차도 동일하지 않고 차이를 보인다. 어떤 아이는 외향적이고 어떤 아이는 내향적인 것처럼, 이 세상에 같은 아동은 하나도 없으며 모든 아동은 각자 독특하다. 아동들은 연령이나 성별에 따라 보편적인 발달 경향을 따르지만, 각각의 인간은 독특하며 똑같은 사람은 없다. 이와 같이 인간의 발달은 일반적이고 보편적인 순서에 의하지만 발달의 속도, 유형 및 결과에는 개인에 따라 차이를 보이는데, 이러한 차이를 개인차라고 한다.

개인차는 개인 간 차이와 개인 내 차이로 구분한다. 개인 간 차이는 아동이 같은 발달단계에 있는 다른 아동과의 차이를 말한다. 즉, 두 아동 간에 키가 5cm의 차이가 있다고 한다면, 이는 개인 간의 차이이다. 반면에 같은 발달단계의 아동과 비교하여 지적 능력은 또래 아동들보다 뛰어나나 운동능력이 뒤처진다고 한다면, 이러한 아동의 발달 영역에서의 차이를 개인 내 차이라고 한다. 발달상에 나타나는 이러한 차이는 다양한 요인에 의한 것이지만, 일반적으로 유전적인 요인과 환경 간의 상호작용에 의한 것으로 설명한다.

(5) 발달의 상호작용성 : 발달은 유전과 환경의 상호작용 안에서 이루어진다.

아동의 발달은 부모로부터 받은 유전적 요인과 외부 환경 요인 간의 상호작용 결과로 이루어진다. 유전과 환경은 언제나 상호작용하기 때문에 발달에 미치는 효과를 분리하거나 상대적 기여도를 구분하기는 어렵다. 즉, 유전이나 환경의 어느 하나에 의해 일방적으로 영향을 받지는 않는다. 이는 부모로부터 물려받은 유전인자는 환경에 의해 그 잠재력을 발휘할 수 있는 범위가 제한되며, 환경의 영향 또한 지닌 유전자의 본질에 의해 제한된다는 것을 의미한다. 즉, 아동이 부모로부터 전해 받은 유전인자는 제한된 환경의 범위 안에서 그 잠재력을 발휘할 수 있으며, 환경 또한 아동이 지닌 유전인자의 본질이 제한하는 범위 안에서 아동의 발달에 영향을 주게 된다.

(6) 발달의 결정적 시기 : 발달에는 결정적인 시기가 존재한다.

아동의 발달은 여러 가지 발달 영역 중에서 어느 시기에 가장 왕성하게 발달하며, 반드시 그 시기에 이루어져야 하는 발달이 있다. 이를 발달의 결정적 시기(critical period)라고 하는데, 발달의 결정적 시기는 발달이 전 생애에 걸쳐서 일어나지만 발달 영역에 따라 발달이 보다 용이하고 최적의 발달이 이루어질 수 있는 시기를 말한다. 애착이나 언어발달과 같은 것이 결정적 시기의 예가 된다. 이 시기에 적절한 발달이 이루어지지 못하거나 부정적인 영향을 받게 되면 치명적이고 심각한 결손을 가져오게 된다. 이러한 결정적 시기를 발달의 민감기로 표현하기도 하는데, 이는 대부분 생의 초기에 집중되어 있는 것이 특징이다. 이 시기의 발달에 대한 실조 경험은 이후의 발달에 부정적인 영향을 미칠 수 있다는 점에서 발달의 초기 단계는 일생 중 가장 중요한 시기로 간주된다.

(7) 발달 영역 간의 영향 : 발달의 영역 간에는 상호 밀접한 연관이 있다.

인간의 발달을 생물학적 과정의 발달, 인지적 과정의 발달, 사회·정서적 과정의 발달로 영역을 구분한다. 이러한 영역의 발달은 분리되어 독립적으로 발달하는 것이 아니라, 서로 밀접하게 관련되어 서로 영향을 주고받으면서 발달한다. 생물학적 과정이 인지적 과정에 영향을 미치고, 인지적 과정은 사회·정서적 과정에 영향을 미치며, 사회·정서적 과정은 또 생물학적 과정에 영향을 미친다. 이렇듯 생물학적 과정의 발달, 인지적 과정의 발달, 사회·정서적 과정의 발달은 서로 영역 간에 상호작용을 한다. 즉, 발달 영역은 상호 간의 발달을 촉진시키거나 지체시키면서 상호영향을 미친다. 일반적으로 한 영역의 발달이 이루어지면 다른 영역도 함께 발달하고, 한 영역의 발달이 늦어지면 다른 영역의 발달도 늦어지는 경향성이 있다. 즉, 신체발달이 우수한 아동은 지적발달에도 앞서고 다른 아동과의 관계에서도 적극적이다.

각 발달 영역이 서로 관련되어 영향을 주고받지만, 한 영역의 큰 변화가 반드시 다른 영역에 큰 영향을 주는 것은 아니다. 종종 작은 변화가 다른 영역에 큰 영향을 미치기도 하고, 반대로 강력한 사건이나 변화가 다른 영역에 그다지 영향을 미치지 않는 경우도 있다.

4. 아동발달의 단계

아동기는 두뇌의 변연계를 중심으로 사회적, 정서적 발달이 매우 활발하게 이루어지는 시기로 다른 사람들과의 상호작용을 통해 원활한 관계를 탐색해 나가며 세상에 대한 지식과 이해를 넓혀간다. 아동발달은 연령이 증가함에 따라 신체적, 인지적, 사회·정서적 변화를 보인다. 이러한 아동발달은 시간 경과에 따라 일정한 단계(stage)나 시기(phase)로 구분하여 설명하는데, 학자에 따라 단계를 나누는 방법이나 단계의 명칭, 아동의 연령범위 등에 차이를 보인다. 일반적으로 아동의 발달은 태내기, 영아기, 유아기, 아동기, 청소년기로 구분하는데, 단계별 아동의 연령과 발달 특성을 살펴보면 다음과 같다.

1) 태내기

태내기는 수정에서 출산까지의 기간을 말하며, 이 시기에는 어머니의 자궁 내에서 신체의 조직이 구성되고 가장 빠른 발달이 이루어지는 시기이다. 태내기에는 세포가 빠르게 분열하며 아기의 신체구조와 기관이 형성되는 것이 특징이다. 즉, 정자와 난자의 수정에서부터 출생할 때까지의 기간으로 세포에서 한 인간이 형성되는 시기이다. 성장·발달이 빠르고 어머니에게 완전 의존하는 존재로 일생에서 가장 결정적인 시기이다.

2) 영아기

영아기는 0세부터 2세까지로 출생과 동시에 새로운 외부의 환경에 적응해 나가는 시기이다. 영아기에는 외부 상황에 대처해 나가기 위해 호흡과 소화, 배설, 운동기능 등이 발달하는 시기이다. 출생에서 24개월까지의 기간인 영아기는 어느 때보다도 부모에 대한 의존이 높은 시기이며 언어, 상징적 사고, 감각운동의 조합, 사회적 학습 등이 이루어지기 시작하는 시기이다. 하나의 독립된 개체로 성장할 준비를 하는 시기라고 볼 수 있다.

영아기는 아기의 성장과 발달이 무척 빠른 것이 특징이다. 뛰어다닐 수 있을 정도로 신체가 발달하고 의사소통이 가능할 정도로 언어능력도 발달한다. 또한 사회성 발달을 위해 부모와의 애착이 형성되는 시기이고, 인지발달을 위해 다양한 감각적 자극과 호기심을 갖고, 만지고 먹고 듣고 느끼는 것이 활발하게 이루어지는 시기이다. 주로 돌보는 사람과의 상호관계를 통해서 신뢰감과 대인관계의 기초를 형성하는 시기이다.

3) 유아기

유아기는 3세부터 6세까지로 신체적으로 독립된 개체로 활동하는 시기이다. 이 시기에는 대소변 훈련, 기본 언어, 인지, 정서, 사회성 발달 등이 이루어진다. 특히 유아기에는 인지능력과 상상력 등이 풍부해지는 것이 특징이다. 또한 주변 환경에 대한 호기심이 왕성해지고 많은 어휘력을 습득하여 의사소통도 더욱 활발해진다.

유아기의 발달적 특징은 자율성과 솔선감이 발달하고 급속한 언어발달로 사고의 범위가 확대된다. 사회성 발달로 기본적 사회화가 이루어지고 자기조절과 통제, 독립성 등이 습득된다. 자아개념이 발달하기 시작하고 신체 이미지(body image)의 발달이 진행된다.

4) 아동기

아동기는 7세부터 12세까지로 공식적인 학교교육이 시작되는 시기이다. 이 시기에는 가족에서 또래관계로 관심이 옮겨지고 무엇인가를 성취하고 달성하는 것에 흥미를 느낀다. 신체적, 정신적, 사회적 성장·발달이 균형 있게 진행되고, 사회성과 도덕성 발달이 중요한 시기이다. 적절한 성역할을 학습하고 학교생활에 적응해 나가며 가족과 또래집단의 영향을 받으면서 지적·정서적·사회적 발달이 이루어지는 시기이다.

6세에서 11세까지는 초등학교에 다니는 시기로 이 시기를 학령기라고 하는데, 학령기에는 또래집단을 중요하게 생각하고 읽기, 쓰기, 셈하기 등과 같이 세상을 살아가는 데 필요한 기본 기술을 이 시기에 습득한다. 생활의 비중이 가정보다 학교가 더욱 높아져 학교생활이 아동기의 발달에 매우 큰 영향을 미친다. 또한 이 시기는 속옷 입기, 손발 스스로 씻기 등과 같은 자조기술 발달이 이루어지는 시기이고, 글자 알기 등의 취학준비 기술을 배우는 시기이며, 또래와 놀이를 많이 하는 시기이다. 아동기에는 아이들마다 성장이나 발달의 속도에 서로 차이가 있다는 점을 고려하여 발달차를 수용하고 융통성 있게 해석할 필요가 있다.

5) 청소년기

청소년기는 12세부터 18세에 이르는 시기로 아동기에서 성인기로 전환하는 시기이다. 독립된 성인으로서의 삶을 준비하는 시기로 자아개념을 재정립해 나간다. 특히 이 시기에는 이전의 학습과 가치를 내면화하는 데 중점을 두고, 집단보다 개인의 정체성에 중점을 둔다. 또한 이 시기에는 제2차 성징과 같은 성 특징적 신체적 변화가 진행되는 시기로, 자아정체감이나 가치관, 이성관계 등이 형성되고 발전해 나간다.

신체발달의 측면에서도 급격한 변화가 일어나 키나 몸무게의 증가, 체형의 변화, 성적 변화 등이 진행되는 시기이다.

5. 아동발달의 주요 이론

1) 정신분석이론

(1) 프로이트의 심리성적 발달이론

프로이트(Sigmund Freud)는 신경계통을 전공한 의사로서 발달심리학에서 빼놓을 수 없는 학자이다. 그는 정신분석학에서 최초로 성격발달단계를 규정하였고, 어린 시절의 성격이 이후의 성격을 결정한다고 보았다. 이러한 그의 주장은 초기 아동기의 경험이 매우 중요함을 말해주고 있다.

인간의 모든 행동, 사고, 감정은 무의식적인 성적 본능과 공격적 본능에 의해서 결정된다고 보았으며, 인간의 행동은 이러한 본능적 긴장을 해소하기 위한 일환으로 표출된다고 보았다.

프로이트는 기본적으로 인간이 지니고 있는 성적 욕구로 '리비도(libido)'라는 개념을 도입하였다. 리비도는 정신분석학적인 용어로 성본능, 성충동을 의미하는 말로 성적 에너지를 의미한다. 인간의 성적 발달은 리비도가 집중된 부위에 따라 구강기, 항문기, 남근기, 잠복기, 생식기로 구분하였으며, 발달단계에 따른 특징은 다음과 같다.

표 2-2 프로이트의 심리성적 발달단계와 특징

단계	시기	리비도의 위치	발달적 특징
구강기 (oral stage)	출생에서 18개월까지	리비도가 입에 집중	• 젖먹이 시기로 젖을 빨면서 유아의 쾌감을 충족 • 이 단계 수유경험의 충족여부가 후기 발달에 중요한 역할을 함 • 수요에 대한 과잉충족이나 욕구가 충족되지 않으면 손가락 빨기, 손톱 물어뜯기, 과식이나 과음 등의 특성이 나타남
항문기 (anal stage)	18개월에서 약 3세까지	리비도가 항문으로 이동	• 괄약근의 발달로 배설을 통제하면서 쾌감을 느낌 • 배변훈련을 통해 만족을 증대시키는 방법을 배움 • 엄격하게 배변훈련을 시킬 경우 결벽성 또는 완벽주의자의 특성을 나타냄
남근기 (phallic stage)	약 3세에서 약 6세까지	리비도가 성기로 이동	• 성기에 대한 관심이 고조되는 시기 • 자신의 성기를 만지고 자극하는 데서 쾌감을 느끼는 시기 • 남아는 오이디푸스 콤플렉스, 여아는 엘렉트라 콤플렉스를 가짐 • 어머니와 아버지에게 성적 애착을 가짐 • 부모와의 동일시를 통해 양심과 자아이상을 발달시킴
잠복기 (latency stage)	약 6세에서 약 12세까지	리비도가 잠복	• 성적인 욕구에 대한 흥미가 약해지고 그 욕구를 억누르고 있는 시기 • 성적인 에너지가 지적 탐색을 통해 발휘됨 • 리비도의 대상은 동성친구로 향함 • 실생활을 살아가는 기본적인 기술과 관계 맺는 방법을 습득함 • 도덕성과 심미성이 강화되는 시기
생식기 (genital stage)	약 12세 이후 청소년기	성적 욕구를 통해 분출	• 2차 성징이 나타나면서 생식기가 성숙되고 호르몬이 분비되어 생식기 부위를 통한 성적 만족을 얻고자 함 • 이성에 대한 관심과 인식이 증가하며 성적, 공격적 충동이 나타나는 시기 • 성적 에너지를 잘 다루지 못하면 이성과의 성숙된 사랑을 할 수 없게 됨

프로이트는 발달단계에 있어서 어느 특정 단계에서 다음 단계로 발달이 진행되는 과정에 방해를 받게 되면 특정 단계에 고착될 수 있고, 이러한 고착이 성인기 성격에 직접적인 영향을 미치게 된다고 보았다. 즉, 리비도가 정상적으로 만족되면

정상적인 성격이 형성되고, 리비도가 불만족스럽거나 비정상적으로 만족되게 되면 이상 성격이 되거나 다음 단계로 발달되지 못하게 된다는 것이다. 이를 고착현상(fixation)이라고 보았다. 특히 고착의 강도가 강할수록 이전 시기로의 퇴행이 일어난다고 보았다.

아동의 발달과정에서 경험하게 되는 만족과 불만족 또는 갈등과 좌절 등에 대한 적절한 경험이 정상적 발달을 이루게 한다. 만족이든 아니면 불만족이든 간에 발달과정에 경험하게 되는 행동이 어느 한쪽으로 지나치게 편중된 경험이 되면, 발달에 장애를 받게 되어 문제행동이나 부적응행동의 요인이 된다.

(2) 에릭슨의 심리사회적 발달이론

에릭슨(Erik H. Erikson)은 프로이트와 달리 아동의 생활과 성격에 영향을 미치는 요인으로 사회적, 문화적 요인을 중시하였다. 이러한 점에서 에릭슨의 이론을 심리사회적 이론이라고 한다. 에릭슨은 특정한 발달단계에 주어진 발달과업을 성취하느냐 아니면 성취하지 못하느냐는 발달위기의 극복여부와 직결된다고 보고, 그 결과가 정상적인 발달 또는, 비정상적인 발달로 나타난다고 보았다. 또한 에릭슨은 아동의 성격형성이 부모에 의한 것이 아니라 환경에 적응하려는 과정에서 형성된다는 점을 강조하였다. 즉, 발달과정에 있는 아동은 환경에 적응하려는 능동적이고 호기심이 많은 탐험가와 같다고 보았다.

에릭슨의 심리사회적 발달이론과 프로이트의 심리성적 발달이론의 가장 큰 차이점은 프로이트는 발달단계를 청년기까지만 구분하였으나, 에릭슨은 발달과정을 전 생애로 보고 출생에서 노년기까지 단계별 과업을 제시했다는 점이다. 이는 에릭슨은 심리사회적 이론을 통해 인간의 발달이 전 생애에 걸쳐 각 단계에서 일어난다고 보았으며, 연령 단계에 따라 특별한 의의를 갖고 발달한다고 보았다. 에릭슨의 이론은 인간의 발달이 성적 본능에 의한 것이 아니라 발달과정에서 심리사회적 갈등해결과 통합을 통해 이루어진다고 보고 있어 프로이트의 이론보다는 설득력을 갖지만, 발달의 원인에 대해 확실한 근거를 제시하지 못하고 있다는 점에서 비판을 받고 있다. 에릭슨의 심리사회적 발달단계와 특징을 요약하여 제시하면 다음과 같다.

표 2-3 에릭슨의 심리사회적 발달단계와 특징

단계		연령	발달적 특징
1단계	신뢰감 대 불신감	영아기 (0~1세)	• 사회적 관계는 주로 어머니와의 관계 • 엄마의 애착과 신뢰감이 형성되는 시기 • 스스로 할 수 있는 것이 아무것도 없는 시기로 엄마의 역할이 중요한 시기 • 애착형성이 잘 되면 신뢰감이 형성되고, 그렇지 못하면 사람에 대해 불신감이 생김 • 신뢰감은 이후 사회적 관계에서 성공 여부를 결정함
2단계	자율성 대 수치심	유아기 (1~3세)	• 충동을 스스로 선택함으로써 자율성을 갖게 됨 • 자율성을 통해 스스로를 통제하는 방법을 익혀 나감 • 적당한 자율성이 스스로 무언가를 할 수 있다는 성취감을 갖게 함 • 부모의 과잉통제는 수치심과 더불어 스스로 할 수 있는 것을 믿지 못하는 자기의심이 생김 • 사회적 기대에 실수나 실패를 하면 수치심과 회의가 생김
3단계	주도성 대 죄책감	학령 전 아동기 (3~6세)	• 또래와 뛰어놀면서 주도성과 리더십이 형성됨 • 양심이 발달하고 행동이 공격적이면서 활기찬 탐색을 함 • 주도성이 잘못 형성되면 자신의 잠재력을 발휘하지 못하고 자기 주도적인 활동에 죄책감을 가지게 됨 • 활동을 제한하고 질문에 대해 억압적 태도를 취하면 죄의식을 갖게 됨
4단계	근면성 대 열등감	학령기 (6~12세)	• 학교교육이 이루어지는 시기로 새로운 것을 배우면서 근면성과 성실성을 키워 나가는 시기 • 새로운 것을 배우는 데 어려움을 느끼고, 실패하면 열등감에 빠지게 됨 • 또래를 좋아하는 시기로 인지적 기술과 또래와 어울리는 사회적 기술을 열심히 배우려는 근면성이 형성되는 시기
5단계	자아 정체감 대 역할 혼미	청소년기 (12~20세)	• 사춘기로 신체적 심리적 급격한 변화가 있는 시기 • 자기존재에 대한 새로운 의문과 탐색이 시작됨 • 자기의 위치, 능력, 역할, 책임에 대한 인식이 확립됨 • 이전 단계에서 긍정적인 발달과정과 성공 경험을 토대로 자아정체감이 형성되는 시기 • 이 시기를 잘못 보내면 역할혼미가 일어나 가출이나 범죄 등의 문제로 나타남
6단계	친밀감 대 고립감	성인 초기 (20~40세)	• 부모로부터 독립하고자 하며 직업과 배우자를 선택하는 시기 • 친밀감이 형성되는 시기로 이성과의 친밀감 형성을 통해 결혼을 함 • 친구나 연인과 같은 의미 있는 사람들과 함께 하지 못할 경우 은둔형 외톨이가 되어 고립감에 빠지게 됨

단계		연령	발달적 특징
7단계	생산성 대 침체감	성인기 (40~65세)	• 인간의 완전한 성숙기에 해당됨 • 직업적 성취나 학문적, 예술적인 업적을 통해 생산성을 나타냄 • 가정적으로 자녀를 낳아 양육하며, 사회적으로는 후배나 인재를 양성하게 됨 • 이 시기에 잘못 형성되면 자신은 쓸모없는 사람이라 생각하게 되어 침체감이 형성됨
8단계	자아통합 대 절망감	노인기 (65세 이후)	• 신체적으로 노쇠하고 은퇴, 친구나 배우자의 사망으로 자신의 삶에 대해 돌아보게 됨 • 이전까지의 발달단계에 대해 긍정적으로 느끼게 되면 자아통합감과 만족감을 느끼게 됨 • 자아통합감을 획득하지 못하면 나이가 들고 늙고 약해지는 데 대한 절망감에 빠지게 됨

2) 피아제의 인지발달이론

피아제(Jean Piaget)의 인지발달이론은 인간의 의지와 사고과정에 초점을 맞추어 인간의 인지구조(cognitive structure)가 어떻게 형성되어 가는지를 연구한 이론이다. 피아제의 이론은 인간은 자신의 경험을 스스로 조직할 수 있는 능동적인 존재라고 인식하고, 아동은 스스로 자신의 세계를 구조화하고 이해할 수 있는 존재라는 믿음에서 출발한다. 즉, 아동의 인지발달은 자신이 스스로 지각하는 세계를 능동적이고 독립적인 노력을 통해 환경에 적응해 나감으로써 인지능력이 발달되어 간다고 보았다.

피아제의 인지발달이론에 등장하는 기본개념으로는 도식(schema), 동화(assimilation), 조절(accommodation), 평형(equilibrium) 등이 있다.

도식은 우리가 세계를 이해하고 반응하기 위해 사용되는 지식, 절차, 관계 등을 말한다. 즉, 유기체가 외계의 사물을 인지하고 대응하는 데 사용되는 '지각의 틀', '반응의 틀', '세상을 바라보는 눈'으로, 유기체가 주변 세계를 이해하고 그것에 대하여 생각하는 심리적 구조를 말한다. 도식은 유기체가 가지고 태어나는 것이 아니라 환경과의 접촉에서 반복되는 행동과 경험에서 형성된다.

동화는 새로운 정보 또는 경험을 하게 될 때 이미 자신에게 구성되어 있는 정보와 경험에 새로운 도식을 적용시키려는 경향성을 말한다. 즉, 새롭게 이루어지는 경험들이 기존의 사고 구조에 적합하도록 변환시켜 통합하는 과정이 동화이다. 새로운 대상을 경험할 때 이미 기존의 도식에 맞출 수 있다면, 그 대상은 동화된 것이라고 말할 수 있다.

조절은 새로운 경험이 기존의 도식과 맞지 않을 때 기존의 도식을 새로운 경험에 맞도록 수정하는 것이다. 새로운 경험과 기존에 가지고 있던 도식 간에 불일치인 불평형의 상태에 있다면 새로운 경험과 기존의 도식 간의 일치로 돌아가 인지적 평형의 상태를 만들어 가게 되는데, 이를 조절이라고 한다.

평형은 질서와 체계를 이루려는 반응으로, 동화와 조절의 결과를 통해 이루어진다. 동화와 조절은 전 생애를 걸쳐서 지속적으로 나타나며, 기능적으로 변하지 않고 상호 간에 균형상태를 추구한다. 따라서 새로운 상황에서 일관성과 안전성을 이루려는 상태, 즉 평형을 이루기 위한 시도가 계속된다. 이러한 평형은 계속적인 동화와 조절의 과정을 통해 이루어지며 동화와 조절에 의해 평형화가 이루어지는 과정은 모든 연령과 인지발달 단계에서 동일하다.

인지구조의 질적인 변화에 기초하여 만들어진 피아제의 인지발달 단계와 특징은 다음과 같다.

표 2-4 피아제의 인지발달 단계와 특징

단계	연령	발달적 특징
감각 운동기	0~2세	• 자신의 감각이나 손가락을 입에 넣고 빠는 등의 운동을 통해서 자신의 주변 환경을 탐색함 • 대상 영속성의 인식 • 단순 행동에서 목적을 가진 행동으로 발전
전조작기	2~7세	• 언어를 습득하며 자기중심적임 • 직관적 사고로 눈에 보이는 것만을 보고 판단함 • 물활론적 사고를 함 • 양에 대한 보존개념이 없음 • 자아중심성 사고[3])를 함 • 비가역적 사고를 함
구체적 조작기	7~11세	• 구체적인 문제에 대해 논리적 사고가 가능함 • 유목화, 서열화가 가능함 • 특정 사실에 따라 사물을 분류할 수 있고 양, 부피, 무게의 보존 개념을 획득함 • 탈중심적 사고를 함 • 타인을 이해할 수 있는 수용능력이 생겨남

단계	연령	발달적 특징
형식적 조작기	11세 이후	• 직접 가설을 설정하고 체계적으로 검증할 수 있으며, 모든 가능한 해답을 논리적으로 검토할 수 있음 • 추상적으로 사고하고 추론을 통해 가설을 세워 검증할 수 있음 • 추상적인 문제를 논리적으로 해결함

3) 행동주의 이론

(1) 고전적 조건화

고전적 조건화(classical conditioning)는 수동적 조건화라고도 하는데, 20세기 초 러시아의 생리학자 파블로프(Ivan Petrovich Pavlov)에 의해 발전된 이론이다. 개의 소화기관을 연구하던 파블로프는 개에게 먹이를 주면 음식이 개의 입에 들어가기 전부터 개의 입에서 타액이 분비되는 반응을 보였고, 수회에 걸쳐 같은 실험이 계속되는 동안 개는 음식을 맛보기 전에 음식만 보아도 타액이 분비되었으며, 나중에는 음식을 가져오는 사람의 발소리만 듣고서도 침을 흘린다는 사실을 알게 되었다.

고전적 조건화란 일정한 자극에 의해 선천적으로 유발되는 반사를 처음에는 그것과 무관한 것을 중성자극과 연합시킴으로써 이 중성 자극이 선천적인 반사반응을 유발하게 되는 것을 말한다. 파블로프는 정상적으로 주어진 자극은 무조건 자극이라 하였고, 무조건 자극에 수반하여 일어나는 반사를 무조건 반사라 하였다. 먹이를 주기 전에 들려주는 종소리, 사람의 발소리 등에 의해서도 타액이 분비되는 현상을 통해서 개는 조건화를 형성하게 된다.

이러한 고전적 조건화를 유아에게 적용한 대표적인 학자가 왓슨(Watson)이다. 왓슨은 유아들이 성장하면서 경험하는 정서적 반응은 대부분 고전적 조건화를 통해서 습득된다고 보았다.

고전적 조건화는 동물이나 인간의 학습에서 중성자극을 일차적 자극에서 반복적으로 연합시킴으로써 유기체가 중성자극에도 반응하도록 학습하게 하는 것이다.

---

3) 자아중심성이란 '이기적이다'라는 의미가 아니라, 다른 사람의 생각과 감정을 자신과 같다고 생각하여 상대방의 입장을 이해하지 못하는 것을 말한다.

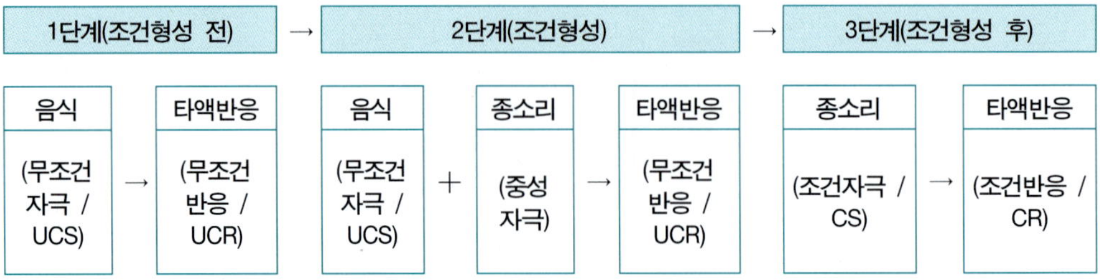

- 무조건자극(UCS: unconditioned stimulus): 학습 없이 자연적으로 반응을 일으키는 자극
- 무조건반응(UCR: unconditioned response): 무조건 자극에 의해 학습 없이 야기되는 반응
- 조건자극(CS: conditioned stimulus): 중성자극이었으나, 학습자가 무조건 자극과 연계한 것
- 조건반응(CR: conditioned response): 조건자극에 대한 학습된 반응으로 무조건 자극에 의한 반응이 학습 후 조건 자극에 대해서도 반응하는 것

그림 2-2 파블로프의 고전적 조건화 과정

(2) 조작적 조건화

조작적 조건화는 스키너(B. F. Skinner)의 행동주의 이론 중에 하나로 도구적 조건화라고도 한다. 조작적 조건화는 유기체가 원하는 결과를 얻기 위해 능동적이며 자발적인 실행으로 어떤 외적 자극을 받지 않고도 조작적 행동의 결과로 학습이 이루어진다고 본다. 스키너는 인간의 행동은 보상과 벌에 의해 결정되며 보상을 받은 행동은 지속적으로 강화되지만, 보상받지 못한 행동이나 벌을 받은 행동은 사라지게 된다고 보았다. 따라서 어떤 반응에 대하여 선택적으로 보상을 주면 그 반응이 일어날 확률이 증가하거나 감소하게 되는데, 이러한 방법을 활용하여 행동을 변화시키는 것이 조작적 조건화(operant conditioning)이다. 조작적 조건화는 동물이 자신의 행동에 따라 어떤 상황에서 무언가를 할 수 있다는 것으로 좋거나 혹은 나쁜 행동을 보상 또는 처벌을 통하여 일어나게 할 수 있다는 것이다.

스키너는 이런 조작적 조건화를 스키너 상자를 이용한 쥐 실험을 통해 확인하였는데, 쥐가 지렛대를 누르면 먹이가 나오도록 장치를 한 스키너 상자에 쥐를 넣어두었더니 우연히 쥐가 지렛대를 눌러 먹이가 나온다는 사실을 알게 된 후에는 지속적으로 지렛대를 눌러 먹이를 받아가는 것을 발견하였다. 반대로 실험 장치를 수정하여 지렛대를 눌러도 먹이가 나오지 않도록 변경하자 쥐는 더 이상 지렛대를 누르지 않았다. 이 실험에서 먹이는 강화 또는 보상이라는 자극이며, 지렛대를 누르는 행동은 결과이다. 쥐의 실험에서 알 수 있는 것처럼 행동에 따른 자극으로 나타나는 보상과 벌은 행동의 실천가능성에 영향을 미친다.

스키너의 조작적 조건화에서는 긍정(positive), 부정(negative), 강화(reinforcement), 처벌(punishment)을 통해 다음의 네 가지 행동으로 변화시켜 나간다.

- 긍정처벌(positive punishment): 긍정처벌을 통해 행동을 감소시킨다.
- 긍정강화(positive reinforcement): 긍정강화를 통해 행동을 반복하게 한다.
- 부적처벌(negative punishment): 부적처벌을 통해 행동을 줄여나간다.
- 부적강화(negative reinforcement): 부적강화를 통해 행동을 하지 않게 한다.

(3) 반두라의 사회학습이론

사회학습이론은 캐나다 출신인 미국 심리학자 앨버트 반두라(Albert Bandura)가 주장한 이론으로 인간의 행동은 학습되는 것이며, 자신의 발달 단계나 인간행동의 특성이 자신이 처한 환경과 그 환경에 대한 해석에 의해 결정된다고 보는 견해이다. 즉, 사람의 행동은 다른 사람의 행동이나 상황을 관찰하거나 모방한 결과로 이루어지는 것으로, 그 사람의 행동은 자라오면서 겪은 상황이나 주변의 환경에 의해 결정된 것이라고 보는 것이다. 이러한 반두라의 이론은 스키너의 조작적 조건화와는 다른 견해로, 외부자극이 대부분의 인간행동을 통제한다는 스키너와의 차이를 보인다.

반두라는 강화가 많은 인간행동을 통제할 수는 있으나 항상 통제할 수 있는 것은 아니며, 강화의 효과는 행동과 그 결과 간의 관계에 대한 인간의 의식이나 인지능력에 따라 좌우된다고 주장하였다. 이와 같은 사회학습이론은 학습자의 직접 경험보다 타인의 행동을 관찰하고 모방하는 데서 오는 행동변화를 중시하였다. 즉, 직접적인 강화나 벌이 없어도 다른 사람의 행동을 관찰함으로써 학습할 수 있다고 본 것이다(김윤재 외, 2017). 반두라가 주장하는 사회학습이론은 일반적으로 다음과 같은 몇 가지 특성을 지니고 있다.

첫째, 인간의 학습은 내적과정과 외적과정을 결합하면서 형성된다. 즉, 인간의 행동은 사회적 상황 속에서 개인의 내적·인지적 과정과 환경적 영향력 간의 상호작용에 의해 결정된다.

둘째, 사회학습에서는 관찰학습을 중시한다. 사회학습은 행동을 사회적 상황 속에서 학습하게 되는데, 인간행동은 상호결정론과 행동의 습득 사이에서 발생하는 관찰을 통해 이루어지므로 관찰학습은 행동변화에 중요한 영향을 미친다.

셋째, 인간의 행동은 자신의 경험을 통해 학습한다. 인간의 행동은 그 사람의 직접 또는 간접적인 경험을 통해 대리강화를 함으로써 형성된다. 과거에 겪어온 상황 속에서 다른 사람들이 문제를 어떻게 해결해 나가는가를 보고 이를 모방하여 현재의 행동에 영향력을 행사한다.

넷째, 인간행동의 표현은 모델에 관한 관찰을 통해 이루어지는 인지적 활동이다. 인간의 행동은 자기가 마땅히 해야 할 직책이나 임무 따위의 본보기가 되는 대상을 찾아 무의식적으로 본보기가 되는 인물이나 인물의 행동을 모방하게 된다.

이러한 사회학습이론이 아동에게 주는 시사점으로는 아동의 행동변화는 환경의 자극에 의한 직접적인 강화뿐만이 아니라, 타인의 행동을 관찰함으로써 변화할 수 있다. 따라서 아동의 바람직한 행동을 만들어 나가기 위해서는 아동에게 직접적으로 칭찬을 하거나 강화를 하는 것도 중요하지만 바람직한 행동 모델에 대한 칭찬을 통해서도 가능하다. 따라서 아동에게 바람직한 행동모델을 보여주는 것은 아동의 바람직한 행동변화를 위해 매우 중요한 일이다.

Chapter

03

아동복지의 기본적 이해

1. 아동복지의 개념

'아동복지'는 '아동(child)'과 '복지(welfare)'의 합성어로 영어로 'child welfare'로 표기한다. 이는 '아동이 편안히 잘 지내는 상태', '아동이 행복한 상태'를 의미하며, '모든 아동이 건전하게 태어나 행복하고 건강하게 자랄 수 있도록 그 생활과 환경을 갖추어 주는 일'을 말한다. 아동복지의 개념은 협의의 개념과 광의의 개념으로 구분된다.

협의의 개념은 특수한 욕구를 가진 아동과 가족을 대상으로 사회복지기관을 비롯한 특정 기관에서 제공하는 서비스로, '개인이나 민간단체를 중심으로 특별한 문제나 욕구가 있는 아동을 중심으로 전개하는 복지활동'을 말한다. 협의의 개념에서는 아동을 위한 복지활동의 전개 주체를 공공복지 차원에서 접근하는 국가 중심이 되는 것이 아니라, 비교적 사적 성격이 강한 복지단체가 중심이 되는 복지활동으로 제한한다.

광의의 개념은 모든 아동들의 행복을 위해 그들의 신체적·사회적·심리적 발달을 보호하고 촉진하기 위한 모든 대책으로 '일반아동과 그 가족을 대상으로 다양한 복지주체들이 서로 유기적인 관련을 가지고 체계적으로 복지활동을 전개하는 것'을 말한다. 광의의 아동복지는 복지대상을 일반아동과 요보호아동으로 구분하지 않고, 모든 아동이 그 대상이 되는 것으로 인식한다. 즉, 아동복지의 대상에 넓은 의미로 아동의 가족을 포함시키기도 한다. 이러한 현상은 아동복지의 일차적인 책임이 부모를 중심으로 한 모든 가족 구성원에게 있다고 보고, 최선의 아동복지는 아동양육에 책임을 지고 있는 부모와 그 가족 구성원이 제대로 역할을 수행할 수 있도록 도와주는 것이라고 보기 때문이다.

아동복지의 개념은 학자에 따라 개념정의에 있어서 다소 차이를 보이는데, 이는 특정 관심 영역이 무엇이냐에 따라 표현에 있어서 차이가 있기 때문이다. 학자에 따른 대표적인 아동복지의 개념을 요약하면 다음과 같다.

표 3-1 학자에 따른 아동복지의 개념

학자	아동복지의 개념
카두신과 마틴 (Kadushin & Martin, 1988)	• 광의의 의미는 모든 아동들의 행복 및 사회적응을 위해 심리적·생물적 잠재력을 개발시켜 주기 위한 모든 방법을 말하며, 협의의 의미는 특수한 문제를 가진 아동과 그 가정을 대상으로 전문적인 기관에서 행하는 특수한 서비스를 말함
코스틴 (Costin, 1985)	• 가족생활을 강화하기 위한 것으로 아동과 그 가족의 복지를 증진시키는 한편, 모든 아동의 복리를 증진시키는 것으로 이를 위해서는 아동복지사업의 근본 목적이 달성되도록 가정생활을 강화해야 함
프리드랜더와 엡트 (Friedlander & Apte, 1974)	• 빈곤, 방치, 유기, 질병 등을 지닌 아동 혹은 환경에 적응하지 못하는 비행아동들에만 관심을 두는 것이 아니라 모든 아동이 신체적, 지적, 정서적 발달에 있어서 안전하고 행복할 수 있도록 위험으로부터 지키고 보호하기 위하여 공공과 민간의 기관에서 실시하는 사회적, 경제적, 보건적 제반활동
하트만과 레어드 (Hartman & Laird, 1983)	• 부모가 아동양육을 수행할 수 없을 때, 아동이 충분히 만족한 삶을 누릴 수 있도록 지역사회가 아동 및 가족이 요구하는 양육조건과 환경을 제공하는 것
메이어 (Meyer, 1985)	• 지속적인 사회체계의 하나로 아동의 복지를 증진하기 위한 사회제도이며, 전문직의 일종으로 특정기관에서 아동에게 제공하는 사회사업의 한 분야
미국 사회복지사전 (Encyclopedia of social work, 2003)	• 아동들이 행복하게 살고, 잠재능력을 최대한으로 발휘할 수 있고, 신체적으로 건강하고 정신적으로 건전한 개인으로 성장·발달하기 위한 광범위한 활동을 포함하는 것으로 아동복지는 가정생활을 유지, 강화하면서 건전한 아동발달을 가져올 수 있는 지역사회 생활을 영위하게 하는 데 관심을 갖는 것(이덕희 외, 2018)
우리나라 사회복지사전	• 일반적으로 특수한 장애를 가진 아동은 물론, 모든 아동이 가족 및 사회의 일원으로서 육체적으로나 정신적으로 건전하게 성장 또는 발달할 수 있도록 지역사회나 사회복지 서비스 분야에 있는 공공기관이나 민간단체들이 협력하여 아동복지에 필요한 사업을 계획하며 실행에 옮기는 조직적인 활동(이경준 외, 2017)
아동복지법에 나타난 아동복지	• 우리나라 「아동복지법」 제3조 제2항에서는 '아동복지'란 "아동이 행복한 삶을 누릴 수 있는 기본적인 여건을 조성하고 조화롭게 성장·발달할 수 있도록 하기 위한 경제적·사회적·정서적 지원을 말한다"라고 정의함

이상의 개념을 종합해 보면 아동복지는 특별한 문제나 욕구가 있는 아동뿐만 아니라 모든 아동이 가족과 사회의 일원으로서 건강하고 건전하게 성장할 수 있도록 지원하는 제반활동을 포함하는 일이다. 즉, 아동복지란 모든 아동과 그들의 가족이 지닌 욕구와 문제를 해결하고 행복한 생활을 할 수 있도록 개인이나 공공단체 및 국가에 의해 이루어지는 일련의 계획적이고 조직적인 모든 활동과 제도를 총칭하는 제반활동이라고 정의할 수 있다.

2. 아동복지와 관련된 개념들

아동복지는 지속적인 사회체계의 하나로서 아동의 복지증진과 복지 향상을 위한 실천적 활동이다. 아동복지의 실현을 위해서는 다양한 하위 개념들이 도입되어 사용되고 있는데, 대표적인 하위개념으로는 아동복지 서비스, 아동 지원, 아동 돌봄이라는 용어를 들 수 있다. 아동복지를 위한 하위개념으로 사용되는 각각의 하위요소별 구체적인 내용을 살펴보면 다음과 같다(오정수·정익중, 2018: 35-36).

1) 아동복지 서비스

서구에서는 아동복지 서비스라는 용어가 '아동 서비스'로 보편화되어 있지만, 우리나라에서는 대체로 아동복지 서비스(child service)로 번역되어 사용된다. 아동복지 서비스 또는 아동 서비스는 아동복지 관련 문헌에서 가장 보편적으로 사용하는 용어로서 아동의 복지를 증진시키기 위한 다양한 서비스를 포함한다. 학대아동 서비스, 보육 서비스, 방과 후 서비스, 위탁보호 서비스, 입양 서비스, 시설보호 서비스 등은 이러한 아동복지 서비스의 다양한 형태를 말해준다. 아동복지 서비스는 아동복지 전문가에 의한 개입과 대면적 접촉을 통해 이루어지는 인간 서비스로서의 특성을 지니고 있다.

2) 아동 지원

아동 지원(child support)은 엄밀한 의미로는 아동양육 지원으로 번역되어 사용된다. 아동양육 지원은 한부모와 생활하고 있는 아동의 양육을 위하여 지원되는 현금 소득의 이전을 의미한다. 이러한 아동양육 지원이 이루어지는 상황은 부모의 이혼, 별거, 혼외 출생 등으로 발생하며, 법원의 판결에 따라 아동과 함께 거주하지 않는 부모 중 한편에 의하여 사적으로 소득이전(income transfer)이 이루어지거나 정부가 공적으로 아동양육 지원을 행하기도 한다. 아동양육 지원은 현금의 형태로 소득이전이 이루어지는 것을 의미하기 때문에 전문가를 비롯한 대인적 접촉과 개입에 의하여 이루어지는 인간 서비스로서의 아동복지 서비스와는 성격이 구별되는 아동복지

형태이다.

3) 아동 돌봄

아동 돌봄(child care)의 개념은 아동의 발달과 생명을 유지하기 위하여 필요한 일상적인 욕구를 충족시키는 돌봄 형태의 양육과 관리를 말한다. 일반적인 의미의 아동 돌봄은 가정에서 부모나 보호자에 의한 모든 양육활동이 포함되지만, 여기에서 언급되는 아동 돌봄은 집단형태의 생활단위나 시설에서 아동의 신체적 보호, 치료적 보호, 생활습관 관리와 교육, 응급조치, 시설의 관리 등을 포함하는 활동이다. 다시 말하면 아동 돌봄은 가정과 다양한 형태의 아동시설에서 이루어지는 전반적인 아동 돌봄의 활동이다.

3. 아동복지의 필요성

최근 들어 아동에 대한 관심이 증대되면서 아동의 삶의 질을 향상시키기 위한 다양한 제도가 도입되고 있다. 하지만 이러한 제도들은 대부분 성인의 필요에 의해 고안되고, 그 운영도 성인의 틀에 박힌 기준에 따라 운영되고 있음을 부인할 수 없다. 아동의 요구보다는 기성사회의 요구가 우선되고 있다. 이러한 오늘날의 사회변화에 대해 일부 학자들은 우리 사회에서 아동들이 아동기의 고유한 특성을 상실한 채 성장해 가고 있다고 안타까워하며, 이를 '아동기의 실종'이라는 말로 표현하고 있다. 이는 오늘날 아동들이 성장과정에서 겪게 되는 충격적인 '아동기의 침해' 또는 '아동기 성장의 실상'을 비유한 말이다.

아동기에는 아동성장에 필요한 적절한 보호와 지원이 필요한데, 이러한 아동복지의 필요성은 다음의 세 가지 측면으로 정리할 수 있다.

1) 개인적 측면 : 인간으로서의 기본적 생활 보장

아동기에 있는 아동 개인의 입장에서 볼 때 인간으로서 지녀야 할 기본적 생활에 대한 보장은 필수적이다. 특히 인간은 다른 동물과 달리 장기간의 보호와 양육을 필요로 하는데, 인간으로 태어나 제 몫을 다하는 사회적 인간으로 성장하기까지 누군가로부터의 일정한 기간 동안의 보호와 지원이 반드시 필요하다. 하지만 현대사회에 와서 사회구조의 변화와 가치구조의 변화로 인해 아동 개인의 기본적인 생활이 어렵게 되었고, 부모나 그 가족이 여러 가지 어려움으로 인해 양육의 기능을 다하지 못하는 경우가 발생하고 있다. 따라서 어떠한 상황에서도 아동들이 기본적 생활을 유지하면서 건전하게 성장하고 발달할 수 있도록 도와줄 수 있는 복지가 반드시 필요하다.

2) 사회적 측면 : 사회문제의 발생과 예방

아동과 아동이 속한 가정에 필요한 욕구를 충족시켜 주는 일은 아동이 성장해 나가면서 발생할 수 있는 빈곤가정, 결손가정 등과 같은 여러 가지 문제를 미연에 방지할 수 있다는 점에서 매우 중요하다. 즉, 빈곤가정, 결손가정에 속한 대부분의 아동들이 자신의 욕구를 적절히 충족시키지 못하여 사회문제가 되는 여러 가지 바람직하지 않은 사건들이 발생하고 있다. 문제아동이 발생할 경우, 아동복지 프로그램을 통해 일찍부터 도움을 받게 되면 문제가 더 악화되지 않을 뿐만 아니라, 기존의 문제도 쉽게 해결될 수 있다. 또한 앞으로 일어날 많은 문제들에 대해서도 조기에 예방하고 방지할 수 있게 된다. 따라서 아동들이 성장하는 과정에서 발생시킬 수 있는 여러 가지 사회문제를 사전에 방지하기 위해서라도 이들을 위한 복지가 필요하다.

3) 국가적 측면 : 국가발전을 위한 인력의 보호와 육성

세계는 인력전쟁에 돌입하였다. 우수한 인재의 육성과 선발에 많은 나라가 주목하고 있다. 많은 나라에서는 아동복지에 많은 관심을 갖고 복지정책을 재정립하면서 미래의 인재보호를 위해 힘쓰고 있다. 아동은 한 나라의 미래에 깊은 영향을 미치는 존재로 국가의 인력보호 차원에서 보호되어야 한다. 또한 아동복지는 국가발전에 기여할 수 있는 인재육성이라는 측면에서도 강화되어야 한다. 아동의 교육,

문화, 복지, 의료에 대한 지원활동이 바로 그러한 인재보호와 인재육성의 일환이다. 국가적 차원에서 아동의 기본과 원칙에 따라 다양한 복지활동을 지원하여 미래에 국가발전에 필요한 인재로 육성해 나갈 수 있도록 아동복지를 강화해 나가야 한다.

4. 아동복지의 성격과 의의

아동복지란 아동의 건전한 발달과 보호를 향한 이념을 의미하는 말로 아동들에게 혜택을 주기 위한 사회복지 프로그램, 또는 아동들을 위하여 제공되는 인간서비스의 한 부분을 말한다. 이러한 아동복지는 아동의 생활 전반에 걸친 여러 가지 문제에 동시적·종합적으로 대응하는 정책이다. 따라서 아동복지는 특정의 문제를 가진 아동의 보호와 구제를 필수기능으로 하고, 아동생활의 문제에 대한 대책들 사이에 서로 모순되는 정책이 없도록 하는 종합적 기능도 할 수 있어야 한다. 즉, 아동복지란 아동들의 복지라는 이념과 아동을 위한 프로그램이나 서비스의 실제적 활동까지를 포함하는 실천적 개념을 공유하는 의미로 받아들여야 한다. 오늘날 아동복지는 과거의 자선적 차원의 개념과는 달리 보다 나은 인간의 행복을 추구하는 이념, 즉 명확한 목적과 가치를 수반하는 복지사상과 그것을 실현하기 위하여 전문적 지식과 기술을 요구하는 활동이다.

아동복지의 성격을 세 가지 측면으로 요약하면 다음과 같다(이경준 외, 2017).

1) 사회제도로서의 아동복지

사회제도란 사회 구성원들의 기본적인 욕구를 충족시키며 여러 가지 활동을 가능하게 하는 관습화되고 공식화된 방법과 절차를 의미한다. 그리고 하나의 제도로서의 사회복지가 수행하는 기능은 사회 구성원 간에 서로 도와주는 상호부조(mutual support)의 기능이다. 이러한 사회제도적인 측면에서 아동·청소년복지를 정의하면, 아동·청소년복지란 '사회 구성원으로서 아동의 기본적인 욕구를 충족시키고 건전한 성장과 발달을 도모하기 위하여 여러 가지 활동을 가능케 하는 공식적인 방법과 절차'라고 할 수 있다. 여기에서 공식적인 방법과 절차란 아동·청소년복지와 관련된 법령, 공공과 민간의 조직, 사회사업 전문직과 같이 제도화된 실천방법 등을 의미하는 것으로 볼 수 있다.

2) 사회체계로서의 아동복지

현대 사회복지실천의 기초이론이 되어 있는 생태체계이론에 의하면, 인간의 생활환경은 다양한 체계로서 구성되어 있으며, 사회복지의 실천대상이 되는 인간조직도 다양한 수준의 체계로 구성된다. 그리고 사회복지도 하나의 체계로 간주되며, 그 하위체계로서 아동·청소년복지가 존재한다. 이러한 체계는 정치, 경제, 사회, 문화, 자연환경의 인접 체계와 끊임없이 상호작용하며 변화해 가는 실체이다. 아동·청소년복지는 이러한 속성을 지니는 사회체계의 한 하위체계인 것이다.

3) 프로그램과 서비스 분야로서의 아동복지

컴프톤(Compton)에 의하면, 사회복지 프로그램은 클라이언트, 서비스의 성격, 자원의 원천에 따라 다양하게 분류될 수 있다. 따라서 아동복지는 아동을 실천대상으로 하는 프로그램 또는 서비스 분야이다. 서비스의 성격을 기준으로 분류하면, 아동복지 서비스에는 소득보장, 영유아보육, 입양, 가정위탁, 시설보호, 재가복지, 강제보호서비스 등이 포함된다. 자원의 원천에 있어서 아동복지는 공공과 민간의 자원과 인력에 의하여 수행된다.

5. 아동복지의 요소와 원칙

아동의 삶의 질을 향상시키기 위해서는 아동의 삶과 관련된 주요 현상을 바르게 이해하여야 한다. 특히, 가정을 비롯한 지역사회, 국가 등이 아동의 복지 향상을 위해 최선의 노력을 기울여야 한다. 아동의 삶과 관련하여 충족되어야 할 아동복지의 기본요소에 대해 학자마다 다소 차이가 있다. 아동복지의 기본요소는 아동의 권리나 욕구가 보장되고 충족되는 삶을 전제로 하여야 하고 사회적인 안정, 안정된 경제생활, 영양·보건·의료, 교육, 노동, 오락, 특수보호 등이 보장되어야 한다. 이러한 관점에서 아동복지의 기본요소를 7가지로 구분하여 제시하면 다음과 같다.

1) 아동복지의 요소

(1) 부모와 가정환경

아동기에 있어서 가장 중요한 환경은 부모와 가정환경이다. 가정은 아동이 태어나 최초로 경험하는 생활환경이며 부모에 의해 양육되는 중요한 시기이다. 아동이 어릴수록 아동의 건강한 발달은 부모의 양육태도에 따라 좌우되며, 부모와 자녀 간 상호작용의 질은 전 생애발달에 지속적인 영향을 미친다. 따라서 안정된 가정환경 속에서 부모의 양육을 받으며 성장할 수 있도록 부모의 역량을 강화하는 서비스 지원이 필요하다. 특히 오늘날 전통적인 가족구조가 붕괴되고 부부중심의 핵가족 구조가 나타남에 따라 가족 간의 유대관계가 약화되면서 구성원 간의 정서적 긴장이나 갈등이 확산되는 상황에서 부모 역량 강화를 위한 다양한 서비스 지원의 필요성이 증대되고 있다. 부모 또는 보호자가 없는 경우 가정적 분위기에서 성장할 수 있도록 가정위탁이나 입양 등의 서비스를 제공하는 일도 필요하다.

(2) 경제적 안정

가정의 경제적 상황은 아동의 삶에 직접적인 영향을 미친다. 아동의 기본 욕구를 충족시키기 위해 절대적 요소인 가정의 경제가 불안정한 상황에 놓이게 되면 아동의 신체, 인지, 정서발달에 부정적 영향을 미칠 뿐만 아니라, 부부갈등의 원인이 되어 아동의 인격발달에도 좋지 않은 영향을 미치게 된다. 가정의 빈곤은 아동의 사회적 혜택을 제한하기 때문에 아동의 건전한 육성을 위해서는 가정의 경제적 안정은 필수적이다. 따라서 국가는 빈곤가족에게 고용기회를 확대하여 빈곤으로부터 벗어날 수 있도록 다양한 지원정책을 도입하여야 하며, 빈곤가정의 아동들이 공적부조, 사회부조, 사회보험, 아동수당제도 등을 통해 경제적으로 안정된 속에서 성장할 수 있도록 지원해야 한다.

(3) 건강

아동의 건전한 성장과 발달을 위해서는 충분한 영양과 의료보호가 필수적이다. 최상의 건강을 유지하고 질병치료와 의료서비스를 누릴 수 있는 권리가 보장되어야 한다.

건강은 아동 행복의 기본조건이며, 아동의 인지·사회성 발달에 영향을 미친다. 이러한 아동 건강의 중요성을 고려하여 우리나라 「아동복지법」에서는 '아동이 건강하게 출생하여 행복하고 안정하게 자라나도록 그 복지를 보장함'을 아동복지의 목적으로 명시하고 있으며, 「모자보건법」에서는 '모성의 생명과 건강을 보호하고 건전한 자녀의 출산과 양육을 도모함으로써 국민 보건 향상에 이바지함'을 목적으로 한다고 명시하고 있다. 이는 아동복지의 기본조건인 아동보건은 모자보건과 아동보건을 모두 포함함을 의미하는 것이며, 국가가 아동의 건강권과 아동복지에 관한 보장의무가 있음을 명확히 제시하고 있는 것이다. 아동의 삶의 만족도를 높이기 위해 국가는 아동의 질병과 영양실조를 퇴치하고 모성을 보호할 수 있는 다양한 제도 마련이 필요하다. 또한 저소득층 아동에 대한 영양 혜택과 중류층 이상 아동들에 대한 비만아 현상 등 생활개선을 위한 정책 마련도 필요하다.

(4) 교육

우리나라 「헌법」 제27조에서는 '모든 국민은 능력에 따라 균등하게 교육을 받을 권리를 지닌다'라고 명시하고 있어, 교육권을 모든 국민의 기본권으로 보장하고 있다. 따라서 모든 아동에게 교육받을 권리를 보장해 주는 것은 국가의 의무이며 책임이다. 부모의 열악한 환경으로 인하여 인간의 기본권인 아동의 교육권이 박탈되어서는 안 된다. 교육을 통해 아동은 능력과 잠재력을 계발하고 성장해 나가기 때문에 아동 개인의 흥미, 능력, 필요에 따라 적절한 교육이 이루어질 수 있도록 서비스가 제공되어야 한다.

학교교육을 통해 이루어지는 교과과정의 교육뿐만 아니라 학교교육을 보완할 수 있는 다양한 프로그램이 확대되어야 한다. 또한, 지역사회 교육사업, 아동문화활동, 학생자원봉사활동, 지역사회 방과 후 활동, 장애아동을 위한 특별학급 등의 다양한 교육서비스가 마련되어야 한다.

(5) 놀이와 여가

아동에게는 교육받을 권리와 함께 휴식과 여가를 즐기고 연령에 적합한 놀이에 참여할 수 있는 권리가 보장되어야 한다. 아동에게 놀이는 단지 즐거움을 가져다주는 활동에 지나지 않고, 놀이를 통해서 전인적 발달을 도모해 나가는 수단으로 활용된다. 아동은 놀이를 통해서 에너지를 방출하고 감정을 표출하며, 신체발달을 촉진시킨다. 뿐만 아니라, 놀이활동은 사회를 이해하고 성인에 대한 역할을 연습할 수 있는 기회가 되며, 주변의 사물이나 사람을 탐색하는 힘을 길러준다. 따라서 아동에게 놀이할 수 있는 자유와 권리를 충분히 부여해야 하는 이유가 여기에 있다.

아동의 놀이활동이 건전한 발달에 도움이 되지만, 한편으로는 불량화나 비행으로 이어지는 경우도 종종 발생한다. 이러한 문제를 해결하기 위한 다양한 제도 마련과 함께 아동을 위한 건전한 여가 프로그램을 적극적으로 개발하여 지원하는 복지 서비스가 확대되어야 한다.

(6) 아동의 노동과 안전 보호

아동은 연소근로나 유해근로로부터 보호되어야 한다. 우리나라 「근로기준법」에서는 15세 미만인 자는 근로자로 고용하지 못하도록 하고 있으며, 18세 미만인 자를 비도덕적이거나 보건 측면에서 유해하거나 위험한 사업장에서의 고용을 제한하고 있다. 그럼에도 불구하고 많은 근로청소년들이 위험하고 유해한 작업환경 속에서 장기간에 걸쳐 저임금의 노동에 시달리고 있다. 이와 같은 연소근로는 아동들의 신체발달을 저해하고 건강에 악영향을 미치며 지능이나 인격발달에도 부정적인 영향을 미친다. 따라서 아동들이 연소근로나 유해근로로부터 벗어날 수 있는 다양한 복지대책이 마련되어야 한다.

아동은 위험으로부터도 보호되어야 한다. 안전사고와 폭력, 교통사고 등 아동의 안전을 위협하는 많은 사고로부터 벗어날 수 있도록 해야 한다. UN아동권리협약(United Nations Convention on the Rights of the Child, UNCRC) 제34조에서는 모든 성폭력 및 성적 학대로부터 아동을 보호하도록 규정하고 있고, 제32조에서는 경제적 착취와 유해한 노동으로부터 아동을 보호하도록 하고 있다. 아동의 안전과 생명을 보호하기 위한 일에 국가를 비롯한 각종 단체가 적극적으로 나서야 한다. 또한 장애를 지닌 아동에 대해서도 차별 없이 보호하고 재활교육을 실시하는 등 건강을 관리해 나갈 수 있도록 필요한 조치를 취해야 한다. 모든 아동의 생명보호와 안전보장은 아동복지의 기본요소이므로 이를 위한 적극적인 지원책 마련이 필요하다.

(7) 특수보호

아동 중에는 특수한 문제나 요구를 지니고 있어 특별한 사회적 보호가 필요한 아동이 있다. UN 아동권리에 관한 국제협약에는 특별보호조치를 받을 권리가 있는 아동으로 '법적분쟁상의 아동'과 '착취 상황하의 아동'을 규정하고 있다. 이밖에도 신체장애아, 정서장애아, 심신장애아, 지적장애아, 비행아들에게도 특수한 보호와 치료가 필요하다. 우리나라는 최근에 지체장애아동, 지적장애(정신지체)아동, 정서문제아동 등에 대해 조기진단과 치료 및 교육에 대한 관심이 많이 확대되었으나, 아직 시설 및 프로그램에 있어 여전히 미흡한 실정이다.

또한, 사회적 변화와 함께 다양한 분야의 문제아동이 발생하여 이들을 위한 아동상담과 치료시설이 필요하며, 우리나라의 특수성으로 인해 발생하는 북한이탈 아동 및 청소년문제와 외국 근로자 자녀 등도 특수한 욕구를 지닌 아동들로 사회적응과 학교적응을 위한 사회복지 대책이 필요하다.

2) 아동복지의 원칙

아동기는 부모와 사회의 특별한 보호와 지도 속에서 성장하고 발달해 나가는 시기로, 발달 시기에 적합한 아동복지정책과 서비스가 필요한 시기이다. 아동복지가 실현되기 위해서는 아동복지를 실천하기 위한 기본원칙이 마련되어야 한다. 이러한 아동복지의 원칙은 각지 독립된 독지성을 지니고 있으면서도 상호 간에 유기적으로 연계되어 있다. 여기서는 아동복지의 원칙을 권리와 책임의 원칙, 보편성과 선별성의 원칙, 개발적 기능의 원칙, 포괄성의 원칙, 전문성의 원칙 등 5가지로 구분하여 살펴보고자 한다.

(1) 권리와 책임의 원칙

아동은 아동, 부모, 사회의 조화 속에서 건전하게 육성될 수 있다. 따라서 아동복지의 주체는 모든 국민이 되어야 한다. 아동복지는 아동, 부모 또는 아동의 보호자, 국가와 지방자치단체가 각자의 권리와 책임을 바탕으로 상호협력 속에서 균형을 유지하면서 수행되어야 한다. 세 주체 중 어느 한 부분의 지나친 요구나 갈등은 오히려 아동에게 어려움을 가져다줄 수 있다.

① 아동의 권리와 책임

아동은 부모와 상관없이 한 인간으로서 독자적인 권리를 가지고 태어났다. 아동은 부모와 사회로부터 의식주를 제공받아 생존하고 신체적, 정신적으로 건강하고 위생적인 삶을 보장받아야 하며, 적절한 교육과 문화적 혜택을 받으면서 성장하고 발달할 권리가 있으며, '아동에 관한 제네바선언'을 비롯하여 'UN 아동의 권리에 관한 협약', '대한민국 어린이헌장', '대한민국 청소년헌장' 등에 아동에 관한 모든 권리가 천명되어 있고, 제반 법적 규정에도 명시되어 있다. 즉, 자신의 삶에서 중요한 의사를 마음대로 표현할 권리, 건강 및 의료지원을 받을 권리, 종교의 자유를 가질 권리, 사생활에서 보호받을 권리, 각종 사회보장을 받을 권리 등을 지니고 있다.

아동에게는 이러한 권리와 동시에 책임도 주어져 있다. 아동은 스스로 자기 자신의 발달을 촉진하고자 능동적으로 노력해야 하며, 그들을 양육하는 성인들의 합리적인 요구와 기대를 받아들이되 의존적이며 수동적인 존재가 아니라, 독립된 개체로서 능동적으로 행동해야 한다는 점이다. 아동복지는 이러한 아동의 권리와 책임을 바탕으로 이루어진다.

② 부모의 권리와 책임

부모의 권리와 책임은 친권이라는 용어에 포함된 개념이다. 아동의 보호와 육성에 대한 일차적인 권한은 친권을 지닌 부모에게 있다.

부모는 아동에게 생활방식과 행동기준을 결정할 권리를 가지며 동시에 아동을 사회에 필요한 인간으로 성장시켜야 할 의무와 책임을 부여받는다.

부모의 책임은 크게 자녀의 사회화와 자녀 양육으로 구분할 수 있다. 자녀의 사회화는 부모가 자녀가 사회의 구성원으로 성장하는 데 필요한 지식과 기술, 태도를 갖출 수 있도록 교육하고 지원하는 일을 말하며, 자녀 양육은 자녀가 건강하고 안전한 생활을 할 수 있도록 환경을 만들어주고 정서적 안정을 마련해 주는 일이다. 뿐만 아니라, 부모는 아동의 사회적 행동에 대해서도 책임을 져야 한다. 부모가 아동의 권리를 보호하는 일은 당연한 일이지만, 부모가 양육의 의무를 다하는 일에 어려움이 있을 경우에는 사회적 지원과 개입이 이루어지며, 자녀의 양육에 현저한 문제가 발생할 경우에는 아동의 최선의 이익을 위해 부모의 권리가 제한되기도 한다.

③ 사회와 국가의 권리와 책임

국가는 아동복지정책의 개발을 위한 입법 권한과 실제적인 대책을 수행할 권리와 책임이 있다. 국가는 아동의 권리를 증진시키기 위한 권리와 책임을 가지고 있으며, 필요에 따라서는 아동의 복지를 위한 국가의 책임을 다하기 위하여 부모와 아동에 대하여 개입할 수도 있다. 아동이 부모의 적절한 보호나 통제, 감독을 받지 못할 경우에는 국가는 공권력을 행사하거나 부모의 권리를 제한한다.

국가는 의무교육을 통해 아동의 교육권을 보장하고 아동을 유해환경으로부터 보호하며 부모가 아동을 학대하거나 친권을 남용할 경우에는 위탁가정이나 시설보호를 받을 수 있도록 조치하여야 한다. 이와 같은 아동복지의 실현을 위해서는 국가의 권리와 책임이 강화되어야 한다.

(2) 보편성과 선정성의 원칙

아동복지 원칙에서 중요하게 고려하여야 할 사항 중의 하나가 보편성과 선별성에 대한 준거로 이를 보편주의 원칙 또는 선별주의 원칙이라고도 한다. 아동복지를 적용함에 있어서 원칙을 어디에 두느냐와 관련된 것이다. 복지의 실현에 있어서는 어느 한 가지 원칙만을 선택하기가 쉽지 않아 대부분의 국가에서는 보편주의 원칙과 선별주의 원칙을 모두 포함하여 적용한다.

보편주의 원칙은 소득에 관계없이 모든 아동을 대상으로 급여나 서비스를 제공하는 것을 말한다. 이러한 보편주의 원칙은 사회문제란 불완전하고 불공평한 사회체계가 그 요인이라고 보고, 사회문제는 개인의 결함이나 잘못에 의해 발생하는 것이 아니라는 관점에서 출발한 서비스 원칙이다.

선별주의 원칙은 조건이나 기준을 정하고 이에 따라 서비스의 대상을 제한하는 것으로, 빈곤계층의 아동이나 기본적 욕구가 충족되지 않는 아동들에게만 급여나 서비스를 제공하는 것이다. 선별주의 원칙은 문제의 원인이 사회체계의 문제에 있는 것이 아니라, 개인적인 결함에 있다고 보고 문제를 지닌 사람에게 문제를 보완하거나 해소하기 위한 최소한의 보호책을 마련해 주는 서비스가 필요하다고 보는 관점이다. 이와 같이 선별주의 원칙에 따라 제공되는 서비스는 대부분 일시적이거나 보완적인 성격이 강하며, 열등처우의 원칙에 의한 것이어서 낙인에 의한 수치심을 초래할 가능성이 있다.

보편주의 원리에 의한 서비스의 예로는 전체를 대상으로 지급하는 아동수당, 무상보육 등을 들 수 있으며, 선별주의 원칙에 의한 서비스의 경우로는 수용시설아동에게 제공되는 서비스를 예로 들 수 있다. 선별주의 원칙에 의한 서비스는 수용시설아동을 중심으로 이루어진다는 점이 특징이다.

아동복지는 성장기에 있는 요보호아동을 대상으로 하기 때문에 일시적이고 시혜적인 성격에서 벗어나 전체 아동들을 대상으로 하는 예방 중심적 복지가 필요하다.

(3) 개발적 기능의 원칙

아동복지에서 개발적 기능의 원칙은 문제발생 후 대응하는 복지체계에서 벗어나 예방적이며 의도적인 변화를 가져올 수 있는 사회복지체계를 구축하는 것을 말한다. 즉, 사후대책적인 기능이 주가 되었던 과거의 아동복지체계에서 벗어나 적극적이며 의도적 변화를 가져올 수 있는 개발지향적 아동복지체계의 형성을 의미한다.

개발적 기능의 원칙에는 아동의 사회적 자립과 함께 사회적 기여의 창출이라는 관점이 내포되고 경제적 이익도 관련이 된다. 개발적 기능이라는 것은 목적에서 적극성을 띠고, 접근 방법에서 포괄성을 가지며, 대상인구와 각 부분에 관련되어야 하며, 종전까지의 순수한 치료적 혹은 미시적 수준에서 지역사회적, 국가적, 거시적 수준까지의 제 복지기능의 관여를 의미한다. 따라서 더욱 적극적으로, 전체적으로 또는 다부문적인 접근시도를 통해서 사회문제를 일으키는 사회구조나 사회변화에 바람직한 변화를 초래하여 국가적 개발체계와의 보조를 촉진해야 한다(이경준 외, 2017).

과거의 우리나라 아동복지사업은 사후 대책적인 기능이 주가 되어 왔다. 고아나 기아, 특별보호를 받아야 하는 아동들이 시설보호를 받을 수 있도록 하는 데 주력해 왔다. 하지만 이러한 기능만으로는 경제발전의 역기능에 따른 부정적 요소들을 대처해 나가기에 한계가 있다. 앞으로는 보다 적극적으로 예방적인 차원에서 의도적 변화를 가져올 수 있는 개발적 기능의 원칙에 따른 아동복지가 실천되어야 한다.

(4) 포괄성의 원칙

아동복지에서 포괄성의 원칙은 아동복지를 실천함에 있어서 아동의 삶과 관련된 모든 분야가 포함되도록 해야 한다는 의미이다. 아동복지를 통해서 아동의 건강한 발달뿐만 아니라, 경제, 교육, 보건, 노동, 주택, 오락 등 아동의 삶과 관련된 포괄적인 내용이 아동 관련 정책과 서비스에 수반되어야 한다는 뜻이다.

아동의 발달은 신체·정서·인지·사회발달이 따로따로 구분되는 것이 아니라 상호관련성을 지니고 있으므로 아동의 욕구에 맞는 통합적인 접근이 필요하다. 장애아를 대상으로 한 프로그램에 의료, 교육, 심리, 직업 재활 프로그램을 종합적으로 구성하여 제공한다거나 빈곤층 아동을 대상으로 한 복지 활동에 교육, 복지, 문화적 차원의 통합 서비스를 지원하는 사례는 아동복지의 포괄성 원칙의 적용 사례이다.

(5) 전문성의 원칙

아동복지에서 전문성의 원칙은 아동복지사업의 성과를 좌우하는 중요한 원칙의 방향으로, 아동에게 나타나는 여러 가지 복잡한 문제를 잘 풀어가기 위해서는 전문적인 지식과 기술을 가지고 접근해야 한다는 것을 말한다.

아동의 문제를 해결함에 있어서 아동의 욕구나 사고 및 행동문제에 관한 전문적 지식이나 기술 없이 접근한다는 것은 매우 어리석은 일이다. 문제해결력의 육성을 위해서는 교육과 훈련을 통해 아동에 대한 전문적인 지식과 기술을 지닌 전문가를 활용해야 한다. 아동복지에 대한 잘못된 인식으로 종종 아동의 문제를 해결하려다가 오히려 치명적인 2차 피해를 입히는 경우가 발생한다. 특히 아동폭력이나 아동학대의 문제를 다룰 경우에는 반드시 관련 분야에 대한 전문성이 요구된다는 점에 유념하여야 한다.

아동복지는 사회복지실천의 한 분야로 아동 관련 정책을 개발하고 프로그램을 기획하며 실천할 수 있는 아동복지 전문가가 반드시 필요하다. 아동복지 관련 분야의 교육과 훈련기회를 확대하여 전문직 인력의 양성에 힘써야 할 것이며, 아동복지에 대한 국가 수준의 강력한 제도적 보장과 자격 강화가 이루어져야 한다.

6. 아동복지의 방향

사회의 급격한 변화 속에서 우리나라 아동들은 다양한 위기에 직면해 있다. 여성의 교육기회 확대와 더불어 사회진출이 확대되고 개인주의적 사고가 사회 전반에 걸쳐 팽배해지면서 이혼율이 증가하고, 그에 따른 가족해체가 확대되고 있다. 뿐만 아니라, 공교육의 기능이 붕괴되는 현상이 나타나면서 아동들의 학습부진 요인이 확대되고 인성교육이 약화되는 문제를 유발하고 있는 실정이다. 이러한 격변 속에서 우리 사회에는 요보호아동이 점차 확대되어 가고 있는 실정이다. 이러한 변화에 맞출 수 있는 아동복지 방향의 전환이 요구된다. 우리 사회의 아동복지가 나아가야 할 방향을 몇 가지 제시하면 다음과 같다(이경준 외, 2017).[1)]

1) 요보호가정에 대한 지원 강화

아동복지는 건전한 가정 안에서 아동이 보호되고 건전하게 성장할 수 있도록 하는 것이 목표이다. 그렇게 하려면 무엇보다도 중요한 것은 건강한 가정의 유지이다. 건강한 가정이 아동복지의 가장 중요한 전제조건이다. 이혼이나 가족 구성원들의 해체로 인해 가정이 파괴되는 일은 건강한 가정을 지켜나가는 데 전혀 도움이 되지 않는다. 따라서 정부에서는 가족원의 결속력을 통한 가족해체를 예방할 수 있도록 요보호가정에 대한 지원을 강화할 필요가 있다. 경제적으로 어려움을 겪고 있는 가정을 지원하는 방안도 마련되어야 할 것이며, 아동수당을 포함한 자녀를 가진 가정에 대한 다양한 가족급여제도의 실시도 확대되어야 할 것이다.

---

1) 본 내용은 이경준 등(2017: 65-67)의 내용을 바탕으로 아동권리에 비추어 본 우리나라 아동복지의 나아갈 방향에 대해 재구성하여 기술하였음.

2) 지역사회 중심의 재가복지 강화

우리나라 아동복지는 요보호아동을 대상으로 한 생활시설 중심의 서비스에 중점을 두어 왔으나, 앞으로 지역사회를 거점으로 하여 재가아동서비스를 강화하여야 한다. 오늘날 아동복지의 대상은 모든 아동이며, 아동은 책임을 다하는 부모와 안정된 가정 속에서 성장하는 것이 바람직하다. 따라서 국가와 사회는 아동양육의 기본단위인 가정이 기능을 원활히 수행할 수 있도록 지원하고, 아동이 가정을 이탈하지 않도록 예방하거나 불가피하게 가정이 없을 때는 지역사회 중심의 대안적 형태의 가정을 만들어 주어야 한다. 또한, 아동이 출생가정이나 대리가정에서 생활하면서 서비스를 이용할 수 있도록 하기 위해서는 지역사회 단위에서 가족과 아동에게 여러 가지 서비스를 제공할 수 있는 시스템이 확립되어야 한다. 이를 위해서는 아동 관련 전담인력이 배치되어야 하는데, 특히 아동상담 및 정신장애 치료전문가의 배치가 필요하다. 아울러, 이용비용에 대한 지원을 통해서 아동 및 가족들이 저렴한 가격으로 서비스를 이용할 수 있도록 하는 정부의 지원이 필요하다.

3) 아동복지의 효과적인 전달체계 구축

아동복지전달체계의 조직과 기능이 개선되어 효과성이 확보되어야 한다. 아동복지전달체계는 공적 서비스체계와 민간 서비스체계로 나눌 수 있다. 현재 아동복지 정책을 수립하고 실행하는 주무부서는 분산되어 있어서 인력과 예산이 과도하게 들고, 정책의 일관성이 부족한 면이 있다. 따라서 정부부처 간의 연계 기능을 향상하거나 업무를 통합할 필요가 있으며, 공적 전달체계와 민간 전달체계 간의 역할 분담이 적절히 이루어져야 하며, 서로 간에 협력관계 속에서 발전해야 한다.

4) 아동 정신건강체계 확충 및 전문 상담기관의 확대

아동복지를 위해서는 가정 내의 긴장을 해소하고 가족원의 기능을 강화할 수 있는 가족지원서비스를 확대하여 아동의 가출, 비행, 기타의 문제행동아의 발생을 예방하여야 한다. 최근 들어 점차 증가추세에 있는 인터넷 중독 아동, 방임 아동, 왕따 아동, 정서장애아동 등은 정신적인 어려움으로 고통을 받고 있다. 이러한 정신

건강에 문제가 있는 아동에 대한 사회적인 관심과 지원이 필요하다. 정부에서는 아동의 정신건강 상태를 심각하게 받아들여야 하고, 이를 일부 아동의 이상심리로 간주해서는 안 될 것이다. 공격성과 폭력성 등이 보편화된 아동문화의 일부임을 인식하여, 아동들이 아동다워질 수 있는 문화를 조성하기 위해서 아동정신 관련 분야에 대한 체계적인 개입과 재정적 지원 및 정책 방안이 마련되어야 한다. 뿐만 아니라, 최근 들어 사회문제가 되고 있는 아동학대와 방임의 예방과 치료를 위한 관계법령의 제정, 아동학대 신고의 의무화, 전문치료 및 상담기관의 설치가 확대되어야 한다.

5) 빈곤가정 지원

정부에서는 소년소녀가정 아동, 국민기초생활보장 수급 가구의 아동들에게 생계급여와 같은 지원을 실시하고 있다. 그러나 이와 같은 보호수준은 최소한의 지원이며 현실적으로 아동의 양육을 보장하기에는 매우 부족하다. 무엇보다도 중요한 것은 빈곤가정 아동의 관점에서 볼 때 기본생활이 보장될 수 있는 지원이 필요하며 아동을 위한 보육서비스, 육아휴직 등과 같은 현물서비스의 발달도 중요하게 고려되어야 한다.

빈곤아동에 대한 지원은 아동이 속한 가정에 대한 지원이다. 아동 빈곤율을 낮추기 위해서는 노동시장 정책과 가족정책이 동시에 제공되고, 아동을 위한 보편적인 수당이 필요하며, 대상을 한정한 급여의 경우는 급여액이 충분해야 한다. 특히 빈곤가정의 아동이 일반아동에 비해 건강상태가 좋지 않고 발달 정도가 부진하며 정서 및 행동 문제에서 있어서도 우울이나 충동성, 문제행동 등을 더 많이 경험하게 된다. 따라서 빈곤가정에 대한 지원을 확대하여 건강한 아동으로 성장할 수 있도록 체계적인 지원이 필요하다.

6) 학교사회복지사업의 강화 및 공교육 재정립

폭력, 왕따 등의 아동 문제는 학교환경과 밀접한 관계가 있다. 학교는 아동에게 중요하면서도 친숙한 사회적 환경이다. 현대사회에서 학교는 학생들의 지적능력을 증진시키는 역할 이외에도 심리, 사회적 기능을 향상시키기 위한 생활지도와 학생복지에도 관심을 갖고, 학생들의 총체적인 삶의 질을 향상시킬 수 있는 사회적 책임을 갖고 있다.

보다 근본적으로는 성적 위주의 사회풍토가 바뀌고, 공교육의 기능과 역할이 재정립되어야 한다. 과도한 교육열이 건전한 방향으로 바뀌고, 사교육에 의존하여 인성교육과 정서교육이 제대로 되고 있지 못한 상황에서 공교육이 제 기능을 발휘할 수 있는 여건이 마련되어 아동과 청소년들이 정상적으로 자라나서 우리 사회를 이끌어갈 주역이 될 수 있도록 해야 할 것이다.

지금까지 논의된 내용을 종합해 보면, 우리나라 아동복지는 앞으로 다양한 측면에서 지원과 도움이 절실한 실정이다. 특히 우리나라처럼 저출산 문제가 확대되고 있는 상황에서는 아동복지 문제가 빈곤한 아동에게만 해당되는 것이 아니라 모든 아동에게 해당된다. 저출산 문제의 원인이 아동에 대한 사회적 지원시스템과 무관하지 않기 때문이다. 따라서 아동을 둘러싼 사회적인 위험들을 전면적으로 제거하지 않으면 안 된다. 지금처럼 각종 위험 속에서 손상된 아동들이 성장한 사회는 건강할 수 없다. 뒤늦게나마 사회적 지원책을 마련한다고 하더라도 많은 사회적 비용을 요구한다.

효율적인 아동복지를 위해 가장 우선적으로 해야 할 일은 공교육이 제 역할을 할 수 있도록 하는 것이다. 그다음으로는 사회가 아동을 각종 위험으로부터 보호할 수 있도록 다양한 안전제도를 마련해야 한다. 거기에 더하여 아동에 대한 분야별 전문가들이 많이 배출되어 각 분야가 서로 유기적인 관계를 형성하여 아동문제를 풀어나갈 때 건강한 아동으로 성장해 나갈 수 있도록 해야 할 것이다. 우리나라의 아동복지가 다른 선진국들에 비해 아직 그 수준이 뒤떨어져 있는 실정이다. 따라서 아동복지에 대한 적극적인 관심과 더불어 아동복지에 대한 전문가 양성에 주력해야 할 것이다.

Chapter

04

인권과 아동권리의 이해

1. 인권의 의미와 원칙

인권은 '인간의 권리'를 줄인 말로 '모든 인간은 존엄하다'라는 것을 기반으로 한다. 인간은 존엄성을 가지고 태어났으며, 누구나 자유롭고 평등하며, 이 자유와 평등은 침해되거나 양도될 수 없는 권리가 담겨 있다(영유아인권길라잡이, 2015). 인권은 개념적으로 다양하게 이해가 가능하며, 권리로도 이해된다(이도레, 2016). 아동의 인권을 존중하기 위해서는 인권의 개념을 알아야 할 필요가 있다. 인권의 개념은 한 사회의 사회·문화적 맥락에 따라 다양하게 그 의미가 달라지기도 하는데, 대체적으로는 '인간으로서 기본적으로 가지는 마땅한 권리'로 이해된다(국가인권위원회, 2011).

인권 개념은 특정 사회의 법적 권리나 도덕적 목표와는 구분되어야 하고, 각국의 헌법을 포함한 실정법이나 문헌에 나타난 모든 권리가 인간의 존엄성을 실현하기 위하여 마련된 것이라고 볼 때, 인권은 모든 권리의 기초이자 출발점이 된다(국가인권위원회인권, 2011).

따라서 인권의 개념은 사람으로서 살아가는 데 필요한 자유와 권리를 뜻하는 개념으로 이해할 수 있다(이도레, 2016).

인권은 인간이 태어나면서부터 존엄한 존재로 천부적으로 타고난 권리가 있음을 뜻한다. 이러한 인권에는 다음과 같은 원칙을 갖는다.

첫째, 보편성과 불가양도성이다.
모든 인간은 인권을 가지며 자신의 권리를 다른 사람에게 양도하거나 타인의 권리를 빼앗을 수 없다.

둘째, 상호의존성 및 불가분성으로 모든 권리가 의존성으로 연결되어 있고 서로 나눌 수 없음을 의미한다.

셋째, 인간평등과 불자별은 인간의 어떤 특징에 따라서도 차별받지 않아야 하는 것이다.

넷째, 권리와 의무는 서로 연결되어 있다는 것이다.
이러한 인권의 특징은 아동인권의 바탕에 그대로 적용된다(국가인권위원회, 2016).

또한 인권은 인간이 사회환경 안에서 마땅히 누려야 할 권리다. 인간이 세상에 태어나 성장해 가면서 바라는 것, 희망하는 것, 요구하는 것들을 권리의 개념으로 승화시킨 것이 바로 인권이다(유네스코한국위원회, 2000).

그러므로 인권은 인간의 존엄한 삶을 위해 인간 모두가 평등하게 보장받고 누려야 할 권리이며, 인간의 존엄성이란 인간의 그 생존과 기본적 자유에 있어서 중심적 주체가 된다는 것을 의미한다. 인권은 인간의 존엄성에서 나온 것이기 때문에 인간 존엄성은 모든 권리의 기초이자 출발점이 된다. 즉, 모든 가치판단의 원천이 되며, 근본적 가치 규범으로써 모든 윤리적 판단과 법령의 효력과 내용을 해석하는 근본 원리를 제공하게 되는 것이다(정진이, 2014).

현대의 보편적인 인간 권리로서의 인권 개념은 1945년 UN이 창설되고, 1948년 세계인권선언(UDHR, Universal Declaration of Human Rights)이 UN 총회에서 채택되면서 공식적으로 인정을 받게 된다. 이는 세계에서 가장 널리 인정된 인권선언문으로 시민·정치·사회·문화에 관한 30개 조항으로 구성되어 있으며, 이를 통해 모든 인간의 권리를 청명하고 있다. 이 선언은 UN 총회에서 당시 가입국 58개 국가 중 50개 국가가 찬성하여 채택되었지만, 도덕적 구속력만 있는 선언문이었다. 이에 더욱 실효성이 있는 인권법을 마련하기 위해 노력을 기울이던 UN에서 1966년 총회에서 국제인권규약(International Bill of Rights)을 채택하였고, 1976년 발효하였다. 구체적으로는 경제적·사회적·문화적 권리에 관한 국제규약(International on Economic, Social and Cultural Rights)(A규약)과 자유권 규약인 시민적·정치적 권리에 대한 국제규약(International Covenant on Civil and Political Rights)(B규약)이 있다. 우리나라는 1990년에 이 두 조약에 가입함으로써, 헌법에 의거해 국제법과 국내법이 동일한 효력을 갖게 되어 국가적으로 인권을 보장해야 할 책임을 지게 되었다.

대한민국 헌법에서는 "모든 국민은 인간으로서의 존엄과 가치를 가지며, 행복을 추구할 권리를 가진다. 국가는 개인이 가지는 불가침의 기본적 인권을 확인하고, 이를 보장할 의무를 진다"라고 밝히고 있다.

2. 아동의 인권

인권은 인간으로서 누려야 할 모든 기본적인 권리를 의미하는 것으로 인간으로서의 '보편적인 권리'와 '아동 고유의 권리'를 모두 포함한다. 이는 아동의 고유한 특성으로 인한 차이점을 인정하는 것이다. 아동인권 옹호의 선구자인 야누쉬 코르

착(Janusz Korezak, 1879~1942)은 『How to love a child』에서 "수많은 아동은 미래의 인격체, 즉 언젠가 인격체로 성장할 누군가가 아니다. 그들은 지금 이 순간, 바로 오늘, 이미 인격체이다"라고 하면서 아동은 하나의 인격체로서 존중받아야 하며, 사람으로서 가지는 기본적 권리를 지닌 존재임을 강조하였다.

아동의 권리를 가장 발전적으로 실행력 있고 종합적으로 천명한 공식 문서는 바로 1989년 UN에서 채택된 '아동권리협약'이다. 이 협약에서는 영유아 역시 보편적인 인권을 가지는 존재이면서 아동의 위치에서 요구되는 세부적인 권리를 추가적으로 가진 존재임을 명시하고 있다(구정화, 2009). 이는 아동의 권리가 성인의 권리와 단순히 대치되는 개념이 아니라, 보편적 인간으로서의 권리를 가진 존재이면서 성인과 달리 아동기에는 더욱 고려되어야 하는 세부적인 권리가 요구된다는 것을 의미한다. 또한 아동의 인권을 단순히 아동에 대한 호의나 친절, 관용의 문제가 아니라 인간으로서 지니는 내재적 권리로 보았으나, 우리 모두가 존중해야 하는 의무와 책임이 있음을 강조하였다. 이처럼 아동권리협약은 아동을 보호의 대상자이면서 동시에 인권의 향유 주체, 권리행사의 주체로 인식하는 적극적인 관점을 제시하면서 영유아 인권에 대한 새로운 관점을 제시하게 된다.

유니세프(UNICEF, 2005)는 아동이 자신의 삶에 영향을 미치는 의사결정 과정에 참여하는 권리와 그들이 위험으로부터 보호받아야 하는 권리를 어떻게 조화롭게 보장할 수 있는가 하는 질문에 답하려면 아동을 발달적 존재, 참여적 존재, 보호적 존재로서 이해할 수 있어야 한다고 제안하였다. 이는 '보호' 중심의 접근이 아동을 단순한 복지 수혜자이자 수동적인 복지 대상자로 전락시킬 수 있음을 우려하는 것으로 '보호의 대상자로서의 아동'과 '권리의 주체자로서의 아동' 개념 간의 조화를 강조하는 것이다(육아정책연구소, 2011).

이처럼 아동은 성인의 보호를 받아야 하는 의존적 존재이지만, 단순히 보호받는 것에서 벗어나 한 사람의 인간으로서 자유와 존엄성을 누리고 살아갈 수 있도록 아동의 인권은 반드시 보장되어야만 한다. 이런 점에서 볼 때, 아동의 인권은 성인이 아동을 위해 베푸는 혜택이 아니라 아동이 인간으로서 누려야 할 기본적 권리인 것이다.

3. 아동권리

1) 아동권리의 개념

유아교육사전(한국유아교육학회 편, 1996)에 의하면 권리란 “첫째, 자기의 의지를 자유로이 행사할 수 있는 능력 혹은 자격을 말한다. 둘째, 법에 의하여 보호되는 것으로 이익에 관하여 인정되는 힘의 범위를 말한다고 할 수 있다. 윤리학적으로 주장이나 요구의 합리적 필연성, 즉 법칙에 준하는 것임을 뜻하며, 법률적으로는 법에 의해서 인정된 타인에 대한 자신의 요구를 뜻한다”고 하고 있으며, 국어사전에서는 ‘어떤 일을 행하거나 타인에 의하여 당연히 요구할 수 있는 힘이나 자격’이라고 정의하고 있다.

권리란 아동들의 욕구와 관심을 인정하고 충족해 주는 사회적 표명이다. 즉, 아동의 제반 욕구가 사회에 의하여 인식되고 주장될 때 권리라는 말로 대체할 수 있으며, 권리의 본질적 요소를 파악할 수 있게 된다(장인협·오정수, 2002).

아동권리의 개념 정의는 아동이 인간으로서 누려야 할 기본적인 제 권리를 총칭하는 것으로, 권리와 많은 공통성을 가지고 있으면서도 아동의 특성상 성인의 권리와 차이가 있다. 아동의 자격으로서 승인되는 아동 고유의 권리는 아동이 가지고 있는 정신적·신체적 욕구, 즉 아동이 전인적으로 성장하는 것을 목적으로 하여 생존을 확보하는 것을 법적으로 인정하는 것이다(황성기, 1994).

2) 아동권리의 종류와 내용

아동의 권리는 인간이 사회생활을 영위해 가면서 마땅히 누려야 할 권리, 인간이 세상에 태어나 성장해 가면서 바라는 것, 희망하는 것, 요구하는 것들에 대해 이익을 받을 수 있도록 법질서에 의하여 인정된 자격을 말한다. 따라서 아동의 권리를 이해하는 데는 미숙하고 보호받는 존재가 아닌, 능동적인 주체로서의 아동에 대한 이해뿐만 아니라 권리의 명확한 이해가 필요하다.

아동권리의 종류와 내용을 구체적으로 살펴보면 **표 4-1**과 같다.

표 4-1 아동권리의 종류와 내용

종류	내용
생존권	• 인간의 생명은 존중되어야 하고, 그 생명활동이 유지되어야 한다. 누구나 세상에 태어날 때 생존권을 가지고 태어나며 아동을 포함한 모든 사람이 그러하다. 장애를 가진 아동과 발달이 지체된 아동도 예외가 아니다.
성장 발달권	• 아동은 성인과 달리 신체적으로 성장하고 정신적으로 발달해야 할 과업이자 권리를 가지고 있다. 식품을 통해서 음식을 섭취하여 신체를 발달시키고, 지적 자극을 받아들여서 정신적 발달을 도모해야 한다. 아동에게 성장·발달은 자연스러운 생명활동이자 발달과업이다. 따라서 아동에게 성장·발달을 금지하는 것은 생명에 손상을 입히는 것이나 다를 바 없는 가해행위이다.
시민권과 자유권	• 성인이 사회의 시민으로서 자유롭게 의사결정을 할 권리가 있는 것처럼 아동도 사회의 미래 시민으로서 자유롭게 자신의 의견을 제시하고 자기 미래를 결정할 권리가 있다. 아동은 때로는 부모의 부당한 친권행사에 대해서도 자신의 성장과 행복을 추구할 권리를 가진다. 따라서 아동과 관련된 사항은 아동 자신의 행복을 최우선 조건으로 하여 결정되어야 한다.
양육 보장권	• 성인과 달리 스스로를 보호할 수 없는 아동은 성장할 때까지 안전하게 양육될 권리를 가진다. 양육보장권은 아동의 발달에 적합한 가정환경을 보장받아야 할 권리를 말한다. 따라서 부모로부터의 방임이나 학대와 같이 가정환경이 아동의 발달에 부적합한 경우에 대리보호자에 의해 건강한 대리환경에서 보호받을 권리가 있다.
복지권	• 아동이 신체와 정신을 건강하게 발달시키고, 타고난 신체와 지적 능력을 개발하여 행복하게 살기 위해서는 타고난 능력이나 상태와 상관없이 기초 보건을 유지하고 자신의 복지를 보장받는 복지권이 필요하다. 특히 정상아가 아닌 경우에는 그 장애를 극복하도록 그리고 일탈가정에서 태어난 경우에는 그 환경의 문제를 극복하도록 사회가 지원해 주어야 한다.
교육권 및 문화향유권	• 아동은 잠재된 능력을 개발하기 위해서 교육받을 권리가 있다. 특히 사회에서 직업을 가지고 생활을 영위할 수 있는 기본 능력을 준비하는 교육과정이 제공되어야 한다. 아동에게는 초·중·고 정기교육이 의무적으로 제공되는데 이는 어디까지나 국가의 경제사정에 의존한다. 우리나라는 초·중 9년 과정을 의무교육으로 정하고 있으며, 2013년부터 0세부터 5세아 무상보육이 실시되고 있다.
특별보호권	• 아동은 어떠한 상황에서든 특별히 안전하게 보호받을 권리가 있다. 천재지변과 같은 재난, 전쟁, 자연재해 등 위기 상황에서 아동은 최우선으로 보호되어야 한다. 특별보호권은 정상아동이나 특수아동에 관계없이 주어지는 동일한 권리이다.

4. 아동권리 인식의 발전

아동권리에 관한 역사는 아동의 존재와 문제를 심각하게 인식한 순간에서 출발하였다고 볼 수 있다. 아동을 보는 관점도 성립하고 변화되어 왔다. 스파르타와 같은 고대 시대에서는 아이들의 생사가 성인에 의해 결정되거나 부족장에게 있었다. 그로 인해 아이의 능력이나 발달상의 성장은 고려되지 않고, 성인의 입장에서 아이를 바라보고 키울 것인지 버릴 것인지를 결정하기도 하였다. 시대가 흐르면서 생사가 성인에 의해 결정되지는 않지만, 쉽사리 부모로서의 권리를 포기하거나 혹은 버리는 경우가 있기도 하였다. 또한 아동을 대를 잇기 위한 수단이나 노동의 도구로 인식하였다.

중세에서는 아동을 성인의 축소판이라고 하였다. 이러한 인식은 아동과 성인의 능력이나 역할 등에서 다르지 않고, 신체적 크기에서만 차이가 있다고 보는 것이다. 아동의 신체적 크기가 성인에 비해 작은 것과 마찬가지로, 아동은 지식과 경험면에서 용량이 적을 뿐이다. 즉, 아동을 하나의 부속물이나 성인과 같은 입장으로 바라본다.

중세 이후 루소, 코메니우스, 프뢰벨과 같은 교육사상가의 영향으로 아동이 성인과 구분되는 독자적인 인격체로 인식하기 시작했다. 아동을 인격체로 인식했다는 의미는 아동을 성인과 다른 의미로 인식하기 시작했다는 것을 의미한다.

근대에 들어서면서 선구적인 교육사상가의 영향과 20세기 초 이루어진 아동발달에 관한 과학적 연구에 힘입어 아동에 대한 인식은 새로운 양상을 띠게 되었다. 스웨덴의 아동운동가 엘렌 케이(Ellen Key)가 '20세기는 아동의 세기이다'라고 말한 것처럼 20세기에 들어와서 아동의 가치가 적극적으로 해석되고, 국가적으로 아동은 권리를 가진 존재이며 개인으로서 가치가 있음을 인정하였다. 즉, 아동이 한 개인으로서의 능력이나 가치를 발산하고 실현할 수 있는 기회와 자극을 받을 수 있는 권리를 가지고 있음을 인정하는 것이다. 또한 아동 중심 사상에 힘입어 아동을 특별한 보호와 온정의 대상으로 관심을 가지고 권리인식이 확산되어 보호와 육성 차원에서 논의되었으나 의견표현권, 자기결정권, 참여권 등의 자유권은 별로 중요하게 거론되지 못하였다.

오늘날 아동은 신체·인지·정서·사회적 측면에서 양적·질적으로 변화하고 발달해 가는 존재로서, 의식주를 포함한 생존과 전인적 발달을 위해서 부모를 포함한 성인의 보호가 필요하고, 독립된 인격을 지닌 권리 주체로서 각 개인의 개별적 특성을 지닌 존재로 인식되고 있다.

아동은 보호의 대상에서 평등한 대상으로 인식되어야 한다. 또한 아동의 권리를 온전하게 보장하기 위해서 아동권리는 소극적인 의미뿐만 아니라, 보다 적극적인 의미에서 고려되어야 한다. 권리를 향유하는 아동의 의미는 권리 수혜자에서 권리 주체로 인식될 수 있다. 아동은 결코 불완전한 존재도 아니며, 동시에 재화의 수혜나 보호의 대상도 아닌 권리의 주체로 인식되어야 한다.

5. 아동권리의 역사

1) 제네바 아동권리선언(1924년)

1922년 영국에서 최초로 선언된 '세계아동헌장'에서 아동의 신체적·도덕적 발달을 돕는 것은 국가의 의무이며, 이를 위해 필요한 요소를 제공하여야 함을 강조하였다. 이것이 기초가 되어 1924년 국제연맹회의에서 아동권리에 관한 제네바 선언이 채택되고 공식화되었다. 이 선언은 안전하고 따뜻한 세상에서 보호받고 발달하여야 할 아동이 제1차 세계대전으로 인한 기아, 고아 부랑아, 영양실조 등을 겪어야 했던 역사적 현실을 안타깝게 생각하고 반성하며 전문에 '인류는 아동에게 최선의 것을 주어야 할 의무가 있다'는 것을 천명하였다.

1924년 제네바 아동권리선언의 5개 조항에서 생존권은 1조, 2조, 3조, 보호권은 3조, 4조, 발달권은 1조, 5조, 참여권은 5조가 해당된다.

표 4-2 제네바 선언 5개 항(1924년)

1조. 어린이는 신체적·정신적으로 정상적인 발달을 위해 요구되는 모든 수단을 강구해야 한다.
2조. 굶주린 어린이에게 먹을 것을, 병든 어린이에게 치료의 혜택을, 지능 발달이 뒤늦은 어린이에게 도움을, 불량한 어린이에게는 감화를, 고아와 부랑아에게는 주거를 마련하여 보호해 주어야 한다.
3조. 위기에 직면했을 때, 최우선으로 어린이를 구해야 한다.
4조. 어린이에게 장래 설계를 세울 수 있는 지위로 이끌며, 모든 종류의 착취에서 보호를 받을 수 있어야 한다.
5조. 어린이에게 자기의 능력은 인류동포에게 봉사하기 위한 것이라는 자각을 주며 교육을 해야 한다.

그로부터 15년 후 제2차 세계대전(1939~1945년)이 발발하게 되었고, 많은 아동이 굶주림과 버림을 받게 되는 사회적 배경 속에, 1948년 차별받지 않을 권리와 안정된 가정환경에서 보호받을 권리의 2개 조항을 부가한 7개 조항으로 제네바 선언을 개정하였다.

표 4-3 제네바 선언 7개 항(1948년)

1조. 어린이는 인종, 민족, 국적 및 종교적 신조의 문제를 초월하여 보호되어야 한다.
2조. 어린이는 하나의 실체로서의 가정을 존중하며 보호를 받아야 한다.
3조. 어린이는 물질적, 도덕적, 정신적으로 정상적인 발달을 위해 필요한 조건이 충족되어야 한다.
4조. 굶주린 어린이는 먹여야 하며, 병든 어린이는 간호를 받아야 하고, 신체적·정신적으로 장애가 있는 어린이는 도움을 받아야 하며, 부적응 어린이는 재교육을 받아야 하며, 고아나 부랑아는 수용·보호되어야 한다.
5조. 어린이는 위험을 당했을 때 먼저 구조되어야 한다.
6조. 어린이는 사회복지나 사회보장의 혜택을 받아야 하며 적절한 시기에 생계를 세울 수 있는 훈련을 받아야 하며 모든 형태의 착취로부터 보호받아야 한다.
7조. 어린이는 그의 능력을 동포를 위해 봉사해야 한다는 지각 속에서 양육되어야 한다.

2) 국제연합 아동권리선언(1959년)

제2차 세계대전이 진행되는 과정에서 파시즘에 의해 심각하게 인권을 침해당한 후 인권은 국내 차원에서 국한되는 문제가 아니라 국제 차원에서 다루어질 문제로 대두되었다. 그러한 사회적 환경으로 인한 인식의 변화에 의해 국제연합은 인권 보편화 작업의 일환으로써 세계인권선언을 작성하였다. 그 성과로 1964년에 국제연합교육과학문화기구(UNESCO)와 국제연합아동기금(UNICEF) 등 아동권리 관련 국제기구가 발족되었고, 1950년 국제연합사회위원회에서 아동권리선언 안이 작성되었으며, 1959년 11월 20일 국제연합 제14차 총회에서 만장일치로 채택되었다. 국제연합 아동권리선언은 전문을 아동의 생존과 생활 및 행복추구권으로 하고 10개의 조항으로 구성되어 있다.

국제연합 아동권리선언(1959)의 10개의 조항을 보면 생존권은 제3, 4, 8조, 보호권은 제1, 3, 4, 5, 6, 7, 9조 및 제10조, 발달권은 제2, 4, 5조 및 제7조, 참여권은 제1조 및 제2조가 해당된다. 이 선언은 제2차 세계대전의 참혹하고 피폐한 역사적 현실을 통해 인류의 공존과 평화의 이상을 실현하고자 하는 유엔헌장의 정신에 입각하여 인간의 존엄성과 보편적 가치 및 천부적 권리를 전 세계에 천명한 최초의 인권선언으로 세계인권선언의 정신을 아동의 특수성에 초점을 맞춘 아동권리선언이다.

국제연합 아동권리선언이 제네바 아동권리선언과 달라진 점은 보호권과 관련된 조항이 눈에 띄게 늘었다는 것이다. 보호권은 제2조 및 제7조의 조항을 제외한 나머지 조항에서 언급되고 있는데, 이는 세계인권선언이 천명한 특별한 필요(special needs)와 보호(special protection)의 복지권 정신의 영향을 받았다고 할 수 있다.

표 4-4 국제연합 아동권리선언(1959년)

1조. 모든 아동은 어떠한 예외도 없이 아동 자신과 그 가족이 속한 인종, 피부색, 성, 언어, 종교적 신념, 정치적 제 견해, 구적 및 사회적 출신, 재산의 정도, 출생 및 기타 신분에 따른 차별을 받지 않으며 모든 권리를 향유할 천부적 자격을 지닌다.

2조. 아동은 특별한 보호를 받을 수 있어야 하며, 인간존엄과 자유의 정신 아래서 건전하고 정상적인 방법에 의하여 아동 자신의 신체적·심리적·도덕적·정신적 및 사회적 발달이 가능하도록 하는 기회와 설비가 법령과 제 수단에 의하여 아동에게 제공되어야 한다. 이러한 목적을 달성하도록 하는 법령을 집행함에 있어서, 아동 최선의 이익이 최우선으로 고려되도록 하여야 한다.

3조. 출생에서부터 성명과 국적을 가질 권리를 가진다.

4조. 사회보장의 혜택을 향유할 수 있어야 한다. 아동은 건강하게 성장하고 발달할 권리가 있다. 이 목적을 달성하기 위하여 출생 전후의 적절한 의료혜택을 포함하여, 아동과 아동의 어머니 모두에게 특별한 관심과 보호가 기울여져야 한다. 아동은 적절한 영양공급, 주택, 여가 및 진료를 받을 권리를 가진다.

5조. 신체적·정신적 또는 사회적 장애가 있는 아동은 특수한 조건이 마련된 가운데 특별한 치료와 교육을 받을 권리를 갖는다.

6조. 아동은, 자신의 인격이 조화롭고 온전하게 발달하기 위하여, 애정과 이해를 필요로 한다. 아동은, 어느 곳에서건 부모의 각별한 주의와 책임 아래서, 그리고 어떤 경우에도 도덕적이고 물리적인 안정과 애정을 향유할 수 있는 여건에서 성장하여야 한다. 영아의 경우에는 아주 특별한 사유가 있는 경우를 제외하고는 그 아동의 어머니와 격리되게 해서는 안 된다. 사회와 당국은 가정이 없는 아동과 부양 수단을 제공받지 못하는 아동을 특별히 보살펴야 할 의무를 지닌다. 대가족에 속한 아동의 양육을 위한 국가의 지출과 여타의 보조 수단은 권장된다.

7조. 아동은 교육받을 권리를 가지며, 이때의 교육은 적어도 초등교육단계에서 무상의무교육이어야 한다. 교육은 아동의 문화를 고양시킬 수 있는 것이어야 하고, 아동 자신의 능력과 자율적 판단과 도덕적·사회적 책임을 계발하여 사회의 유능한 성원이 될 수 있는 동등한 기회를 아동에게 제공하는 것이어야 한다. 아동 최선의 이익은 아동을 교육하고 계도할 책임이 있는 사람들의 기본원칙이 되어야 한다. 이러한 책임은 일차적으로 아동의 부모에게 있다. 아동은 교육이 지향하는 바와 동일한 목적으로 놀이와 여가를 누릴 기회를 가진다. 사회와 당국은 아동이 이러한 권리를 적극 향유할 수 있도록 노력하여야 한다.

8조. 아동은 어떤 상황에서도 가장 먼저 구조와 보호에 있어서 최우선이어야 한다.

9조. 아동은 모든 형태의 학대, 잔학 및 착취로부터 보호받을 수 있도록 해야 한다. 아동은 어떠한 형태로든 거래의 대상이 되어서는 안 된다. 아동은 적정한 연령에 이르기 전까지 고용되어서는 안 된다.

10조. 아동은 인종적·종교적 차별을 포함한 일체의 차별을 야기하는 행위로부터 보호받도록 하여야 한다. 아동은 아동 자신의 능력과 역량이 인간애에 공헌할 수 있는 덕목인 관용, 우정, 평화의 정신과 보편적인 양심을 고양할 수 있도록 양육되어야 한다.

3) UN아동권리협약(1989년)

1989년 11월 20일 국제연합에 의해 채택된 'UN아동권리협약'은 아동의 권리문제에 관한 체계적이고 종합적인 권리규범이다. 즉, 아동의 권리에 대한 보편적인 당위성을 부여해 주는 아동권리의 경전이라고 할 수 있다(김정래, 2002). UN아동권리협약은 아동의 최선의 이익을 보장하기 위하여 법적 구속력을 갖춘 최초의 장치로 국제법으로서의 효력을 가지고 있다. 뿐만 아니라 최선의 이익을 기준으로 삼고 그 기준을 바탕으로 아동의 권리를 제시하고 있다. 아동의 권리협약은 전 세계 모든 어린이에게 적용되는 것으로, 어떤 환경, 어떤 상황에 있는 어린이라도 동등하게 누려야 할 기본적인 복지기준을 규정하고 있다. 아동의 권리협약은 54개 조항으로 되어 있고 각 항마다 다른 권리를 다루고 있다. 협약의 제1부는 제1조에서 제41조까지로 구성되어 있으며, 이는 주로 아동이 향유·행사할 수 있는 권리의 내용들이다. 제2부는 협약의 제42조에서 제45조에 이르는 아동권리위원회의 설치와 권한 및 당사국의 협력을 구체적으로 규정하고 있으며 제46조에서 제54조에 이르는 제3부는 협약의 발효 및 관리에 관한 규정이다.

표 4-5 UN아동권리협약의 구성

구성	주요 내용
전문	아동권리의 기본 이념과 가치 및 배경
제1부 (제1조 ~ 제41조)	아동의 권리와 가입국의 아동보호 의무 규정
제2부 (제42조 ~ 제45조)	협약의 이행 조치 규정
제3부 (제46조 ~ 제54조)	부칙(서명, 가입, 비준서 기탁, 개정절차, 유보, 폐기, 원본 규정)

UN아동권리협약의 조항들을 살펴보면 협약이 법적인 구속력을 갖는다는 차이점 외에도 아동권리선언의 내용보다 구체적이며, 아동의 권리를 세부적으로 기술하고 있다는 사실을 보여준다. 협약의 일반적인 원칙은 유엔아동권리선언 제1조, 2조에서 제시된 차별금지와 제3조 아동 이익 최우선 원칙의 정신을 계승하고 있음을 보여주

고 있으며, 협약의 이행과 관련한 조항들과 실천방법 및 부칙들로 구성되어 있다.

실천방법에서도 당사국의 실천의무를 강조하고 법적인 권한을 강조한 부분은 이 협약이 선언의 한계를 넘어 국제법적인 효력이 있음을 보여주는 것이다. 이행 및 감독의 조항에서도 국회의 비준 절차를 거치도록 하여 국가에서 정한 국내법과 같은 효력을 갖게 하였으며, 유엔과의 협력관계를 강화하고 아동권리위원회의 설치를 의무화하여 협약의 이행상황을 모니터링할 수 있도록 조치한 부분은 유엔아동권리협약을 통해 아동의 권리를 실질적으로 보장하고자 하는 유엔의 노력을 알 수 있게 한다(민진홍, 2011).

협약의 당사국은 아동권리협약을 비준 후 최초 2년 이내, 그 이후에는 매 5년마다 협약 이행에 관한 국가보고서를 유엔사무총장을 통하여 아동권리위원회에 제출하여 심의를 받는다.

협약이 보장하는 권리는 예외 없이 모든 아동에게 적용 가능해야 하나, 각 국가의 정치적·사회적 또는 경제적 상황에 따라서 여러 권리영역이 강조되거나 다르게 이해되고 실행된다(이재연·황옥경 외, 2015).

UN아동권리협약은 시민적·정치적 권리영역을 아동의 권리영역에 포함하였고, 특히 아동의 참여권 보장을 강조하고 있다. 협약 제12조에서 아동은 자신에게 영향을 미치는 모든 문제에 대해 자유롭게 의견을 표명하고 성인은 이를 비중 있게 반영할 의무가 있음을 밝히고 있다.

UN아동권리협약은 자유권을 추가하여 아동이 종속적이고 미약한 존재가 아니라, 자율적이고 능동적인 존재라는 새로운 인식을 제시하고 있다.

아동은 미성숙하기 때문에 타인의 도움을 필요로 하고, 자신을 스스로 보호하기 어려우며, 정확한 판단을 내리기 힘들 때가 있다. 아동의 이러한 속성은 어른들로 하여금 아동을 종속적인 대상으로 인식하기 쉽다. 그러나 아동에 대한 타인의 도움은 아동의 이익을 보호하고 보완하는 범위에서 이루어져야 법적 정당성을 갖게 되며, 아동이 도움을 필요로 한다는 것이 종속적인 존재를 의미하는 것도 아니다.

인간은 누구나 타인의 도움을 필요로 하고, 자신의 편견과 무지로 정확한 판단을 내리기 쉽지 않다. 따라서 UN아동권리협약은 아동의 권리가 권리로서 능동적인 힘을 갖기 위해서는 자유권이 보장되어야 할 필요성을 강조한 것이다.

UN아동권리협약은 앞에서도 말한 바와 같이 아동을 인간으로서의 존엄성을 지닌, 그러면서도 아동의 발달적 특별함을 고려해야 할 권리의 주체자, 즉 아동을 권리의 대상이 아닌 권리의 주체자로 우리의 인식을 긍정적으로 변화시키는 데 크게 이바지했다.

이 협약에서 아동의 범위는 만 18세까지인 어린이와 청소년이다. UN아동권리협약에서 제시하고 있는 아동의 권리조항을 살펴보면 다음과 같다.

표 4-6 UN아동권리협약(1989년) 요약

조	내용
제1조	아동의 정의(18세 미만인 자)
제2조	차별금지(인종·피부색·성별·언어·종교·정치적 또는 기타의 의견이나 신분)
제3조	아동 최우선의 이익
제6조	생명에 대한 권리(생존하고 발전할 권리)
제7조	성명과 국적을 가질 권리
제8조	신분 보존의 권리
제13조	표현의 자유권
제14조	사상 양심의 권리
제15조	집회 결사의 권리
제16조	사생활보호의 권리
제19조	학대·방치 및 착취로부터의 보호권
제22조	난민아동의 보호 및 원조받을 권리
제23조	장애아동의 권리
제24조	건강과 보건서비스의 권리
제26조	사회보장을 받을 권리
제27조	생활수준에 관한 권리
제28조	교육의 권리
제31조	휴식·여가·놀이 및 문화생활의 권리
제32조	경제적 착취 및 유해노동으로부터의 보호권리
제33조	마약·향정신성 물질로부터의 보호권리
제37조	모든 형태의 착취로부터의 보호권리
제38조	고문·사형 및 자유박탈금지권 무력분쟁으로부터의 보호권
제39조	심리적·신체적 회복 및 사회복귀권
제42조	소년사법, 법률에 따라 유죄가 입증될 때까지는 무죄를 추정받을 권리

위와 같이 UN아동권리협약에서 규정하고 있는 아동의 권리를 종합해 보면, UN아동권리협약은 무차별의 원칙, 아동 최선의 이익원칙, 아동 생존보호 및 발달의 원칙, 아동 의사존중의 원칙이라는 중심으로(우경연, 2013), 아동은 생존하고 발달할 권리가 있으며, 아동복지를 침해하는 모든 학대로부터 보호받을 권리가 있고 아동의 발달에 맞는 모든 생활을 누릴 권리가 있다.

4) 우리나라의 아동권리

유럽에서 아동권리에 대한 관심이 시작된 1920년 초와 비슷한 시기에 우리나라에서는 소파 방정환을 중심으로 소년운동이 일어났는데, 이는 전통적으로 가부장적이고 차별적인 질서하에서 억압받고 소외당해 온 아동들에게 권리를 찾아주는 아동권리운동이라고 할 수 있다.

소파 방정환은 연령차별적 유교문화가 팽배했던 1923년 '어린이선언문'을 통해 아동에 대한 보편적인 존중과 일상적인 참여를 어른들에게 권고하고 있다(아동의 권리 공약 3장). 특히 그는 '대우주의 뇌신경의 말초가 아동에게만 있다'고 말함으로써, 인류 전체의 보편적 가치가 아동으로부터 비롯됨을 주장하고 있으며, 아동에 대한 존중과 참여를 강조하고 있다. 또 아동에게 완전한 인격적 예우를 하고, 14세 아동에 대한 무상 또는 유상 노동을 폐지하며 아동이 배우고 놀 수 있는 가정 또는 사회적 시설을 행하도록 주장하였다. 어린이날 기념식장에서 낭독되었던 아동권리공약은 우리나라 최초의 아동권리선언으로 일컬어지고 있으나 이후 계승이 미비하였다.

이후 1975년에 '어린이헌장'이 제정되었다. 어린이헌장은 당초 제네바선언, 아동권리공약 3장, UN아동권리선언의 내용을 토대로 총 9개 조항으로 제정되었다가 1988년에 11개 조항으로 개정되었다. 이 어린이헌장은 전문과 11개 조항으로 구성되어 있는데, 무차별의 원칙과 인간의 존엄성에 기초하여 가정에서의 보호, 영양, 교육, 문화, 놀이와 오락, 학대와 노동으로부터의 보호, 장애아동의 보호 등에 대한 권리가 명시되어 있다. 어린이헌장 역시 소파 방정환의 정신이 그대로 반영된 것이기는 하지만 선언적인 의미에 그치는 한계가 있다.

표 4-7 아동의 권리공약 3장(1923)

1. 어린이를 재래의 윤리적 압박으로부터 해방하여 그들에 대한 완전한 인격적 예우를 허(許)한다.
2. 어린이를 재래의 경제적 압박으로부터 해방하여 만 14세 이하의 그들에 대한 무상 또는 유상의 노동을 폐(廢)하라.
3. 어린이에게 그들이 고요히 비우고 즐거이 놀만한 각양의 가정 또는 사회적 시설을 행(行)하라.

아동의 권리공약 3장이 선포된 이후, 1975년 9개의 조항으로 어린이헌장이 제정되었다.

표 4-8 어린이헌장(1975)

1. 어린이는 인간으로서 존중하여야 하며, 사회의 한 사람으로서 올바르게 키워야 한다.
2. 어린이는 튼튼하게 낳아 가정과 사회에서 참된 애정으로 교육하여야 한다.
3. 어린이에게는 마음껏 놀고 공부할 수 있는 시설과 환경을 마련해 주어야 한다.
4. 어린이는 공부나 일을 몸과 마음에 짐이 되지 않아야 한다.
5. 어린이는 위험한 때에 맨 먼저 구출하여야 한다.
6. 어린이는 어떠한 경우에라도 악용의 대상이 되어서는 아니 된다.
7. 굶주린 어린이는 먹어야 한다. 병든 어린이는 치료해 주어야 하고 신체와 정신에 결함이 있는 어린이는 도와주어야 한다. 불양아는 교화하여야 하고 고아와 부랑아는 구호하여야 한다.
8. 어린이는 자연과 예술을 사랑하고 과학을 탐구하여 도의를 존중하도록 이끌어야 한다.
9. 어린이는 좋은 국민으로서 인류의 자유와 평화와 문화 발전에 공헌할 수 있도록 키워야 한다.

어린이헌장은 다시 1988년 11개 조항으로 개정되었다. 내용은 인간의 존엄성 존중, 건전한 가정에서의 보호, 영양·교육·문화·놀이와 오락에 관한 권리, 학대와 노동으로부터의 보호, 장애아동 등에 대한 내용이 포함되어 있다.

표 4-9 어린이헌장(1988)

대한민국 어린이헌장은 어린이날의 참뜻을 바탕으로 하여, 모든 어린이가 차별 없이 인간으로서 존엄성을 지니고 나라의 앞날을 이어나갈 새 사람으로 존중되며, 바르고 아름답고 씩씩하게 자라도록 함을 길잡이로 삼는다.

1. 어린이는 건전하게 태어나 따뜻한 가정에서 사랑 속에 자라야 한다.
2. 어린이는 고른 영양을 취하고 질병의 예방과 치료를 받으며, 맑고 깨끗한 환경에서 살아야 한다.
3. 어린이는 좋은 교육시설에서 개인의 능력과 소질에 따라 교육을 받아야 한다.
4. 어린이는 빛나는 우리 문화를 이어받아 새롭게 창조하고 널리 펴나가는 힘을 길러야 한다.
5. 어린이는 즐겁고 유익한 놀이와 오락을 위한 시설과 공간을 제공받아야 한다.
6. 어린이는 예절과 질서를 지키며, 한겨레로서 서로 돕고 스스로를 이기며 책임을 다하는 민주시민으로서 자라야 한다.
7. 어린이는 자연과 예술을 사랑하고 과학을 탐구하는 마음과 태도를 길러야 한다.
8. 어린이는 해로운 사회 환경과 위험으로부터 먼저 보호되어야 한다.
9. 어린이는 학대를 받거나 버림을 당해서는 안 되고, 나쁜 일과 힘겨운 노동에 이용되지 말아야 한다.
10. 몸이나 마음에 장애를 가진 어린이는 필요한 교육과 치료를 받아야 하고 빗나간 어린이는 선도되어야 한다.
11. 어린이는 우리의 내일이며 소망이다. 나라의 앞날을 짊어질 한국인으로 인류의 평화에 이바지할 수 있는 세계인으로 자라야 한다.

2016년 3월 아동정책조정위원회는 아동학대 방지대책의 일환으로 아동권리헌장 제정을 명시하였다. 기존의 어린이헌장 및 청소년헌장은 아동을 독립된 권리의 주체로 보지 않고 성인 중심의 아동양육 기각이 남아 있으며, 권리의 범위도 제한적인 상황에서 UN아동권리협약의 이념과 내용을 충분히 반영하지 못하고 있다는 지적에 따라 아동권리헌장을 제정하게 되었다.

아동권리헌장

1조 아동은 생명을 존중받아야 하며 부모와 가족의 보살핌을 받을 권리가 있다.
2조 아동은 모든 형태의 학대와 방임 폭력과 착취로부터 보호받을 권리가 있다.
3조 아동은 출신, 성별, 언어, 인종, 종교, 사회경제적 배경, 학력, 연령, 장애 등의 이유로 차별받지 않을 권리가 있다.
4조 아동은 개인적인 생활이 부당하게 공개되지 않고 보호받을 권리가 있다.
5조 아동은 신체적 정신적 사회적으로 건강하게 성장하고 발달하는 데 필요한 기본적인 영양, 주거, 의료 등을 지원받을 권리가 있다.
6조 아동은 자신이 살아가는 데 필요한 지식과 정보를 알 권리가 있다.
7조 아동은 자유롭게 상상하고 도전하며 창의적으로 활동하고 자신의 능력과 소질에 따라 교육받을 권리가 있다.
8조 아동은 휴식과 여가를 누리며 다양한 놀이와 오락, 문화예술 활동에 자유롭고 즐겁게 참여할 권리가 있다.
9조 아동은 자신의 생각이나 느낌을 자유롭게 표현할 수 있으며 자신에게 영향을 주는 결정에 대해 의견을 말하고 이를 존중받을 권리가 있다.

출처 : 보건복지부.

5) 아동권리협약의 아동권리 주요 원칙

아동권리의 내용은 3P의 개념, 즉 제공(provision), 보호(protection), 참여(participation)의 개념을 들 수 있다. 제공은 아동이 필요로 하는 인적·물적 자원의 제공과 이를 사용할 권리로써 성명, 국적, 의료, 교육, 여가 등을 즐길 권리와 요보호아동 및 장애아동이 보호받을 권리를 의미한다. 보호는 아동이 유해한 행위 및 환경으로부터 보호받을 권리로서 학대 및 부모로부터의 격리 등으로부터 보호받을 권리이다. 참여는 아동이 자신의 인생에 중요한 영향을 미치는 결정에 대해 알 권리와 사회활동에 참여할 권리를 의미한다. 아동을 보호의 대상뿐만 아니라 적극적인 권리의 주체로 인식하고 있는 아동의 권리에 대한 국제협약은 무차별의 원칙(제2조), 아동의 이익 최우선의 원칙(제3조 제1항), 아동의 참여(제12조) 세 개의 주요 원칙을 중심으로 아동의 권리를 다음과 같이 구분하여 명시하고 있다.

첫째, 무차별의 원칙은 모든 권리가 모든 아동에게 동일하게 적용된다는 원리로서 국가는 어떠한 경우에도 아동을 차별해서는 안 된다는 원칙이다. 따라서 국가는 모든 아동의 권리를 신장시키기 위한 적극적인 조치를 차별 없이 취해야 한다. 즉,

아동을 인종, 피부, 성별, 언어, 종교, 정치적 견해 등 어떠한 종류의 차별 없이 규정된 권리를 존중하고 보장하여야 한다.

둘째, 아동의 이익 최우선의 원칙은 아동과 관련된 모든 행위는 아동의 최상의 이익을 완전히 추구해야 한다는 원리로서(김정래, 2002: 266), 아동복지에 필요한 보호 및 배려와 관련된 정책의 수립과 집행에 아동을 우선적으로 고려해야 함을 강조하며, 국가, 부모, 그리고 모든 관계자는 어떤 활동이든지 그것이 최선의 이익이 되도록 조취를 취해야 할 의무가 있다.

셋째, 아동의 참여 원칙은 아동에게 최선의 이익이 되도록 하는 결정적인 절차적 요인이다. 아동에게 이익이 되는 어떤 조치라고 하더라도 아동의 실질적인 참여가 배제되면, 그것은 최선의 이익을 위한 것이 아니다(김정래, 2002: 266). 아동은 자신의 견해를 형성할 능력이 있으므로 본인에게 영향을 미치는 모든 문제에 대해 아동 자신의 견해를 표현할 권리가 보장되며, 아동의 견해에 대하여 아동의 연령과 성숙도에 따라 적당한 존중이 이루어져야 한다고 규정하고 있다.

6) 유니세프의 네 가지 권리

앞에서 살펴본 바와 같이, UN아동권리협약은 아동을 보호의 대상뿐만 아니라 적극적인 권리의 주체로 인식하고 아동 최선의 이익을 보장하며, 아동의 권리 신장을 위하여 국제법으로서 효력을 가진 조약이다. 유니세프는 이 UN아동권리협약을 토대로 다음의 네 가지 기본권인 생존권, 보호권, 발달권, 참여권을 설정하였다.

(1) 생존권

생존권의 권리는 아동이 삶에 대해 갖는 권리, 즉 살아가기 위해 필요한 기본 조건들을 다루고 있다. 적절한 생활수준, 주거, 영양, 보건 등의 권리이다(유니세프한국위원회, 1995).

그러나 다수의 아동이 종종 그들의 권리를 침해당하는 어려운 환경에서 성장하고 있음을 알 수 있다. 극빈과 궁핍, 분쟁과 폭력, 여러 가지 질병, 사망, 가족이나 공동체의 붕괴 등 여러 가지 불행 속에서 힘겹게 살아가고 있다.

어린이헌장에 따르면 '고른 영양을 섭취하고 질병의 예방과 치료를 받으며 맑고 깨끗한 환경에서 살아야 한다'고 규정함으로써 아동의 생명보호의 중요성을 천명하고 있다. 'UN아동권리협약' 제6조는 생명에 대한 아동의 고유한 권리와 가능한 한 최대한으로 아동의 생존과 발달을 보장할 의무를 규정하고 있다. 어머니와 아기를 위해 산전기의 보호를 촉진할 모든 가능한 조치를 취할 것을 촉구하고, 아동의 사망률을 감소시키고, 그들의 삶에 결정적인 이 시기 동안 모든 유아의 복지를 증진할 수 있는 환경을 조성할 것을 촉구하고 있다. 낮은 연령에서부터 영양공급과 발달에 대한 자극, 질병의 예방과 시기적절한 치료 등이 이루어지지 않으면 발달의 지연이나 심각한 합병증을 유발할 수 있다. 즉, 영양결핍과 질병들은 아동의 발달에 장애물이 된다. 태어나는 순간부터 아동은 좋은 영양공급과 질병을 예방하는 건강한 생활양식을 증진하는 활동에 그들 지신이 포함되어야만 한다. 또한 그들의 건강, 혹은 신체적·심리적·정신적·도덕적·사회적 발달에 대한 해로운 영향을 미치는 장애요인들을 제거하고 특별한 보살핌을 주어야 한다.

(2) 보호권

보호권은 모든 형태의 학대와 방임, 폭력으로부터 어린이가 안전하게 보호받을 수 있는 권리이다(유니세프한국위원회, 1995). 최근 TV, 신문 등 다양한 매체에서 가정이나 유아교육기관에서의 아동학대, 학교폭력, 성폭력 등의 문제가 심각하게 다루어지고 있으며 많은 사람들이 문제성을 인식하고 관심을 가짐으로써 유아교육기관의 교육과정이나 평가 매뉴얼에 학대, 폭력, 안전교육에 대한 부분이 포함되고 있는 실정이다.

어린이헌장에 따르면 "어린이는 학대를 받거나 버림을 당해서는 안 되고, 나쁜 일과 짐이 되는 노동에 이용되지 말아야 하며, 해로운 사회 환경으로부터 보호받아야 한다."고 규정함으로써 일체의 폭력으로부터 보호받아야 함을 명시하고 있다. 또 '아동권리협약' 제34조는 아동이 일체의 성적 착취 및 학대로부터 보호받아야 한다고 규정하고 있다. '아동권리협약' 제19조는 아동이 어떠한 형태의 유기, 학대, 착취와 같은 일체의 가혹행위로부터 보호받아야 한다고 규정하고 있다. 방임과 학대를 인권침해의 중요한 유형으로 볼 수 있는 것은 학대와 방임의 결과가 아동에게 미치는 영향이 그들이 현재 및 미래의 삶에 하고자 하는 바의 전제가 되는 정상적 발달과 성장에 위해함은 물론, 보호와 발달의 단계에서 요구되는 재화와 서비스를 공급받을 수 없도록 한다는 데에 있다. 즉, 아동이 향유한 소극적 권리와 아동이 행사하는 적극적 권리가 총체적으로 침해하는 영역이 아동학대와 방임이다(김정래, 2002: 74).

(3) 발달권

발달권은 어린이들이 가진 잠재능력을 최대한 발휘하도록 하기 위해 필요한 기본 권리이다(유니세프한국위원회, 1995). 예를 들면, 교육받을 권리, 여가를 즐길 권리, 정보를 얻을 권리, 생각과 양심·종교의 자유 등이다.

어린이헌장에 따르면, "어린이는 좋은 교육 시설에서 개인의 능력과 소질에 따라 교육을 받아야 한다"고 규정함으로써 교육을 통한 발달의 중요성을 명시하고 있다. 그리고 '아동권리협약' 제5조는 아동이 권리를 행사함에 있어서 발달하는 능력에 따른 방향과 지침을 제공하기 위하여 부모, 혹은 기타 아동의 법적 책임이 있는 사람들의 책임감 및 권리와 의무에 대해 천명하고 있다. 여기서 '능력발달'이라는 개념은 아동이 그들의 권리 및 권리를 가장 잘 실현할 수 있는 방법을 포함한 지식, 능력 및 이해를 점진적으로 획득하는 성숙과 학습의 과정이다(아동권리위원회, 2005). 아동 능력발달의 존중은 중요하며 특히 초기 유년기 동안이 중요한데, 이는 가장 초기의 영아기부터 학교교육의 시작기 동안 아동의 신체적, 인식적, 사회적, 정서적 기능이 급속히 변화하기 때문이다.

따라서 아동의 능력발달에 영향을 줄 수 있는 부모는 발달의 과정에 있는 아이들, 즉 개별적인 차이를 고려하여 지속적으로 조정하며 지도를 해야 한다. '아동권리협약' 제28조는 교육에 관한 아동의 권리를 인정해야 함을, 제29조는 아동도 교육목표를 달성해야 함을 천명하고 있다. 교육에 관한 아동의 권리는 기회균등의 기초 위에서 모든 아동이 적절한 방법으로 능력에 맞는 교육을 받을 것이며, 교육의 목표는 아동의 인격, 재능 및 정신적 신체적 능력에 있어 최대한 잠재력을 개발할 수 있도록 염두에 두어야 한다.

(4) 참여권

참여권은 자신의 의견을 표현하고 사회 여러 활동에 참여할 권리이다.

어린이헌장에 따르면, '스스로를 이기며 책임을 다하는 민주시민으로 자라야 하고 인류의 평화에 이바지할 수 있는 세계인으로 자라야 한다'고 규정함으로써 자신의 의견을 표현하고, 능력의 발달과 함께 사회참여의 기회를 많이 가짐으로써 책임감 있는 성인으로 성장하도록 해야 함을 명시하고 있다. '아동권리협약' 제12조는 아동이 자신에게 영향을 미치는 모든 일에 대하여 자유롭게 의견을 표현할 권리를 보장해야 함을 선언하여, 아동이 스스로에게 영향을 주는 모든 문제에 대하여 자신의 견해를 표시할 권리와 이를 고려해야 함을 명시하고 있다. 이 권리는 아동의 권리를 증진, 보호, 감독하는 데 있어 적극적인 참여자로서의 지위를 강화해 준다.

우간다 캄팔라의 북서쪽에서 자리한 삐라 마을에서는 주로 우물에 모인 빗물을 식수로 사용한다. 공동으로 사용하는 이 우물 안에 가축이나 닭이 들어가 물을 마시는 광경을 흔히 볼 수 있다. 이 마을의 어린이들은 '어린이를 위한 어린이 건강교육 프로젝트'에 참여하고 있다. 학교에서 어린이들의 공중위생과 영양, 교통안전 등에 대해 폭넓게 배웠다. 선생님을 통해 마을을 위해서 가장 우선적으로 필요한 것이 깨끗하고 위생적인 식수라는 것을 깨달은 어린이들은 곧 실행계획을 세우기 시작했다. 먼저 어린이들은 마을의 촌장을 만나서 오염된 물을 마심으로써 발생될 수 있는 질병의 위험성을 설명했다. 그러자 촌장은 마을회의를 소집했다. 이 회의에서 어린이들은 깨끗한 물의 중요성을 강조하는 메시지가 담긴 시와 드라마 등을 선보였다. 마을 주민들은 어린이들의 발표내용을 듣고 그것의 의미와 마을에 미치는 영향에 대해서 서로 이야기를 했다. 마침내 어린이들의 발표에 공감한 어른들은 어린이들과 함께 힘을 모아 우물 주변의 잡초와 쓰레기들을 제거했다. 가축들이 함부로 접근하지 못하도록 울타리도 쳤다. 작업이 끝난 후 어른들과 아이들은 즐겁게 어울려 춤과 노래로 잔치를 벌였다. 삐라 마을의 어린이들은 물을 항상 청결하게 유지하기 위해 우물을 위생적으로 사용하는 방법을 어른들을 비롯, 자신들보다 더 어린아이에게까지 계속 가르치는 것이 책임을 완수하는 일이라고 생각했다(유니세프한국위원회, 1995: 15).

위 사례는 어린이들의 사회활동 참여가 왜 중요한지를 보여주고 있다. 어린이들에게도 사회활동에 참여할 수 있는 기회를 부여하고 자발적으로 실천할 수 있는 방안을 마련하도록 하는 일은 아동의 권리에 해당된다.

Chapter

05

아동복지의 발달과정

1. 우리나라 아동복지의 시대적 구분

한 국가의 사회구조 및 가치관이 변화하면 아동복지의 특징도 조정되고 변화되어 간다. 우리나라 아동복지의 전개과정도 예외는 아니어서, 역사적으로 급속한 정치·경제·사회적 변화는 아동복지제도의 변화를 동반하였다.

우리나라의 아동복지 발달은 한국 사회가 겪어 온 역사적 흐름이나 맥락과 맥을 같이 하며, 사회변화의 과정에 따라 아동복지의 철학이나 사상, 아동복지 서비스의 형태, 아동복지의 우선순위 등에 있어서 많은 변화를 경험해 왔다.

한국 전쟁 이후 우리 사회는 수많은 전쟁고아와 기아, 미아의 문제를 겪게 되었고, 이러한 사회 환경과 절대적 빈곤은 아동복지의 방향을 아동의 응급적 구호활동으로 전환하게 만들었다. 하지만 이 시기에는 아동보호에 대한 국가의 개입과 입법에 대한 근거가 마련되지 못하여 많은 아동복지 활동은 대부분 민간 외국원조기관에 의해서 이루어졌다.

우리나라는 이후 1960년대를 거치면서 경제성장 측면에서 괄목할 만한 발전을 이루어 냈지만 반면에, 빈부의 격차로 인한 사회계층 간의 대립이 갈수록 심화되고 사회복지에 대한 국민들 간의 욕구가 다양화되면서 진정한 아동복지 구현에는 아직도 많은 어려움을 겪고 있다.

아동에 대한 관심과 개입은 해당 시대의 지배적인 사회적 가치와 연관이 있으므로, 아동복지의 발달과정을 보려면 각 시대별로 상황을 보는 것이 타당할 것이다. 우리나라 아동복지의 발달과정은 일반적으로 시대의 흐름에 따라 그 특성을 바탕으로 실행단계를 근대 이전(전통사회)의 아동복지, 근대의 아동복지, 현대사회의 아동복지로 구분한다.

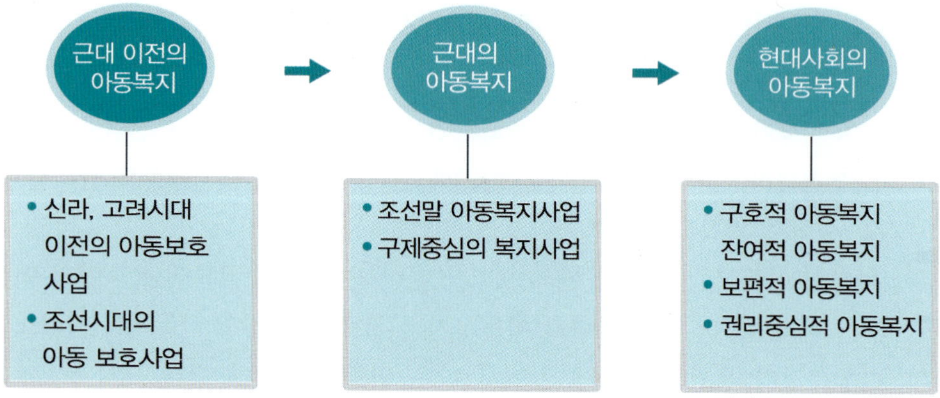

그림 5-1 우리나라 아동복지 발달의 시대적 구분

2. 우리나라 아동복지의 발달과정

1) 근대 이전(전통사회)의 아동복지

고대 우리나라는 아동에 대한 관심은 지대했으나, 아동 자신에 대한 권리와 인격체로서가 아니라 가계를 계승하기 위한 수단으로서 보호하였다. 우리나라 전통사회에서 아동문제에 대한 개입은 고아와 자연재해로 인한 기아를 대상으로 하여 이루어졌다(주수길·주명국, 2012). 신라 제3대 유리왕 5년(서기 28년)에 관가에서 병든 사람, 자활능력이 없는 사람과 고아들에게 식량을 지급하였다. 백제에서는 온조왕 33년(서기 15년)에, 고구려는 태조왕 56년(서기 108년)에 재해를 당한 사람들 속에 아동을 포함하여 관곡을 배급하였다.

신라시대에 고아는 홀아비, 과부, 혼자 사는 노인과 함께 네 부류의 빈궁한 백성으로서 구제의 대상이었으며, 국가는 친족이 부양하지 못하는 고아에 대한 구제를 시행하였고, 민간 차원에서도 고아가 노비나 양자로 수양되는 것이 허용되었다. 고아 수용은 흔히 자가노비로 삼는 방편으로 이용하고 고아의 민가수양을 빙자하여 인신매매, 유괴, 약탈을 일삼게 되는 폐단도 있었다.

고려시대에는 불교가 융성함에 따라 불교의 기본 정신인 자비사상에 입각하여 고아 및 기아와 빈곤아동들이 사찰에서 위탁 형태로 보호를 받았다. 제6대 왕인 성종 13년(1994년)에는 왕명으로 고아를 관에서 수용·양육했으며, 그 후에는 원하는 곳으로 거주하게 했다. 고려 말 무렵 충목왕 3년(1347년)에는 영유아를 보호·양육하는 최초의 관립영아원인 해아도감(孩兒都監)을 설치했다.

조선시대에는 고아와 기아 및 빈곤아동에 대한 법령을 제정하였는데, 제22대 정조 7년(1783년)에 반포된 자휼전칙(字恤典則)은 우리나라 전근대시대의 대표적 아동복지법령이라 할 수 있다. 자휼전칙은 흉년이 들어 기근이 심할 때, 유기를 당한 아이나 극빈아동 및 부랑아동을 관가에 유양(乳養) 또는 민간에 수양토록 허가하는 법이었다.

2) 근대의 아동복지

근대의 아동복지는 조선 말엽부터 일제 강점기를 거쳐 광복 이전까지의 기간에 이루어진 아동복지사업을 말한다. 근대의 아동복지는 근대적 성격을 띤 사회적 보호사업과 구호사업 중심의 시대로 구분할 수 있다.

일제 강점기에는 조선구호령으로 13세 이하의 유아와 임산부에 대해 규정하고, 아동시설보호는 보육원을 두도록 하였으며, 가택구호(家宅救護)가 불가능하거나 부적당하다고 인정되는 경우에는 개인가정에 위탁하거나 구호시설에 수용할 수 있도록 하였다. 하지만 이는 사실상 명목적인 것에 불과하였으며, 아동복지라는 이름으로 주민통제의 목적을 달성하고자 했던 것이다.

근대적 아동복지사업은 조선 말 고종 25년(1888년) 3월에 프랑스 교회가 서울 명동에 천주교회 부속 고아원을 개설한 것이 그 시작이다. 고종 32년(1895년) 3월, 인천에 천주당 부속 고아원을 설립하였다. 아동보호를 위한 민간 차원의 운동인 천도교의 소년운동은 봉건시대의 아동관을 불식하고, 시대에 맞는 새로운 아동관을 계몽하는 등 아동문화를 확산시켰다. 1905년에는 경성고아원이 이필화에 의해 세워져서 근대적 성격을 띤 아동복지사업이 이루어졌다. 1923년 5월 1일에는 천도교소년회, 불교소년회, 조선소년군이 중심이 되어 발족한 '조선소년운동협회'가 제1회 어린이날을 선포하고 '소년운동선언'을 발표하였다.

민간 차원의 소년운동으로서 천도교는 1923년 1회 어린이날 소년운동선언을 했는데, 이것은 최초의 아동권리선언이었다. 어린이를 종래의 윤리적 억압에서 해방시키고 완전한 인격적 대우를 할 것, 어린이를 경제적 억압에서 해방시켜 만 14세 이하 아동에게 유상 및 무상의 노동을 금할 것, 어린이에게 안심하고 놀 수 있는 가정 및 사회시설을 건립할 것이라는 내용이었다. 사회복지관 중심의 아동복지사업으로서, 1921년 미국 감리교 선교사에 의해 태화사회관이 설립되었다. 그러나 태화사회관은 이후 일제의 종교탄압으로 선교사 추방, 재산 몰수 등의 시련을 겪게 되었고, 결국 시국에 맞지 않는다는 이유로 일제가 완전중지명령을 내리고 말았다(박정란·서홍란, 2001).

3) 현대사회의 아동복지

한국전쟁을 거치면서 수많은 전쟁고아와 기아, 부랑아들이 발생하자 사회구호적 차원의 아동복지사업으로 1945년부터 1960년까지 국가 및 국내외 민간단체는 많은 아동보호시설을 설립하여 응급구호를 실시하였다. 1960년 이전까지 아동복지는 국가책임의 원칙이 정착되지 못했고, 전문화된 서비스를 제공받을 수 없었으며, 빈곤계층의 아동을 대상으로 민간과 해외원조에 의존해 운영되는 사회구호사업이 대부분이었다(표갑수, 2000).

전쟁고아 등 긴급구호 대상자가 증가하자 정부는 아동시설을 인가시설로 하고, 지원과 감독을 강화하였으며, 이에 따라 아동시설을 영아원[1], 육아원[2], 감화원[3] 등으로 구분하였다. 아울러 18세 미만 아동의 노동을 규제하였다. 미군정시대의 아동노동법규(1946)의 제정에 따라 상공업체 고용금지(14세 미만), 중공업체 또는 유해업체 종사금지(16세 미만), 위험업종 또는 유해직종 종사금지(18세 미만), 그리고 1일 노동시간의 제한(16세 미만, 8시간 이내) 등이 규정되었다. 또한 20세 미만 비행소년의 보호를 위한 법률이 제정되었다. 반사회적 성향을 가진 20세 미만 소년의 생활환경 조성과 성행교정을 위한 보호처분을 행하고, 형사처분에서 특별조치를 하기 위한 「소년법」이 제정되었다. 1950년대 말까지 계속된 요보호아동 대책은 민간자원의 활용을 강조한 응급적 시설수용 중심의 아동구호정책이었다. 따라서 아동복지는 고아,

---

1) 3세 미만의 아동보호 및 양육
2) 고아를 기르는 곳
3) 오늘날의 소년원과 같은 곳으로 19세 미만의 소년을 수용하여 교정·교육하는 시설

기아, 미아로 그 대상을 한정하고 이들에 대한 응급적 시설구호를 주요 전략으로 채택할 수밖에 없었다. 그래서 이 시기에는 아동보호에 대한 국가책임보다는 민간 자원의 동원과 시설의 재정적 자립을 강조하였다.

국가책임의 사회적 보호가 미비한 가운데 다수의 민간 외국원조기관이 국내에 들어와 활동하였는데, 기독교 아동복리회(C.C.F.: 철수 후 한국어린이재단, 한국복지재단으로 명칭변경), 선명회세계본부(최근 월드비전으로 명칭변경) 등의 외원단체의 아동후원사업이 전개되었다. 이러한 외원 중심의 아동복지시설은 1960년대까지 지속되었다.

이 시기는 일제 강점기 후 한국전쟁을 거치는 시기로 그 특성상 우리나라의 주체적인 요인이 발현되거나 작동하기에는 불안정하였다. 그러므로 대부분의 복지적 개입은 외국의 원조에 의한 응급구호와 시설보호 위주로 전개될 수밖에 없었다. 주체적인 전개가 제한적이기는 하였지만, 근대적 의미의 서비스 전달이 진행되었다는 점에서 이해할 수 있다.

1960년대 초 「생활보호법」과 「아동복리법」이 제정되어 요보호아동에 대한 국가책임의 원칙이 처음으로 법제화되었다. 「아동복리법」의 보호대상은 '보호자로부터 유실, 유기 또는 이탈되었을 경우, 보호자가 아동을 양육하기에 부적당하거나 양육할 수 없는 경우'로 명확히 한정하여, 이 법에 따른 아동복지제도는 사후조치적인 성격을 갖고 있음을 명시하고 있다. 또한 시·도에 아동복지위원회를 설치하고 아동복지지도원을 두어 아동지도에 필요한 가정환경 조사, 입양·위탁 업무, 거택구호에 관한 업무 등 요보호아동의 탈시설화의 제반 아동복리증진에 관한 업무를 담당하게 하였으며, 보육시설 외에 아동상담소 등 다양한 시설과 일시 위탁보호제도를 두었다.

1960년대와 1970년대에는 국내와 국제 입양사업이 확대되었고, 산업화와 경제성장으로 말미암은 여성 취업인구의 증가로 보육서비스의 필요성이 제기되었다.

1970년대 후반부터 산업화, 도시화, 핵가족화, 가치관의 변화로 소년소녀가장, 가출아동, 비행아동, 방임아동, 학대아동 등 다양한 아동문제가 발생하게 되었다. 또한 여성의 사회참여가 늘어나고, 보편주의 원칙에 입각하여 아동복지의 대상이 요보호아동뿐 아니라 모든 아동을 대상으로 보편화되어야 한다는 새로운 아동복지관이 대두되었다.

1981년 「아동복지법」이 제정되었는데, 요보호아동을 포함하여 모든 아동을 대상으로 아동이 가진 문제를 해결함과 동시에 건전하게 자랄 수 있도록 지원하는 것을 목적으로 하였다.

1980년대 이후의 아동복지는 과거 외부 원조 중심에서 국가 중심의 운영체제로 전환되었고, 시설수용보호, 입양사업, 영유아보육사업, 아동결연사업, 가정위탁 등의 서비스를 제공하는 형태로 변화되었으며, 재가복지 서비스의 의의와 중요성이 강조되었다. 특히 1980년대 중반에 들어서면서부터 기혼여성들의 취업이 확대되고 이에 따른 보육수요가 급격히 증대되면서 아동의 건전한 보육을 위한 관련 시설의 확대 운영에 높은 관심을 보이게 되었다. 이러한 문제를 해결해 나가기 위해 1989년 9월 「아동복지법 시행령」의 내용 중 일부를 수정하게 되고, 1991년에는 「영유아보육법」이 추가로 제정되었다. 1991년에는 「아동복지법 시행규칙」이 보건사회부령 제839호로 제정되어 시설탁아와 가정탁아시설의 기준을 마련하기에 이르렀고, 이때 정부가 OECD의 회원국으로 참여하는 사회변화에 맞춰 아동복지법을 개정하게 되었으며, 개정된 「아동복지법」은 2000년부터 시행되었다.

2000년대에 들어서부터는 아동복지와 영유아보육에 높은 관심을 보이기 시작하였다. 특히 저출산이라는 사회적인 문제로 인하여 자녀의 수가 적게 되자, 적은 자녀의 수에 맞춰 아동에 대한 관심도는 더 높아지고, 그에 따라 아동의 복지와 보육 문제에는 더 깊은 애정을 보이게 되었다. 이러한 변화에 맞춰 2004년에는 「아동복지법」 및 「영유아보육법」이 개정되었고, 「유아교육진흥법」이 폐지되고 「유아교육법」이 공포되어 2005년부터 시행되는 과정을 겪게 되었다. 2004년 7월에는 아동복지의 주관부서가 보건복지부에서 여성부로 이관됨에 따라 보육정책 기능을 강화하는 한편 '잔여적·선별적 보육'에서 '보편적 보육'으로 보육으로 패러다임의 전환을 맞이하게 된다(김민정 외, 2018: 131).

3. 외국 아동복지의 시대적 구분

국외에서 아동의 문제가 사회적 이슈로 인식되고 사회문제로 다루어진 것은 근대 산업사회 이후의 일이며, 산업사회 이전에는 빈곤, 기아, 유기와 같은 일이 존재했다고 하더라도 이에 대한 제도화된 사회적 대책이 발전하지 못했다. 산업화 이전의 고대사회와 중세사회는 부모에게 일차적 책임이 있었고, 요보호아동은 종교단체에서 보호했다. 그러나 산업화 이후 부모나 종교단체 등에 보호받는 것은 제한적이어서, 국가나 사회가 개입하여 아동복지의 대책이 발전되었다. 외국의 아동복지 발전과정은 일반적으로 시대적 흐름의 변화에 따른 특성을 바탕으로 고대사회의 아동복지, 중세사회의 아동복지, 근대사회의 아동복지, 현대사회의 아동복지로 구분한다.

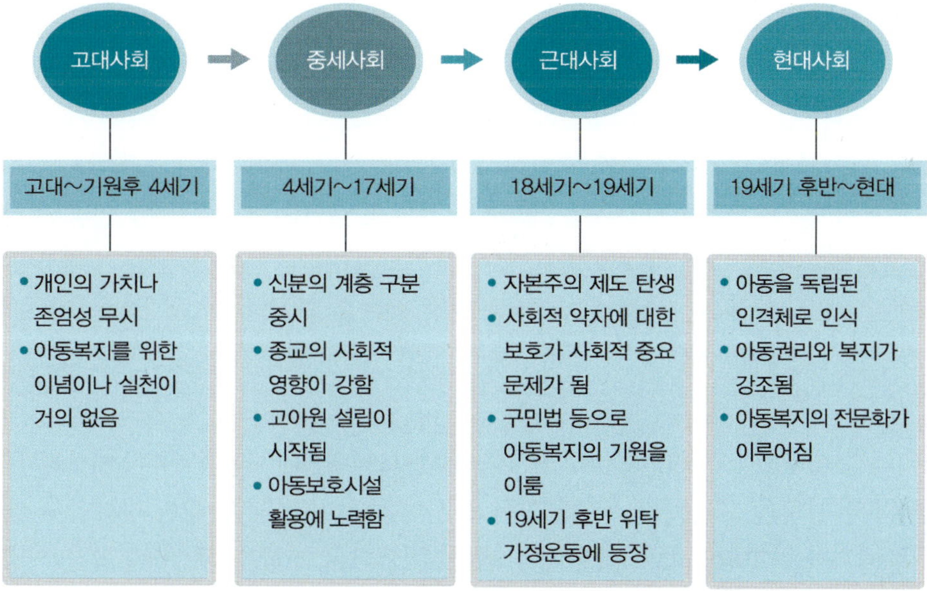

그림 5-2 서구 아동복지 발달의 시대적 구분

4. 외국 아동복지의 발달과정

1) 고대사회

고대사회는 아동의 인격적 권리를 보장하는 것이 아니라, 아동을 부족의 소유물로 보았고 생명은 종족보존의 수단으로서의 가치만 인정됐다. 고대사회는 가족이나 씨족에 의해 형성된 원시공동사회였다. 아동에 대한 사회적 태도와 양육형태는 매우 원시적이었다. 아동의 존재는 종족보존을 위한 수단에 불과했다. 풍속이나 습관, 미신 등에 좌우되어 많은 아동이 희생되기도 했다. 영아살해, 유기, 낙태, 아동매매는 부족한 자원과 인구 간의 평형을 유지하기 위한 수단으로 기근, 질병 기타 재난에 대비하기 위한 수단으로, 먼저 출생한 아동을 키우기 위한 수단으로 오랫동안 여러 지역에서 행해져 왔다.

고대 그리스는 피임이나 이차적 유산이 실패했을 경우 유아살해가 자행되어 왔다. 고대사회는 아동양육을 포기한 부모가 바구니에 아기를 담아서 강이나 광장에 버리면 자녀가 없는 사람이 데려가 키우는 포팅(potting) 관습이 있었다. 아동매매도 성행하였다. 유스티니아누스 법전에서는 아동매매를 합법화하였다. 이후 기독교 정신이 서구 사회의 기본 가치가 되면서 유아살해, 기아, 매매, 낙태가 죄악시되었다. 고대 로마 황제인 콘스탄티누스(Constantinus, 272~337년, 재위 306~337년)는 밀라노 칙령을 공포하여 신앙의 자유를 인정하였고, 교회의 사법권·재산권 등을 우대하였다. 밀라노 칙령(Edict of Milan)이란 313년 2월 로마 제국을 동서로 나누어 통치하던 콘스탄티누스 1세와 리키니우스가 밀라노에서 공동으로 발표한 칙령(勅令)으로 그리스도교 신앙의 자유와 빼앗은 교회 재산을 반환하는 등의 내용으로서, 종교적인 예배나 제의에 대해 로마 제국이 중립적 입장을 취한다는 내용의 포고문이다. 이로써 로마 제국에서 신앙을 가지는 것, 특히 기독교 신앙을 가지는 것에 대한 방해물이 제거되는 계기가 마련되었으며, 아동을 살해할 수 없다는 조항을 콘스탄틴법전에 명시하였다.

2) 중세사회

중세는 유럽 역사에서 서로마 제국이 멸망(476년)하고 게르만 민족의 대이동(4~6세기)이 있었던 5세기부터 르네상스(14~16세기)와 더불어 근세(1500~1800년)가 시작되기까지의 5세기부터 16세기까지의 시기이다. 중세사회는 종교의 사회적 영향이 강했던 시대로, 교회를 중심으로 한 종교단체에서 아동을 보호하였다. 중세사회는 신분사회로써 신분(계급)이 낮은 아동은 농노로서 노동력을 착취당하는 경우가 많았다.

중세사회는 신분적 계층을 중시한 봉건사회이다. 영주와 영민, 국왕과 신하의 주

종관계가 엄격한 사회이며, 아동은 장원(莊園)을 위한 군사력, 경제력의 확보수단에 불과했다. 영주는 농노를 통해 경제력을 쌓았고 군사력 강화에 아동의 가치를 인정했다. 아동은 5~6세가 되면 도제가 되어 길드(guild)의 상호부조로 양육되었다.

길드는 중세에서 근세에 걸쳐서 유럽 여러 도시에서 상공업자 사이에서 결성된 각 직업별 조합을 일컬으며, 상인 길드, 수공업 길드 등으로 구분된다. 길드에는 도제제도로 일컬어지는 엄격한 신분제도가 존재했고, 그 정점에 서 있는 장인([독]Meister, 마이스터)은 직인과 도제를 지도하여 그들을 노동에 종사하게 했다(위키백과).

이 시대는 종교적 동기에 의해 아동복지는 각 교구의 자선기관을 통하여 이루어졌다. 고아는 노동력으로, 장애아동은 수도원에서 보호되었으나 근대적 의미의 전문적 아동복지사업으로는 전개되지 못했다.

3) 근대사회

근대는 대개 프랑스 혁명 이후부터 19세기까지를 가리킨다. 근대의 시작에 대해서는 일반적으로 르네상스 이후인 17세기, 18세기부터라고 본다. 근대 산업사회는 산업혁명 시기와 함께 중세 봉건제도가 붕괴되면서 자본주의 제도가 도래한 시대이다. 산업혁명은 빈곤, 실업, 노사문제와 노인, 아동, 청소년 및 기타 보호를 필요로 하는 등 제반문제가 주요한 사회문제로 등장했다.

아동이 독립적 존재로 인정되고 사회적 이슈로 인식된 것은 '근대'에 이르러서였다. 봉건사회를 극복한 근대사회는 개인을 존중하며, 정치적으로는 민주주의, 경제적으로는 자본주의의 모습을 가진다. 영국은 16세기 초 산업혁명으로 인해 농장이 목장으로 전환되었고, 농민이 도시의 노동자로 전락했다. 근대는 봉건이 끝나고 전개되는 시대인 만큼 개인의식, 자본주의 및 시민사회의 성립이 특징이다. 즉, 봉건사회를 극복한 근대사회는 개인을 존중하며, 정치적으로는 민주주의, 경제적으로는 자본주의의 모습을 가진다.

1601년 영국의 엘리자베스 여왕이 엘리자베스 구빈법을 제정한 것이 아동복지제도의 시발점이었다. 이것은 잉글랜드 사회정책의 초석이 되었고 대영제국의 기초를 확립했다. 노동 가능한 빈민, 노동 불가능한 빈민, 요보호아동으로 구분하여 남자는 24세까지, 여자는 21세 또는 결혼할 때까지 도제로 양육되었다. 성인뿐 아니라, 보호가 필요한 아동에 대한 국가적 개입을 규정하였다는 측면에서 아동복지제도의 시발점이라고 할 수 있다.

산업혁명기에 로버트 오언(R. Owon)은 1816년 성격형성학원(New Institution for the Formation of Character)을 열었다. 아동이 열악한 환경에서 성장했을 때 나쁜 습관이 형성된다는 점을 고려하여 건전한 보육환경을 만들어 주고자 하였다. 1870년 버나드(T. J. Barnard, 1845~1905년)는 부랑아와 빈곤아동을 보호하는 시설인 버나드 홈(Dr. Barnard's Homes)을 설립했다. 버나드 홈은 1867년에 처음 런던에 문을 연 이후 1905년까지 영국에 112개소의 지구를 개설하였다.

18세기 후반 루소(Rousseau), 페스탈로치(Pestalozzi), 프뢰벨(Fröbel)과 같은 저명한 학자들이 존재했던 시기에는 아동은 단순히 성인의 축소판으로 취급되지 않아야 한다는 이념이 확대되었다. 이에 따라 19세기에 이르러서는 종교와 개인, 기관이 고아, 빈곤, 장애아동을 돌보기 시작했고, 아동복지법률인 영국 아동헌장(1908)은 새로운 분야를 개척하기에 이르렀다. 아동의 성장에 필요한 이익을 부모가 제공할 수 없다면 건전한 성장을 위해 지역사회가 아동에게 필요한 이익을 제공하는 것은 지역사회의 책무라고 하는 복지이념이 20세기에 도입되기 시작하였다.

4) 현대사회

20세기에 접어들면서 아동권리의 사상, 권리로서의 아동복지사상이 더욱 강조되었다. 서구에서는 아동의 보호는 국가의 책임이라는 사고방식이 널리 받아들여졌다. 영국은 1909년 아동법(children's acts)이 제정되었고, 이 법은 1948년에 신아동법으로 체계가 정비되었다.

미국의 아동복지는 초기에는 영국의 구빈법이 그대로 적용 실시되었다. 18세기에 들어서 단순한 시설보호에서 교육을 통한 보호방법이 전개되었다. 1895년에는 아동 노동법이 제정되어 근로 청소년에 대한 복지정책이 마련되었다.

엘런 케이(Elen K. S. Key)는 1900년에 스웨덴에서 『어린이의 세기』라는 저서를 출간했다. 그녀는 스웨덴의 여성 사상가로서 문학사, 여성문제, 교육문제에 걸쳐 휴머니즘의 입장에서 저작 활동을 했고, 사회적 자유주의와 개인의 해방, 억압되어 온 여성과 아동의 해방을 주장하였다. 그녀에 따르면 모든 아동은 생명, 보건, 적절한 주거, 교육, 노동으로부터의 자유, 건전한 여가활동, 공공부조에 대한 권리까지도 보장받아야 한다. 비슷한 시기에 존 듀이(J. Dewey)는 아동은 태양이며 그 주위를 많은 교육적 행위가 회전한다고 하고 아동중심주의를 주장했다.

아동문제에 대한 국가책임의 필요성이 논의된 것은 1909년 루스벨트(T. Roosevelt) 대통령이 소집한 제1회 아동에 관한 백악관 회의(White House conference on children)에서 요보호아동의 보호를 논한 것이다. 루스벨트 대통령은 아동을 위한 부모 역할의 중요성과 가정생활의 중요성을 언급하면서 "가난하다는 이유로 아동이 가정에서 이탈되어서는 안 된다. 가정을 떠날 충분한 이유가 있을 경우에는 차선책으로 잘 선정된 위탁가정이 바람직하다. 시설을 이용할 경우 소숙사 제도(cottage system)가 좋으며 아동의 의존성이 나타나지 않도록 해야 한다"라는 원리를 제시하였다.

이러한 제1회 아동에 관한 백악관 회의에서 발표된 '가정은 문명의 최고의 창조물' 선언은 20세기 육아사상의 기조가 되었고, 그 권고에 따라 1912년 미국연방정부 아동국이 창설되었다. 이후 거의 10년마다 미국 백악관에서 아동복지 전국회의가 당시의 대통령에 의해 개최되고 있다. 복지·교육·보건·교육·노동·사법·종교 등 전미 각지 각층의 전문가, 일반시민, 정치가의 참가와 해외초대 출석자에 의해 아동복지의 기본 원리의 선언이나 대통령의 권고 등이 있어 왔으며, 이러한 활동은 미국 내외에 큰 영향을 미쳤다. 참고로 1919년 제2회 백악관회의에서 윌슨 대통령은 아동복지의 최저기준, 모자보건, 요보호아동의 보호를, 제3회 백악관회의에서는 아동보건 및 보호, 아동헌장을 채택하였다(www.cwla.org). 결과적으로 현대사회의 아동복지는 아동의 권리를 세계적으로 인정했고 이를 법제화하였다.

5. 외국 여러 나라의 아동복지에 관한 역사

주요 선진국의 아동복지 발달과정을 살펴보는 일은 선험적인 경험을 갖고 있는 국가들의 아동복지 서비스와 아동복지정책에 대한 경험을 알아볼 수 있는 기회가 된다. 따라서 여기서는 아동복지의 긴 역사를 지니고 있는 영국과 아동복지 서비스가 다양한 미국, 진보적인 철학을 아동복지에서 실천한 스웨덴, 그리고 사회제도가 잘 발달되어 있고 우리나라와 지리적으로 인접해 있어서 우리나라에 많은 영향을 끼친 일본의 아동복지 전개과정을 살펴보고자 한다.

1) 영국

영국은 1601년 「구빈법」의 제정으로 전 세계에서 가장 먼저 빈곤아동의 보호에 국가책임을 인식하고 개입을 시작한 국가이다. 18세기 산업혁명을 계기로 빈곤가정과 결손가정의 아동에 대한 사회적 대책이 요구되자 해당 아동들의 생활상을 개선하기 위해 영국은 다각적인 접근을 시도하였다. 영국은 「빈민법」을 수차례 개정하는 작업을 거치면서 20세기 초반 영국 아동복지의 근간을 마련하게 되었다, 아동기에 대한 인식의 변화에 따라 영국에서 근대적인 아동복지가 발달된 것은 19세기 후반에 이르러서이다. 19세기 후반에 이르러서 아동에 대한 인식이 법적, 사회적, 의학적, 심리학적, 교육학적으로 그리고 정치적으로 제도화되어 육아원, 장애아동을 위한 특수학교의 설립, 그리고 산업혁명 이후 아동 노동의 조건 개선을 위한 보호조치 등이 이어지게 되었다. 영국의 아동복지는 1948년 제정된 「아동법」을 근간으로 하고 있다. 이 법은 아동복지 관련 정책과 빈민법의 연결을 깨고 아동보호의 새로운 원칙들을 도입했다는 데 큰 의미가 있다. 1950년대 아동복지의 관점이 아동을 '희생자'라는 시각으로 보았다면 1960년대부터는 아동은 '미래에 대한 투자'라는 시각으로 보는 예방적 차원의 관점이 늘어났다(이효정 외, 2017).

영국의 아동복지는 1884년 런던 아동학대예방협회가 설립되고, 1889년 「아동학대방지법」이 제정된다. 이 법은 그동안 분산되어 있던 아동보호와 아동양육에 관한 법을 통합한 것으로 '아동의 권리에 관한 국제협약'의 원칙을 준수하는 내용으로 구성되었다. 1907년에는 교육법을 개정하면서 아동교육에 대한 의무교육 조항을 삽입하고, 1974년 모든 아동을 대상으로 아동수당을 지급하기 시작하였다.

영국의 아동복지법은 아동복지 분야의 선구자적 역할을 해왔다. 이러한 배경에는 산업혁명으로 인한 사회적 약자에 대한 보호 등 여러 가지 사회문제가 영국의 복지제도를 발전시킨 부분이 없지 않다. 영국의 아동복지 발달사는 엘리자베스의 「빈민법」, 「아동법」 등을 계기로 선별적 복지에서 보편주의적 복지로 발전했다는 특성이 있다. 하지만 오랜 역사를 통한 아동복지의 발전에도 불구하고 북유럽의 국가들에 비해서는 가족과 국가성립이 보수적인 면이 강하게 남아 있다는 점이 특징이다.

표 5-1 영국의 아동복지 역사

연도	주요 내용
1884년	런던 아동학대예방협회 설립
1889년	「아동법(children act)」 제정
1906년	급식법 - 초등 빈곤아동에게 무료급식
1907년	교육법 - 아동에 대한 의무교육규정
1945년	커티스 위원회(curtis committee). 부모 없는 아동보호 방침
1948년	「아동법(children's act)」 제정
1963, 1969년	「아동·청소년법」 제정
1974년	모든 아동을 대상으로 아동수당 지급
1975년	위탁보호 입양과 아동법이 통과
1989년	개정 아동법(children's act, 1989)
1993년	아동·청소년법

2) 미국

미국의 아동복지 발달과정을 살펴보면 20세기 이전까지에는 주로 요보호아동을 시설에 수용하는 시설보호(institutional protection)를 지향하였다. 하지만 20세기 이후에는 요보호아동 및 가족을 대상으로 한 다양한 서비스 제공의 범위를 벗어나 시설이나 학대가정으로부터 아동을 분리하도록 하는 가족 보존(family preservation)을 강조하였으며, 오늘날에 와서는 지방분권(decentralization)과 복지축소주의(devolution) 정책하에 지역사회 보호(community care)로 발전하여 왔다(김윤재 외, 2017).

미국의 아동복지는 1727년 뉴올리언스의 우슬린(Ursuline) 수도원에 의해 처음으로 시작되었다. 우슬린은 종교단체의 하나로 도덕적 책임감과 인정이 넘치는 사람들의 모임이었다. 그들은 부모를 잃은 아동을 위한 양육원으로 우슬린을 설립하게 되었으며, 이를 계기로 1740년 조지아주에 조지 가이트 필드(George Wgite field)에 의해 미국 최초의 영속적인 보호시설인 '베데스다 고아원'이 설립되게 되었다.

이후 1895년에는 14세 이하 아동의 노동을 금지하고, 야간작업 금지 및 노동시간 제한, 학교출석의 의무화를 주요 내용으로 하는 「아동노동법」이 제정되었으며, 1935년에는 사회보장법(social security)이 제정되었다. 1980년에는 「입양관련법」이 입법화되고, 1993년에는 「가족보존 및 지원법」이 입법화되었으며, 1997년에는 「전국아동보호법」이 제정되어 아동복지제도의 체계화가 이루어졌다. 그러나 1990년대 이후 미국의 아동복지는 사회복지 예산의 감축과 정부관계법들의 충돌로 인하여 심각한 문제들이 발생하게 되었으며, 아동복지 전반에 걸쳐 심각한 문제만을 대상으로 하는 축소적인 복지가 추구되면서 여러 분야에 걸쳐 어려움을 겪고 있다.

표 5-2 미국의 아동복지 역사

연도	주요 내용
1727년	뉴올리언스의 우슬린(Ursuline) 수도원이 설립한 양육원에서 고아를 양육하기 시작함
1740년	조지 가이트 필드(George Wgite field)에 의해 미국 최초의 영속적인 보호시설인 조지아주에 베데스다 고아원 설립
1853년	뉴욕 아동구호 협회 창설, 아동구호협회는 아동에 대한 위탁보호(위탁가정보호)를 육아원의 대안으로 제시. 빈곤가정 아동에 대한 가정위탁사업 실시
1895년	아동노동법 제정, 14세 이하의 아동에 대한 노동금지, 야간작업 금지, 노동시간의 제한, 학교출석의 의무화
1910년	정부 내 아동문제 전담부서 아동국(children's burean)
1919년	39개 주에서 모성연금제 실시
1935년	사회보장법
1980년	「입양관련법」이 입법화됨
1990년	아동보육 발전지원법 통과, 아동보육향상에 22.5천 달러 지원
1992년	아동양육지원 재개법
1993년	가족 및 의료 휴가법
1993년	가족보존 및 지원법
1996년	혼인수호법
1997년	전국아동보호법
1997년	입양 및 가족안전법
1998년	부적격 부모법. 부모의 아동양육지원의 책임을 강조

3) 스웨덴

스웨덴은 복지 선진 국가의 모델로 자주 언급되는 국가 중의 하나이다. 특히 스웨덴은 아동을 포함한 국민 개개인의 권리를 존중하고 개인의 권리를 적극적으로 추구할 수 있는 다양한 사회정책이 마련되어 있다는 점에서 특징을 찾을 수 있다.

이처럼 스웨덴이 복지국가로 발전해 오는 과정에는 스웨덴의 지리적·역사적 특수성과 국민성이 작용하였으며, 오랜 세월 동안의 고난과 노력이 있어 왔다. 전통적인 입헌군주국으로서 스웨덴은 19세기 말부터 복지의 기틀을 형성하기 시작하였으나, 현대적 의미의 스웨덴 복지는 1, 2차 세계대전 직후부터 발달하였다. 그 이전까지의 복지는 1763년 제정된 「구빈법」에 의한 보호사업이 전부였다고 할 수 있으며, 아동복지 역시 구빈대책의 일환으로 이루어지다가 1800년대에 어린이집이 자선시설로 설립되고, 1881년 「노동금지법」이 제정되어 아동의 노동보호에 관한 국가적 규정이 정비되면서 시작되었다. 그 후 1902년 「구빈법」의 수혜 대상으로 취급되어 오던 아동에 관한 법이 독립된 「아동복지법」으로 제정되어 오늘에 이르고 있다.

1924년 개정된 「아동복지법」에서는 아동과 청소년의 보호를 위한 기관이나 시설의 관리 및 설치 추진을 위한 아동복지위원회가 설립되었고, 이후 1934년에는 「청소년보호법」의 제정, 1937년 특별아동수당 지급, 1944년 보육시설에 대한 정부의 지원 등이 이루어졌다. 장애아를 위한 학교 설치 의무화가 1944부터 시행되었고, 1948년에는 아동수당이 도입되기에 이르렀다. 1960년대와 1970년대 초까지 스웨덴은 공공복지부문에 있어 엄청난 발전을 가져오게 되는데 공공보육시설의 확대, 무료 출산 실시, 교육 및 주택수당의 확대 등이 이 시기에 이루어졌다. 특히 1960년 「신아동복지법」이 제정되었고, 「장애아 가정에 대한 보조법」의 제정, 1968년 「신정신박약자법」이 제정되었다. 스웨덴의 현재 대표적인 아동복지사업으로는 아동수당, 건강보험에 의한 부모지원, 영유아 교육 및 보육서비스의 확대, 보호대상아동에 관한 지원 등을 들 수 있다. 1948년 처음 도입된 아동수당(child allowance)은 계급이나 임금에 관계없이 16세 이하의 모든 아동에게 지급되는 보편적 아동복지 제도로서 1980년대에 제도 정비를 통해 더욱 발전하게 되었다(한성심·송주미, 2017).

스웨덴의 보육 사업은 1990년대에 더욱 활성화되었다. 특히 1995년부터는 지방자치단체가 영유아보육을 책임지도록 강조하고 있으며, 이를 통해 많은 아동들이 안전한 보육서비스의 혜택을 받고 있고, 많은 스웨덴 아동이 방과 후 아동보육의 혜택을 받고 있다.

표 5-3 스웨덴의 아동복지 역사

연도	주요 내용
1763년	「구빈법」 제정
1881년	「노동금지법」 제정
1902년	「아동복지법」 제정
1930년	사회복지정책의 수립
1938년	보자보건대책 수립
1952년	장애아동을 위한 교육권 개방
1955년	임산부에게 출산수당 지급 실시
1955년	아동의 방과 전후 보육도입
1973년	「학령전교육법」 제정
1976년	「아동보호법」 제정
1977년	「취학전 교육법」 개정
1993년	아동과 청소년 권리보장을 위한 옴부즈맨 사무소(Office Child's Ombudsman) 설립

4) 일본

일본의 아동복지는 19세기 말 메이지 시대부터 시작되었다. 불교가 도입된 6세기 초에 불교의 신자와 왕가의 귀족 자선사업으로 일부 빈민과 고아를 수용하고 구제하는 공적인 구제제도가 아스카 시대(593~710)에 있었지만, 아동복지의 발달은 19세기 말 무렵 메이지 시대부터라고 보아야 할 것이다.

일본의 근대적 아동복지의 발달, 즉 국가 주도의 계획적·조직적인 아동복지는 19세기 말 메이지 시대에 정부가 3명 이상을 출산한 빈곤한 가정의 어머니에게 쌀을 지급하는 급여방(給與方)을 정함으로써 시작되었다. 이후 전국 규모의 구제책의 필요에 따라 1874년 공적 구빈법에 해당하는 '휼구규칙(恤救規則)'이 제정되었다. 휼구규칙은 친족 및 공동체의 상호부조를 원칙으로 하되 여의치 않을 경우 국가가 구제한다는 규칙이다. 여기서 아동복지 대상을 극빈자로 보고 13세 미만의 고아를 대상으로 하여 빈곤대책 중심의 복지가 이루어졌다. 메이지 시대 후기에는 산업발전과 더불어 선교사의 가세로 아동복지사업이 활발하게 전개되기 시작하였다(이효정 외, 2017). 이후 아동복지에 관한 국가적 관심이 확대되고 구체적인 법률이 제정되기 시작한 것은 20세기 들어서부터이다.

1918년 선교사들에 의해 유아원이 설립되고, 이런 영향을 받아 공립보육시설이 건립되기 시작하였으며, 1921년 「아동보육법」이 제정되었다. 1937년 아동과 모성보호를 위한 「모성보호법」이 제정되고, 1947년 보호대상아동과 일반아동의 건전한 성장과 발달을 보장하는 것을 주요 내용으로 하는 「아동복지법」이 제정되었다.

1960년대 이후 일본의 경제성장과 더불어 가족의 변화에 따른 다양한 사회문제가 발생하게 되는데, 일본 정부에서는 이러한 문제를 해결하기 위해 1965년 「모자보호법」, 1966년 「특별아동부양수당법」 등을 제정하고, 1967년에는 「아동복지법」의 일부를 개정하기에 이른다. 이후 1974년에는 장애아보육을 위한 제도를 마련하고, 1980년에는 자녀보육에 필요한 부모들의 욕구를 수용하는 일환으로 연장보육제도의 마련과 야간보육 등을 실시하는 등 보육을 다양화하는 제도를 마련하게 된다. 이러한 제도 변화로 오늘날의 일본의 아동복지제도는 요보호아동 중심의 선별적 복지에서 벗어나 전체 아동을 대상으로 하는 보편적 복지로 변화하고 있다.

표 5-4 일본의 아동복지 역사

연도	주요 내용
1886년	전국 빈곤아동을 위한 학교 설립
1887년	고아원 설립
1900년	선교사에 의한 후다바 유아원 설립
1918년	이후에 공립보육소 설립
1921년	• 아동보호법안 제정 • 임산부를 비롯한 영유아, 고아, 기아, 미아, 심신장애아 보호 기준 마련
1929년	「구호법」 제정
1933년	14세 미만 아동대상의 아동학대 예방과 아동구호법
1937년	모성보호법
1947년	• 「아동복지법」 제정 • 보육소는 아동복지시설의 일종으로 변화됨 • 요보호아동과 일반아동의 건전한 성장과 발달을 보장

연도	주요 내용
1947년	• 교육기본법 및 학교교육법에서 의무교육제도 실시 확립 • 장애아동을 위한 특수교육 의무화
1949년	보육소 운영비 지원
1965년	모자보호법
1966년	특별아동부양수당법
1971년	아동수당법
1980년	엔젤플랜
1990년	신 엔젤플랜
2003년	차세대 육성 지원대책 추진법
2010~2014년	아동육아비전
2015년	아동육아지원신제도

이상에서 살펴본 선진국의 아동복지제도를 바탕으로 주요 4국의 아동복지에 관한 내용을 비교해 보면 다음과 같이 요약할 수 있다. 다음은 미국, 영국, 스웨덴, 일본의 아동복지 법률체계와 정책내용, 전달체계를 비교하여 나타낸 표이다.

표 5-5 주요 선진 4개국 아동복지제도의 국가 간 비교 내용

구분	미국	영국	스웨덴	일본
법률 체계	• 기본법이 없음, 주별로 다양한 법률 체계 • 아동보호에 관한 다양한 서비스는 각각 별도의 법률에 의하여 규정함	• 기본법이 있음 • 기본법 내에 다양한 보육, 가정위탁, 시설보호, 장애아동보호, 학대아동보호 등 아동보호서비스를 포함하고 있음 • 아동수당, 입양 등은 별도의 법률로 규정함	• 노동자화재보상법이 있음 • 입양아동의 건강과 보건을 위한 입양법 • 아동과 청소년의 보호를 이한 아동복지법	• 기본법이 있음 • 아동수당, 아동부양수당, 아동학대예방 등 별도의 법률로 규정함
정책 내용	• 소득보장 : 저소득 가정의 아동보호를 위한 정액보조금 제도(TANF) • 아동보호 : 영구배치를 목표한 입양, 가정위탁, 시설보호, 학대아동 보호 • 일반아동 보호 : 보육, 아동안전, Head Start	• 소득보장 : 보편적 아동수당 외 조세감액, 아동부조 등 • 아동보호 : 가정위탁, 학대아동 보호, 입양, 시설 보호 • 일반아동 보호 : 보육, Sure Start	• 출산수당 : 산전·산후에 따른 모자보건 대책 • 아동수당 : 신체장애자나 연금지급자의 자녀, 한부모 자녀에 한하여 지급 • 양육수당 : 임산부와 신생아 상담, 치료, 출산 전후 휴양, 남편의 군복무기간 중 지급	• 소득보장 : 소득수준과 부양친족 수에 따른 차등 지급 • 아동보호 : 아동자립지원사업, 장애아동지원사업, 한부모가정아동지원사업 • 일반아동보호 : 모자보건사업, 보육사업
전달 체계	• 연방정부의 보건 및 대인서비스부의 아동가족국이 담당 • 아동가족국은 헤드스타트국, 아동국, 가족 및 청소년서비스국, 아동보육국으로 구성됨 • 지방은 10개 구역으로 나뉘어 각 구역의 지역사무소와 해당주들은 서로 긴밀한 협조 체계를 유지하면서 민간기관과 연계한 서비스를 제공함	• 중앙정부의 보건부가 사회서비스를 담당하며 아동수당은 사회보장부가 담당함 • 지방정부의 사회서비스국에서 아동보호서비스를 구매 혹은 제공 • 공공 혹은 민간서비스	• 어머니와 자녀문제 관련 사회적 조치와 서비스가 발달 • 초기에는 아동보호서비스가 중앙집권적이었으나, 오늘날은 시당국이 아동보호서비스 계획에 따라 책임을 지고 운영하고 있음	• 중앙정부의 고용균등·아동가정국 • 지방의 도·부·현은 아동복지사업의 기획, 예산 조치, 아동복지시설의 인가 및 지도감독, 아동상담소·사회복지사무소·보건소의 설치 운영, 시·정·촌에 대하여 필요한 원조, 아동가정상담 가운데 전문성이 높은 업무에의 대응

출처 : 오정수·정익중(2018). p. 81의 내용을 중심으로 재구성함.

Chapter

06

아동복지정책

1. 아동권리와 권리정책의 이해

아동권리정책은 아동이 태어나면서부터 천부적으로 가지게 되는 권리를 보호하기 위해 시행되는 기준이나 원칙을 의미한다. 즉, 건강한 출생 및 행복한 성장을 도모하기 위하여 국가 및 공공기관이 아동의 권리 증진과 관련된 법을 입안하고, 서비스를 제공하기 위해 계획을 수립하여 시행하는 다양한 활동이라고 할 수 있다. 이러한 활동은 아동의 권리를 보장해야 하며, 이는 아동권리에 대한 인식을 증진시키기 위한 국가의 의무이자 책무이기 때문이다. 따라서 아동권리에 대한 정책은 국가에서 아동의 존엄성을 지켜주기 위해 이루어지는 제반 계획 및 활동이라고 할 수 있다.

아동권리정책을 이행하기 위해서 우리나라에서는 아동정책조정위원회가 구성되어 있고, '아동권리보장원'이 설립되어 운영되고 있으며, 아동권리교육을 실시하고 있다. 이 외에도 아동권리 모니터링센터 및 아동권리 옴부즈퍼슨 제도가 시행되고 있다.

1) 아동정책조정위원회

'유엔아동권리협약'은 아동의 기본적 권리에 대한 국제적 약속으로 1989년 11월 유엔총회에서 채택된 국제사회 최초의 협약이며, 현재 195개국이 비준한 국제법이다. 아동권리협약을 비준한 각 국가는 협약에 명시된 아동의 권리를 보장하고, 그 이행사항과 진전사항을 담은 보고서를 5년마다 '유엔아동권리위원회'에 제출해야 한다. 우리나라는 1991년에 '유엔아동권리협약'에 가입하고 11월에 비준하여 협약 당사국이 되었으며, 1차 보고서는 1994년, 2차 보고서는 2000년, 3차와 4차 통합보고서는 2008년에 제출하였다. 아동인권 모니터링 결과를 담은 5차, 6차 통합보고서는 2017년 6월에 제출하였다.

2003년 유엔아동권리위원회의 2차 권고에서는 우리나라 정부의 아동정책 및 사업을 위한 상설 총괄 조정기구의 미비함을 지적하였다. 이러한 문제점을 해결하기 위해서 아동정책 및 사업을 조정하는 중앙상설기구를 마련하고 이 기구에 권한, 재정, 인적·물적 자원을 부여할 것을 권고하였다(이재연 외, 2009: 161). 이러한 권고에 따라 2004년 개정된 「아동복지법」에서 국무총리실 산하에 '아동정책조정위원회'를 두도록 하였다. 「아동복지법」 제10조에 명시된 아동정책조정위원회는 아동의 권리 증진과 건강한 출생 및 성장을 위하여 종합적인 아동정책을 수립하고 관계 부처의 의견을 조정하며 그 정책의 이행을 감독하고 평가하는 것을 목적으로 한다. 아동정책조정위원회는 표 6-1과 같은 사항을 심의·조정한다.

표 6-1 아동정책조정위원회 심의·조정 내용

1. 기본계획의 수립에 관한 사항
2. 아동의 권익 및 복지 증진을 위한 기본방향에 관한 사항
3. 아동정책의 개선과 예산지원에 관한 사항
4. 아동 관련 국제조약의 이행 및 평가·조정에 관한 사항
5. 아동정책에 관한 관련 부처 간 협조에 관한 사항
6. 그 밖에 위원장이 부의하는 사항

출처 : 국가법령정보센터(www.law.go.kr).

아동정책조정위원회의 구성은 위원장을 포함한 25명 이내의 구성원으로 구성되며, 위원으로는 기획재정부장관, 교육부장관, 법무부장관, 행정안전부장관, 문화체육관광부장관, 산업통상자원부장관, 보건복지부장관, 고용노동부장관, 여성가족부장관 및 아동 관련 단체의 장이나 아동에 대한 학식과 경험이 풍부한 사람 중 위원장이 위촉하는 15명 이내의 위원으로 구성된다. 아동정책조정위원회는 여러 부처에서 추진하고 있는 아동정책에 대한 조정과 정책이행에 대한 감독 및 평가 등을 담당함으로써 아동정책의 효과성을 증진할 수 있다. 그리고 아동 관련 전문가의 참여를 통해 아동정책을 민주적 절차에 따라 수립할 뿐만 아니라, 효과성을 증진시켜 정부와 민간의 협력을 더욱 원활히 할 수 있다는 데 의의가 있다.

그러나 아동정책조정위원회는 2008년 제3·4차 국가보고서 제출 이후에는 회의 개최 실적이 전무하는 등 실질적인 활동이 부진하고 적절한 권한 지원, 자원(예산, 인력 등) 부재 등으로 아동 인권 관련 민간집단들의 개선요구가 있었으며, 2011년 유엔아동권리위원회의 개선 권고를 받은 바 있다(한국청소년정책연구원, 2013: 3).

2014년 2월 28일 자로 범정부 차원에서 '아동학대 예방 및 피해아동 조기발견·보호 종합대책(이하 '정부종합대책')'을 확정하였으며, 이에 대한 지속적인 정책지원을 모니터링하고 있다. 앞으로도 부처 간, 국가 및 지역단체 간 아동권리 관련 기능 및 관계를 명확히 하고, 협력사항을 논의할 수 있도록 회의를 정례화하고 위원회의 역할을 선명하게 규정해야 할 것이다.

2) 아동권리교육

아동권리보장은 아동권리의 이해에서부터 비롯되므로 아동의 권리에 대한 교육과 홍보는 다른 어떤 정책보다 우선적으로 고려되어야 한다. 우리나라의 아동권에 대한 교육은 초기단계라 할 수 있다. 2014년 한국 아동·청소년 인권실태조사에 따르면, 아동권리협약이 무엇인지 알고 있는 경우는 15.2%에 불과했으며(김경준 외, 2014: 237), 아동을 권리행사의 주체로 인식하고, 협약의 정신을 파악하여 대책을 강구하고 있는 정부부처는 아직까지 찾아보기 어려운 형편이다.

현재 '아동·청소년의 시민권 강화를 위한 맞춤형 권리교육 프로그램 개발'로 2008년에 개발된 4종의 권리교재(일반공통, 초등교사용, 복지시설 실무자용, 보육교사용)와 이를 토대로 제작된 사이버 교육용 웹교재를 활용하여, 전국 권역별 복지시설 종사자 집합·순회 교육 및 사이버 교육을 실시하고 있으며(보건복지부, 2016: 304), 여성가족부와 보건복지부, 민간단체 등에서 이미 여러 가지 협약 관련 자료, 아동 인권침해의 주요 사례인 아동학대 예방교육 등에 대한 교육 및 영상자료를 제작·배포하고 있다.

아동권리교육은 전 국민을 대상으로 지속적으로 다양한 형태를 활용하여 실행될 필요가 있다. 학교교육 과정에 아동권리 및 권리에 대한 교육을 포함시키고, 아동을 위해 아동과 함께 일하는 학교 교사와 전문단체의 종사자를 대상으로 하는 인권교육을 더욱 체계화할 필요가 있다.

3) 아동권리보장원

아동권리보장원(National Center for the Rights of the Child)은 아동정책 및 아동복지 관련 사업을 종합적·효율적으로 수행하여 아동의 권리를 보장하고 아동정책의 기본계획 및 시행계획에 대한 수립·평가 지원을 통해 국가 아동정책의 질적 제고를 목적으로 아동의 삶의 질 향상을 위해 설립되었다. 2018년 12월 27일 '아동권리보장원' 설립에 대한 「아동복지법」이 국회를 통과함으로써 법적 설립의 기반을 마련한 후 2019년 7월 16일 드림스타트사업지원단, 아동자립지원단, 중앙입양원, 실종아동전문기관 등 4개의 기관을 통합하여 '아동권리보장원'이 출범하게 되었다. 이후 2020년 1월 1일에 추가로 4개 기관(디딤씨앗사업지원단, 중앙가정위탁지원센터, 중앙아동보호전문기관, 지역아동센터중앙지원단)을 통합함으로써 그동안 독립적으로 운영되던 총 8개 기관의 아동서비스 지원업무를 아동권리보장원으로 일원화하고 통합하여 하나의 기관에서 서비스를 제공하게 되었다.

아동권리보장원에서 운영하고 있는 사업내용은 다음과 같다(아동권리보장원, 2023)[1].

(1) 아동정책 연구 · 지원

아동정책 연구 지원사업으로 아동정책기본계획 수립·평가 지원, 중앙부처 및 지방자치단체 아동정책시행계획 수립·평가 지원, 아동정책조정위원회 운영 지원 등의 사업을 운영하고 있다. 아동정책기본계획이란 5년 단위로 아동정책 목표와 기본방향, 주요 추진과제를 수립하고 범부처가 공동으로 시행·관리하는 중기정책이다. 아동권리보장원에서는 아동정책시행계획의 수립·시행·평가가 원활하게 이루어지도록 매뉴얼과 교육자료를 배포하고 관련 분야 전문가를 중심으로 아동정책시행계획 평가자문단을 구성하여 지자체에 대한 자문을 지원한다. 또한 아동정책조정위원회에서는 종합적인 아동정책을 수립하고 관계부처의 의견을 조정하며 그 정책의 이행을 감독하고 평가하는 업무를 담당하고 있다.

(2) 아동성장 돌봄

아동성장 돌봄으로 운영하고 있는 사업으로는 지역아동센터 지원과 다함께돌봄센터 지원, 아동통합서비스 지원(드림스타트)이 대표적인 사업이다. 지역아동센터 지원사업은 방과 후 돌봄이 필요한 지역사회 아동들의 건전한 발달과 육성을 위하여 보호·교육 및 건전한 놀이와 오락의 제공, 보호자와 지역사회의 연계 등 종합적인 복지 서비스를 제공하는 데 중점을 두고 있다. 다함께돌봄센터 지원사업에서는 지역사회 중심의 자발적이고 주도적인 아동 돌봄 공동체 기반을 조성하여 지역 내

---

1) 출처 : 아동권리보장원(2023.10.25.). https://www.ncrc.or.kr

돌봄 수요 및 자원을 활용한 아동 돌봄 계획을 수립하고 이를 바탕으로 지역 내 틈새 돌봄 기능을 강화하여 돌봄 사각지대를 해소하는 데 중점을 두고 있다.

아동통합서비스 지원(드림스타트)으로는 취약계층아동과 가족 중 사업대상아동을 발굴하여 아동의 문제와 욕구를 파악하고, 이를 지역자원과의 연계를 통해 건강, 영양, 교육, 문화, 복지 등의 맞춤형 통합서비스를 제공하는 데 중점을 두고 있다.

(3) 아동보호

아동보호 활동으로는 아동학대 예방 및 보호와 실종아동 등 보호지원에 중점을 두고 있다. 아동학대 예방 및 보호 사업으로는 아동학대 예방 강화 및 피해아동에 대한 적극적인 보호를 통해 아동의 안정적인 성장환경 조성과 아동의 권리 증진에 중점을 두고 있으며, 실종아동 등 보호지원에서는 실종아동 등(아동 및 장애인)의 발생 예방을 위한 홍보 및 실종아동 등과 그 가족을 지원하는 사업을 운영하고 있다.

(4) 입양

입양사업의 운영에서는 입양대상아동이 새로운 가정을 찾을 수 있도록 입양 전반에 대한 과정을 지원해 주는 사업을 운영하고 있다.

(5) 가정형 보호

가정형 보호사업에서는 가정위탁사업의 활성화에 중점을 두고 있다. 가정위탁사업은 보호대상아동의 보호를 위하여 성범죄, 가정폭력, 아동학대, 정신질환 등의 전력이 없으며 「아동복지법」이 정하는 기준에 적합한 가정에 보호대상아동을 일정 기간 위탁(「아동복지법」 제3조)하는 일에 중점을 두어 운영하고 있다.

(6) 아동자립

아동자립 지원사업은 보호아동 자립지원과 아동자산 형성(디딤씨앗통장)에 중점을 두고 있다. 보호아동 자립지원은 아동복지시설 및 가정위탁보호를 받고 있는 아동들이 퇴소 후 겪는 어려움에 대한 자립 준비를 돕고, 보호시설 퇴소와 위탁종료 아동들의 안정된 자립기반 조성을 지원하고 있으며, 이러한 정책·사업을 통해 자립

준비 청년들이 안정적으로 사회에 정착할 수 있도록 돕는 일을 운영하고 있다.

아동자산 형성(디딤씨앗통장) 운영은 취약계층의 아동이 사회에 진출할 때 필요한 초기비용 마련을 지원하고자, 정부에서 운영하는 유일한 아동자산 형성 지원사업으로 아동(보호자, 후원자)이 매월 일정금액 적립 시 국가(지자체)가 월 10만 원 내에서 1 : 2 매칭을 통해 지원하고 있다.

(7) 아동권리 증진

아동권리 증진사업은 유엔아동권리협약의 이행지원에 중점을 두고 있다. 유엔아동권리협약의 이행 및 아동의 권익 향상과 아동을 적극적인 권리 주체로 인식하는 사회분위기를 정착시키기 위해 아동권리와 관련된 교육·홍보·행사 등의 사업을 수행하고 있다.

2. 아동복지정책의 이해

1) 아동복지정책의 개념

아동복지정책의 개념에 대해 카두신과 마틴(Kadushin & Martin, 1988)은 아동에게 영향을 미치는 모든 정책과 프로그램 및 활동으로 정의하였으며, 캐머만과 칸(Kamerman & Kahn, 1985)은 아동에게 한정되었던 정통적 정책에서 벗어나 아동과 그 가족의 삶의 질 향상과 가정의 복지를 지향하는 것으로 개념화하였다. 이 장에서는 아동복지정책을 아동의 복지를 위한 사회복지정책으로 아동과 가족의 욕구충족을 위한 정부의 지침, 정부의 조직화된 계획으로 정의하고자 한다. 즉, 아동복지정책(child welfare policy)의 개념은 '아동복지를 위한 행동 노선과 계획이며, 아동복지를 위한 활동을 하는 데 필요한 원칙과 방향을 정하거나 계획하는 것이다'(이순형 외, 2015: 168).

아동복지정책에는 정책을 수립하는 국가가 아동의 성장과 발달을 위해 무엇이 필요하고 중요한지, 우선시하는 것에 따라 정책의 방향이 달라질 수 있다. 따라서 아동정책을 수립하기 위해서는 다음과 같은 전제조건이 요구된다(오동석, 2015: 194).

첫째, 아동에 대한 통계를 별도로 작성해야 한다. 아동의 인적 구성에 대한 데이터베이스를 구축할 때, 입법·사법·행정의 유기적인 집행이 가능하다.

둘째, 아동예산의 확보이다. 아동권리위원회는 '아동권리협약 이행을 위한 일반조치'에서 국가 및 기타 예산에서 아동을 위한 자원의 확인과 분석의 중요성을 강조하고 있다. 또한 아동에게 할당된 직·간접 국가 및 기타 예산의 비율을 확인할 것을 권고하고 있다.

셋째, 아동인권지수를 개발·보급해야 한다. 인권지수는 아동인권의 보장 정도에 대한 평가·측정을 도모한다는 점에서 이를 향상시키기 위한 노력이 있어야 한다.

2) 아동복지정책의 유형

「사회보장기본법」에 따르면 '사회보장'이란 출산, 양육, 실업, 노령, 질병, 빈곤 및 사망 등의 사회적 위험으로부터 모든 국민을 보호하고 국민의 삶의 질을 향상시키는 데 필요한 소득·서비스를 보장하는 사회보험, 공공부조, 사회서비스를 말한다(제3조 제1호)고 명시되어 있다. 따라서 아동복지정책의 유형을 「사회보장기본법」에 준하여 아동과 관련된 사회보험과 아동 관련 공공부조 및 아동복지 서비스로 구분하여 살펴보고자 한다.

(1) 사회보험정책

사회보험은 '국민에게 발생하는 사회적 위험을 보험의 방식으로 대처함으로써 국민의 건강과 소득을 보장하는 제도'를 말한다(「사회보장기본법」 제3조 제2호). 즉, 일정한 기여금을 납부하고 질병, 장애, 실업 등에 해당되는 사회적 위험이 발생하여 개인이 감당하기 어려운 상황에서 현금 또는 현물을 지원받을 수 있도록 하는 것이다. 사회보험정책은 대상자의 기여를 전제로 하며, 대상자의 기여를 가능하게 하는 소득에 영향을 받기 때문에 비교적 시장논리가 강한 사회에서 강조되는 편이다.

우리나라의 경우 아동과 가족을 대상으로 하는 사회보험은 없지만, 모든 가구를 대상으로 하는 사회보험정책은 가족 내 아동에게 영향을 미치므로 아동의 복지를 도모한다고 할 수 있다. 우리나라의 사회보험정책은 노령 시 소득을 보충해 주는 국민연금, 질병이나 부상 등의 의료비 보충을 위한 국민건강보험제도, 사업장에서의 업무상 재해 시 부상이나 질병에 대비하는 산업재해보상보험제도, 실직 시에 소득을 보충해 주는 고용보험이 있다.

(2) 공공부조정책

공공부조정책은 '국가와 지방자치단체의 책임하에 생활 유지 능력이 없거나 생활이 어려운 국민의 최저생활을 보장하고 자립을 지원하는 제도'이다(「사회보장기본법」 제3조 제3호). 즉, 공공부조제도는 개인의 소득과 자산조사를 실시하여 일정소득 이하의 사람들에게 선별적으로 급여를 제공하는 것이다. 공공부조는 국민의 최저 생계비를 보장하는 제도로서 사회적으로 취약한 계층을 위한 정책이며, 최후의 사회적 안전망 역할을 한다. 국가의 책임이라는 원칙하에 조세를 통해 운영된다. 공공부조정책은 소득과 자산조사를 통해 공공부조 혜택 여부를 결정하게 되므로 비용 효과성이 높은 장점이 있지만, 혜택을 받는 자는 수급자라는 낙인이 부여된다는 단점이 있다.

우리나라의 경우 1999년 제정된 「국민기초생활보장법」을 근거로 국민기초생활보장제도를 통해 공공부조정책을 실시하고 있으며, 국민기초생활보장제도를 통해 빈곤아동가구의 기초 생계를 지원하고 있다.

(3) 사회서비스정책(사회복지 서비스)

사회서비스는 '국가·지방자치단체 및 민간부문의 도움이 필요한 모든 국민에게 복지, 보건의료, 교육, 고용, 주거, 문화, 환경 등의 분야에서 인간다운 생활을 보장하고 상담, 재활, 돌봄, 정보의 제공, 관련 시설의 이용, 역량개발, 사회참여 지원을 통하여 국민의 삶의 질이 향상되도록 지원하는 제도'이다(「사회보장기본법」 제3조 제4호). 즉, 사회복지 서비스는 직접적으로 클라이언트에게 현금과 현물을 제공하여 클라이언트의 변화를 이끄는 제도이다.

아동복지 서비스는 시설보호를 포함하여 아동 및 가족을 대상으로 상담, 조사, 교육 및 취약아동가구의 재가지원 등을 실시하고 있다. 우리나라 아동복지 서비스는 「아동복지법」에 근거하고 있으며, 서비스는 주로 현물로 제공된다. 최근 아동복지 서비스가 증가하고 있지만, 저소득층 아동을 대상으로 제공하고 있어 잔여적 성격의 아동복지정책으로 운영된다고 한다.

3) 우리나라의 아동정책

우리나라의 아동정책은 한국전쟁으로 인한 고아, 기아, 부랑아 문제를 해결하기 위한 복지 서비스로 시작되었다. 1961년에 요보호아동에 대한 선별적 차원의 지원을 목적으로 제정된 「아동복리법」은 1981년 「아동복지법」으로 개정되었고, 2012년에 전면 개정을 통해 선별적 성격의 복지가 일반아동에 대한 보편적 복지로 확대되었다. 우리나라 아동정책 추진의 변천과정은 **그림 6-1**과 같다.

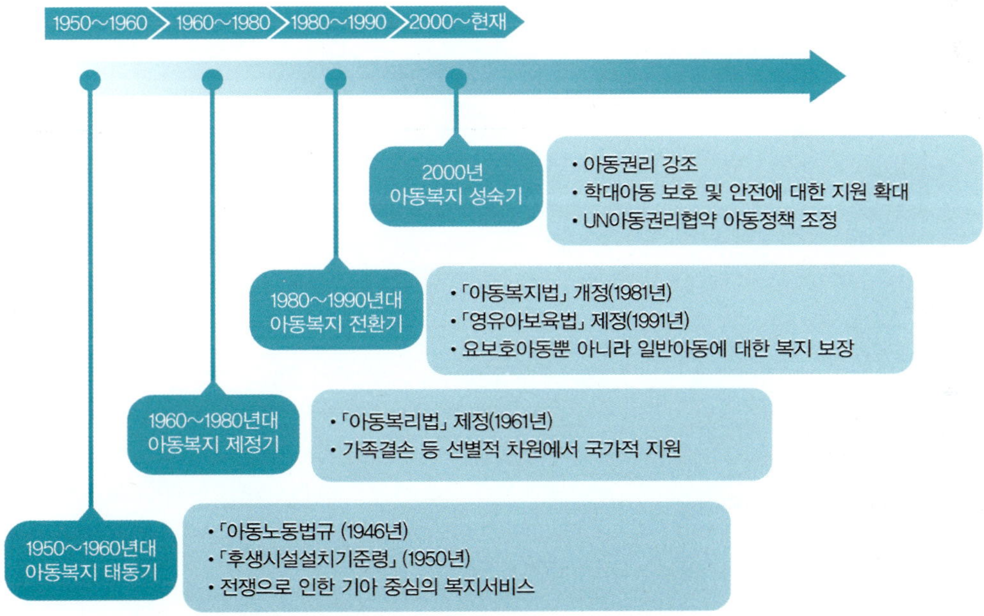

출처 : 보건복지부(2017). 2016 보건복지백서. p. 284.

그림 6-1 아동정책의 변천과정

우리나라 정부는 2015년 5월 처음으로 '행복한 아동, 존중받는 아동'을 비전으로 하는 「제1차 아동정책기본계획」을 수립하였다. 이 계획에서 정부는 아동기가 가장 행복한 시기가 될 수 있도록 모든 정책에서 아동을 권리의 주체로 인정하여 아동의 권리가 온전하게 실현되도록 한다는 의지를 표명하였고, '아동 최우선의 원칙'을 실현할 수 있는 기반 조성을 정책의 핵심목표로 선정하였다. 정부는 기본계획에서 '미래를 준비하는 삶', '건강한 삶', '안전한 삶', '함께하는 삶'의 4개 부문에 걸쳐 16개의 중점과제와 158개의 세부과제를 선정하였다. 아동정책은 아동권리의 핵심 개념, 즉 '아동 최우선의 이익', '아동참여', '아동영향평가'를 다루고 있다. 제1차 아동정책기본계획은 다음 **그림 6-2**와 같다.

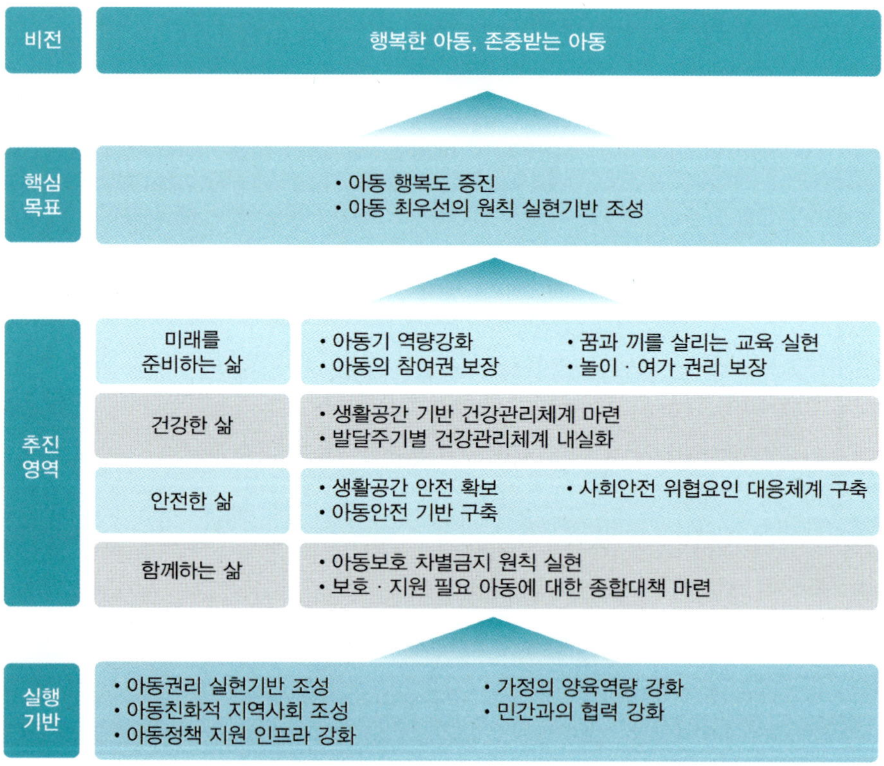

출처 : 관계부처합동(2015). 제1차 아동정책기본계획. p. 4.

그림 6-2 제1차 아동정책기본계획의 비전과 목표 및 정책과제

3. 아동복지법

아동복지 관련법은 아동의 욕구와 요구에 대응한 각종 대책을 제공하는 근거가 되며 미래의 우리나라를 이끌어 갈 아동이 건전하게 육성될 수 있도록 아동의 복지증진을 도모하고 필요한 사항을 규정하기 위해 제정된 법이다.

「아동복지법」은 「사회복지사업법」에 기초하는 특별법으로 볼 수 있으며, 아동복지 및 복지 서비스와 관련하여 기본이 되는 주요한 법이다. 따라서 아동의 인권이라는 사고방식을 기초로 아동과 관련된 법률체계 전반을 살피고, 나아가 아동의 인권이라는 측면에서 법적제도의 재구성을 지향함에 있어서 의미를 가진다.

1) 목적과 이념

「아동복지법」 제1조에 따르면 "아동이 건강하게 출생하여 행복하고 안전하게 자라도록 아동의 복지를 보장하는 것이다"라는 목적을 밝히고 있다. 「아동복지법」의 이념은 '아동은 자신 또는 부모의 성별, 연령, 종교, 사회적 신분, 재산, 장애유무, 출생지역, 인종 등에 따른 어떠한 종류의 차별도 받지 아니하고 자라나야 한다', '아동은 완전하고 조화로운 인격발달을 위하여 안정된 가정환경에서 행복하게 자라나야 한다', '아동에 관한 모든 활동에 있어서 아동의 이익이 최우선적으로 고려되어야 한다', '아동은 아동의 권리보장과 복지증진을 위하여 이 법에 따른 보호와 지원을 받을 권리를 가진다'(동법 제2조).

2) 대상

「아동복지법」의 대상은 보호대상아동, 지원대상아동, 피해아동이 된다. 보호대상아동이란 보호자가 없거나 보호자로부터 이탈된 아동 또는 보호자가 아동을 학대하는 경우 등 그 보호자가 아동을 양육하기에 적당하지 아니하거나 양육할 능력이 없는 아동을 말한다. 지원대상아동이란 아동이 조화롭고 건강하게 성장하는 데 필요한 기초적인 조건이 갖추어지지 아니하여 사회적·경제적·정서적 지원이 필요한 아동을 말한다. 피해아동이란 아동학대로 피해를 입은 아동을 말한다(동법 제3조).

3) 아동복지의 책임주체

아동복지의 책임주체는 국가와 지방자치단체, 아동의 보호자 그리고 국민 모두이며, 국가와 지자체는 아동의 건강과 복지 증진에 노력해야 하고 이를 위한 시책을 시행하여야 한다. 아동의 보호자는 아동을 가정 내에서 그의 성장 시기에 맞추어 건강하고 안전하게 양육하여야 한다(동법 제4조와 제5조).

4) 재정부담 원칙

「아동복지법」에는 아동복지정책과 서비스에 대한 필요한 재원을 어떻게 마련할 것인지에 대해 규정하고 있다. 국가 또는 지방자치단체는 대통령령으로 정하는 바에 따라 비용의 전부 또는 일부를 보조할 수 있으며, 해당하는 비용은 아동복지시설의 설치 및 운영, 수탁·보호 중인 아동의 양육 및 보호관리, 대리양육이나 가정위탁보호, 아동복지사업의 지도, 감독, 계몽 및 홍보, 취약계층아동에 대한 통합서비스 지원, 보호대상아동의 자립지원, 자산형성지원사업, 아동복지단체 지도·육성에 필요한 비용이다(제59조).

비용보조는 아동복지에 대한 국가의 책임 정도를 나타내는 단서가 되는데, 현재 비용보조에 대하여 '~하여야 한다'는 강행규정이 아니라, '~할 수 있다'의 임의조항으로 되어 있어 비용에 대한 국가의 책임이 미온적임을 보여준다.

4. 아동복지 관련법

아동복지 관련법으로는 「영유아보육법」, 「한부모가족지원법」, 「청소년보호법」, 「청소년기본법」, 「입양특례법」, 「아동·청소년의 성보호에 관한 법률」, 「건강가정기본법」, 「실종아동 등의 보호 및 지원에 관한 법률」, 「아동의 빈곤예방 및 지원 등에 관한 법률」, 「장애아동복지지원법」 등이 있다. 그중에서 「영유아보육법」, 「입양특례법」, 「실종아동 등의 보호 및 지원에 관한 법률」, 「아동의 빈곤예방 및 지원 등에 관한 법률」, 「장애아동복지지원법」을 중심으로 살펴보고자 한다.

1) 영유아보육법

영유아 및 가정의 복지증진을 위하여 영유아의 보호 및 교육에 관하여 규정된 「영유아보육법」은 1991년에 제정되고 2017년 일부 개정되어 현행법에 이르렀다. 「영유아보육법」의 내용은 표 6-2와 같다.

표 6-2 영유아보육법

목적	영유아의 심신을 보호하고 건전하게 교육하여 건강한 사회 구성원으로 육성함과 아울러 보호자의 경제적·사회적 활동이 원활하게 이루어지도록 함으로써 영유아 및 가정의 복지증진에 이바지함을 목적으로 함(제1조)
대상	영유아: 6세 미만의 취학 전 아동을 의미함(제2조)
책임	모든 국민은 영유아를 건전하게 보육할 책임을 지며, 국가와 지방자치단체는 보호자와 더불어 영유아를 건전하게 보육할 책임을 지며, 이에 필요한 재원을 안정적으로 확보하도록 노력해야 함(제4조)
전달체계	보육정책조정위원회(제5조), 보육정책위원회(제6조), 육아종합지원센터(제7조), 보육개발원(제8조), 어린이집(국공립, 사회복지법인, 법인·단체등, 직장, 가정, 협동, 민간어린이집, 제10조)
내용	보호와 교육을 통합한 보육서비스로서 적절한 영양, 건강, 안전, 관리가 이루어져야 함
비용	국가와 지방자치단체는 영유아에 대한 보육을 무상으로 함(제34조)

2) 입양특례법

1976년 「입양특례법」으로 제정되어, 2017년 개정된 「입양특례법」의 내용은 표 6-3과 같다.

표 6-3 입양특례법

목적	요보호아동의 입양에 관한 요건 및 절차 등에 대한 특례와 지원에 필요한 사항을 정함으로써 양자(養子)가 되는 아동의 권익과 복지를 증진하는 것을 목적으로 함(제1조)
대상	친생부모가 친권상실의 선고를 받아 보장시설에 보호·의뢰한 아동(제9조)
원칙	입양은 아동의 이익이 최우선이 되도록 하여야 함(제4조)
전달체계	입양기간(제20조)

내용	입양아동보호, 모국방문사업, 가정위탁보호
비용	입양기관은 대통령령으로 정하는 바에 따라 양친이 될 사람으로부터 입양 알선에 실제로 드는 비용의 일부를 받을 수 있으며, 국가와 지방자치단체에서 비용의 전부 또는 일부를 보조할 수 있음(제32조)

3) 실종아동 등의 보호 및 지원에 관한 법률

2005년에 제정되어 개정 절차를 거친 「실종아동 등의 보호 및 지원에 관한 법률」의 내용은 **표 6-4**와 같다.

표 6-4 실종아동 등의 보호 및 지원에 관한 법률

목적	실종아동 등의 발생을 예방하고 조속한 발견과 복귀를 도모하여 복귀 후의 사회적응을 지원함으로써 실종아동 등과 가족의 복지증진에 이바지함을 목적으로 함(제1조)
대상	"실종아동"이란 약취(略取), 유인(誘引), 또는 유기(遺棄)되거나 사고를 당하거나 가출하거나 길을 잃는 등의 사유로 인하여 보호자로부터 이탈된 아동을 의미(제2조)
국가의 책무	실종아동 등을 위한 정책 수립 및 시행, 실태조사 및 연구, 발생예방을 위한 연구·교육 및 홍보, 정보연계시스템 및 데이터베이스의 구축·운영, 실종아동 등의 가족지원, 실종아동 등의 복귀 후 사회적응을 위한 치료서비스 제공(제3조)
전달체계	실종아동전문기관(제5조)
내용	실종아동 등의 조기발견과 등록 관리, 신고접수 및 수사

4) 아동의 빈곤예방 및 지원 등에 관한 법률

2012년에 제정된 「아동의 빈곤예방 및 지원 등에 관한 법률」의 내용은 **표 6-5**와 같다.

표 6-5 아동의 빈곤예방 및 지원 등에 관한 법률

목적	빈곤아동이 복지·교육·문화 등의 분야에서 소외와 차별을 받지 아니하고 한 사회의 구성원으로 건강하게 자랄 수 있도록 제도적 기반을 마련하는 것을 목적으로 함(제1조)
이념	빈곤아동이 부모의 사회적·경제적 지위와 상관없이 태어나서 자립할 때까지 충분한 역량을 갖출 수 있도록 균형 있고 조화로운 성장과 건강하고 행복한 삶을 누릴 수 있도록 하는 것을 기본이념으로 함(제2조)
대상	'아동빈곤'이란 아동이 일상적인 생활여건과 자원이 결핍하여 사회적·경제적·문화적 불이익을 받는 빈곤한 상태를 의미함(제3조)
국가의 책무	국가 및 지방자치단체는 복지·교육·문화 등의 지원 등 빈곤아동정책의 수행에 필요한 법적·제도적 장치를 마련하고 업무수행에 필요한 재원을 안정적으로 확보하기 위하여 노력하여야 함(제4조)
전달체계	아동빈곤예방위원회(제8조), 지역아동빈곤예방위원회(제10조)
내용	• 빈곤아동의 복지·교육·문화 등의 기본적인 욕구 등에 대한 실태조사 실시 • 빈곤아동의 지원에 관한 기본계획 수립 및 시행

5) 장애아동복지지원법

2011년에 제정된 「장애아동복지지원법」의 내용은 **표 6-6**과 같다.

표 6-6 장애아동복지지원법

목적	국가와 지방자치단체가 장애아동의 특별한 복지적 욕구에 적합한 지원을 통합적으로 제공함으로써 장애아동이 안정된 가정생활 속에서 건강하게 성장하고 사회에 활발하게 참여할 수 있도록 하며, 장애아동 가족의 부담을 줄이는 데 이바지함을 목적으로 함(제1조)
기본이념	장애아동을 위한 모든 활동에 있어 장애아동의 이익이 최우선적으로 고려되어야 하며, 장애아동은 자신에게 영향을 미치는 모든 활동에 대하여 자신의 견해를 자유로이 표현할 권리를 최대한 보장받아야 함(제3조)
대상	'장애아동'이란 18세 미만의 아동 중 「장애인복지법」 제32조에 따라 등록한 장애인을 의미(제2조)
국가의 책무	국가와 지방자치단체는 장애아동과 그 가족을 위한 복지지원대책 강구, 복지지원사업의 연구·개발, 장애의 조기발견을 위한 홍보, 복지지원 전달체계의 구축, 복지지원 이용권의 수급 및 이용에 대한 관리·감독 등(제6조)
전달체계	중앙장애아동지원센터(제8조), 지역장애아동지원센터(제9조), 복지지원 제공기관(제30조)
내용	장애아동 의료비, 보조기구, 발달재활서비스 지원, 가족지원 및 돌봄지원 서비스

Chapter

07

아동복지 실천의 원칙과 방법

1. 아동복지행정의 개념

사회복지행정의 일환이라고 볼 수 있는 아동복지행정은 아동복지조직과 아동복지 전문 인력들이 서비스를 효과적으로 기획·실천·평가하도록 지원해 주는 것으로서, 아동복지 관련법과 아동복지정책에 따라 다양한 조직을 통해 아동복지 서비스를 복지 대상자에게 효과적으로 제공하는 것을 목적으로 한다(김윤재 외, 2017).

사회복지 구현의 일환으로 실시되는 사회복지행정은 학자에 따라 다양하게 개념 정의가 내려지고 있는데, 크게는 협의의 개념과 광의의 개념으로 구분된다. 협의의 개념에서는 행정을 하나의 실천방법으로 보고 있는데, 이러한 의미에서의 사회복지행정은 사회복지조직의 목표달성을 용이하게 하기 위해 관리자에 의해 수행되는 상호의존적인 과업과 기능 및 관련 활동 등의 체계적 개입 과정을 의미한다. 광의의 개념에서는 행정을 조직의 모든 활동 과정에 다양하게 기여하는 조직구성원의 협동적·조정적 노력으로 보고 있는데, 이러한 의미에서 사회복지행정은 사회정책을 사회복지 서비스로 전환시키는 데 필요한 사회복지조직에서의 총체적인 활동을 말한다(최성재·남기민, 2001). 즉, 광의의 사회복지행정은 사회조직에서의 총체적 활동을 의미하는 것으로, 목표달성의 책임이 조직의 모든 구성원에게 공유되며, 따라서 사회복지조직 내의 모든 활동은 그것이 개인적 차원이든 조직적 차원이든 행정과정에서 매우 중요하다는 것을 강조함으로써 행정의 개념을 보다 민주화하고 있다(최성재·남기민, 2001).

오늘날 사회복지는 국가의 주요한 제도로 발전하고 있고, 이에 따라 사회복지 서비스도 공적·사적 사회복지조직을 통해 전달되기 때문에 사회복지의 행정은 협의의 사회복지행정보다는 광의의 사회복지행정의 개념을 취하는 것이 바람직하다고 하겠다(김상균 외, 2002).

이러한 정의를 아동복지행정에 적용하면, 아동복지행정이란 아동복지정책을 아동복지 서비스로 전환시키는 데 필요한 사회복지조직에서의 총체적인 활동이라 할 수 있을 것이다.

2. 아동복지 서비스의 전달체계

1) 공공 아동복지 서비스의 전달체계

사회복지행정은 추상적인 사회복지정책을 구체적인 사회복지 서비스로 전환하여 서비스를 필요로 하는 사람에게 전달하는 과정에 관한 활동이라 할 수 있다. 이러한 관점에서 보면, 사회복지 서비스 전달체계란 지역사회 체계 속에서 사회복지 서비스의 공급자와 소비자 간을 연결시키기 위한 조직적 장치라고 할 수 있다. 다시 말하면, 사회복지 서비스 전달체계란 지역사회 내에 존재하는 사회복지 서비스의 공급자 간을 연결시키기 위하여 또는 사회복지 서비스의 공급자와 소비자 사이를 연결시키기 위하여 만들어진 조직적 체계이다(최성재·남기민, 2001).

사회복지 서비스 전달체계는 운영주체에 따라 공적 전달체계와 사적(민간) 전달체계로 구분될 수 있다. 공적 전달체계는 정부(중앙 및 지방)나 공공기관이 직접 관리·운영하는 것을 말하고, 사적 전달체계는 민간 또는 민간단체가 직접 관리·운영하는 것을 의미한다. 현재 우리나라에서의 사회복지 서비스 공적 전달체계는 사회보험의 경우, 주로 보건복지부와 고용노동부의 감독하에 설립된 공공기관 및 그 지부를 통하여 전달되고, 공공부조 및 사회서비스는 보건복지부에서 계획하여 지방자치단체의 행정체계를 통하여 전달되고 있다. 민간 전달체계는 지방자치단체의 감독하에 각각의 중앙 또는 지방조직을 통해 전달되거나 단독기관에서 전달하고 있다. 민간기관은 서비스별로 연합회나 협의회를 결성하여 서비스 질의 향상과 정부에 대한 집단적 정책 건의 등을 하고 있다(김상균 외, 2002).

이러한 관점에서 보면, 우리나라 아동복지 서비스 전달체계는 보건복지부를 중심으로 여성가족부, 교육부, 고용노동부, 법무부 등의 관련 중앙정부 부처와 지방정부 그리고 「아동복지법」상 아동복지사업을 이행하기 위해 정하고 있는 아동복지시설, 아동보호전문기관, 아동정책조정위원회, 가정위탁지원센터, 지역아동센터 등이 있다. 또한 직접적인 아동복지 서비스를 제공하는 전문 인력이 아동복지 서비스 전달체계에 포함될 수 있다.

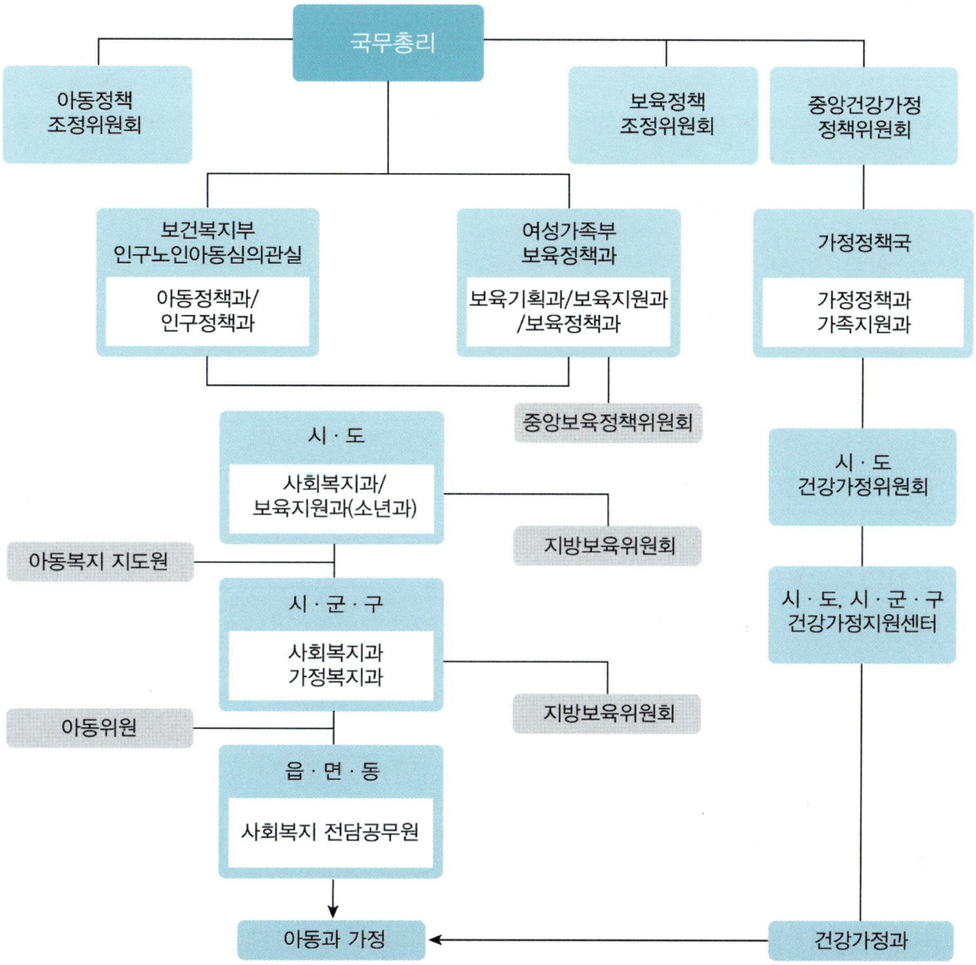

그림 7-1 아동복지 서비스 전달체계

(1) 보건복지부

보건복지부와 그 소속기관 직제에 의하며, 보건복지부의 직무인 보건위생·방역·의정[1]·약정·보건산업·기초생활보장·자활지원 및 사회보장, 사회서비스 정책·인구·출산·보육·아동·노인 및 장애인에 관한 사무를 관장하는 것이다. 아동복지 관련 업무는 주로 인구정책실에서 관할하고 있는데, 인구아동정책관과 보육정책관

1) 의료업무에 관한 행정

이 소관업무를 관장하게 된다. 인구아동정책관실에서 아동복지에 관한 기본계획의 수립과 조정에 관한 사항을 주요 업무로 한다. 구체적으로는 아동복지에 관한 종합계획의 수립과 시행, 아동복지시설 지원, 가정위탁, 입양, 학대 예방 및 보호 등 아동복지사업을 관할한다. 보육정책관실은 전문적인 영유아보육업무를 수행한다.

(2) 기타 관련 부처

아동복지와 관련된 중앙정부의 부처로는 여성가족부, 법무부, 교육부 그리고 고용노동부 등이 있다. 여성가족부 내 청소년 가족정책실에서는 청소년과 관련된 제반 업무 및 가족지원사업을 관할한다. 법무부의 경우 소년의 비행과 범죄에 관한 업무를 관장하고, 교육부에서는 특수아동에 관한 업무를 관할한다. 고용노동부의 경우 근로청소년에 관한 업무를 담당하고 있다. 이렇듯 아동과 관련된 업무관장기관이 보건복지부 외에 여성가족부, 교육부, 법무부, 고용노동부 등에 산재되어 부처간 통합적이고 유기적인 협력이 이루어지지 못하는 것이 중요한 문제로 제기되기도 한다.

(3) 지방정부

중앙정부의 아동복지사업에 의한 서비스 제공은 행정안전부의 조직을 통하여 이루어진다. 즉, 중앙정부, 시·도, 시·군·구의 단계를 거치게 되어 구체적인 서비스 제공은 읍·면·동사무소의 사회복지전담공무원과 민간의 아동복지시설에 의하여 전달되는 것이다.

(4) 아동복지시설

국가 또는 지방자치단체가 아동의 시설보호 조치 및 기타의 아동복지사업을 수행하기 위해 설치하는 시설이다. 또한 국가 또는 지방자치단체 이외의 자는 시장, 군수, 구청장에게 신고하여 설치할 수 있다. 「아동복지법」에서 규정하고 있는 아동복지시설은 생활시설과 이용시설로 분류할 수 있는데, 입소서비스를 제공하는 생활시설로는 아동양육시설, 아동일시보호시설, 아동보호치료시설, 자립지원시설, 공동생활가정이 있고, 이용시설로는 아동상담소, 아동전용시설, 지역아동센터가 해당된다.

(5) 아동보호전문기관

종전의 ‘아동학대 예방센터’로 「아동복지법」상 명칭과 달리 표현함으로써, 행정상 혼란을 방지하기 위해 법적 공식명칭인 ‘아동보호전문기관’으로 통일되었다. 소규모 아동학대 예방센터의 경우는 피해학대아동을 신속하게 보호하고자 지역 접근성을 고려하여 설치된 것으로 ‘지역아동보호전문기관’이라는 용어를 사용한다.

아동보호전문기관으로는 중앙에 설치된 중앙아동보호전문기관과 시·군·구의 지역아동보호전문기관이 있다. 중앙아동보호전문기관의 주요 업무는 전국 아동보호전문기관의 업무지원, 아동학대예방사업 정책 건의 및 홍보사업, 아동학대 관련 각종 연구 및 프로그램 개발 등이 있다. 지역아동보호전문기관은 아동학대 신고전화 운영을 통한 신고접수 및 현장조사, 응급보호 서비스 제공, 아동학대 피해아동 학대 행위자 상담, 교육 및 서비스 제공·연계, 아동학대 사례판정위원회 설치·운영 및 자체 사례회의 운영, 아동학대 예방교육 및 홍보 등의 업무를 관장한다(보건복지부, 2013).

(6) 아동정책조정위원회

「아동복지법」에 근거한 아동정책조정위원회는 아동정책을 총괄하고 그 이행을 평가하기 위하여 2004년 9월에 설치되었다. 주요 업무로는 아동정책 및 아동의 권리 증진 기본방향, 아동정책의 개선과 예산지원, 아동정책의 관련 부처 간 협조, 아동 관련 국제조약의 이행·평가·조정에 관한 사항 등이 있다. 위원장은 국무총리이며, 정부위원 및 민간위원 25인 이내로 구성된다.

(7) 가정위탁지원센터

가정위탁지원센터는 가정위탁사업의 홍보 및 위탁가정의 발굴, 가정위탁을 하고자 하는 가정 및 가정위탁 대상아동의 조사, 가정위탁 부모교육, 가정위탁을 하는 가정의 사후관리 등의 업무를 위하여 설치된 기관으로, 2012년부터 중앙가정위탁지원센터 1개소와 지역가정위탁지원센터 17개소가 설치·운영되고 있다.

(8) 지역아동센터

기본적으로 빈곤·위기·아동의 지역 내 보육을 실현하기 위하여 설치된 기관으로, 지역사회 안에서 아동의 권리보장과 안전한 보호 및 급식 지원으로 결식의 예방을 목표로 하고 있다. 지역아동센터는 이외에도 아동의 학습능력 향상과 학교 부적응 해소 등과 같은 교육적 기능과 아동의 심리·정서적 안정을 도모하는 정서적 지원의 기능 그리고 문화체험 및 다양한 문화경험의 장을 제공하는 문화서비스 제공의 기능을 수행한다.

(9) 아동복지 전문 인력

아동복지사업과 관련된 서비스는 실제적으로는 서비스 전달자에 의하여 실행된다고 볼 수 있다. 아동복지 서비스는 원칙상 그 제공 업무분야에 따라 전문가에 의해 실행되는 것이 원칙이다. 물론 아동복지 서비스가 그 특성에 따라 반드시 전문가가 해야 하는 것은 아니지만, 핵심적인 주요 업무는 반드시 전문가가 담당하는 것이 바람직하다. 아동복지 분야의 종사자는 전문성의 정도에 따라 전문가, 준전문가 그리고 비전문가로 구분된다. 전문가란 상식적으로 그 자격이 객관적으로 인정된 사람(국가 또는 전문 직업단체의 시험 또는 기타 자격심사에 의하여 자격증을 부여받은 사람)으로, 자신의 전문적 업무에 대한 권위와 자율적 결정권 및 책임성을 지니고 있는 사람을 의미한다(최성재·남기민, 2001).

「아동복지법」에 의하여 그 자격 조건이 규정되어 있는 아동복지 전문가는 아동위원과 아동복지시설 종사자, 아동보호전문기관 종사자가 있으며, 「영유아보육법」은 보육교직원 그리고 「입양촉진 및 절차에 관한 특례법」에서 입양기관의 아동상담원의 자격조건을 정하고 있다.

표 7-1 한국 사회복지행정조직

<table>
<tr><th colspan="3">구분</th><th>조직</th></tr>
<tr><td rowspan="5">공공
사회복지
행정조직</td><td rowspan="2">중앙정부의
사회복지행정조직</td><td>복지전담조직</td><td>보건복지부, 고용노동부, 교육부,
문화체육관광부, 국민연금관리공단,
근로복지공단, 국민건강보험공단 등</td></tr>
<tr><td>복지겸무조직</td><td>국토교통부, 국가보훈부 등</td></tr>
<tr><td rowspan="2">광역자치단체의
사회복지행정조직</td><td>복지전담조직</td><td>복지국, 여성정책관 등</td></tr>
<tr><td>복지담당부서</td><td>복지정책과, 여성정책담당관, 보육담당관,
청소년담당관, 저출산대책담당관,
보건정책담당관 등</td></tr>
<tr><td>기초자치단체의
사회복지행정조직</td><td>복지전담조직</td><td>주민생활국과 보건소 등</td></tr>
<tr><td colspan="2" rowspan="2">민간복지의 행정조직</td><td>전국적 단위</td><td>생활보장과, 가정복지과, 노인복지과, 환경과, 위생청소과, 보건행정과, 지역보건과 등</td></tr>
<tr><td>개별단위</td><td>법인과 시설 단위</td></tr>
</table>

표 7-2 아동복지시설 종사자의 자격기준

직종별	자격기준
아동복지 시설의 장	1. 「사회복지사업법」에 따른 사회복지사 2급 이상의 자격 취득 후 아동과 관련된 사회복지사업에 3년 이상 또는 사회복지사업에 5년 이상 종사한 경력이 있는 사람 2. 학대아동보호사업과 관련된 기관에서 3년 이상 근무한 경력이 있는 사람 3. 7급 이상 공무원으로서 국가나 지방자치단체에서 사회복지사업에 관한 행정업무에 5년 이상 종사한 경력이 있는 사람 4. 「의료법」에 따른 의사·한의사 또는 치과의사 면허 취득 후 3년 이상 진료 경력이 있는 사람 5. 「정신건강증진 및 정신질환자 복지서비스 지원에 관한 법률」에 따른 정신건강전문요원 자격 취득 후 사회복지사업에 5년 이상 종사한 경력이 있는 사람 6. 「영유아보육법」에 따른 보육교사 1급 자격 취득 후 사회복지사업에 5년 이상 종사한 경력이 있는 사람 7. 유치원, 초등학교 또는 중등학교 교사 자격증 취득 후 사회복지사업에 5년 이상 종사한 경력이 있는 사람 8. 직업훈련교사, 간호사, 영양사 자격 취득 후 사회복지사업에 5년 이상 종사한 경력이 있는 사람

직종별	자격기준
사무 국장	1. 「사회복지사업법」에 따른 사회복지사 2급 이상의 자격 취득 후 아동과 관련된 사회복지사업에 1년 이상 또는 사회복지사업에 3년 이상 종사한 경력이 있는 사람 2. 학대아동보호사업과 관련된 기관에서 1년 이상 근무한 경력이 있는 사람 3. 9급 이상 공무원으로서 국가나 지방자치단체에서 사회복지사업에 관한 행정업무에 3년 이상 종사한 경력이 있는 사람 4. 「정신건강증진 및 정신질환자 복지서비스 지원에 관한 법률」에 따른 정신건강전문요원 자격 취득 후 사회복지사업에 3년 이상 종사한 경력이 있는 사람 5. 「영유아보육법」에 따른 보육교사 1급 자격 취득 후 사회복지사업에 3년 이상 종사한 경력이 있는 사람 6. 유치원, 초등학교 또는 중등학교 교사 자격증 취득 후 사회복지사업에 3년 이상 종사한 경력이 있는 사람 7. 직업훈련교사, 간호사, 영양사 자격 취득 후 사회복지사업에 3년 이상 종사한 경력이 있는 사람
보육사	1. 「사회복지사업법」에 따른 사회복지사 3급 이상 자격이 있는 사람 2. 「영유아보육법」에 따른 보육교사 자격이 있는 사람 3. 유치원, 초등학교 또는 중등학교 교사 자격이 있는 사람
생활복지사 또는 상담지도원	1. 「사회복지사업법」에 따른 사회복지사 2급 이상 자격이 있는 사람 2. 유치원, 초등학교 또는 중등학교 교사 자격이 있는 사람 3. 「영유아보육법」에 따른 보육교사 1급 자격이 있는 사람
직업훈련 교사	1. 「국민 평생 직업능력 개발법」에 따른 직업능력개발훈련교사 자격이 있는 사람 2. 「학원의 설립·운영 및 과외교습에 관한 법률」에 따른 학원강사 자격이 있는 사람
임상심리 상담원	1. 「고등교육법」 제2조에 따른 학교, 「평생교육법」 제32조 또는 제33조에 따라 교육부장관의 인가를 받아 전문대학 또는 대학졸업자와 동등한 학력·학위가 인정되는 평생교육시설(이하 이 표에서 "대학 등"이라 한다)의 심리 관련 학과를 졸업한 사람 2. 「국가기술자격법 시행령」 제12조의2 제1항 및 별표 1에 따른 임상심리사 2급 이상의 자격이 있는 사람
자립지원 전담요원	1. 「국민 평생 직업능력 개발법」에 따른 직업능력개발훈련교사 자격이 있는 사람 2. 「사회복지사업법」에 따른 사회복지사 2급 이상의 자격이 있는 사람 3. 초등학교 또는 중등학교 교사 자격이 있는 사람 4. 대학 등 졸업자(법령에 따라 이와 같은 수준의 학력이 있다고 인정되는 사람을 포함한다)로서 아동복지 또는 사회복지 관련 학과를 졸업하고 1년 이상 아동복지 업무에 종사한 경력이 있는 사람

출처 : 법제처(2024). 아동복지법 시행령 별표 15.

또한 「아동복지법」에서 정하고 있는 아동위원은 지역사회 아동의 생활상태 및 가정환경을 파악하고 아동복지에 관하여 필요한 원조와 지도를 행하기 위한 일종의 명예직 또는 자원봉사직으로, 전문 인력으로 보기에는 어렵다. 「청소년기본법」

에서는 청소년지도사와 청소년육성전담공무원, 청소년상담사와 같은 청소년복지 관련 전문 인력의 자격기준을 정하고 있다.

2) 민간 아동복지전달체계

민간 전달체계는 비영리조직이나 법인, 종교단체 등이 운영하는 기관으로서 국가로부터 보조금을 지원받아 운영하고 있으며, 행정기관의 지도·감독을 받아 서비스를 전달하고 있다. 대부분의 기관들은 국가로부터 보조금을 지원받아 운영하고 있으며, 행정기관의 지도·감독을 받으며 아래 서비스를 제공하고 있다.

아동복지의 민간 전달체계로는 **표 7-3**과 같이 아동복지시설(생활시설, 이용시설), 보육시설, 아동보호전문기관, 입양기관, 가정위탁지원센터, 실종아동전문기관 등이 있으며, 이 기관들은 각 영역에서 전문적인 아동서비스를 제공하고 있다. 한편, 지역의 종합사회복지관에서도 아동 및 가족복지 서비스를 제공하고 있다.

표 7-3 아동복지 민간조직

아동복지 민간조직		시설의 종류/내용
아동복지시설	생활시설	아동양육시설, 아동일시보호시설, 아동보호치료시설, 지립지원시설, 공동생활가정
	이용시설	아동상담소, 아동전용시설, 지역아동센터
보육시설		국공립 어린이집, 사회복지법인 어린이집, 법인·단체 등 어린이집, 직장 어린이집, 가정 어린이집, 부모협동 어린이집, 민간 어린이집
아동보호전문기관		중앙아동보호전문기관, 지방아동보호전문기관(시·도 또는 소규모 단위)
입양기관		국외입양기관, 국내입양기관
가정위탁지원센터		중앙가정위탁지원센터, 지방가정위탁지원센터(시·도 또는 소규모 단위)
실종아동전문기관		실종아동전문기관(어린이재단 위탁운영)

출처 : 오정수·정익중(2016). p. 248.

3. 아동권리 및 복지 관련 정책의 과제

아동권리를 존중한 복지정책이 시행되기 위해서는 아동권리교육을 비롯한 장기적인 아동복지정책, 취약계층아동에 대한 보호, 아동복지 예산의 확충 등이 요구된다. 따라서 이와 관련된 구체적인 과제를 제시하면 다음과 같다.

첫째, 아동권리에 대한 교육이 국민을 대상으로 확대 실시되어야 한다. 모든 아동은 건강하게 출생하여 행복하고 안전한 환경에서 자라날 권리가 있으며, 학대와 방임으로부터 보호를 받아야 한다. 그러므로 모든 활동에서 이행할 수 있도록 아동권리에 대한 교육이 체계적으로 시행되어야 한다. 아동인구의 감소는 생산가능인구의 부족으로 이어지고, 노인인구 부양에 따른 부담 등 지속 가능한 사회의 성장을 위협하고 있다. 이러한 현상과는 별개로 한국 사회에서 아동은 가장 소외받는 대상으로 정책의 우선순위에서 밀려나고 있다.

유엔아동권리협약에 비준한 나라로서 아동은 모든 위해환경으로부터 안전하게 보호되어야 하며, 연속적이며 안정된 가족 안에서 양육되어야 하는 대상임을 기억하고 아동의 권리를 보장하고 이행될 수 있도록 법에 명시된 '아동정책조정위원회'와 '아동권리 모니터링센터'가 제 역할을 할 수 있어야 한다.

둘째, 전체 아동을 대상으로 하는 보편적이고 장기적인 아동복지정책이 요구된다. 1961년 「아동복리법」에서는 취약계층아동, 요보호아동을 대상으로 선별주의적인 아동보호정책이 운영되었다. 그러나 2000년 이후 아동의 권리에 대한 관점이 확장되면서 일반아동을 대상으로 한 보편적 복지정책이 점차 확대되어 가고 있다. 요보호아동을 대상으로 하는 정책은 사후적이고 치료적이며, 서비스를 받는 요보호아동은 낙인(stigma)과 오명(labeling)에서 자유롭지 못하다. 모든 아동을 대상으로 하는 정책은 아동의 기본적 역량 강화를 향상시킬 수 있으며 예방적 성격을 갖는다.

우리나라의 경우, 선별적 아동복지정책에서 보편적 아동복지정책으로 확장의 길을 걷고 있다. 보건복지부는 2018년부터 아동수당을 지급하고 있는데, 이 정책이 안정적으로 정착되어 앞으로 아동빈곤을 예방하고, 아동이 균등한 기회를 보장받으며 성장할 수 있는 출발점이 되기를 기대해 본다. 이와 함께 아동의 삶의 질 향상을 위해서는 가족을 원조하는 것이 효과적이므로, 다양한 가족형태를 인정하고 가족의 전체성에 초점을 두는 가족친화적 정책의 확대도 함께 고려되어야 한다.

셋째, 취약계층아동에 대한 아동보호체계의 개선이 필요하다. 전체 아동을 대상으로 한 정책과 함께 취약계층아동을 위한 안전망과 보호체계 정책에도 관심을 가져야 한다. 현재 운영되고 있는 아동보호체계는 공공성이 결여되고, 전달체계의 분절화로 아동보호의 전 과정이 체계적이고 전문적이지 못한 상황이다. 이를 위해 아동보호체계에 공공성을 강화하여 국가가 책임지고 아동보호의 기능을 수행할 수 있도록 시스템이 구축되어야 한다.

넷째, 아동복지 예산의 확충이 요청된다. 앞서 제시한 아동권리에 대한 교육과 보편적 복지정책, 아동보호체계의 개선 등이 이루어지기 위해서는 아동복지 예산이 확충되어야 한다. 지금까지 아동은 주변적인 존재로 간주되어 아동에 대한 사회적 투자가 부족했던 것이 사실이다. 김유경 등(2016: 75)은 우리나라 아동복지 공공부문 예산은 보육을 제외한 전체 GDP 대비 0.1%에 불과하며, 심지어 아동학대 예방 예산은 보건복지부 예산 항목으로 편성되지 못하고 '범죄피해자보호기금'과 '복권기금'에서 충당되고 있음을 지적하고 있다. 미래의 주인공인 아동을 위한 지원은 지속 가능한 사회를 위해 반드시 필요한 것임을 인식하고 의도적이고 전략적인 예산계획을 수립해 나가야 한다.

4. 아동권리 및 복지 관련 행정의 과제

아동의 권리가 보호되는 정책을 실행하기 위해서는 적절한 행정지원이 밑바탕이 되어야 한다. 아동의 복지를 위한 서비스가 체계성을 갖추고 시행될 수 있도록 하기 위한 행정적 과제를 살펴보면 다음과 같다.

첫째, 아동복지 서비스 전달체계의 중심축이 필요하다, 취약계층아동을 위한 다양한 기관, 즉 양육시설, 아동보호센터, 아동학대예방센터, 가정위탁지원센터, 입양기관 등에서는 전문 인력을 갖추고 각 기관의 업무 매뉴얼과 지침에 따라 서비스를 제공하고 있다. 그러나 통일된 접수창구의 부재와 다양한 전달체계들이 연계 없이 나열되어 있으므로, 시·도 단위에 접수된 사례가 전문기관에 의뢰되기까지는 시간이 많이 소요된다. 또한 사례에 적합한 기관에 신속히 연결하지 못하여 여러 기관을 거쳐 가까스로 서비스를 받게 되는 경우도 있다.

따라서 시·도 단위에서 아동복지전달체계의 중심축으로서 보호대상아동에 대한 초기의 접수신청과 진단이 통합적으로 이루어질 수 있도록 하며, 기존의 아동복지 전달체계와 새롭게 형성되고 있는 아동복지전달체계가 상호 간에 협력과 연계체계를 수행할 수 있도록 중심축을 형성하는 것이 필요하다(오정수·정익중, 2016: 249).

둘째, 아동보호체계의 공공성이 확보되어야 한다. 취약계층아동의 보호체계를 개선하기 위해서는 아동보호체계의 공공성 확보가 우선되어야 한다. 학대피해아동, 입양, 가정위탁, 그룹홈 등 위기아동을 위한 사회적 보호시스템에서 공공성의 결여로 인해 위기아동에 대한 신속한 조치와 이들을 위한 질 높은 서비스 제공을 기대하기는 어렵다. 아동을 안전하게 보호하고 아동의 권리를 보장할 수 있도록 사법기관과의 협력체계를 구축하고, 아동보호에 있어서는 국가의 공공성을 적극적으로 강화해야 할 것이다.

셋째, 아동지원체계의 강화를 위해 아동복지 담당공무원의 전문성이 확보되어야 한다. 아동복지 담당공무원이 자주 변경되어 민간 아동복지전달체계 기관에서는 신속하게 서비스를 제공하거나 전문적인 서비스 확장에 어려움을 겪기도 한다. 다양한 민간 아동복지전달체계는 행정기관의 지도·감독을 받고 있으므로 담당공무원의 가치와 철학, 그리고 전문성은 매우 중요하다. 이를 위해 담당공무원에 대한 지속적인 재교육과 아동복지 담당공무원의 충원도 고려되어야 한다.

넷째, 생애주기의 변화에 대응하도록 아동복지 서비스가 통합·운영될 필요가 있다. 우리나라의 경우, 아동복지 서비스 전달체계의 주무부처는 보건복지부이며, 청소년복지는 여성가족부를 중심으로 하고 있다. 아동 및 청소년 복지와 관련하여 주무부처 외에도 교육부, 법무부, 고용노동부 등 다양한 부처에서 관련된 아동복지사업을 운영하고 있다. 예를 들면, 아동·청소년이 학교 내에 있을 때에는 교육부의 서비스 대상이지만, 부모로부터 떨어져 나왔을 때는 보건복지부에서, 학교 밖으로 밀려났을 때는 여성가족부에서 제공하는 서비스를 받게 된다. 아동의 생애주기는 연속되는 과정이므로 연령이나 상황에 따라 분절적으로 서비스가 지원되는 것이 아니라, 아동보호서비스와 청소년보호서비스가 통합되어 아동의 변화에 신속하게 제공되어야 할 것이다.

5. 아동권리와 복지 실천방법

1) 아동복지실천의 이해

(1) 아동복지실천의 개념

아동복지실천이란 아동과 가족 및 관련된 집단을 대상으로 아동의 문제해결과 환경을 변화시키기 위해 개입하는 과정을 의미한다. 아동복지실천에서는 사회복지 실천의 핵심가치에 따라 아동의 존엄성과 권익옹호를 추구하며, 윤리적 원칙을 준수한다.

아동복지실천 방법은 개별적·집단적·지역사회복지적 개입으로 이루어진다. 아동문제를 해결하기 위해 개입하는 사회복지사는 전문성을 갖추어야 하며 부모, 학교 및 지역사회와 협력하고 자원 연계와 활용을 실행할 수 있어야 한다.

(2) 아동복지실천 대상자로서의 아동의 특성

실천 대상자로서 아동의 독특한 특성을 파악하는 것은 아동복지실천 과정에서 매우 중요하다. 아동복지실천에서 고려해야 할 아동의 특성은 다음과 같다.

첫째, 아동은 발달과정 중에 있다. 아동기는 일생 중 가장 급격한 속도로 발달하며, 영아기부터 유아기, 아동기의 단계별로 발달과업을 수행하며 성장한다. 따라서 사회복지사는 아동의 특정한 행동이 발달과정상의 특성인지 병리적인 일탈이나 충족되지 못한 욕구를 채우기 위한 표현인지 여부를 파악할 수 있어야 한다. 발달과정 중에 있으므로 아동은 자신의 욕구충족을 위해 전적으로 부모에게 의존하거나 외부환경의 도움에 의지할 수밖에 없다. 아동의 성장과 발달을 위해서는 안전한 가정과 체계적인 지역사회의 안전망이 구축되어야 한다.

둘째, 아동은 비언어적 행동으로 의사소통을 한다. 인지적 발달이 진행 중인 아동은 풍성한 어휘력과 단어 사용에 어려움이 있기 때문에 비언어적 행동, 즉 표정이나 행동으로 의사소통을 하는 경향이 있다. 비언어적인 특성에도 많은 메시지를 담고 있으므로 아동의 행동에 주목하고 아동이 사용하는 단어를 활용하여 접근하는 태도가 필요하다.

셋째, 아동은 부모에게 의존적이다. 아동은 안정된 가정에서 자랄 권리가 있으며 부모의 돌봄과 양육을 필요로 한다. 아동에게 부모는 온 우주이며 절대적인 존재이므로 아동은 부모에게 의존할 수밖에 없다. 아동의 성격과 행동은 부모의 양육태도와 성장배경, 자녀와의 관계 등에 의해 영향을 받으므로 아동의 문제를 파악할 경우에는 반드시 부모와 가족의 역동과 상황을 파악해야 하며, 개입할 경우에도 부모와 가족이 어떻게 도울 수 있을지를 함께 논의하며 변화의 협력체계를 구성한다.

넷째, 아동은 비자발적인 클라이언트일 경우가 많다. 부모나 교사 등에 의해 지적을 받거나 비난을 받았던 문제행동 때문에 기관을 방문하므로 대부분의 아동은 비자발적이며 치료에 저항하기 쉽다. 따라서 사회복지사는 아동이 어려움을 겪고 있는 문제에 대해 지적했던 어른과 비슷한 태도를 지니기보다 아동의 입장에서 그럴 수밖에 없었던 상황을 이해하는 태도가 필요하다. 또한 아동의 저항이나 비자발적 태도에 대해 충분히 수용하고, 아동의 흥미와 동기를 유발할 수 있도록 노력해야 한다.

2) 아동복지의 실천 원칙

아동의 건전한 성장과 발달을 위해서는 다양한 사회정책과 직접적인 서비스가 필요하다. 아동을 대상으로 한 정책과 복지 서비스를 펼칠 때는 아동권리협약의 주요 원칙으로 권리와 책임의 원칙, 보편성과 선별성의 원칙, 개발적 기능의 원칙, 포괄성과 전문성의 원칙 등이 있다(장인협·오정수, 2001).

(1) 권리와 책임의 원칙

아동복지에 있어 권리와 책임의 원칙은 아동, 부모, 국가(사회) 3자 모두의 권리와 책임을 의미하며, 이들 3자 간의 권리와 책임 간의 조화를 의미한다. 즉, 권리와 책임이란 아동, 부모, 국가 간 조화를 통해 실현되어야 하는 아동복지의 중요한 원칙이다.

아동은 부모와 상관없이 한 인간으로서 독자적인 권리를 가지고 태어났으며, 생존하고 발달하기 위해서 의식주를 제공받고, 건강하고 위생적인 삶을 누리며, 교육적이고 문화적인 생활을 할 권리를 가지고 있다. 아동은 성인의 기대를 충족시켜야 하며, 자발적 활동이나 계획 등에 책임 있게 참여하여 자신들의 발전의 기회로 삼아야 한다. 부모는 아동의 보호·육성을 위한 일차적 권리와 책임을 가지고 재정적 지원, 신체적 보호, 정서적 지도 및 기타 부모의 의무를 수행해야 한다. 사회는 부모를 다스릴 규정을 설정하고, 아동을 고용하는 기업주들에 대한 규정을 부과하고, 아동복지 대책 개발을 위한 법을 개정하고, 아동을 위한 복지시설을 설치하고, 적절한 재원을 공급해야 한다. 사회와 국가는 의무교육을 통해서 아동의 교육권을 보장하고, 통제력을 행사하여 아동에게 술과 담배를 파는 행위를 금지하는 등 유해환경으로부터 아동을 보호해야 한다.

(2) 보편성과 선별성의 원칙

사회복지사업이 일반아동을 위해 적용됨과 동시에 특수한 요구나 문제를 가진 아동에게 적절히 적용되어야 한다. 다시 말하면, 보편성이란 전체 아동을 대상으로, 즉 성별이나 부모의 사회계층적 지위에 관계없이 동등한 수준에서 예방적 서비스를 목적으로 사회가 책임을 지고 여러 가지 복지조치를 제도적으로 실시하는 것을 말한다. 아동복지대책에서 보편주의 원칙을 적용하는 것은 아동의 성별이나 부모의 사회계층적 지위 등에 상관없이 모든 아동에게 급여나 서비스를 제공하는 것을 말한다. 선별성이란 요구가 있는 아동을 대상으로 치료적 서비스를 목적으로 사회가 책임을 지고 문제를 문제별로 분류하여 적절히 대처해 나가는 것이다. 선별성의 원칙에 의한 급여와 서비스는 그 성격에 있어 일시적·보충적·잔여적 성격이 강하다. 부모가 양육책임을 다하기 어렵거나 거의 불가능한 경우로서 요보호아동이 그 대상이 된다.

(3) 개발적 기능의 원칙

과거의 복지지향적 체계에서 개발지향적 체계로 전환·적용해야 한다. 보다 적극적이고 예방적이며 의도적으로 변화를 가져올 수 있는 개발적 기능이 아동을 위해 수행되어야 한다. 개발적 기능의 원칙이란 아동이 지니고 있는 능력을 최대한 개발하기 위한 것으로, 아동은 사회적 자립과 동시에 사회에 기여할 존재라는 점이다. 특히 모든 아동이 이 원칙이 적용되는 대상인데, 아동발달성의 편차가 심한 장애아동과 우수아동, 빈곤아동이 주요 대상이 될 수 있다.

(4) 포괄성과 전문성의 원칙

포괄성의 원칙으로 아동은 하나의 인격과 삶을 지닌 인간으로서, 그와 관련된 모든 측면이 상호보완되는 가운데 여러 서비스를 종합적으로 마련해 주어야 한다. 어느 한 측면만을 충족한다고 해서 아동의 복지적 목표가 달성될 수는 없다. 아동복지의 기본전제인 건강한 가정생활, 경제적 안정, 교육·보건·노동·오락 및 특수보호 등에 대한 프로그램이나 서비스가 포괄적으로 제공되어야 한다.

전문성의 원칙은 아동복지사업의 성과를 좌우하는 중요한 방향으로, 아동들의 건전한 성장과 발달을 위해서는 이들을 위한 전문적 인력과 아울러 전문기구가 마련되어야 한다는 원칙이다. 최근 심각한 사회문제가 되고 있는 아동학대의 경우, 부모의 문제뿐 아니라 아동의 정서문제가 함께 복잡하게 얽혀 있어 단순한 격리나 분리만으로는 문제해결이 되지 않으므로, 전문적인 접근이 필요하다.

3) 아동복지실천의 접근방법

(1) 개별대상 아동권리와 복지실천

아동복지 서비스는 아동 및 그 부모 혹은 아동과 관계하는 자로부터의 소개로 아동과 만나게 된다.

① 정의

클라이언트와의 일대일 관계 속에서 이루어지는 직접 실천이다. 개별 문제에 초점을 두고 이를 해결하기 위한 클라이언트와 사회복지사와의 전문적 관계를 도구로 활용한다. 다양한 모델과 개입방법을 활용하여 개인의 적응과 변화 또는 개인과 환경과의 상호작용을 변화시키기 위한 노력이다. 즉, 개별아동복지실천은 아동이 갖는 문제에 초점을 두고, 아동의 적응과 변화 또는 아동과 환경과의 상호작용을 변화시키기 위한 노력이다.

② 과정

가. 초기단계

초기단계는 아동이 직접 심리적 문제를 요청하는 경우는 없으며 부모나 교사의 전화나 방문으로 시작된다. 이 시기의 가장 중요한 과업은 우선적으로 클라이언트의 문제나 욕구를 확인한다. 아동의 문제와 상황에 대한 진실한 관심과 욕구와 현존한 문제의 긴급함을 사정하고, 위기 혹은 비상상황에 주목한다. 경우에 따라 아동이 저항을 나타낼 수도 있는데, 사회복지사로부터 이해와 지지를 느끼고 변화를 이룰 가능성에 대한 희망을 느낀다면 아동은 작은 변화를 시도한다.

다른 경로는 아동의 문제와 욕구를 충족시킬 수 있는 서비스를 제공할 수 있는 전문가, 기관, 프로그램에 아동을 연결하는 것이다. 지역사회 자원, 서비스, 기회를 연결하는 것은 매우 중요한 사회복지활동이다. 초기 접촉에서 서비스 내용이 기관의 목적이나 기능에 부합하는지를 검토한다.

나. 사정과 계획

자료수집과 사정은 개입과 문제해결 노력에서 주요한 요소이다. 자료수집은 정보수집이며, 사정은 정보를 해석하고 자료로부터 추론하는 지적인 활동이다. 사정은 자료에 기초하여 이루어진다. 두 가지 활동은 초기에 집중적으로 이루어지지만 원조과정 내내 지속된다.

자료수집은 직접 질문, 간접적 투사적 질문, 관찰, 자기관찰, 보관기록을 활용한다. 발달력, 생활력, 현재 발달상태 및 기능수행 정도, 가족 구성원에 대한 정보, 가족의 역동성, 가족문화 등을 조사한다. 또한 학교, 이웃, 기관과 같은 아동과 가족의 주변 사회적 지지망을 조사한다. 이때 인터뷰, 놀이활동, 가족치료의 기법을 활용하여 조사한다.

사정은 클라이언트의 관심과 상황을 이해하고 활동계획을 개발하기 위한 활동이다.

계획을 세운 후에는 개입에서 역점을 두어야 할 문제나 관심사, 개입의 목표나 기대되는 결과, 개입과정 동안 사회복지사가 취해야 할 행동에 주의하고 시간계획을 한다. 계획단계에서는 문제에 관한 상호이해를 통해 문제를 구체화, 목표설정, 효과적 접근방법 개발, 단계적 행동방법 구상, 평가계획을 세운다.

전문적 관계의 특성은 목적지향적, 시간제한적, 클라이언트 중심적이며 아동은 자유롭게 사고나 감정을 표현할 권리가 있다. 또한 이 단계에서는 비밀유지의 원칙에 대해 설명하고 약속한다.

다. 개입

개입방법은 아동의 상태에 따라 심리치료모델, 행동수정모델, 클라이언트 중심 혹은 아동 중심 모델, 놀이치료, 정신역동아동치료, 인지행동아동치료 등 다양하다.

라. 평가와 종결

프로그램 활동이 목표성취를 어느 정도 촉진시키고, 얼마만큼 도움을 주는지에 대해 검토하는 평가과정이 필요하다. 평가결과를 바탕으로 개입을 종결하는 시기를 결정해야 한다.

종결단계는 아동과 가족이 초기단계에서 제시하였던 문제가 해결되거나 상담목표를 달성하여 실천과정을 마무리하는 단계이다. 종결시기는 아동과 가족이 초기단계에서 호소하였던 어려움 또는 제시하였던 문제가 해결되었을 경우, 최종단계로서 적절한 시점에서 회기를 종결하는 것이 필요하다.

③ 아동권리 복지실천에서의 고려사항

개별실천이 효과적인 경우는 아동의 불안이 심할 때, 아동이 부모에 의한 방임, 학대, 유기, 자아존중감을 저하시키는 장애가 있을 때이다.

집단실천이 효과적인 경우는 상호원조 치료를 시행하며, 상담집단은 공통적인 문제나 경험을 가진 아동에게 안전한 사회적 경험과 정서적 표현을 격려하는 양육환경을 제공한다.

(2) 집단대상 아동권리와 복지실천

집단은 적게는 4~5명에서 수십 명에 이르는 아동 또는 부모집단을 대상으로 다양한 프로그램을 통해 도움을 제공하는 방법이다. 집단실천이란 전문가에 의한 의도적 집단과정과 경험을 통해 개인의 사회적 기능수행을 향상시키며 개인, 집단, 지역사회의 당면한 문제를 더욱 효과적으로 대처해 나갈 수 있도록 하는 것이다.

집단실천에는 집단사회사업, 집단치료의 두 종류가 있다. 집단사회사업이란 치료에 주 목적이 있는 것이 아니라 개인의 사회화 촉진, 정보교환, 문제 대처방법의 교환, 잘못된 행동, 가치 등의 교정에 중점을 둔다. 집단치료는 정서적 문제, 행동문제, 대인관계상의 문제 등 비슷한 문제를 갖고 집단에 참여하여 집단 내에서의 상호작용 가운데 문제를 해결한다. 아동대상 집단에는 지지집단, 교육집단, 성장집단, 치료집단, 사회화집단이 있다.

① 지지집단(support group)

구성원이 스트레스를 주는 생활상의 사건을 잘 대처하고 효과적으로 적응할 수 있도록 원조하는 집단으로 클라이언트들은 대개 유사한 문제나 경험을 갖고 있다. 지지집단은 다른 형태의 집단에 비해 유대가 빨리 형성되는 것이 특징이다. 이혼부부 자녀집단 등이 이에 속한다.

② 교육집단(educational group)

구성원의 지식, 정보, 기술의 향상이 주 목적이다. 학습에 대한 공통 관심사를 가진 사람으로 구성된다. 성교육 청소년집단, 소아당뇨·특정 질환 아동에 대한 식이요법 훈련집단이 있다.

③ 성장집단(growth group)

자신과 타인에 대해 생각, 감정, 행동을 인식, 확장, 변화시키는 기회를 통해 자신의 잠재력을 최대한 발휘하도록 하는 데 목적이 있다. 심리사회적 건강 향상이 목적이다.

④ 치료집단(therapy group)

구성원의 행동변화, 개인적인 문제의 개선 또는 상실된 기능의 회복을 원조한다. 약물중독 치료집단, 보호관찰 처분 받은 청소년집단 등이 있다.

⑤ 사회화집단(socialization group)

사회적 관계에 어려움을 가진 클라이언트를 중심으로 사회생활에서 효과적으로 기능하기 위해 필요한 사회기술을 학습하거나 사회적으로 받아들여지는 행동 형태를 배우는 것이다. 공격적 아동집단, 치료센터에 입소하는 아동의 주별 모임집단, 스카우트 활동집단이 있다(표 7-4 참조).

표 7-4 집단의 종류

구분	교육 및 지도 중심집단	성장 및 훈련 중심집단	상담 및 치료 중심집단
목적	정보제공과 학습을 통한 지식 증가	집단 구성원의 잠재력 개발 및 대인관계 경험, 정서적 성장, 자아인식, 통찰의 증진	집단 구성원의 성격 및 행동변화, 문제해결, 이상행동의 수정, 교정, 재활
방법	강연, 토론, 직접 경험	소집단 대화 훈련, 상호작용, 역할놀이	집단상담 및 치료
대상	일반아동	일반아동 상담 및 치료대상아동	적응문제, 이상행동 등의 문제를 가진 아동

(3) 지역사회 중심 아동권리와 복지실천

지역사회복지는 중앙정부의 복지정책과 기능의 일부 또는 전체가 지방자치단체로 이관됨에 따라 지역사회를 단위로 하는 새로운 개념의 복지가 시작되었다.

지역사회 아동복지가 성공적이기 위해서는 한 지역사회 내 아동과 부모, 가족, 지역사회 전체의 아동복지에 관련된 욕구 혹은 문제를 정확하게 파악하고 있어야 하며, 지역사회가 지닌 특성에 관한 전반적인 이해가 있어야 한다.

지역사회 중심의 아동복지실천이란 지역사회가 지닌 아동 관련 문제 및 욕구 등을 예방하고 해결하기 위하여 지역사회의 지역아동복지 관련 전문가와 지역주민에 의해 이루어지는 지역아동복지정책 및 서비스를 포함한 노력의 총체이다.

지역사회 중심의 아동복지가 실천되는 분야는 다음 네 가지 기준에 의한다. 지역사회아동복지를 위한 지방자치단체, 지역사회기관의 정책 중심의 지역아동복지, 각종 위원회와 협의회를 통한 지역아동복지, 모금(재정지원)을 통한 지역아동복지, 직접적 서비스를 제공하는 서비스 기관을 통한 지역아동복지이다.

4) 치료개입

(1) 아동에 대한 개입

① 놀이치료

놀이치료란 훈련받은 치료자가 사회정서적인 어려움이나 발달상의 문제를 가진 아동을 대상으로 놀이의 심리적 치유의 힘을 활용하는 심리치료이다(정문자 외, 2016: 277). 아동상담에서 아동에게 적합한 매체를 활용하는 것이 필요한데, 놀이는 아동의 감정과 욕구, 경험, 생각 등을 자연스럽게 표현할 수 있는 수단이 되므로 치료적으로 접근할 수 있다.

놀이치료실은 아동에게 안전하고 편안하며, 자신을 표현하기에 허용적인 공간으로 편안하게 느낄 수 있는 공간이 되어야 한다.

놀이치료 과정에서 놀이치료자는 아동에게 반응하는 치료자 역할과 함께 다양한 환경에서 상호작용하는 아동의 경험이 잘 드러날 수 있도록 안내하고 개입해야 한다. 놀이치료에서 아동의 놀이는 상담과정 중 언어에 해당하며, 놀이에 사용되는 놀잇감이나 도구는 단어에 해당되므로(Landerth, 1991), 아동의 생각과 감정, 그리고 욕구 등이 잘 표현될 수 있는 도구를 제공한다.

② 미술치료

미술치료는 미술활동을 통하여 개인의 내면적 갈등을 해결하고 자아성장을 돕는 심리치료이다(정문자 외, 2016: 337). 미술치료는 미술활동이라는 비언어적 표현활동을 통하여 내면의 소망, 부정적인 정서와 공격성, 충동 등을 표현하고 경험할 수 있으므로, 자신의 욕구와 감정 등 내면세계를 충분히 표현할 수 없는 유아나 아동에서부터 노인에 이르기까지 유용하게 활용되고 있다.

미술치료 과정은 평가, 치료, 종결단계로 구분된다(문준혁 외, 2014: 253). 평가단계에서는 심리검사와 함께 집-나무-사람 검사(HTP, House-Tree-Person), 동적가족화(KFD, Kinetic Family Drawing) 등 투사검사를 실시하여 아동의 문제와 발달상태를 평가하여 목표를 설정한다. 치료단계에서는 아동의 발달수준과 문제유형 성격 특성을 고려하여 재료를 제시하며 미술치료를 진행한다. 아동의 문제가 해결되었다고 판단되면 심리검사를 재실시하여 변화 정도를 측정하고 종결을 준비한다. 종결 시점은 아동과 보호자, 치료자가 협의하여 결정하며 치료단계의 매 회기는 도입-활동-토론 순서로 진행한다.

(2) 가족에 대한 개입

가족은 아동을 돌보며 욕구를 충족시키는 중요한 환경이므로 아동에 대한 실천과정에서 가족개입은 필수적이다. 가족은 하나의 체계로서 정서적 결합이 매우 중요하다. 아동은 부모와 지내면서 신체·인지·정서발달 등 전 영역에 영향을 받으면서 성장하는데, 문제행동 역시 가족과의 관계 또는 부모의 양육태도와 관련이 있으므로 가족에 대한 개입은 중요하게 고려되어야 한다.

가족에 대한 개입에는 대표적으로 가족상담, 부모상담, 부모교육이 있다. 가족상담은 가족이 원활하게 기능하도록 돕는 것을 목표로 문제행동을 하는 아동과 다른 가족 사이의 역기능적인 상호작용 패턴을 변화하도록 돕는다. 최근에는 문제보다 가족의 강점이나 건강한 부분에 초점을 맞추어 개입하고 있다.

부모상담은 부모역할 수행에 도움을 줄 수 있는 정보와 조언을 제공하여 문제해결을 위해 함께 조력하는 과정이며(강영식 외, 2016: 93), 사회복지사는 아동문제에 대한 가족의 영향을 파악하기 위해 체계로서의 가족의 기능과 역동을 이해하고 있어야 한다.

(3) 사례관리 개입

최근 사회복지실천의 방향은 효과적인 서비스 전달방법으로 평가되는 사례관리에 초점을 두고 있다. 사례관리는 복합적인 욕구를 가진 대상자와 가족의 사회적 기능회복을 위해 체계적인 사정과 지역사회의 다양한 자원을 활용하여 지속적이고 효과적인 서비스를 제공하는 통합적 실천방법이다. 2000년대부터 민간영역뿐 아니라 공공영역에서도 중요한 사업으로 진행되고 있으며, 구체적인 사회복지사의 직무가 매뉴얼화되고 있다.

포괄적이며 맞춤형 서비스를 제공하는 사례관리는 급격하게 변화하는 사회변화로 인하여, 경제적·정서적 어려움 등 복합적인 욕구를 가진 아동과 가족의 안전한 보호와 사회적 기능 향상을 위해 필요하다. 사례관리는 아동의 발달단계와 수준,

아동의 문제영역에 적합한 서비스가 제공되고 조기개입이 실행될 경우, 더 큰 문제를 예방하고 아동을 안전하고 건강하게 보호할 수 있는 실천방법이라 할 수 있다.

우리나라에서 아동을 대상으로 사례관리를 실천하는 기관들이 점차 증가하고 있다. 취약계층아동에게 맞춤형 통합서비스를 제공하는 '드림스타트'와 빈곤아동의 교육격차를 해소하고 문화·복지 수준을 향상시키기 위한 '교육복지우선지원사업'에서는 사례관리가 핵심사업으로 운영되고 있다. 지역아동의 건전 육성을 위하여 종합적인 아동복지 서비스를 제공하는 역할을 수행하는 '지역아동센터'와 지역사회 문제를 예방하고 해결하는 '지역사회종합복지관'에서도 아동과 그 가족을 위한 사례관리가 효율적으로 운영되고 있다. 최근 시·군·구에 희망복지지원단이 설치되어 체계적인 관리와 지원체계를 토대로 통합사례관리를 시행하고 있다.

아동사례관리를 위한 실천전략으로는 첫째, 아동에게 우선적으로 초점을 두고 가족 중심의 개입을 실천해야 한다. 둘째, 아동 및 그의 가족들과 협력적인 관계를 형성하여 신뢰를 바탕으로 한 전문적 개입이 실행되어야 한다. 셋째, 아동을 둘러싼 환경과 상호작용을 고려하여 필요한 기관과 협력해야 한다. 넷째, 아동의 특성을 고려하고 아동의 발달과정을 이해하여 개입해야 한다.

PART 02

아동권리와 복지의 실천

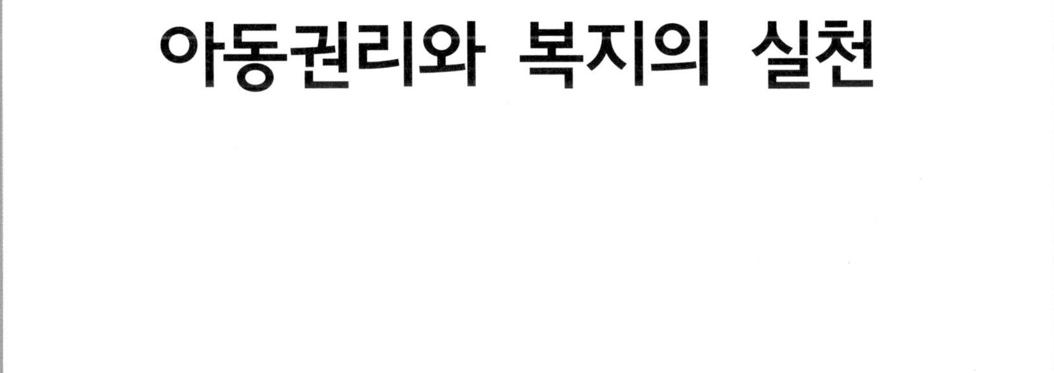

Chapter

08

빈곤아동

1. 빈곤의 개념

빈곤이란 일반적으로 금전적인 결핍상태를 말한다. 빈곤문제를 접근하는 데 있어서 전통적으로 사용되는 방법은 크게 절대적 빈곤과 상대적 빈곤으로 나눌 수 있다.

1) 절대적 빈곤

절대적 빈곤이란 한 사회에서 최소한의 생계를 유지하기 위해 필요한 재화와 서비스를 구입하는 데 소득수준이 미치지 못하는 경우를 말한다. 우리나라에서는 가구 총소득이 국민기초생활보장제도에서 사용하는 최저생계비에 미치지 못하는 계층을 절대 빈곤층, 즉 극빈층이라 한다.

2) 상대적 빈곤

상대적 빈곤이란 그 사회의 평균소득 수준과 대비하여 상대적으로 소득이 낮은 계층을 정의하는 것으로, 보통 가구 총소득이 중위층 평균소득의 40~50% 이하에 속하는 계층을 상대적 빈곤층이라 한다. 또한 가구 총소득이 중위소득의 50~70%에 속하는 계층은 상대적 빈곤 차상위 계층이라 하기도 한다.

3) 주관적 빈곤

주관적 빈곤이란 자신이 생각하기에 충분히 갖고 있지 않다고 느끼는 상태를 기준으로 판정하는 것으로 절대적 빈곤이나 상대적 빈곤과는 다른 의미를 갖는다.

절대적 빈곤과 상대적 빈곤은 그것들이 '통계적'이거나 '정치적'으로 결정되는 제3자의 판단 도구에 의해 수준이 정해지는 반면 주관적 빈곤은 각자 개인이 빈곤으로 간주하는 수준에서 결정된다. 빈곤은 결국 개인들의 안녕과 관련되는 문제이기 때문에 개인의 주관적인 판단이라는 측면도 무시할 수 없으며, 어떤 의미에서는 전술한 객관적인 기준보다 빈곤을 정의하는 데 더 중요할 수 있다(김호년 외, 2014).

이러한 주관적 빈곤을 활용하면 자신의 빈곤에 대한 기준선을 스스로 설정하여 활용할 수 있으며, 이러한 삶의 준거 방식은 자신의 행복이나 삶의 질을 높이는 데 도움이 될 수도 있다.

2. 빈곤아동의 실태와 현황

빈곤아동이 얼마나 우리나라에 존재하는가를 살펴보려면 우선 「국민기초생활보장법」에 의한 수급자 현황을 살펴보는 것이 필요하다.

1) 국민기초생활 보장사업을 위한 업무처리 프로세스

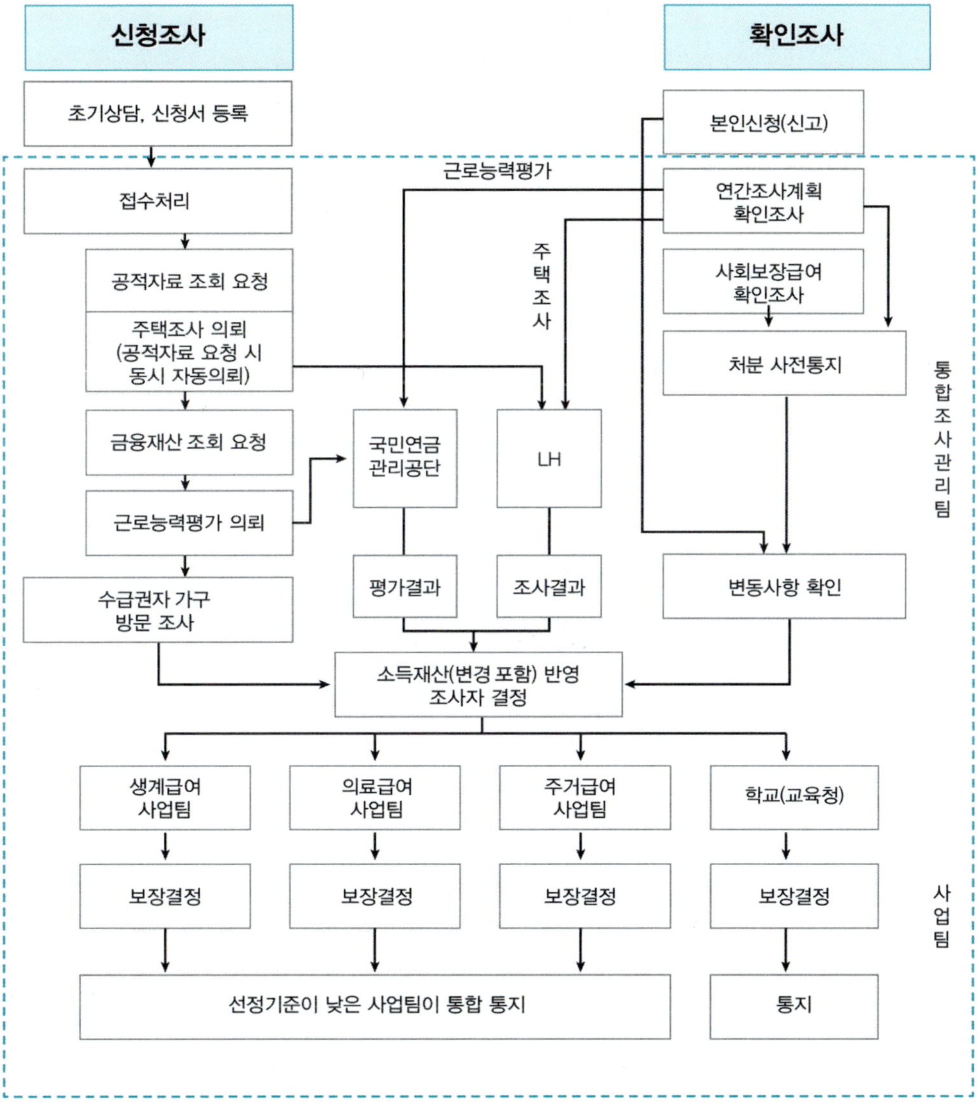

그림 8-1 국민기초생활 보장사업을 위한 업무처리 프로세스

2) 아동빈곤에 대한 파악[1)]

빈곤아동에 대한 파악은 최저생계비 이하의 절대적 빈곤층을 알아볼 수 있는 국민기초생활수급자를 살펴보는 것에서 시작할 수 있다.

(1) 국민기초생활수급자

국민기초생활수급자란 국민기초생활보장제도에 의해 혜택을 받는 사람을 말한다. 국민기초생활보장제도란 저소득층이 기본적인 생활을 보장받도록 자활을 돕는 것을 목적으로 실시하는 사회보장제도의 하나로, 소득 인정액이 중위소득의 30~50% 이하로 '최저생계비'에 도달하지 않는 사람들을 말한다. 중위소득이란 국내 가구소득순 중에서 중간 위치에 있는 가구의 소득을 말하며, 이 소득은 매년 가계의 자산과 부채, 소득, 지출 등을 파악하여 그 기준이 정해진다.

표 8-1 국민기초생활수급자 현황

행정구역별	2022		
	국민기초생활수급자 (명)	국민기초생활보장 수급자 가구 (가구)	국민기초생활보장 수급률 (%)
전국	2,451,458	1,699,497	4.8

(2) 아동의 빈곤에 대한 걱정도

우리나라 아동빈곤의 수준은 전체 인구에 대비해서는 물론 OECD 회원 국가들과 비교해도 낮은 편이다. 특히 최근 들어 아동빈곤율은 선진 자본주의 복지국가들과 비교해서도 낮은 수준이며, 더욱 하락하고 있는 추세이다. 하지만 일선에서 체감하고 있는 빈곤아동의 실태와 이에 수반되는 문제들은 아동빈곤율 하락과는 별개라는 것이 중론이다. 한 나라가 일정 정도 이상의 경제적 수준에 도달하면 빈곤이 더 이상 절대적 결핍의 문제가 아니며, 격차에서 오는 상대적 박탈감의 문제이다. 양극화와 경제적 불평등과 교육 불평등이 심화되고 있기 때문이다. 아동빈곤의 문제가 저출산의 원인 중 하나로 지목되고 있는 상황에서, 아동빈곤율이 떨어지는

1) 통계자료는 국가통계포털 주제별통계 국민기초생활보장 수급자현황 2022 통계자료를 재정리한 것임.

추세라고 해서 이 문제를 소홀히 다룰 수는 없는 실정이다.

2022년 실시된 우리나라 9세부터 17세 아동을 대상으로 실시한 '아동의 빈곤에 대한 걱정도'와 관련된 통계를 보면 응답 아동 중 70%에 가까운 아동들이 빈곤문제에 대해 '가끔 걱정을 하거나 자주 또는 항상 걱정을 하고 있는 것'으로 나타났다. 이와 같은 결과는 절대적인 빈곤만이 우리 사회의 문제가 아니라 상대적 빈곤 또는 주관적 빈곤의 문제가 또 다른 빈곤아동의 문제로 언제든지 대두될 수 있다는 점을 보여주는 것이라 할 수 있다.

표 8-2 아동의 빈곤에 대한 걱정도(9-17세)

특성별(1)	특성별(2)	2022				
		응답자 수(명)	전혀 걱정하지 않는다(%)	가끔 걱정한다(%)	자주 걱정한다(%)	항상 걱정한다(%)
전체	소계	2,510	30.4	57.6	10.0	2.1
아동 성별	남자	1,314	27.9	58.7	11.6	1.9
	여자	1,196	33.1	56.5	8.2	2.3
아동 연령별	9~11세	839	39.2	51.6	8.3	0.9
	12~17세	1,671	25.9	60.7	10.8	2.6
수급별	일반	2,370	31.5	58.3	9.0	1.2
	수급	140	11.1	45.6	26.6	16.7
소득 계층별	중위소득 50% 미만	233	17.2	54.7	18.8	9.3
	중위소득 50~100% 미만	792	25.5	62.4	10.0	2.4
	중위소득 100~150% 미만	1,040	32.7	56.8	9.9	0.5
	중위소득 150% 이상	412	43.6	49.7	5.7	0.9
	무응답	33	7.2	88.2	0.3	4.4
지역별	대도시	1,137	31.3	55.7	11.2	1.9
	중소도시	1,217	30.4	58.2	9.0	2.3
	농어촌	156	23.2	67.4	8.2	1.2
가구 유형별	양부모	2,326	31.5	58.1	8.9	1.5

특성별(1)	특성별(2)	2022				
		응답자 수(명)	전혀 걱정하지 않는다(%)	가끔 걱정한다(%)	자주 걱정한다(%)	항상 걱정한다(%)
	한부모, 조손	184	15.9	51.3	23.4	9.4
맞벌이 여부	외벌이	1,149	31.5	56.9	9.0	2.6
	맞벌이	1,309	29.7	59.0	10.0	1.3
	기타	52	21.8	38.6	30.0	9.6

3. 아동빈곤에 미치는 영향과 다차원적 특성[2)]

신체적·정신적·정서적 발달의 도정에 있는 아동의 빈곤은 단순히 경제적 결핍뿐 아니라 영양과 신체 발육, 질병과 정서장애, 주거환경, 교육 투자와 학습 여건, 부모의 돌봄과 양육 태도, 문화적·사회적 자본 등 다차원적 측면에 지대한 영향을 미칠 수 있다는 점에서 좀 더 세심한 관심과 개입이 필요하다.

1) 빈곤아동에게 미치는 영향

빈곤은 아동의 전반적인 성장발달에 영향을 미친다. 가정이 빈곤해지면 아동이 영양이나 보육에 있어서 충분한 지원을 받지 못하게 되고 그로 인하여 다양한 분야에 걸쳐 지장을 받게 되며 그러한 장애는 누적되어 성인이 되어서까지도 영향을 받게 된다.

가정이 빈곤해지면 일차적인 피해자는 아동이다. 단순히 경제적으로 소득이 낮기 때문이 아니라 절대적인 측면에서 총체적인 생활 조건이 매우 빈약해지기 때문이다. 영양공급과 의료서비스의 접근성이 떨어져 상대적으로 건강상의 문제가 발생하기 쉽고 교육기회가 감소하면서 인지능력이 떨어지기 마련이다. 또한 빈곤으로 인한 스트레스가 많은 부모들의 자녀에 대한 경제적·정서적 투자가 적어 사회적응 기술이 부족해지거나 상대적으로 방임이나 학대의 위험에 처하기 쉬워 빈곤

2) 여유진(2018). 연구결과의 내용을 요약·정리한 것임.

아동은 경제·사회심리·교육·정치·문화적 영역에서의 다면적 박탈을 경험하며 성장한다. 기술습득에 있어서도 불이익을 겪게 되며 그러한 불이익이 저학력, 저임금의 노동 사이클을 겪으며 생활할 가능성이 높다(한성심·송주미, 2017). 아동에게 빈곤은 정상적인 발달과업을 수행하는 데 있어서도 커다란 장애를 가져온다. 뿐만 아니라 바람직하지 못한 결과를 낳게 하며, 먼 훗날 성인이 되어서까지도 부정적인 영향을 미치게 된다. 최근의 빈곤아동에 대한 연구 결과를 보면 아동기의 빈곤이 훗날 성인이 되었을 때 학교생활의 부적응, 실업의 가능성, 만성적 복지에 대한 의존적 생활, 강력 범죄, 무기력감과 절망감 등에 관여한다고 보고되고 있다(노혁, 2002). 또한 빈곤아동의 부모들은 아동의 행동자제나 친구들과의 관계에 있어서 바람직한 지도를 하지 않고 있으며, 언어적인 지도보다는 체벌을 앞세우는 등의 정서적 지지 수준이 매우 낮은 것으로 나타나고 있다.

2) 빈곤아동의 다원적 특성

빈곤아동과 비빈곤아동의 다차원적 박탈 실태를 살펴보면 다음과 같다. 가구 유형별로 볼 때, 모자가구의 44.9%, 부자가구의 27.7%가 중위소득 50% 미만의 빈곤가구로, 전체 아동가구 빈곤율 6.3%보다 각각 7.1배와 4.4배 더 높은 수준이다. 기초보장수급 가구의 가구 내 평균 취업자 수는 0.61명으로 중산층 아동가구 평균(1.42명)의 절반에도 못 미치는 수준이다. 중위소득 50% 미만 비수급 빈곤아동가구의 평균 취업자 수는 기초보장수급 가구보다는 약간 높은 수준이지만 0.8명에 불과하다. 또한 취업한 상태라 하더라도 수급 가구 가구주의 8.0%, 비수급 빈곤가구 가구주의 17.6%만이 상용직의 안정적인 일자리를 가진 것으로 나타났는데, 이는 중산층 아동가구 가구주의 상용직 비율(73.7%)에 크게 못 미치는 수준이다. 주거 측면에서 볼 때, 아동가구 중 기초보장수급 가구의 62.3%, 비수급 빈곤가구의 41.5%가 월세에 거주하는 것으로 나타났으며 가처분소득의 20% 이상을 임대료로 부담하는 가구의 비율도 각각 12.5%와 20.2%를 차지했다. 또 기초보장수급 아동가구 중 40.6%, 비수급 빈곤아동가구 중 31.7%가 최저주거기준 중 한 가지 이상의 기준에 미달하는 주택에 거주하는 것으로 나타났으며, 특히 방 수 기준에 미달하는 주택에 거주하는 빈곤아동가구가 15~20%에 이르렀다. 교육 측면에서, 아동 1인당 사교육비 지출액은 기초보장수급 가구의 경우 48,000원, 중위소득 50% 미만 가구는 102,000원으로, 수급 가구의 경우 평균의 약 5분의 1 수준의 사교육비를 지출하고 있으며, 비수급 빈곤아동의 경우도 평균의 2분의 1에도 못 미쳤다. 저소득층의 경우 사교육 투자 액수는 평균의 절반에도 못 미침에도 불구하고, 중위소득 50% 미만 비수급 빈곤가구 중 교육비가 가처분소득 대비 20%를 초과하는 가구의 비율은 26.7%, 30%를 초과하는 가구의 비율도 16.5%에 달한다. 이는 중위소득 100~150% 가구의 각각 17.4%, 5.0%에 비해 크게 높은 비율이다. 영양 불균형 측면에서, 기초보장수급 가구의 16.1%, 비수급 빈곤가구의 12.9%가 주 1회 고기나 생선을 섭취하지 못하고, 각각 18.6%와 11.8%는 신선한 과일을 섭취하지 못하는 것으로 나타났다. 한편, 빈곤가구 중 적절한 치아 치료나 검진을 받지 못하는 비율도 수급 가구가 12.6%, 비수급 빈곤가구가 15.9%에 달했다. 마지막으로, 저소득층의 1인당 문화생활비는 기초보장수급 가구 월 1만 원, 비수급 빈곤가구 7000원으로 중산층 가구의 3만 7000원에 비해 매우 낮은 수준이다. 또한 저소득아동의 경우 연 1회 정도 가족 여행을 가지 못하는 비율도 20% 내외를 차지하고, 가족 생일 등 특별한 날을 기념하는 외식 등의 행사를 하지 못하는 비율도 10% 내외에 이르렀다. 기초보장수급아동의 7.2%, 비수급 빈곤아동의 4.5%는 주 3회 이상의 부부싸움을 목도하는 것으로 나타났다. 또한 경제적 부담으로 아동양육에 어려움을 느끼는 부모의 비율이 수급 빈곤가구는 68.4%, 비수급 빈곤가구는 79.1%에 달한다.

지금까지 살펴본 바와 같이 기초보장수급 가구와 비수급 빈곤가구, 즉 소득이 중위소득 50% 미만인 가구에 속한 아동의 다차원적인 박탈과 결핍의 수준은 중산층(중위소득 100~150%) 아동들의 그것에 비해 훨씬 열악함을 알 수 있다. 아동의 성장·발달 과정에서 이러한 다차원적 박탈과 결핍을 만회할 수 있도록 다차원적이고 포괄적인 정책적 개입이 요구된다. 특히 빈곤아동의 건강과 관련된 측면, 인적 자원에 대한 측면, 물리적 환경적인 면, 정서적 환경적인 면, 가족과의 상호작용과 관련된 다원적 측면의 고려와 개입이 이루어지도록 해야 할 것이다.

4. 빈곤아동·청소년을 위한 지원사업

보건복지부에 소개된 정책을 교육지원, 생활지원, 심리·정서지원, 신체건강지원, 보호(돌봄/안전)서비스로 간단히 살펴보도록 한다.

1) 교육지원 서비스

(1) 급식비

저소득층 자녀에게 급식비를 지원하여 학부모의 부담을 덜어주기 위한 제도이다. 지원대상은 저소득층 수급자격자(기초, 한부모, 법정 차상위계층)인 학생, 가구의 소득인정액이 시·도·교육청 지원기준에 해당하는 학생, 학교별 학교장 추천이 결정된 학생이며, 초·중·고교 학기 중 학교급식비(중식비)를 교육청에서 학교로 지원하여 무료급식을 제공한다.

(2) 긴급복지교육지원

생계곤란 등 위기상황에 처하여 도움이 필요한 사람을 일시적으로 신속하게 지원하여 위기상황을 벗어날 수 있도록 한다.

(3) 아동통합서비스지원(드림스타트사업)

취약계층아동에게 맞춤형 통합서비스를 제공하여 건강한 성장과 발달을 도모하고 공평한 출발기회를 보장함으로써 건강하고 행복한 사회 구성원으로 성장할 수 있도록 한다. 지원대상은 임산부와 만 12세(초등학생) 이하의 취약계층 및 가족(만 12세 이상 아동 중 초등학교 재학아동의 경우 지원)으로 수급자 및 차상위계층의 가정, 보호가정, 한부모가정(조손가정), 학대 및 성폭력 피해아동에 대해서는 우선 지원한다.

이 밖에도 추가 지원대상은 만 13세 이상의 초등학교 재학아동이거나 연령 도래 종결 시점(만 12세 이후)의 위기 개입, 집중 사례관리 아동 중 지속적인 사례관리가 필요한 아동(사례회의 후 지방자치단체장의 승인하에 최대 만 15세까지 연장 가능) 등이다.

지원내용은 가정방문을 통해 서비스 대상아동을 발굴하여 통합적으로 사례를 관리하는 기본 서비스를 지원하며 아동발달별(신체/건강, 인지/언어, 정서/행동, 부모의 양육) 목표를 달성하기 위해 다음과 같은 필수 서비스를 제공한다.

① 신체·건강

- 아동의 건강한 성장과 신체 발달 증진
- 건강한 생활을 위한 건강검진 및 예방, 치료
- 아동발달에 필요한 신체 및 건강에 관한 정보 제공

② 인지·언어

- 아동의 의사소통 및 기초학습능력 강화
- 맞춤형 인지 및 언어 서비스를 통한 아동의 강점 개발

③ 정서·행동

- 자아존중감 및 긍정적 성격 형성을 위한 정서발달 서비스 제공
- 사회성 발달 및 아동권리 신장을 위한 교육

④ 부모·가족

- 부모와 자녀와의 상호작용 및 적합한 교육환경을 위한 부모 역량 강화
- 부모의 유능감 및 자존감 강화
- 부모의 양육기술 지원
- 임산부의 건강한 출산 및 양육 지원

(4) 취약계층 우수인재 육성사업(꿈 사다리 장학제도)

학업의지가 높고 성장 잠재력을 가진 저소득층 학생들이 우수 인재로 성장할 수 있도록 지원하는 제도이다. 지원대상은 중학교 1학년부터 고등학교 3학년에 재학하고 있는 학생으로 저소득층 학생에게 지원하며, 가정의 역량과 잠재력을 갖춘 학생을 선발하여 매월 장학금 지급 및 교육프로그램을 지원한다.

(5) 방과 후 학교 자유수강권

방과 후 학교 수업을 통해 저소득층 자녀의 지속적이며 실질적인 교육기회를 확대하고, 공교육 활성화 및 저소득층의 교육격차 해소를 도모한다. 지원대상은 저소득층의 초·중·고등학생의 자녀이며, 1순위는 생계, 의료, 주거, 교육급여 수급자, 한부모가정, 법정 차상위 대상자이다. 방과 후 학교 프로그램을 수강한 경우 교육비를 지원한다.

2) 생활지원 서비스

(1) 아동수당

아동의 양육부담을 덜고 아동의 기본적인 권리와 복지증진을 돕기 위해 정부에서는 만 8세 미만(0~95개월)의 대한민국의 국적을 가진 모든 아동을 대상으로 아동수당을 지급하고 있다. 지원금액은 아동 1인당 월 10만 원을 지급하고 있으며, 점차 확대해 나갈 방침이다.

다만 아동이 해외에 체류할 경우에는 출국일을 포함하여 90일 이상 해외에 머물게 되면 아동수당의 지급은 중단된다.

(2) 아동발달지원계좌(디딤씨앗통장) 지원

저소득층 아동이 사회에 진출하는 초기비용(학자금, 취업, 창업, 주거)을 마련할 수 있도록 자산형성을 장기적으로 지원하는 제도이다. 지원대상은 만 18세 미만의 아동복지시설 생활 아동, 가정위탁아동, 소년소녀가정, 공동생활가정 및 장애인시설아동, 생계·의료급여 수급가정의 아동이다.

아동(보호자, 후원자)이 매월 일정 금액 적립 시 월 5만 원 내의 범위에서 1:2 매칭 지원을 한다. 즉, 아동이 후원자 또는 보호자의 도움으로 월 5만 원 내의 범위에서 적립을 하면 1:2 매칭으로 국가(지자체)가 월 10만 원 내의 지원금을 적립해 주게 된다.

적립금은 만 18세(만기) 이후 학자금, 기술자격 및 취업훈련비용, 창업지원금, 주거마련 지원 등 자립 용도에 한하여 사용이 가능하며, 만 24세까지 학자금, 기술자격취득, 주거마련 등 자립 사용용도가 발생하지 않을 경우에는 만 24세 도달 시

사용용도에 제한 없이 아동적립금 및 정부매칭지원금의 지급이 가능하다.

3) 심리·정서지원 서비스

(1) 청소년 전화 1388 및 모바일 문자상담 운영

청소년 전화 1388 전화상담과 모바일 문자상담, 카카오톡 상담 등을 운영하여 청소년의 일상적인 고민상담부터 위기상황에 대한 상담 등을 지원하며 지원대상은 만 9~24세 청소년이다.

- 전화상담 제공: 지역번호+1388
- 휴대전화 문자상담 제공: #1388로 문자 발송
- 카카오톡 상담 제공: 카카오톡 플러스친구에서 #1388과 친구맺기 후 카카오톡으로 메시지 전송
- 청소년상담 1388 홈페이지(www.cyber1388.kr)에서 사이버채팅상담 제공
- 청소년상담복지센터의 내방 상담 및 지역자원 연계 서비스 제공

(참고 https://www.cyber1388.kr:447/)

(2) Wee 클래스 상담지원

학교폭력 가해학생과 피해학생, 위기학생, 학교 부적응 학생이 정상적인 학교생활을 할 수 있도록 진단, 상담, 치유 프로그램을 제공한다. 학교폭력 가해학생, 학교폭력 피해학생, 학교 부적응 위기학생 및 일반학생이 지원대상이다. 선정기준은 해당 초등학교, 중학교, 고등학교의 학교폭력대책 자치위원회에서 심의를 거쳐 학교폭력 가해학생 또는 학교폭력 피해학생으로서 조치가 필요한 학생이라고 해당 학교장이 인정하면 지원한다. 또한 학교 부적응으로 조치가 필요한 학생으로 해당 학교장이 인정하는 학생도 대상이 된다. 해당 학생에게 필요한 진단, 상담, 치유 프로그램을 제공한다.

관련 사이트는 학생안전통합시스템(https://wee.go.kr)을 참고한다.

(3) 가정폭력 피해자 치료회복 프로그램 및 의료비 지원

가정폭력으로 상처받은 몸과 마음을 치료하고 회복하기 위한 프로그램과 의료비를 지원한다. 가정폭력을 당한 피해자 및 동반 아동이 대상이며, 지원내용은 치료회복 프로그램 지원, 가정폭력 피해자의 심리적 안정을 위한 전문 상담, 폭행으로 상처받은 몸과 마음을 회복하기 위한 개별상담, 집단상담, 미술치료, 음악치료, 부부상담, 심신회복캠프, 문화체험 등 정신 및 심리치료·회복 프로그램을 운영한다. 또한 의료비를 지원하는데 치료비용 본인부담액, 건강보험 또는 의료급여가 적용되지 않는 진료비용을 지원하고, 상담 및 지도, 신체적·정신적 피해에 대한 치료지원, 임산부의 심리적 안정을 위한 각종 치료 프로그램의 실시 등 정신치료를 지원하며 임산부 및 태아 보호를 위한 검사와 치료 지원, 가정폭력 피해자 가정의 신생아와 관련된 의료 지원, 진단서 발급비용 지원, 보호시설 입소자의 건강검진비를 지원한다.

4) 신체건강지원 서비스

(1) 의료급여(의료급여 건강생활 유지비)

의료급여 수급권자에게 의료비(건강생활 유지비)를 지원하여 저소득층 국민보건 향상과 사회복지 증진을 목표로 한다. 1종 의료급여 수급자 자격기준에 따라 선정하며, 근로 능력이 없거나 보건복지부 장관이 근로가 곤란하다고 인정한 자로, 1종 수급권자(본인 부담 면제자, 급여 제한자 제외)에 대한 본인부담금을 지원한다.

(2) 가정폭력 피해자 치료회복 프로그램 및 의료비

가정폭력으로 상처받은 몸과 마음을 치료하고 회복하기 위한 프로그램과 의료비를 지원한다. 지원대상은 가정폭력을 당한 피해자 및 동반 아동이며 지원내용은 치료회복 프로그램을 지원하고 가정폭력 피해자의 심리적 안정을 위한 전문상담, 폭행으로 상처받은 몸과 마음을 회복하기 위한 개별상담, 집단상담, 미술치료, 음악치료, 부부상담, 심신회복캠프, 문화체험 등 정신 및 심리치료·회복 프로그램을 운영한다. 본인부담액, 건강보험 또는 의료급여가 적용되지 않는 진료비용을 지원하며,

상담 및 지도, 신체적·정신적 피해에 대한 치료지원, 임산부의 심리적 안정을 위한 각종 치료 프로그램의 실시 등 정신치료지원, 임산부 및 태아 보호를 위한 검사와 치료지원, 가정폭력 피해자 가정의 신생아와 관련된 의료지원, 진단서 발급비용을 지원한다.

(3) 어린이 국가예방접종 지원사업

영유아 예방접종률을 향상시키고, 양육자의 육아 부담을 덜기 위해 보건소뿐만 아니라, 시장·군수·구청장 등이 예방접종 업무를 위탁한 의료기관에서 예방접종을 할 경우에도 비용을 지원하며 만 12세 이하 어린이에게 지원한다. 거주 지역에 상관없이 보건소 및 전국 1만여 지정 의료기관에서 받은 국가예방접종 비용전액을 무료로 지원한다. 이 사업에서 지원하는 대상 백신은 17종이며, 관련사항은 예방접종 도우미 누리집에서 확인이 가능하다.

5) 보호(돌봄, 안전)서비스

(1) 지역아동센터 지원

방과 후 돌봄이 필요한 만 18세 미만의 아동을 보호하고 급식을 제공하는 등 지역사회 자원과 연계하여 교육을 실시한다. 지원대상은 소득기준이 가구원 수별 기준 중위소득 100% 이하이며, 만 18세 미만의 아동으로서 초등학교 및 중학교에 재학 중인 아동에게 지원한다. 「국민기초생활보장법」에 따른 생계·의료·주거·교육급여 수급자, 차상위계층, 「다문화가족지원법」 제2조 제1호에 따른 다문화가족의 아동, 「장애인복지법」에 따른 등록장애인이 있는 가족의 아동, 조손가족의 아동(가구원 수 산정기준으로 조부모와 손자녀로 이루어진 경우), 한부모가족의 아동(「한부모가족지원법」에 따른 한부모가족 이외의 가구형태가 모자가족 또는 부자가족인 한부모가족인 경우), 3명 이상 다자녀가족의 아동(자녀의 연령과 관계없이 주민등록등본상 자녀가 3명 이상인 경우), 맞벌이가정의 아동 등이다.

(2) 복지관 프로그램

취약한 저소득층 아동의 보호를 위해 복지관에서 다양한 프로그램을 개설하여 운영하고 있는데, 구체적인 내용을 제시하면 다음과 같다(김호년 외, 2017).

① 재가복지 서비스

조부모가정, 소년소녀가정, 결손가정 등 가족기능이 취약한 저소득 소외계층 가정의 아동에게 종합적인 서비스를 제공함으로써 지역사회 내에서 함께 살아갈 수 있도록 돕는 사업이다. 재가복지사업의 내용은 다음과 같다.

- 가사 서비스(가사활동 지원 서비스, 반찬 서비스, 도시락 서비스, 이·미용 서비스 등)
- 정서 서비스(한부모가족 지원 프로그램)
- 교육 서비스(학습지도 서비스, 학습용품 및 도서 전달, 교복지원 서비스 등)
- 후원결연 서비스(경제적 지원 서비스, 후원물품 지원, 후원자 모집, 후원자 관리 등)
- 주거환경 개선 서비스(소독, 집수리, 도배 등)

② 아동보호사업

방과 후 빈곤아동의 교육과 보호를 위해 방과 후 교실을 운영한다. 방과 후 교실에서는 학습지도, 생활지도, 야외활동, 집단프로그램, 개별 아동상담 등을 하고 있다. 좀 더 어린 연령의 아동을 위해 탁아방도 운영하는데, 탁아방은 30개월 이상 아동을 대상으로 하는 무료아동보호사업이다.

(3) 아이돌봄서비스

맞벌이를 하거나 갑자기 아이를 돌볼 수 없는 일이 생겼을 때 육아 도우미가 방문하여 아이를 돌봐주는 서비스이다. 양육공백이 발생하는 만 12세 이하 자녀가 있는 가정은 정부에서 지원하고, 양육공백이 발생하지 않는 가정은 전액 본인부담으로 이용할 수 있다. 아동의 연령, 부모의 취업 등 양육공백, 자녀양육 정부지원 중복금지 기준을 모두 충족하면 정부지원이 가능하며, 가구소득에 따라 서비스 유형별 정부지원의 범위가 달라진다. 선정기준 아동의 연령기준은 서비스 유형에 따라 다르다.

- 시간제 서비스: 생후 3개월~만 12세 이하의 아동
- 영아 종일제 서비스: 생후 3개월~만 36개월 이하의 영아

(4) 초등돌봄교실

맞벌이가정 등의 자녀가 방과 후에도 안심하고 생활할 수 있도록 학교가 자녀를 돌보는 제도이다. 지원대상은 다음과 같다. 초등돌봄교실은 돌봄이 꼭 필요한 맞벌이, 저소득층, 한부모가정 등의 1~2학년 학생을 중심으로 돌봄서비스를 제공하고 1~2학년 학생 수용 후 추가 수용 가능할 경우에, 학교여건에 따라 우선순위를 정해 3학년 이상 학생을 수용한다.

방과 후 학교 연계형 돌봄교실은 3~6학년 학생 중심으로 학년 특성 및 학교 여건에 따라 다양한 교과 및 특기적성 방과 후 학교 프로그램과 연계·운영하며 방과 후 돌봄이 필요한 맞벌이, 저소득층, 한부모가정 등의 자녀로 방과 후 학교 프로그램에 1~2개 이상 참여하면서 오후돌봄을 이용하지 않는 학생을 대상으로 운영한다. 초등돌봄교실은 오후돌봄과 저녁돌봄으로 나누어 지원하며, 오후돌봄은 돌봄이 필요한 학생을 대상으로 방과 후 돌봄서비스를 제공하고, 저녁돌봄은 오후돌봄에 참여한 학생 중 추가로 돌봄이 필요한 학생을 대상으로 서비스를 제공한다.

(5) 다함께 돌봄사업

돌봄이 필요한 6~12세 아동에게 맞춤형 돌봄서비스를 제공하여 돌봄 사각지대를 해소하고 맞벌이가구의 육아부담을 덜어주는 제도이다. 지원대상은 돌봄이 필요한 6~12세 아동이며(소득수준 무관), 지자체 여건에 따라 입소 우선 대상자를 선정한다(다자녀가정, 맞벌이가정, 초등학교 저학년가정 등). 지원내용은 일시·긴급돌봄, 방과 후 프로그램 연계, 등·하원 지원, 정보제공 등 다양한 형태의 지역 맞춤형 돌봄서비스를 제공한다.

5. 빈곤아동을 위한 정책추진 방향[3)]

1) 차상위계층에 대한 급여의 확대 추진

우리나라는 정책이 수급권자의 혜택에 집중되어 차상위계층의 경우 실제로 수급권자보다 더 어려운 상황에 처할 수도 있다. 즉, 기초보장수급을 받지 못하는 차상위아동의 다차원적 박탈과 결핍에 대응하기 위해 급여를 확대할 필요가 있다. 많은 현물과 서비스 급여들이 차상위아동에게까지 확대되어 있다고는 하지만, 예산의 한도 내에서 기초보장수급아동에게 우선적으로 지원되는 경우가 많다. 빈곤아동에 대한 통합적인 사례관리 프로그램이자 대표적인 빈곤아동정책으로 꼽을 수 있는 드림스타트의 경우, 2015년 기준으로 총수급아동 8만 6천여 명 중 기초보장수급아동이 5만 2천 명을 넘어 61%를 차지하고 있다. 대표적인 저소득층 주거복지정책이라 할 수 있는 영구임대아파트의 입주 자격도 차상위까지 확대되어 있지만, 대기자가 많아 주로 생계·의료급여 수급자 중심으로 배정되고 있다. 아동급식사업의 경우 지자체로 사업이 이양되면서 지자체 예산 배정에 따라 차이가 있지만, 기초보장수급아동을 우선 대상으로 하는 경우가 많다. 이와 같이 기초보장수급자가 되느냐 차상위 비수급 빈곤가구로 남느냐에 따라 상당한 급여의 편차가 발생함으로써 실질적인 삶의 질 역전 현상이 발생할 가능성도 높다. 선별 내에서 좀 더 보편적인 프로그램 수급을 유도하기 위해서라도 아동빈곤정책의 실질적인 수혜 대상을 차상위까지 확대할 필요가 있다.

2) 차상위계층 기준의 상향조정이 필요

차상위아동에 대한 급여 확대와 더불어, 선정기준에서 특히 차상위 기준의 상향조정이 검토될 필요가 있다. 빈곤아동과 관련이 많은 정책과 제도가 차상위 기준을 준용하고 있는 만큼, 박탈이 일어남에도 불구하고 사각지대에 남아 있는 아동이 최소화되도록 차상위 기준의 상향조정이 추진될 필요가 있다.

---

3) 여유진(2018.5.). 아동빈곤의 현황과 복지대책, 보건복지포럼의 내용을 요약 정리한 것임.

3) 발달단계별로 예방적이고 통합적인 프로그램 개발과 시행의 필요성

통합사례관리(드림스타트)가 시행되고 있지만, 초등학교 단계까지 지역사회 차원에서의 개입이 이루어질 뿐, 이후 단계와의 연결성과 학교, 가정, 의료체계 등과의 연계가 부족하다. 아동발달 단계별로 통합적·체계적으로 관리하는 시스템이 부재하다 해도 과언이 아니다.

4) 아동의 권리와 욕구에 기반한 지원(수요자 중심 접근)의 필요성

본인들의 진정한 욕구나 필요, 능력과 무관하게 어른들이 필요하다고 생각하는 프로그램 위주로 아동 관련 정책이 수립되는 것은 분명 문제로 지적될 수 있는 부분이다. 예를 들면, 교육복지우선지원사업과 드림스타트, 지역아동센터의 프로그램들은 대상과 프로그램 내용 등에 상당히 중첩되는 부분이 존재한다. 상이한 전달체계 간 연계가 미흡한 상태에서 프로그램이 일방적으로 전달됨으로써 낙인감과 피로감을 느끼는 아동도 적지 않을 수 있다. 적어도 아동과 관련한 정책을 수립할 때는 그것이 표출된 욕구이든 잠재적 욕구이든 간에, 아동의 목소리를 반영하는 공식·비공식적 통로를 다양하게 확보하는 것이 필수적이다. 아동실태조사, 아동욕구조사, 포커스 그룹 인터뷰, 각종 프로그램을 수급하는 아동에 대한 심층 수요와 만족도 파악 등을 통해 아동의 진정한 필요와 욕구를 반영할 수 있도록 해야 한다.

5) 아동빈곤정책의 통합적·체계적인 추진을 위한 컨트롤타워의 구축 필요성

아동빈곤 관련 정책 중 소득, 보건의료, 보육과 돌봄 등의 영역은 주로 보건복지부 소관이며, 한부모가족과 다문화가족 정책, 학교 밖 청소년 관련 정책은 여성가족부, 교육복지 영역은 교육부와 지자체 교육청, 주거 관련 정책은 국토부 소관 등으로 흩어져 있다. 일선 전달체계만 하더라도 드림스타트, 지역아동센터, 희망복지지원단은 보건복지부, 방과 후 학교, 초등돌봄교실, Wee 프로젝트 등은 교육부, CYS-Net, 청소년 방과 후 아카데미 등은 여성가족부 소관으로 되어 있다. 그렇다

보니 정책이나 제도 간에 상호연계나 소통의 통로가 거의 열려 있지 않다는 점과 일관된 방향성과 목표를 가지고 정책이 계획되고 수행되지 못한 점, 그리고 이러한 방향과 목표를 설계·평가·피드백하는 컨트롤타워가 부재한 점은 문제점으로 지적될 수 있다.

Chapter

09

아동학대

1. 아동학대의 정의 및 유형

1) 아동학대의 법적 정의

「아동복지법」 제3조 제7호에 의하면 "아동학대란 보호자를 포함한 성인이 아동의 건강 또는 복지를 해치거나 정상적 발달을 저해할 수 있는 신체적·정신적·성적 폭력이나 가혹행위를 하는 것과 아동의 보호자가 아동을 유기하거나 방임하는 것을 말한다"라고 규정하여 적극적인 가해행위뿐만 아니라, 소극적 의미의 단순 체벌 및 훈육까지 아동학대의 정의에 명확히 포함하고 있다.

일반적으로 아동학대와 방임이라고 할 때에는 다음과 같은 세 가지 사항이 포함되는 경우를 말한다(오정수·정익중, 2018).

첫째, 아동에 대한 다소 명백한 부모의 어떤 행위가 존재하여야 한다. 예를 들어, 부모가 여러 번 만 1세의 유아를 혼자 내버려 둔 채 다른 일을 한다면 아동의 방임이라고 할 수 있지만, 부모가 단순히 아동에게 관심을 갖지 않는 것은 아동방임이 될 수 없다.

둘째, 아동에게 두드러진 손상이 있어야 한다. 손상은 신체적인 것이 될 수도 있고 정신적인 것이 될 수도 있다. 학대는 그 손상이 눈에 드러나지만 방임으로 인한 손상은 크게 드러나지 않는다.

셋째, 부모의 행위와 아동의 신체적·정신적 손상 간에 인과관계가 있어야 한다. 두드러진 손상은 있지만 부모의 행위가 그 원인이 아닌 경우는 학대가 아니다.

2) 아동학대의 유형

(1) 신체학대(Physical Abuse)

보호자를 포함한 성인이 아동의 건강 또는 복지를 해치거나 정상적 발달을 저해할 수 있는 신체적 폭력이나 가혹행위를 하는 것, 보호자를 포함한 성인이 아동에게 우발적인 사고가 아닌 상황에서 신체적 손상을 입히거나 또는 신체손상을 입도록 허용한 모든 행위를 말한다.

(2) 정서학대(Emotional Abuse)

보호자를 포함한 성인이 아동에게 행하는 언어적 모욕, 정서적 위협, 감금이나 억제, 기타 가학적인 행위를 말하며, 언어적·정신적·심리적 학대라고도 한다.

- 직접적으로 신체에 가해지는 행위(손, 발 등으로 때림, 꼬집고 물어뜯는 행위, 조르고 비트는 행위, 할퀴는 행위 등)
- 도구를 사용하여 신체를 가해하는 행위(도구로 때림, 흉기 및 뾰족한 도구로 찌름 등)
- 완력을 사용하여 신체를 위협하는 행위(강하게 흔듦, 신체 부위 묶음, 벽에 밀어붙임, 떠밀고 잡음, 아동을 던짐, 거꾸로 매닮, 물에 빠트림 등)
- 신체에 유해한 물질로 신체에 가해지는 행위(화학물질 혹은 약물 등으로 신체에 상해를 입히는 행위, 화상을 입힘 등)

(3) 성 학대(Sexual Abuse)

보호자를 포함한 성인이 아동의 건강 또는 복지를 해치거나 정상적 발달을 저해할 수 있는 성적 폭력이나 가혹행위를 하는 것을 말한다. 보호자를 포함한 성인이 자신의 성적 충족을 목적으로 18세 미만의 아동에게 행하는 모든 성적 행위를 말한다.

(4) 방임(Neglect)

아동의 보호자가 아동을 유기하거나 방임하는 것을 말하는데, 보호자가 아동에게 위험한 환경에 처하게 하거나 아동에게 필요한 의식주, 의무교육, 의료적 조치 등을 제공하지 않는 행위를 말하며, 유기란 보호자가 아동을 보호하지 않고 버리는 행위를 말한다. 방임은 네 가지로 구분할 수 있다.

① 물리적 방임

- 기본적인 의식주를 제공하지 않는 행위
- 불결한 환경이나 위험한 상태에 아동을 방치하는 행위
- 아동의 출생신고를 하지 않는 행위, 보호자가 아동들을 가정 내에 두고 가출한 경우

- 보호자가 친족에게 연락하지 않고 무작정 아동을 친족 집 근처에 두고 사라진 경우 등

② **교육적 방임**

- 보호자가 아동을 특별한 사유 없이 학교(의무교육)에 보내지 않거나 아동의 무단 결석을 방치하는 행위

③ **의료적 방임**

- 아동에게 필요한 의료적 처치 및 개입을 하지 않는 행위

④ **유기**

- 아동을 보호하지 않고 버리는 행위
- 아동을 병원에 입원시키고 사라진 경우
- 시설 근처에 버리고 가는 행위

2. 아동학대의 원인

아동학대는 학대행위자의 80% 이상이 부모이고 정상적인 사람들이다. 단지 소수만이 성격장애나 정신장애를 가지고 있어 모든 부모들이 학대부모가 될 가능성이 있다는 것에 주의를 기울여야 한다. 아동학대의 원인은 복잡하고 다양하며 학대의 주 가해자가 되는 부모, 학대를 받는 아동, 학대가 발생하는 가정·사회요인 등에서 찾아볼 수 있다.

1) 부모요인

- 부모의 미성숙
- 아동양육에 대한 지식부족
- 지나친 기대
- 잦은 가정의 위기

- 정서적 욕구불만
- 사회적 고립
- 어릴 적 학대받은 경험
- 알코올중독·약물중독
- 부모의 그릇된 아동관·양육관
- 부모의 분노, 좌절 혹은 성적욕구와 같은 충동과 감정조절의 무능력
- 원치 않는 아동
- 부모의 불안, 우울증, 기타 정신질환

2) 아동요인

- 미숙아, 기형아
- 만성 혹은 급성질환아
- 신체적·정신적·기질적으로 특이하거나 장애를 가진 아동
- 운동 및 언어 등 발달이 늦은 아동
- 심하게 보채거나 밤에 잘 자지 않는 아동
- 문제행동을 보이는 아동
- 음식을 먹거나 잠을 자는 데 어려움을 나타내는 아동
- 사회적 반응의 결핍, 고집스러운 울음과 외모
- 분리 불안의 결함
- 자신감 결여, 지나친 경계, 무반응, 겁이 많음
- 적대적 행위, 충동적 특성, 폭력적 행동, 고집이 셈
- 대인관계에 둔감하고 매력이 없음, 운동 조절 결함

3) 사회문화적 요인

사회문화적 요인은 가족관계 및 구조의 문제, 사회 전반의 분위기 등이 포함되며, 이 요인은 복합적으로 상호작용하여 발생하게 된다.

- 가족관계의 문제: 가족 구성원 간에 갈등이 존재하거나 가족 상호작용이 약하

여 아동학대가 발생한다.

- 가족구조의 문제: 미성년가족, 한부모가족, 이혼가족, 재혼가족 등 가족구조의 특성이 아동학대의 원인이 될 수 있다.
- 사회적으로 고립되어 있거나 사회적 지지체계가 결여되어 있을 때 아동학대의 가능성이 높아진다.
- 신체적인 체벌에 대해 허용적인 문화
- 아동을 존중하지 않는 문화 또는 자녀를 자신의 소유물로 인식
- 폭력에 대한 가치와 규범: 체벌이나 훈육의 의미가 포함된 폭력은 필요하고 정당하다는 관념이 존재한다.

4) 아동학대 아동의 특성

- 정신적·신체적 장애를 일으킬 수 있다.
- 학대받은 아동은 다른 사람에 대한 신뢰감을 형성하지 못한다.
- 비행을 저지르게 된다.
- 아동학대 악순환의 원인이 된다.
- 파괴적인 행동이나 극단적으로 소극적인 태도를 지니게 된다.

표 9-1 아동학대의 발생 원인

이론적 관점	관련요인
발달론적 관점	• 아동자신의 특성 : 까다로운 기질, 어린 나이, 신체적 혹은 정신적 장애 등 • 부모의 특성 : 자녀에 대한 부정적 편견, 자녀양육에 관한 부족한 문제해결능력, 자녀 관리능력의 결함, 부모역할 스트레스 등
정신병리학적 관점	• 가해자의 병리적 특성 : 정신과적 문제, 분노, 우울증, 통제력 부족, 낮은 자존감, 완고성, 감정이입 능력의 결함, 약물에의 의존 또는 남용, 신체 및 건강상의 문제 등
사회심리적 관점	• 가정의 특성 : 세대 간의 아동학대 행위, 부부간의 불화, 가족 간 긍정적 상호작용 부족, 가정의 경제적 스트레스 등
사회문화적 관점	• 상황적 요인 : 낮은 사회경제적 지위, 한부모 가구, 실직 혹은 불안정한 직업, 사회적 스트레스, 사회적 고립, 사회적 박탈감 등 • 사회문화적 요인 : 사회 전반의 폭력 묵인 분위기, 사회의 체벌 허용 분위기, 사회 내 권력 또는 계층의 차이 등
생태학적 관점	• 다른 모든 관점의 관련 요인들 통합

출처 : 오정수·정익중(2018). p. 252의 내용을 재구성함.

3. 아동학대 신고 및 처리과정

1) 학대의 신고

누구든지 아동학대를 알게 된 때에는 아동보호전문기관(아동학대예방센터) 또는 수사기관에 신고할 수 있으며, 직무상 아동학대를 알게 된 때에는 즉시 아동보호전문기관 또는 수사기관에 신고하여야 한다고 규정하고 있다.

아동학대에 대한 절차가 신고되면 가장 빠른 시간 안에 피해아동을 구할 수 있는 방안을 찾아 실천해야 하며, 이를 위한 체계적인 절차가 필요하다.

아동학대의 신고는 112를 통해 신고를 할 수도 있고, 전국 아동보호전문기관을 통해서도 신고할 수 있다. 아동학대의 신고와 처리과정을 그림으로 나타내면 다음과 같다.

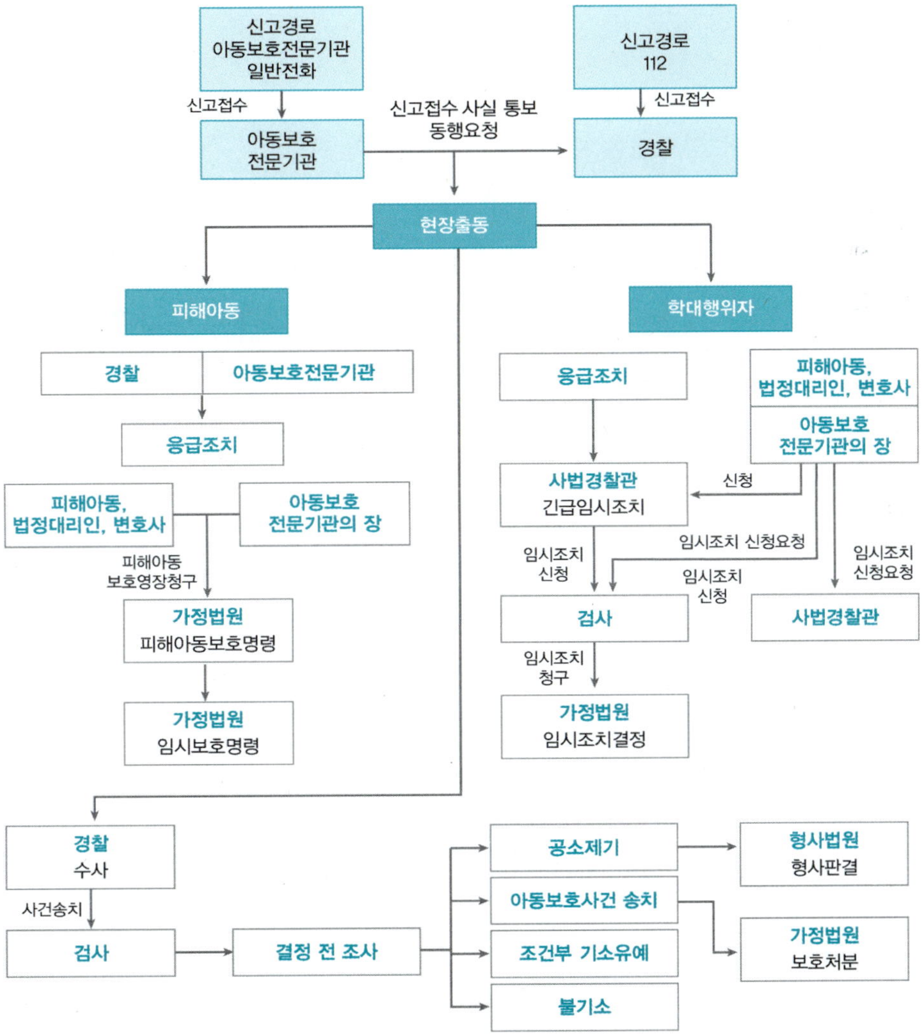

그림 9-1 아동학대의 신고와 처리과정

2) 신고의무자

- 「초·중등교육법」 규정에 의한 교원
- 의료기관에서 의료업을 행하는 의료인
- 아동복지시설의 종사자 및 그 장
- 장애인복지시설에서 장애아동에 대한 상담·치료·훈련 또는 요양을 행하는 자
- 보육시설의 종사자
- 「성매매알선 등 행위의 처벌에 관한 법률」 규정에 의한 복지시설의 종사자 및 여성복지상담소의 상담원
- 모자복지상담소의 상담원 및 모자복지시설의 종사자
- 「가정폭력방지 및 피해자보호 등에 관한 법률」 규정에 의한 상담원 및 가정폭력 피해자 보호시설의 종사자
- 사회복지전담공무원

3) 처리과정

아동학대의 처리과정은 크게 긴급전화에 의한 신고 및 접수 단계, 현장조사 및 위기사정 단계, 보호조치 단계, 사례평가 종결 및 사후관리 단계로 이루어진다. 각 단계별 처리과정 내용을 구체적으로 살펴보면 다음과 같다(김호년 외, 2014).

① 1단계 : 신고 및 접수 단계

아동학대와 관련한 첫 번째 단계에서는 아동학대 사례에 대한 관련 여부를 판단하고 학대 사례의 위급성 정도를 파악하기 위한 기초정보를 수집하는 것을 목적으로 활동하는 단계이다. 따라서 신고된 주요 사항에 있어서 아동학대의 증후나 후유증이 발견되면 아동학대 의심사례로 구분하고 현장조사를 나가는 것을 원칙으로 한다. 「아동복지법」에 따라 아동학대의 의심이 존재하고 사례개입이 필요한 것으로 파악되면 신고자의 의사에 관계없이 개입할 수 있다. 이런 경우 특히 신고자의 비밀보장에 좀 더 유의해야 한다는 점을 잊어서는 안 된다.

학대가 의심되는 아동을 다룰 때에는 다음과 같은 점에 유념하여야 한다. 첫째는 너무 흥분하거나 당황하지 않도록 침착하게 접근하여야 하고, 둘째로는 아동을 안

심시키는 일에 관심을 갖도록 하고, 셋째로는 아동을 다루는 과정에서 마치 경찰이 심문하는 듯한 태도나 자세로 반복되는 듯한 질문을 하지 않도록 하며, 넷째로는 아동에게 앞으로 필요한 도움을 받을 수 있다는 사실을 충분히 알려주고 다섯 번째로는 아동이 말한 내용을 상세하게 기록하여 신고하도록 하는 일이다.

② 2단계 : 현장조사 및 위기사정 단계

아동학대 신고를 받은 아동보호전문기관의 직원, 사법경찰관은 지체 없이 현장을 조사하여 조사내용을 서면으로 작성하여야 한다. 현장조사 및 위기사정의 목적은 조사자가 충분한 자료와 정보를 수집·분석하여 학대 사실 및 위급성 여부를 확인하고 사례개입 및 프로그램 제공계획을 세운다. 현장조사 및 위기사정의 결과 아동학대가 긴급하다고 판단될 경우 상담원은 가족에 대한 종합 사정 또는 아동보호서비스 전달체계의 다음 단계로 넘어가기에 앞서 아동의 안전을 위한 비상조치 및 응급서비스를 우선적으로 제공해야 한다.

③ 3단계 : 보호조치 단계

학대행위자가 아동의 보호자로서 아동을 장기 격리시킬 필요가 있다면 일선 공무원은 「아동복지법」 제11조, 제12조에 의하여 가정위탁보호를 의뢰하거나 사회복지시설에 입소시킬 수 있다. 아동학대 예방을 위한 관련기관은 접수된 사례가 아동학대로 결정되면 아동과 그 가족의 욕구를 확인하고 학대를 유발하는 원인을 제거하기 위하여 가장 적절한 개입 전략과 서비스를 제공한다.

④ 4단계 : 사례평가 종결 및 사후관리 단계

사례종결은 개입목표가 이루어져 아동학대 재발 가능성이 희박하다고 평가될 때나 제공된 개입이 적절한 변화 수준으로 이끌지 못하는 경우이다. 후자의 경우, 다른 기관으로 의뢰가 이루어진다. 사후관리는 가족의 안정유지와 학대 재발의 예방을 목적으로 한다. 종결된 사례는 6개월 동안 매월 1회 이상 유선 통화 또는 방문 등의 방법으로 가족 또는 아동과 접촉하여 문제의 재발생 여부를 모니터한다.

4. 학대아동의 실태 및 현황[1)]

1) 연도별 아동학대 발생 건수

우리나라에서 아동학대 분야에 관심을 갖기 시작한 것은 1979년 한국사회복지협회에서 최초로 '아동학대고발센터'를 개설하여 운영하면서부터이다. 그러나 '아동학대고발센터'는 개설한 지 불과 일 년 만에 폐쇄의 과정을 겪게 되고, 그 후 1983년 어린이보호회에서 아동학대에 대한 상담전화를 개설하여 운영하면서부터 아동학대에 대한 관심은 높아지기 시작하였다.

현재 우리나라에서의 아동학대는 안타깝게도 점차 증가하는 추세에 있다. 최근의 연도별 아동학대 발생 건수를 살펴보면 2014년에 일 년 동안에 걸쳐 아동학대가 10,027건 발생했으나, 2020년에는 일 년 동안 30,905건의 아동학대가 발생하여 6년 사이에 약 3배의 증가율을 보이고 있다.

이러한 변화에 따라 정부에서는 2014년 아동학대에 대한 처벌을 강화하기 위해 「아동학대범죄의 처벌 등에 관한 특례법」을 제정하여 운영하고 있다. 이와 같은 정부의 관련법 제정과 정책 도입은 아동학대에 대한 처벌을 가중하고 피해아동의 보호와 지원을 강화해 나가기 위한 방향으로 해석된다. 하지만 우리 사회에서 아동학대를 척결해 나가는 데는 한계가 있는 것으로 보인다. 이는 아동학대가 단순히 가정의 문제가 아니라 중대한 사회적 범죄로 등장하였음을 의미하며, 이에 따라 아동학대를 해결해 나가기 위해서는 국가적인 차원에서 적극적인 개입이 필요하다고 보인다. 또한, 그러한 정책을 시행하기 위한 관련 법령의 제정이 그 어느 때보다도 시급하다 할 것이다.

---

1) 보건복지부, 2017 전국아동학대현황 보고서에서 필요한 정보를 정리한 것임.

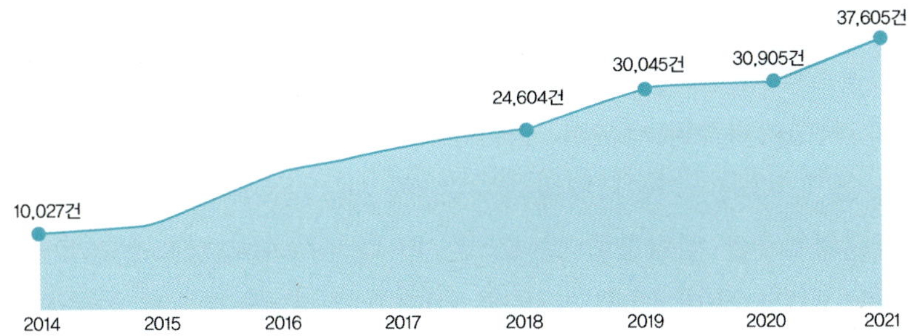

출처 : 보건복지부(2022). 2021 아동학대 연차보고서.

그림 9-2 연도별 아동학대 발생 건수

아동학대와 관련된 신고 건수와 연계하여 아동학대 의심사례와 아동학대 사례를 분석한 통계자료를 보면, 아동학대로 신고된 건수의 경우 2010년 약 9,000여 건에서 2022년에는 46,000여 건으로 약 5배의 증가율을 보이고 있다. 이 중에서 아동학대로 의심되는 건수는 2010년 약 7,400여 건에서 2022년에는 약 44,000여 건으로 약 6배의 증가율을 보이고 있으며, 아동학대 사례는 2010년 5,600여 건에서 2022년에는 27,000여 건으로 약 5배의 증가율을 보이고 있다. 전반적으로 우리 사회에서 최근 10여 년 동안 보여준 아동학대의 증가율은 약 5배에 이른다고 볼 수 있다.

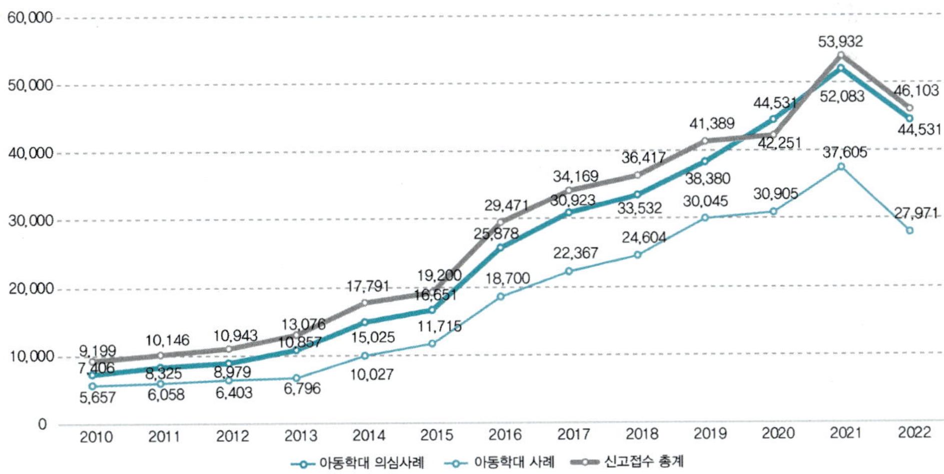

(단위: 건)

출처 : 보건복지부. 2022 아동학대 주요통계.

그림 9-3 연도별 신고접수 및 아동학대 사례 건수

2) 학대행위자의 성별과 연령

아동학대 학대행위자의 성별을 분석한 자료를 보면 남성이 57.6%로 여성의 42.4%보다 높게 나타나 아동학대의 행위는 여성보다는 남성에게서 많이 발생하고 있었다. 학대행위자를 연령별로 살펴보면 40대가 48.4%(13,542건)로 가장 많았고, 30대 24.6%(6,880건), 50대 15.4%(4,311건), 20대 6.7%(968건) 순으로 아동학대 행위를 많이 하고 있었다.

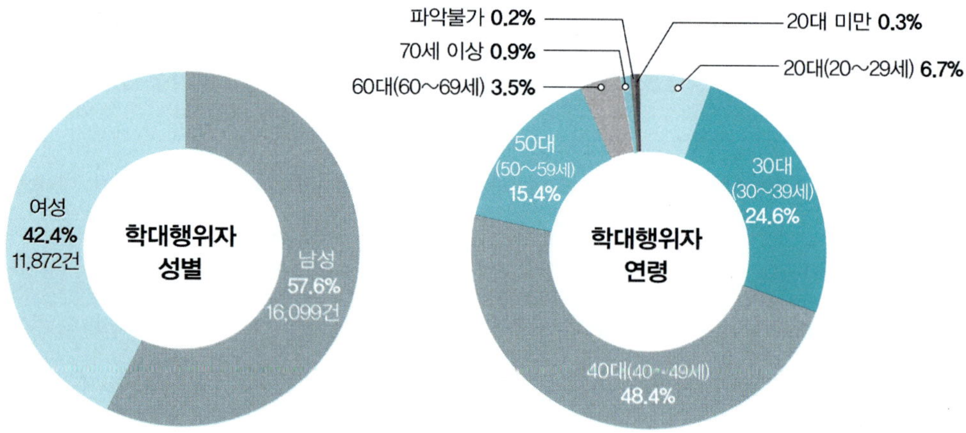

출처 : 보건복지부. 2022 아동학대 주요통계.

그림 9-4 학대행위자의 성별과 연령

3) 학대행위자와 피해아동과의 관계

학대행위자와 피해아동과의 관계를 살펴보면 전체 아동학대 발생건수 중 82.7%가 부모에 의해 발생하는 것으로 나타났으며, 10.9%가 대리양육자로부터, 3.1%가 친인척으로부터 학대를 받는 것으로 나타났다. 이와 같은 사실은 부모의 역할이 불충분하거나 부모의 개인적 요인이 학대의 가장 큰 원인이라는 것을 암시하는 것이다. 따라서 아동학대의 발생을 줄이기 위해서는 부모에 대한 지원이 가장 절실하고, 부모를 대상으로 자녀양육에 대한 교육과 함께 아동의 인권존중에 대한 가치를 알 수 있는 교육적 지원이 지속적으로 이루어져야 할 것이다(김호년 외, 2017).

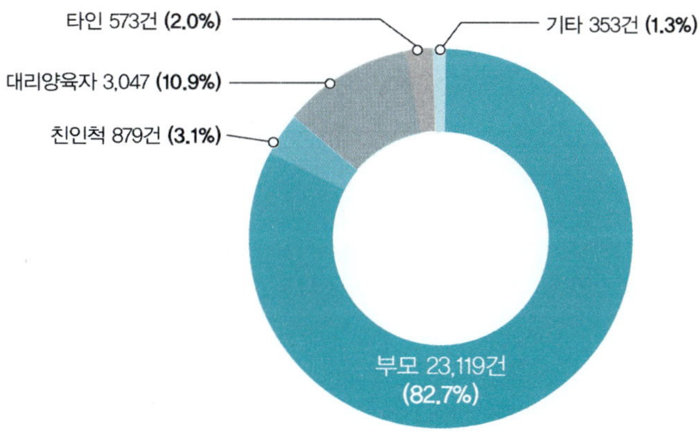

출처 : 보건복지부. 2022 아동학대 주요통계.

그림 9-5 학대행위자와 피해아동과의 관계

4) 아동학대 사례 유형

「아동복지법」 제2조에 의하면 아동학대의 유형으로는 신체학대, 정서학대, 성 학대, 방임, 유기 등이 있고, 둘 이상의 학대가 동시에 발생하는 중복학대가 있다. 최근 아동학대가 발생한 사례에 대하여 아동학대 유형을 분류하여 제시하면 다음과 같다.

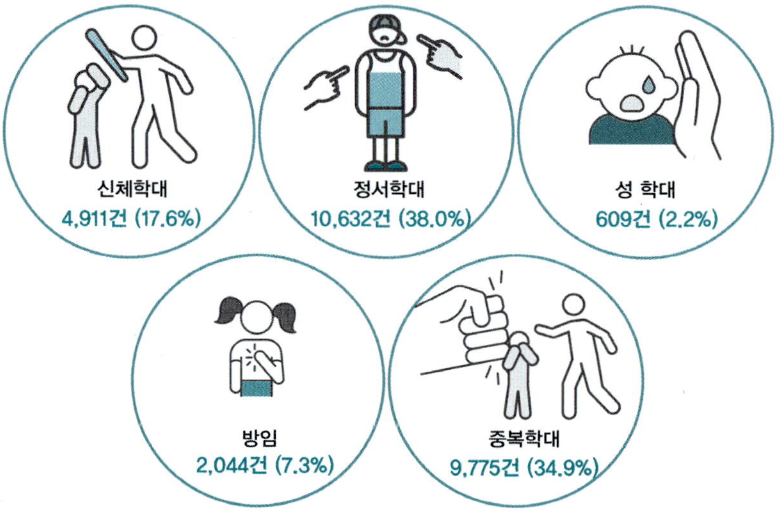

출처 : 아동권리보장원(2023).
https://www.ncrc.or.kr/ncrc/cm/cntnts/cntntsView.do?mi=1030&cntntsId=1034

그림 9-6 아동학대 사례에 따른 유형

아동학대의 유형을 살펴보면 정서학대가 38.0%로 가장 많고, 그 다음으로 중복학대가 34.9%이며, 그 다음으로는 신체학대가 17.6%로 많게 나타났다. 이처럼 중복학대가 신체학대보다 높게 나타나는 것은 아동학대를 한 가지 유형으로 나타내기보다는 여러 가지 학대가 중복하여 발생하는 경우가 더 많다는 것을 보여주는 예라 할 것이다.

5) 아동학대처벌법에 따른 조치 현황

(1) 피해아동 응급조치 현황

아동학대범죄현장에 출동하거나 아동학대범죄현장을 발견한 경찰 또는 아동보호전문기관 상담원이 피해아동의 실질적인 보호를 위하여 취하는 조치이다. 응급조치를 실시할 때에는 피해아동의 의사를 존중하여야 하지만, 개정된 「아동학대처벌법」에 따라 아동보호전문기관이 피해아동을 보호하여야 하는 특별한 사정이 있을 경우에는 응급조치를 실시할 수 있다는 것을 명시하여, 필요시에 피해아동에 대한 긴급한 조치 및 보호가 이루어질 수 있도록 응급조치를 강화하였다.

표 9-2 피해아동 응급조치 현황

(단위: 건, %)

분류	실건수		조치 내용									
			1호		2호		3호		4호		계 (중복집계)	
상담원	898	(78.8)	17	(1.7)	88	(8.7)	850	(83.7)	60	(5.9)	1,015	(100.0)
경찰	242	(21.2)	69	(17.6)	89	(22.6)	206	(52.4)	29	(7.4)	393	(100.0)
계	1,140	(100.0)	86	(6.1)	177	(12.6)	1,056	(75.0)	89	(6.3)	1,408	(100.0)

- 1호: 아동학대 범죄 행위 제지
- 2호: 아동학대행위자를 피해아동으로부터 격리
- 3호: 피해아동을 아동학대 관련 보호시설로 인도
- 4호: 긴급치료가 필요한 피해아동을 의료기관으로 인도

(2) 긴급임시조치 현황

응급조치를 실시했음에도 불구하고 피해아동에게 아동학대범죄가 재발될 우려가 있고, 긴급을 요하여 법원의 임시조치 결정을 받을 수 없을 때, 경찰의 직권이나 피해아동 본인·피해아동의 법정대리인·피해자의 변호사·아동보호전문기관장의 신청에 따라 사법경찰관이 긴급하게 아동학대행위자에 대하여 퇴거 등 격리, 접근금지 등의 조치하는 것을 말한다.

표 9-3 피해아동 긴급임시조치 현황

(단위: 건, %)

신청인	신청 실건수	결정 건수	취소 건수	총 실건수	1호	2호*							3호	계 (중복 집계)
						주거	학교·학원	보호시설	병원	기타	소계 (중복 포함)	소계 (중복 제외)		
경찰 직권	0	27	4	31	22	19	21	9	0	0	50	24	12	58
					(37.9)	(38.0)	(42.0)	(18.0)	(0.0)	(0.0)	(100.0)	(41.4)	(20.7)	(100.0)
피해 아동	2	2	0	2	2	2	1	1	0	0	4	2	1	5
					(40.0)	(50.0)	(25.0)	(25.0)	(0.0)	(0.0)	(100.0)	(40.0)	(20.0)	(100.0)
계	2	29	4	33	24	21	22	10	0	0	54	26	13	63
					(38.1)	(38.9)	(40.7)	(18.5)	(0.0)	(0.0)	(100.0)	(41.3)	(20.6)	(100.0)

- 1호: 피해아동 또는 가정구성원의 주거로부터 퇴거 등 격리
- 2호: 피해아동 또는 가정구성원의 주거, 학교 또는 보호시설 등에서 100m 이내 접근 금지
- 3호: 피해아동 또는 가정구성원에 대한 전기통신을 이용한 접근 금지

(3) 임시조치 현황

임시조치(「아동학대처벌법」 제14조, 제15조, 제19조)는 아동학대범죄가 재발될 우려가 있다고 인정되는 경우 취하는 조치이다. 임시조치의 결정은 다음과 같이 이루어진다. 경찰이 검사에게 임시조치 청구신청을 하고, 검사의 직권 또는 청구신청에 따라 법원에 임시조치 청구를 하게 되며, 법원에서는 임시조치를 결정하게 된다. 또한 피해아동·법정대리인·변호사·아동보호전문기관장은 경찰 또는 보호관찰관과 검사에게 각각 임시조치 청구신청과 임시조치 청구를 요청할 수 있다.

4) 피해아동보호명령 현황

피해아동보호명령(「아동학대처벌법」 제47조)은 경찰 등 수사기관을 거치지 않고 판사의 직권이나 피해아동·법정 대리인·변호사·아동보호전문기관장이 직접 가정법원에 아동의 보호를 청구하는 제도이다. 이를 통해 아동보호가 필요한 상황에서 경찰과 검사를 거치지 않고, 법원 결정에 따라 아동을 보호할 수 있게 되었다.

표 9-4 피해아동보호명령 현황

(단위: 건, %)

청구인	결정 실건수	기각 실건수	총 실건수	임시보호 결정	임시보호 기각	결정 내용									
						1호	2호	3호	4호	5호	6호	7호	8호	9호	계 (중복집계)
판사 직권	1	0	1	0	1	0	0	0	0	0	1	1	1	0	3
						(0.0)	(0.0)	(0.0)	(0.0)	(0.0)	(33.3)	(33.3)	(33.3)	(0.0)	(100.0)
아동보호 전문기관장	239	18	257	169	88	8	153	137	162	7	44	61	4	18	594
						(1.3)	(25.8)	(23.1)	(27.3)	(1.2)	(7.4)	(10.3)	(0.7)	(3.0)	(100.0)
변호사	70	1	71	51	20	1	56	49	47	0	9	1	0	2	165
						(0.6)	(33.9)	(29.7)	(28.5)	(0.0)	(5.5)	(0.6)	(0.0)	(1.2)	(100.0)
피해아동의 법정대리인	12	6	18	8	10	1	10	9	7	0	0	2	0	0	29
						(3.4)	(34.5)	(31.0)	(24.1)	(0.0)	(0.0)	(6.9)	(0.0)	(0.0)	(100.0)
피해아동	5	0	5	1	4	0	2	2	1	1	2	1	0	1	10
						(0.0)	(20.0)	(20.0)	(10.0)	(10.0)	(20.0)	(10.0)	(0.0)	(10.0)	(100.0)
계	327	25	352	229	123	10	221	197	217	8	56	66	5	21	801
						(1.2)	(27.6)	(24.6)	(27.1)	(1.0)	(7.0)	(8.2)	(0.6)	(2.6)	(100.0)

- 1호: 아동학대행위자를 피해아동의 주거지 또는 점유하는 방실로부터의 퇴거 등 격리
- 2호: 아동학대행위자가 피해아동 또는 가정구성원에게 접근하는 행위의 제한
- 3호: 아동학대행위자가 피해아동 또는 가정구성원에게 「전기통신기본법」 제2조 제1호의 전기통신을 이용하여 접근하는 행위의 제한
- 4호: 피해아동을 아동복지시설 또는 장애인복지시설로의 보호위탁
- 5호: 피해아동을 의료기관으로의 치료위탁
- 6호: 피해아동을 연고자 등에게 가정위탁
- 7호: 친권자인 아동학대행위자의 피해아동에 대한 친권 행사의 제한 또는 정지
- 8호: 후견인인 아동학대행위자의 피해아동에 대한 후견인 권한의 제한 또는 정지
- 9호: 친권자 또는 후견인의 의사표시를 갈음하는 결정

5. 학대아동을 위한 보호사업

아동보호전문기관은 피해아동의 학대 후유증을 극복하고 학대행위자의 재학대를 방지하며 피해아동 가족의 가족기능을 강화하기 위해 피해아동, 학대행위자, 그리고 피해아동의 가족을 대상으로 다양한 서비스를 제공하고 있다. 서비스에는 상담서비스, 입원치료·통원치료를 포함하는 의료서비스, 심리검사·미술치료·놀이치료 등을 포함하는 심리치료서비스, 가정지원서비스·사회복지 서비스기관 연결·공적 지원 연결을 포함하는 가족기능강화서비스, 일시보호시설 및 쉼터 입퇴소 및 절차 지원, 분리보호 및 절차 지원, 출결 및 비밀전학 처리 지원 등을 포함하는 학습 및 보호지원서비스, 법률자문과 아동에 대한 응급조치 및 피해아동보호명령 절차 진행과 행위자에 대한 임시조치 또는 고소·고발 등 사건 처리에 대한 서비스가 있다. 또한 임시조치 또는 조건부기소유예, 보호처분 결정, 형벌과 수강명령 등의 병과를 통해 검찰·법원으로부터 상담·교육 위탁 처분을 받은 학대행위자를 대상으로 하는 행위자 수탁 프로그램을 포함한다.

1) 피해아동에 대한 서비스 제공

아동학대가 발생된 후에는 피해상황에 맞춰 신속하고도 적절한 전문적인 서비스를 제공해 주어야 한다. 예를 들면 학대 피해아동을 대상으로 한 상담 및 치료, 자원 연결 등의 서비스 제공이 이에 해당되며, 피해아동 가족을 위한 서비스와 학대행위자를 위한 치료서비스 등도 이에 해당된다. 아동학대 피해아동에 대한 서비스 지원내용을 표로 제시하면 다음과 같다.

표 9-5 아동학대 피해아동에 대한 서비스 지원 내용

구분	서비스 내용	서비스 방법
상담서비스	의료서비스	입원치료
		통원치료
	심리치료서비스	심리검사
		심리치료
	가족기능 강화 서비스	가정지원서비스
		사회복지 서비스기관 연결
		공적 지원 연결
학습 및 보호지원 서비스	사건처리 지원 서비스	법률자문
		사건처리 지원
	행위자 수탁 프로그램	임시조치
		조건부 기소유예
		보호처분
		형벌과 수강명령 등의 병과

2) 부모 또는 가족에 대한 서비스 제공

이들은 학대의 직접적인 피해 대상은 아님에도 불구하고, 피해아동과 동일하게 아동학대를 목격하거나 간접적으로 경험했기 때문에 피해아동과 동일하거나 그 이상의 심리적 고통과 후유증을 경험할 수 있다.

또한 비가해부모들도 피해아동을 학대행위자로부터 지키지 못했다는 죄책감 및 무력감, 비관 등의 정신적 고통을 겪을 수 있기 때문에 가정 내 학대발생 위험 요소를 낮추고, 아동의 안전한 보호를 위해서는 비가해부모 또는 가족을 대상으로 트라우마 회복 및 후유증 감소를 위한 통합적인 서비스 제공을 중요하게 고려해야 할 것이다.

6. 학대아동을 위한 대책서비스

1) 성폭력 피해아동청소년 전용 쉼터 운영지원

심리·정서·신체적으로 위기상태에 있는 성폭력 피해아동이나 청소년에게 상담·의료·법률·보호·숙식제공 등 다양한 서비스를 제공하여 자립을 돕고, 지원대상은 친족 성폭력 피해아동·청소년을 지원하며, 성폭력 피해회복을 위해 피해자 보호, 숙식, 상담, 치료 등을 통해 회복 및 자립을 지원한다.

2) 가정폭력피해자 치료회복 프로그램 및 의료비 지원

지원대상은 가정폭력을 당한 피해자 및 동반아동이며, 가정폭력피해자의 심리적 안정을 위한 전문상담, 폭행으로 상처 받은 몸과 마음을 회복하기 위한 개별상담, 집단상담, 미술치료, 음악치료, 부부상담, 심신회복캠프, 문화체험 등 정신 및 심리치료·회복 프로그램을 운영하고 의료비를 지원한다.

3) 피해아동의 치료를 위한 의료서비스 제공

피해아동의 신체손상의 치료를 위한 의료서비스가 제공되고, 심리적 손상에 대한 치료를 위해 개별상담, 집단상담, 놀이치료, 미술치료, 음악치료, 가족치료 등이 제공되며 각종 심리검사도 무료로 제공된다.

4) 성폭력피해자 지원사업

심리·정서·신체적으로 위기상태에 있는 성폭력피해자에게 상담·의료·법률·보호·숙식제공 등의 서비스를 제공하여 회복과 자립을 돕는다. 성폭력피해자를 대상으로 하며 피해회복을 위해 다음과 같은 상담·의료·법률·치료회복 프로그램을 지원한다.

- 성폭력상담소(전국 163개소)에서 상담 지원
- 보호시설(30개소)에서 피해자 보호, 숙식 제공 등 회복과 자립 지원

- 해바라기센터(38개소)에서 수사·상담·심리치료·의료·법률 등의 서비스 지원
- 피해자 간병비 지원 및 아동피해자에 대한 돌봄비용 지원
- 피해아동 및 장애인 등에 대한 치료동행서비스 지원

5) 가정폭력상담소 운영지원

가정폭력의 피해자를 상담하고 피해자를 임시보호하며, 의료기관이나 피해자 보호시설로 인도한다.

6) 가정폭력·성폭력피해자 무료 법률지원

가정폭력과 성폭력으로 고통받는 남성과 여성 그리고 아동 및 청소년의 법률적 문제를 돕는다. 지원대상은 가정폭력 및 성폭력 피해자(국내 거주 외국인 여성 포함)이며 가정폭력, 성폭력 등의 피해와 관련된 민사, 가사, 형사사건 등에 대해 상담 및 법률 구조를 받을 수 있다.

7) 아동권리보장원 운영

「아동복지법」 제10조에 의거하여 설립·운영되고 있는 아동권리보장원의 도움을 받을 수 있도록 안내한다. 아동권리보장원은 아동학대의 예방 강화 및 피해아동에 대한 적극적인 보호를 통해 아동의 안정적인 성장환경 조성 및 권리 증진을 도모하기 위해 운영되는 기관이다.

아동권리보장원에서 아동학대와 관련된 지원내용은 아동보호전문기관에 대한 지원, 아동학대예방사업과 관련된 연구 및 자료 발간, 효율적인 아동학대예방사업을 위한 연계체계 구축, 아동학대예방사업을 위한 프로그램 개발 및 평가, 아동보호전문기관 및 학대피해아동 쉼터 운영과 아동학대 예방 관련 교육 및 홍보활동 등이다.

7. 학대아동 보호사업의 개선방안[2]

1) 아동학대 관련 법체계의 정비

현재 아동학대에 대한 법 규정은 「아동복지법」(보건복지부)과 「아동학대처벌법」(법무부), 「영유아보육법」(보건복지부, 아동학대 기관 폐쇄규정) 및 「유아교육법」 등이 아동학대와 관련하여 제정되어 있다. 효율적인 아동학대의 대처를 위해 여러 법에 산재해 있는 아동학대에 대한 대응을 효율적으로 하기 위한 통일된 하나의 새로운 법체계가 필요하다.

2) 아동학대 행위자의 범위 규정에 대한 개정의 필요성

「아동복지법」 제17조에서는 11가지의 금지행위에 관한 규정을 두고 있고, 금지행위를 행하는 모든 사람이 처벌대상이 된다. 벌칙 규정을 통해 이러한 금지행위에 대하여 1년 이하 징역 또는 1천만 원 이하의 벌금에서부터 10년 이하의 징역 또는 1억 원 이하의 벌금에 처하도록 하고 있다. 하지만 「아동학대처벌법」에서는 사실상 아동을 보호·감독하는 자(「아동복지법」 제3조 제3호)에 한하여 처벌하도록 규정하고 있다. 그렇기 때문에 범죄대상자를 보호자에 한정하여 규정하지 말고, 현행 「아동복지법」 제17조와 같이 처벌대상을 누구든지로 확대하여 보호자뿐만 아니라, 해당 범죄를 범하는 대상은 모두가 처벌되는 것으로 법을 개정할 필요가 있다.

3) 피해아동의 보호범위 문제에 대한 개선 필요

「아동복지법」과 「아동학대처벌법」에서는 피학대아동의 범위를 18세 미만으로 한정하고 있어, 18세가 넘는 아동(고3에 해당하는)에 대해서는 보호에 대한 사각지대가 발생한다.

---

2) 김아름·박은영·김재선(2017), 학대아동 보호사업의 개선방안, 육아정책연구소의 내용을 요약 정리한 것임.

4) 아동학대 대응체계의 공공성 강화

(1) 일반회계예산으로의 전환

현재 아동학대의 예방과 사후관리를 위해서는 법무부와 기획재정부에서 각출된 기금에서 예산이 마련되고 있으며, 실제 이를 운영하는 보건복지부의 예산과는 관련이 없다. 이에 현재 아동보호전문기관이 주로 민간에서 운영되는 만큼, 필요한 예산 확보를 통해 공공성을 강화하고, 이 기관들에 대한 정부나 지방자치단체의 감독권한이 강화될 필요가 있다.

(2) 현장조사원에게 사법경찰권의 부여

사법경찰권 부여의 필요성이 있다. 아동보호전문기관의 현장조사원들은 조사원증을 발급받는 등의 자격이 부여되지만, 실제 경찰과 동행하지 않는 경우 현장조사에 어려움이 있다. 경찰 또한 업무의 포화로 인해 아동학대 사건에 대한 적극적 대처에 어려움이 있어, 특별사법경찰제도를 활용하여 아동 및 복지의 전문가인 아동보호전문기관의 현장조사원을 사법경찰관리로 임명하여 활용하는 방안이 도입될 필요가 있다.

(3) 신고체계의 실질적 일원화의 필요성

2014년 이후로 아동학대와 관련하여 신고체계는 경찰의 112센터로 통합되어 있으나, 실제 운영에 있어 다양한 경로가 여전히 존재하고 있다. 이 경우, 신고의 방식과 절차에 따라 이후 사건의 진행속도나 경과가 달라지는 우려가 제기되고 있어, 실질적인 신고체계의 일원화가 필요하다.

5) 아동학대 예방을 위한 실효성 확보수단

(1) 신고의무자에 대한 처벌과 보호 강화의 필요성

신고의무자의 미신고에 대한 과태료 규정이 있음에도 불구하고, 여전히 미신고의 비율은 높은 편이다. 이에 실질적으로 신고의무자 신원 및 신상의 보호를 위한 수단을 마련하고, 이와 함께 신고의무자의 미신고 시 처벌을 명확히 규정할 필요가 있다.

(2) 수사과정과 조사과정에서의 문제점 개선

우리나라 법 체계는 수사와 조사과정에서 지방자치단체뿐만 아니라, 경찰과 아동보호전문기관에게 폭넓게 개입의 여지를 열어두고 있다. 수사절차는 사법기관에서 담당하는 것이기 때문에 개입의 여지가 적더라도, 조사과정은 아동학대 예방과 재학대의 방지를 위해 중요한 측면이 있으나, 실질적 운영에 있어서 어려움이 있다. 현재의 법체계는 이런 실무상의 사각지대를 제공하고 있어 개선이 필요하다.

(3) 처벌기준의 다양화가 필요

아동학대가 어린이집 등의 시설이나 유치원 등의 교육기관에서 발생한 경우, 지방자치단체장은 1년 이하의 운영정지나 시설폐쇄를 명할 수 있도록 규정되어 있다. 하지만 현실적으로 대안을 마련하기 어려운 상황에서 이러한 조치가 과도한 부담으로 느껴지기 때문에 판단에 있어 어려움이 있다. 이에 시설에 대한 처벌기준을 다양화할 필요성이 제기된다.

(4) 지방자치단체의 역할 강화

아동복지심의위원회의 기능강화를 통해 요보호아동에 대한 사후서비스를 지방자치단체 소속의 아동복지심의위원회가 결정하도록 하여, 관리하도록 하는 방안이 필요하다. 사례관리에 있어서 고위험군(아동보호전문기관), 저위험군(지방자치단체)에 대해 분리하여 관리할 필요가 있다.

Chapter

10

장애아동

1. 장애아동의 정의와 범주

1) 장애의 정의

장애의 정의는 사회환경과 인식의 변화에 따라 변화하였다.

과거에는 장애인에 대해 차별적이고 가치절하적인 관점으로 신체장애인의 경우 '불구자', '병신', 지적장애인은 '바보', '정신박약'이라고 부르기도 하였지만, 장애인에 대한 사회적 인식이 개선되고 인간으로서의 존엄성과 가치를 인정하는 'A person with Disability'라는 용어로 변경되었다. 지금은 장애인을 무한한 잠재력(potential)을 가지고 적합한 지원을 받을 경우, 사회에 기여할 수 있는 무한한 가치를 가진 구성원으로 본다.

세계보건기구(WHO)는 장애에 대한 용어를 다음과 같은 세 가지로 분류하고 있다.

첫째, 장애를 '손상(impairment)'의 관점으로 신체나 내장의 특정 부위가 상실되거나 그 기능이 감소된 상태를 말한다. 예를 들면, 사고로 인해 다리가 없는 상태라고 볼 수 있다.

둘째, 장애를 '무능력(disability)'이라는 관점에서 손상으로 인해 특정과제를 보편적인 방법으로 수행하기 어려운 상태를 말한다. 예를 들면, 다리가 없어 걸어서 이동하지 못하는 경우다.

셋째, 장애를 '불이익(handicap)' 또는 '사회적 불리'라는 관점에서 바라보는 것으로, 손상이나 무능력으로 인하여 환경과의 상호작용에서 문제나 불이익을 경험하게 되는 것을 의미한다. 예를 들면, 다리가 없는 사람이 휠체어를 타고 이동할 수 있지만 특정 건물에 경사로가 설치되어 않아 업무를 수행하지 못하는 경우다.

즉, 다리가 절단된 경우 장애(손상)를 가지고 있으며, 걷지 못한다는 장애(무능력)도 가지고 있지만 경사로나 엘리베이터 사용으로 이동과 업무에 불편과 어려움을 경험하지 않는다면, 이는 불이익이나 사회적 관점에서의 장애(불이익)는 가진 것으로 볼 수 없다. 아직 우리나라에서는 장애를 특별히 구별하여 사용하고 있지 않지만, 장애를 어떠한 의미로 사용하는가에 따라 그 정의는 달라짐을 알 수 있다. **표 10-1**은 이를 정리한 것이다.

표 10-1 장애의 의미

용어	의미	예	차원
장애 (손상 impairment)	임상적인 질병으로 다른 사람이 개인의 어떤 비정상성을 인식하는 상태	다리가 없는 경우	신체적 차원 (body level)
장애 (무능력 disability)	특정 과제를 보편적으로 수행하는 방법으로 하기 어려운 상태	다리가 없어서 보통사람처럼 걸어서 이동하지 못하는 경우	개인적 차원 (person level)
장애 (불이익 handicap)	개인의 활동능력제한에 대해 사회적 참여의 제약이라는 사회적 반응이 발생하는 상태	다리가 없어 휠체어를 사용하지만 경사로가 없어 접근이 어려운 경우	사회적 차원 (society level)

출처 : 이소현·박은혜(2011). p. 13 수정.

2) 장애의 범주

우리나라의 장애유형 분류는 「장애인복지법」의 분류가 대표적이다. 「장애인복지법」에서는 장애의 유형을 크게 신체적 장애와 정신적 장애로 대별하고, 신체적 장애는 신체의 내부와 외부로 분류하였고, 정신적 장애는 발달장애와 정신장애로 분류하였다. 이는 고정된 것이 아니라 사회가 변화함에 따라 함께 변화해 온 것으로, 현재는 **표 10-2**와 같다.

표 10-2 장애인복지법에 의한 장애 분류

대분류	중분류	소분류	세분류
신체적 장애	외부 신체기능의 장애	지체장애	절단장애, 관절장애, 지체기능장애, 척추장애, 변형 등의 장애
		뇌병변장애	뇌의 손상으로 인한 복합적인 장애
		시각장애	시력장애, 시야결손장애, 겹보임(복시)
		청각장애	청력장애, 평형기능장애
		언어장애	언어장애, 음성장애, 구어장애
		안면장애	안면부의 추상, 함몰, 비후 등 변형으로 인한 장애
	내부기관의 장애	신장장애	투석치료 중이거나 신장을 이식받은 경우
		심장장애	일상생활이 현저히 제한되는 심장기능 이상
		간장애	일상생활이 현저히 제한되는 만성·중증의 간기능 이상

대분류	중분류	소분류	세분류
		호흡기장애	일상생활이 현저히 제한되는 만성·중증의 호흡기기능 이상
		장루·요루장애	일상생활이 현저히 제한되는 장루·요루
		뇌전증(간질)장애	일상생활이 현저히 제한되는 만성·중증의 뇌전증(간질)
정신적 장애	발달장애	지적장애	지능지수가 70 이하인 경우
		자폐성장애	소아청소년 자폐 등 자폐성장애
	정신장애	정신장애	조현병, 조현정동장애, 양극성정동장애, 재발성우울장애, 뇌의 신경학적 손상으로 인한 기질성 정신장애, 강박장애, 투렛장애(Tourette's disorder), 기면증

이 기준은 「장애인복지법」 제32조의 규정에 의해 특별자치도지사·시장·군수·구청장에게 장애인등록을 신청한 사람의 장애등급을 진단·판정하는 때에 적용한다.

장애등급제는 장애인들에게 장애유형과 정도에 따라 1~6등급을 부여해 그에 따른 혜택과 지원을 차등적으로 제공해 왔지만, 사람에게 '등급'을 나눈다는 것이 인권침해라는 지적과 함께 장애인들에게 실질적으로 필요한 서비스를 제공하지 못한다는 비판을 받아왔다. 그래서 2019년부터는 30년 만에 장애등급제가 폐지되어 기존의 1~6등급으로 구분되던 '장애등급'이 '장애의 정도가 심한 장애인'과 '장애의 정도가 심하지 않은 장애인'으로 구분되는 '장애정도'로 변경되었다. 또한 이번 개정안에는 중복장애에 대한 세부장애상태기준을 신설하였고, 그동안 장애등급에 따라 복지 서비스 제공이 제한되었던 것과 달리, 종합적 욕구조사를 실시해 개인의 욕구 및 환경에 맞는 맞춤형 서비스가 제공된다.

3) 장애아동의 정의와 유형

장애아동은 '장애'와 '아동'의 복합어로 그 개념을 한마디로 정의하기가 어렵다. 그 이유는 아동에 대한 정의가 법에 따라 다르게 정의되어 있다. 또한 장애의 개념 역시 앞서 말한 바와 같이 사회적·문화적·정치적·경제적 상황과 이해와 관심의 정도에 따라 다르기 때문이다.

일반적으로 특수아동과 장애아동을 혼용하여 사용하는 경우가 많다. 장애로 인해 특수교육이 필요한 아동은 '특수교육대상자'가 법적으로 공식적인 용어이지만 일반적으로 특수교육대상자라는 용어 대신 장애학생, 장애아동이라는 용어를 사용하기도 한다. 하지만 장애학생, 장애아동이라는 용어와 특수교육대상자라는 용어가 동일한 것은 아니며, 장애아동 중에서도 「장애인 등에 대한 특수교육법」에 의해 특수교육대상자로 선정된 경우에 한해서 '특수교육대상자'라는 용어를 사용한다.

한편 「장애인 등에 대한 특수교육법」에서의 장애유형은 「장애인복지법」에서의 분류와 상이하여 장애유형을 분류하는 데 많은 혼란이 있다. 이는 두 법의 출발점이 다른 데서 그 이유를 찾을 수 있다.

「장애인복지법」은 주로 질병이나 신체적 손상의 정도에 의한 분류인 반면, 「장애인 등에 대한 특수교육법」에 의한 장애유형의 분류는 특수교육 가능성의 여하에 따른 분류이다.

이는 「장애인 등에 대한 특수교육법」의 목적은 장애유형·장애정도의 특성을 고려한 교육에 초점을 맞추고 있는 반면, 「장애인복지법」은 복지적인 차원에서 장애발생 예방 및 장애인 복지대책을 종합적으로 포괄하여 장애인의 복지와 사회활동 참여증진을 통하여 사회통합에 이바지함을 목적으로 하고 있기 때문이다.

(1) 장애아동의 일반적인 분류

- 지적차이: 지적능력의 차이로 학습이 느린 아동 포함
- 의사소통차이: 학습장애아와 언어·말장애아 포함
- 감각차이: 청각장애아와 시각장애아 포함
- 중증·중복장애: 여러 장애가 복합된 아동 포함
- 행동차이: 행동장애아와 사회부적응아 포함
- 신체차이: 이동능력과 신체적 움직임을 방해하는 감각장애 외의 아동 포함

(2) 장애아동의 선정기준

「장애인 등에 대한 특수교육법 시행령」과 「장애인복지법 시행령」에 의한 장애아동의 선정기준을 비교하면 다음과 같다.

첫째, 정서·행동장애, 발달지체는 「장애인 등에 대한 특수교육법 시행령」에만 명시되어 있다.

둘째, 정신장애는 「장애인복지법 시행령」에만 명시되어 있다. 다만, 정신장애 내

용 중 일부는 「장애인 등에 대한 특수교육법 시행령」에 명시되어 있는 정서·행동 장애를 포함한다.

셋째, 같은 장애영역임에도 불구하고 「장애인 등에 대한 특수교육법 시행령」에 명시되어 있는 의사소통장애를 「장애인복지법 시행령」에서는 언어장애로 사용하고 있다.

넷째, 「장애인 등에 대한 특수교육법 시행령」에서는 뇌성마비와 뇌병변장애가 지체장애에 포함되어 있지만, 「장애인복지법 시행령」에서는 지체장애와 뇌병변장애를 분류하여 뇌성마비를 뇌병변장애에 포함시키고 있다.

다섯째, 「장애인 등에 대한 특수교육법 시행령」에서는 건강장애를 학교생활 및 학업수행에 어려움이 있는 사람으로 제한하고 있지만, 「장애인복지법 시행령」에서는 건강장애를 구체적으로 신장장애, 심장장애, 호흡기장애, 간장애, 안면장애, 장루·요루장애, 뇌전증장애로 분류하여 일상생활에 상당한 제약을 받는 사람으로 규정하고 전 생애로 범위를 확대하였다. 장애유형에 따른 선정기준을 정리하면 **표 10-3**과 같다.

표 10-3 장애인 등에 대한 특수교육법 시행령과 장애인복지법 시행령에 의한 장애유형 비교

장애유형	선정기준	
	장애인 등에 대한 특수교육법 시행령	장애인복지법 시행령
시각장애 (시각장애인)	시각계의 손상이 심하여 시각기능을 전혀 이용하지 못하거나 보조공학기기의 지원을 받아야 시각적 과제를 수행할 수 있는 사람으로서, 시각에 의한 학습이 곤란하여 특정의 광학기구·학습매체 등을 통하여 학습하거나 촉각 또는 청각을 학습의 주요 수단으로 사용하는 사람	가. 나쁜 눈의 시력(공인된 시력표에 따라 측정된 교정시력을 말한다. 이하 같다)이 0.02 이하인 사람 나. 좋은 눈의 시력이 0.2 이하인 사람 다. 두 눈의 시야가 각각 주시점에서 10도 이하로 남은 사람 라. 두 눈의 시야 2분의 1 이상을 잃은 사람 마. 두 눈의 중심 시야에서 20도 이내에 겹보임(복시)이 있는 사람
청각장애 (청각장애인)	청력손실이 심하여 보청기를 착용해도 청각을 통한 의사소통이 불가능 또는 곤란한 상태이거나, 청력이 남아 있어도 보청기를 착용해야 청각을 통한 의사소통이 가능하여 청각에 의한 교육적 성취가 어려운 사람	가. 두 귀의 청력손실이 각각 60데시벨(db) 이상인 사람 나. 한 귀의 청력손실이 80데시벨 이상, 다른 귀의 청력손실이 40데시벨 이상인 사람 다. 두 귀에 들리는 보통 말소리의 명료도가 50퍼센트 이하인 사람 라. 평형 기능에 상당한 장애가 있는 사람

장애유형	선정기준	
	장애인 등에 대한 특수교육법 시행령	장애인복지법 시행령
지적장애 (지적장애인)	지적기능과 적응행동상의 어려움이 함께 존재하여 교육적 성취에 어려움이 있는 사람	정신발육이 항구적으로 지체되어 지적능력의 발달이 불충분하거나 불완전하고 자신의 일을 처리하는 것과 사회생활에 적응하는 것이 상당히 곤란한 사람
지체장애 (지체장애인)	기능·형태상 장애를 가지고 있거나 몸통을 지탱하거나 팔다리의 움직임 등에 어려움을 겪는 신체적 조건이나 상태로 인해 교육적 성취에 어려움이 있는 사람	가. 한 팔, 한 다리 또는 몸통의 기능에 영속적인 장애가 있는 사람 나. 한 손의 엄지손가락을 지골(손가락뼈)관절 이상의 부위에서 잃은 사람 또는 한 손의 둘째 손가락을 포함한 두 개 이상의 손가락을 모두 제1지골 관절 이상의 부위에서 잃은 사람 다. 한 다리를 가로발목뼈관절(lisfranc joint) 이상의 부위에서 잃은 사람 라. 두 발의 발가락을 모두 잃은 사람 마. 한 손의 엄지손가락 기능을 잃은 사람 또는 한 손의 둘째 손가락을 포함한 손가락 두 개 이상의 기능을 잃은 사람 바. 왜소증으로 키가 심하게 작거나 척추에 현저한 변형 또는 기형이 있는 사람 사. 지체(肢體)에 위 각 목의 어느 하나에 해당하는 장애 정도 이상의 장애가 있다고 인정되는 사람
정서·행동장애 (정신장애인)	장기간에 걸쳐 다음 각 목의 어느 하나에 해당하여, 특별한 교육적 조치가 필요한 사람 가. 지적·감각적·건강상의 이유로 설명할 수 없는 학습상의 어려움을 지닌 사람 나. 또래나 교사와의 대인관계에 어려움이 있어 학습에 어려움을 겪는 사람 다. 일반적인 상황에서 부적절한 행동이나 감정을 나타내어 학습에 어려움이 있는 사람 라. 전반적인 불행감이나 우울증을 나타내어 학습에 어려움이 있는 사람 마. 학교나 개인 문제에 관련된 신체적인 통증이나 공포를 나타내어 학습에 어려움이 있는 사람	다음 각 목의 장애·질환에 따른 감정조절·행동·사고 기능 및 능력의 장애로 일상생활이나 사회생활에 상당한 제약을 받아 다른 사람의 도움이 필요한 사람 가. 지속적인 양극성 정동장애(여러 현실 상황에서 부적절한 정서 반응을 보이는 장애), 조현병, 조현정동장애 및 재발성 우울장애 나. 지속적인 치료에도 호전되지 않는 강박장애, 뇌의 신경학적 손상으로 인한 기질성 정신장애, 투렛장애(Tourette's disorder) 및 기면증 * '장애인복지법 시행령'에서는 정서·행동장애의 일부만 포함하고 있음

장애유형	선정기준	
	장애인 등에 대한 특수교육법 시행령	장애인복지법 시행령
자폐성장애 (자폐성장애인)	사회적 상호작용과 의사소통에 결함이 있고, 제한적이고 반복적인 관심과 활동을 보임으로써 교육적 성취 및 일상생활 적응에 도움이 필요한 사람	소아기 자폐증, 비전형적 자폐증에 따른 언어·신체표현·자기조절·사회적응 기능 및 능력의 장애로 인하여 일상생활이나 사회생활에 상당한 제약을 받아 다른 사람의 도움이 필요한 사람
의사소통장애 (언어장애인)	다음 각 목의 어느 하나에 해당하여 특별한 교육적 조치가 필요한 사람 가. 언어의 수용 및 표현능력이 인지능력에 비하여 현저하게 부족한 사람 나. 조음능력이 현저히 부족하여 의사소통이 어려운 사람 다. 말 유창성이 현저히 부족하여 의사소통이 어려운 사람 라. 기능적 음성장애가 있어 의사소통이 어려운 사람	음성기능이나 언어기능에 영속적으로 상당한 장애가 있는 사람
학습장애	개인의 내적 요인으로 인하여 듣기, 말하기, 주의집중, 지각, 기억, 문제해결 등의 학습기능이나 읽기, 쓰기, 수학 등의 학업성취 영역에서 현저하게 어려움이 있는 사람	
건강장애	만성질환으로 인하여 3개월 이상의 장기 입원 또는 통원치료 등 계속적인 의료적 지원이 필요하여 학교생활, 학업수행에 어려움이 있는 사람	
발달지체	신체, 인지, 의사소통, 사회·정서, 적응행동 중 하나 이상의 발달이 또래에 비해 현저하게 지체되어 특별한 교육적 조치가 필요한 영아 및 9세 미만의 아동	
뇌병변장애인		뇌성마비, 외상성 뇌손상, 뇌졸중(腦卒中) 등 뇌의 기질적 병변으로 인하여 발생한 신체적 장애로 보행이나 일상생활의 동작 등에 상당한 제약을 받는 사람
신장장애인		신장의 기능장애로 인하여 혈액투석이나 복막투석을 지속적으로 받아야 하거나 신장기능의 영속적인 장애로 인하여 일상생활에 상당한 제약을 받는 사람

장애유형	선정기준	
	장애인 등에 대한 특수교육법 시행령	장애인복지법 시행령
심장장애인		심장의 기능부전으로 인한 호흡곤란 등의 장애로 일상생활에 상당한 제약을 받는 사람
호흡기장애인		폐나 기관지 등 호흡기관이 만성적 기능부전으로 인한 호흡기능의 장애로 일상생활에 상당한 제약을 받는 사람
간장애인		간의 만성적 기능부전과 그에 따른 합병증 등으로 인한 간기능의 장애로 일상생활에 상당한 제약을 받는 사람
안면장애인		안면부위의 변형이나 기형으로 사회생활에 상당한 제약을 받는 사람
장루·요루 장애인		배변기능이나 배뇨기능의 장애로 인하여 장루(腸瘻) 또는 요루(尿瘻)를 시술하여 일상생활에 상당한 제약을 받는 사람
뇌전증장애인		뇌전증에 의한 뇌신경세포의 장애로 인하여 일상생활이나 사회생활에 상당한 제약을 받아 다른 사람의 도움이 필요한 사람
합계	10	15

(3) 장애아동의 유형별 정의

「장애인 등에 대한 특수교육법」상에서 특수교육대상자로 분류하는 장애의 유형은 시각장애, 청각장애, 지적장애, 지체장애, 정서행동장애, 자폐성장애(이와 관련된 장애를 포함), 의사소통장애, 학습장애, 건강장애, 발달지체, 그밖의 대통령령으로 정하는 장애로 총 11가지이다.

① 시각장애

「장애인 등에 대한 특수교육법 시행령」에 의하면, 시각장애란 시각계의 손상에 의하여 시기능에 제한이 있는 장애(impairment)이다. 시력과 시야의 제한 정도에 따라 맹(blind)과 저시력(low vision)으로 구분한다. 시각장애인은 시각계의 손상이 심하여 시기능을 전혀 이용하지 못하거나 보조공학기기의 지원을 받아야 시각적 과제를 수행할 수 있는 사람으로서, 시각에 의한 학습이 곤란하여 특정의 광학기구 학습매체 등을 통하여 학습하거나 촉각 또는 청각을 학습의 주요 수단으로 사용하는 사람을 말한다.

시각장애의 분류는 발생 시기에 따른 분류(선천성 시각장애, 후천성 시각장애), 진행 정도에 따른 분류(급성, 진행성), 장애 정도에 따른 분류(정상근접 시력집단, 중등도 기능집단, 중심시야 감소집단, 기능적 시력이 낮아서 중심시력이 낮을 가능성이 있는 집단, 맹집단), 장애중복에 따른 분류(농맹, 기타), 교육에 따른 분류(중등도, 고도, 최고도 시각장애)가 있다.

시각장애의 원인은 굴절이상(굴절오류), 구조적 손상, 시각내피의 손상 세 영역으로 나눌 수 있다.

시각장애아동의 특성으로는 첫째, 일반적으로 일반아동에 비해 지능이 낮지 않지만 유아기에 인지적 능력을 발달시키는 데 제한이 있을 수 있어 인지적으로 또래보다 낮은 능력을 나타내기도 한다.

둘째, 신체발달과 성장과정은 일반아동과 유사하지만, 시력손상으로 인한 부모의 과잉보호나 소홀함으로 인해 신체적 기술발달의 기회가 제한되기도 하여 또래보다 낮은 신체 및 운동능력을 보이기도 한다.

셋째, 움직임의 폭이 좁은 경우가 많아 또래아동과 어울리거나 주변 환경에 능동적으로 참여하는 데 어려움이 있어 다소 소극적이며 위축적인 심리 사회적 특성을 갖고 있을 수 있다.

넷째, 일반아동에 비해 모방과 관찰의 기회가 없어 정보습득이 어렵고, 교수절차의 구체성 부족으로 학습지체를 보이기도 한다.

시각장애아동을 위한 특수교육적 중재는 **표 10-4**와 같다.

표 10-4 시각장애아동을 위한 특수교육적 중재

중재 종류	내용
점자교육	• 맹인을 위한 읽고 쓰기, 촉각적 체계 • 한글자모 점자표시 • 인쇄활자보다 느리고 모든 자료가 점자화되지 않아 제한적 • 비장애아동이 이해하기 어려움
일반글자교육	• 묵자교육 필요 • 워드프로세서의 사용(읽고 쓰기에 도움) • 음성피드백 제공 • 학업 성과물 제출 시 이용
방향정위와 이동성 훈련	• 방향정위와 이동성(기동성) 훈련 필요 • 안내인, 시각장애인을 위한 기본 안내법(맹인안내견, 흰 지팡이, 전자보행기구 등)
사회성교육	• 몸짓, 말을 이용하여 먼저 인사하기 • 얼굴표정, 적절한 신체 위치, 부적절한 매너리즘 감소시키기 교육
배치	• 일반교사의 지식과 태도변화 • 교육적 기자재 확충 • 시각장애전문가 육성 및 지원체계 수립 등이 노력을 통해 가능

시각장애아동을 위한 교수보조도구는 아동들의 기능수준, 교육적 필요, 연령, 교수목표를 고려하여 결정되어야 한다. 표 10-5는 시각장애아동을 위한 교수보조도구, 그림 10-1은 그에 해당되는 교수자료 및 보조공학도구이다.

표 10-5 시각장애아동을 위한 교수보조도구

교수보조도구	내용
시각적 보조도구	독서대, 사인펜, 큰 활자교재
청각적 보조도구	점자도서, 점자타자기, 점판과 점필, 촉각그림 세트, 촉각지도와 지구본, 점자측정도구
청각적 보조자료	카세트녹음기, 녹음도서, 컴퓨터음성출력, 읽어주는 보조인, 음성전자계산기, 음성시계
보조공학적 접근	점자정보단말기, 확대독서기, 스크린리더, 시각장애인용 독서기

탁상용 확대독서기

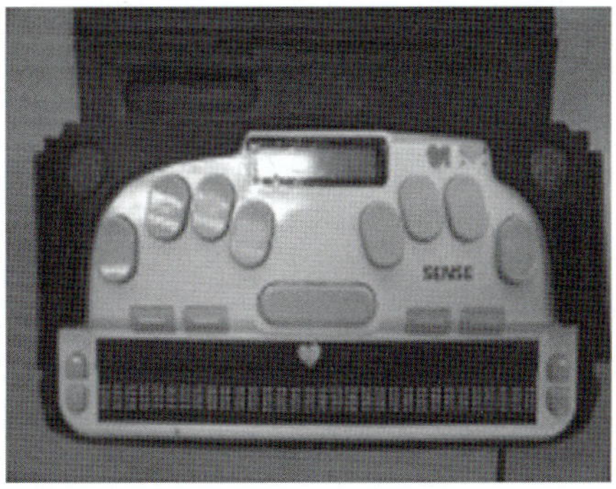

한소네 브레일 라이트

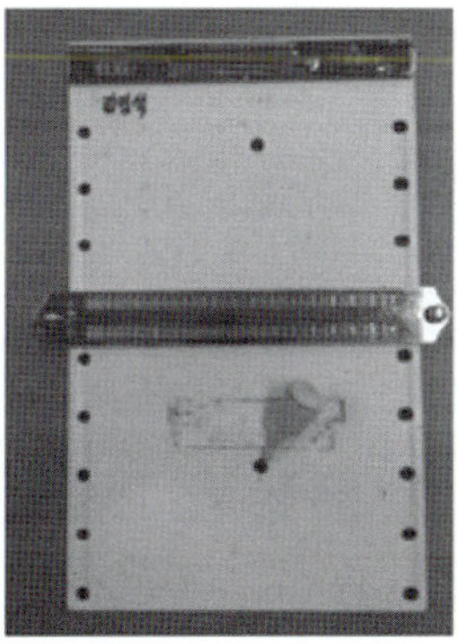

점필, 점판, 점자틀(필기도구)

점자

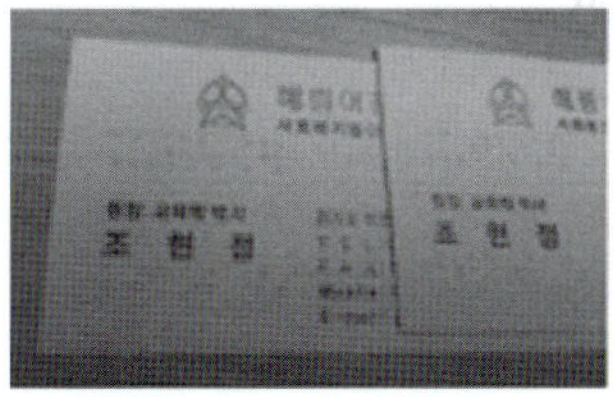

점자명함

그림 10-1 교수자료 및 보조공학도구

② 청각장애

청각장애는 청력기관의 손상으로 인해 일상적인 소리를 듣는 데 어려움을 나타내는 듣는 기능의 장애를 말한다.

청각장애는 외이에서 중이까지 소리를 전달하는 경로에 손상이 있을 경우 '전음성난청'이라고 하고, 내이와 청신경계에 이상이 있는 경우는 '감각신경성난청'이라 하며, 전음성과 감각신경성 장애가 공존하는 경우에는 '혼합성청각장애'라 한다. 또한 청각의 감도에 따라 난청(hardness of hearing)과 농(a deaf and dumb)으로 구분하기도 하며, 농과 난청을 모두 포괄하여 청각장애로 분류한다.

청각장애의 원인으로는 외이의 원인(선천성 기형, 외이염, 고막이 파열되는 경우), 중이의 원인(중이염, 이경화증), 내이의 원인(뇌막염, 모체풍진감염, 혈액형의 불일치, 다운증후군, 어셔증후군 등), 일반적인 원인(유전, 약물, 음향, 외상, 가족력, 청각기관의 기형, 약물 및 바이러스 감염) 등이 있다.

청각장애아동의 특성으로는 첫째, 농과 언어의 어려움으로 인한 고립감, 좌절감, 무력감은 청력의 손실과 비례되는 행동적 특성을 가진다. 둘째, 지적능력은 일반아동과 통계적으로는 유의한 차이를 보이지 않지만, 듣기능력의 결함으로 구어기술을 습득하는 데 어려움을 보인다. 그러나 청각장애인은 그들만의 독특한 사회문화를 형성하여 공동체 의식을 가지며, 스스로 자부심과 긍정적인 자아개념을 발달시키는 청각장애인의 사회와 문화를 갖는다.

청각장애아동을 위한 특수교육적 중재는 **표 10-6**과 같고, 보청기는 **그림 10-2**와 같다.

표 10-6 청각장애아동을 위한 특수교육적 중재

중재 종류	내용
구화교육	• 직접적이고 엄격한 말소리교육을 통해 전형적인 구어발달 강조 • 집중적인 청능훈련 강조 • 조기교육이 필수적임
총체적 의사소통방법	• 구화교육만을 실시했을 때의 한계점 인식 • 수화의 사용
이중언어-이중 문화적 접근	• 청각장애인의 문화와 일반문화를 모두 습득하는 것 • 수화를 가르치며 모국어를 교수하는 방법
인공와우	• 고도의 감각신경성 난청아동에게 청력 제공 • 2005년 보험급여대상으로 선정 후 시술 증가
적절한 배치	• 장애정도, 치료 및 훈련경험, 구화 또는 수화능력, 부모의 요구, 중복장애를 고려한 최소제한환경에 배치한다.
청각장애아동의 교육을 위한 보조공학	• 보청기 • 자막 • 청각장애인용 전화기 • 컴퓨터테크놀로지 • 알림장치

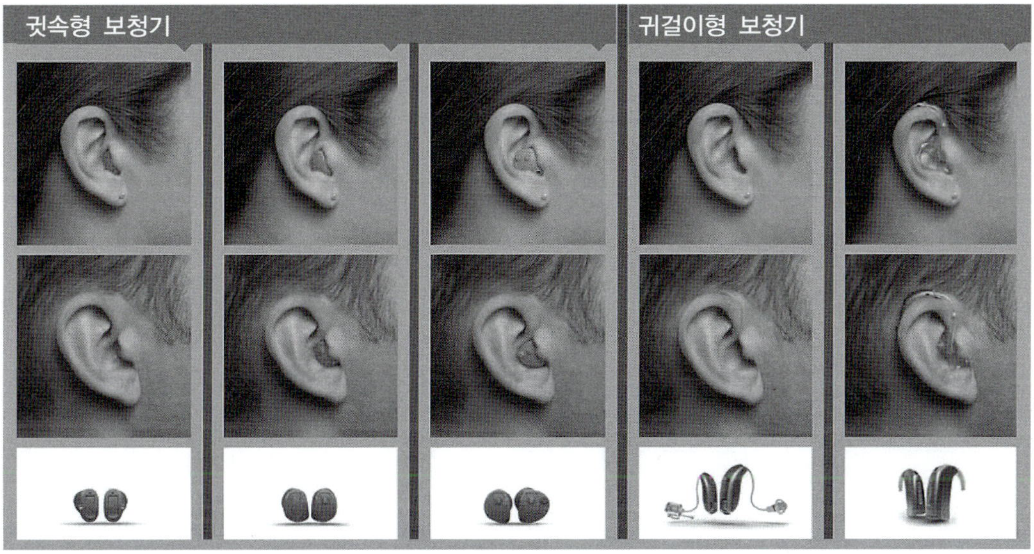

그림 10-2 보청기의 예

③ 지적장애

지적장애란 지적기능과 적응행동의 어려움이 함께 존재하여 교육적 성취와 일상생활에서 제한이 따르는 발달장애이다. 지적기능과 적응행동에 있어서 심각한 제한이 있는 장애로 18세 이전에 나타난다. 지적기능과 적응행동에서의 심각한 제한은 주로 표준화된 IQ 검사도구와 적응행동 검사도구를 실시하였을 때, 전체점수가 평균으로부터 적어도 표준편차가 2 이하, 지능지수가 70 이하일 때를 기준으로 한다. 지적손상의 정도에 따라 경도(mild), 중등도(moderate), 중도(severe), 최중도(profound)로 분류한다.

지적장애의 원인으로는 염색체 이상, 신진대상 이상, 모체의 감염 등의 출생 전 원인과 조산, 저체중, 질식, 분만 중 뇌손상을 받는 경우의 출생 시 원인, 아동의 질병 및 감염, 중독, 외상성 뇌손상, 영양결핍, 환경박탈 등의 출생 후 원인이 있다. 구체적으로 알아보면 **표 10-7**과 같다.

지적장애아동의 특성으로는 첫째, 기술적이고 민첩한 동작을 요구하는 분야, 소근육 발달, 협응력, 걸음걸이, 대근육, 소근육 운동기능에서 상당히 지체되는 신체 및 운동 특성을 가진다.

둘째, 정보의 투입 및 처리과정에 어려움이 있고, 감각수용과 주의집중력, 주어진 상황에서 적절한 전략과 기억전략을 사용하지 못하고, 일반적으로 단기기억에 많은 어려움과 추상적 사고의 전이와 일반화에도 많은 어려움이 있는 지적 특성을 가진다.

셋째, 언어의 구조와 내용이 빈약하고 복문의 사용과 주제의 세련됨, 조음장애 및 구어발달의 지연과 제한된 어휘, 발음의 문제, 부적절한 문법사용 등의 언어적 특성을 나타낸다.

넷째, 심리 및 사회적·행동적 특성으로는 실패에 대한 예상과 낮은 학습동기, 학습된 무력감으로 인해 위축된다.

표 10-7 지적장애를 유발할 수 있는 위험요인

시기	생의학적	사회적	행동적	교육적
출산 전	• 염색체 이상 • 단일유전자 장애증후군 • 대사장애 • 뇌발생 장애 • 산모 질병 • 부모 연령	• 빈곤 • 산모 영양실조 • 가정폭력 • 출산 전 관리부족	• 부모의 약물복용 • 부모의 음주 • 부모의 흡연 • 부모의 미성숙	• 인지적 장애를 보이는 부모에 대한 지원 결여 • 부모가 될 준비 부족
출산 전후 (주산기)	• 조산 • 출산 시 손상 • 신생아 질환	• 출산 관리의 결여	• 부모의 양육거부 • 부모의 아동유기	• 퇴원 시 중재서비스를 위한 의료적 행위의 결여
출산 후	• 외상성 뇌손상 • 영양실조 • 뇌막염 • 발작장애 • 퇴행성 질환	• 아동-양육 간 상호작용 문제 • 적절한 자극 결여 • 빈곤한 가정 • 가정 내 만성질환 • 시설 수용	• 아동학대 및 유기 • 부적절한 안전조치 • 사회적 박탈 • 다루기 힘든 아동의 행동	• 잘못된 양육 • 진단의 지체 • 부적절한 조기중개서비스 • 부적절한 특수교육서비스 • 부적절한 가족지원

이러한 특성을 가진 지적장애아동의 교육은 아동의 신체발달, 신체기능의 발달과 통합된 교육과정으로 진행하면서 교육내용은 기본적인 생활습관 지도에서부터 사회적 자립에 이르기까지 개별적인 목표를 정하여 지도하여야 한다. 지적장애아

동에게 기능적 기술을 가르칠 것인지, 학업기술을 가르칠 것인지는 발달중심의 접근과 기능중심의 접근으로 대별할 수 있다(윤광보, 2010).

발달중심의 교육과정은 지적장애아동의 인지발달이 비장애아동에 비해 발달이 느리고 상위 단계에 도달하지는 못하지만, 동일한 발달단계를 진전한다고 가정한다. 발달중심의 교육과정은 정신연령에 상응하는 발달과제를 교육내용으로 선정하며, 지적장애아동의 정신연령에 토대하여 동일 정신연령의 비장애아동과 동일한 내용을 제공한다. 초기의 지적장애아동을 위한 교육과정은 이러한 발달중심의 교육과정으로 일반교육과정의 내용 수준을 낮춘 것이 보편적이었다. 발달중심의 교육과정은 발달의 규준성과 정상성에 입각해서 과제를 선정하여 목표로 제시하므로, 개인차가 큰 지적장애아동에게는 적합하지 않다는 비판이 제기되었다. 일반화된 발달규준에 의하여 다음 단계의 발달을 표준적 교수목표로 교육과정에 엄격하게 고정시킨 발달중심의 교육과정은 개인차가 큰 지적장애아동의 독특한 발달을 저해할 소지가 있을 뿐만 아니라, 개인의 수행 가능성과 주변 세계의 요구에 필요한 기술들을 학습할 수 없게 하여 이들의 사회생활 자립을 어렵게 만든다는 이유 때문이다.

기능적 학업기술이란 기초 학업기술 중 일상생활 활동과 직접적으로 관련된 기본적인 내용으로, 독립적인 성인생활을 영위하는 데 필요한 기술을 포함한다(박은혜·김정연, 2010). 지적장애아동에게 기능적 학업기술을 가르치는 이유는 첫째, 지적장애아동은 학습하는 데 오랜 시간이 걸리므로 제한된 주어진 시간에 미래생활에 가장 필요하고, 또 학습이 가능한 수준의 내용을 가르치고자 하는 것이며, 둘째, 지적장애아동의 일반화 능력에 제한이 있는 경우가 많기 때문에 교과서만으로 학습하기보다는 실생활에 적용하는 교수방법을 통하여 일반화를 촉진하고자 하는 것, 두 가지로 요약할 수 있다(이소현 외, 2011).

경도의 지적장애아동에게 학습준비 기술 및 독립적인 성인생활을 영위하는 데 필요한 기능적 학업기술을 교수하고, 중도 지적장애아동에게 학업적인 측면보다는 독립생활에 필요한 기술들을 지도하는 데 중점을 두고 생활훈련, 지역사회중심 교수, 또래와의 상호작용을 촉진하면서 가족참여가 이루어지게 하는 것이 효과적이다.

지적장애학생이 가지고 있는 특성과 요구에 맞는 교수방법은 **표 10-8**과 같다.

표 10-8 지적장애아동의 교수방법

교수방법	내용
교사주도	• 교사의 사전계획 • 과제분석, 모델링
학생주도	• 아동의 독립성을 증진 • 자기점검법, 자기교수법, 자기강화법
또래주도	• 또래활용 - 추가적인 연습제공, 개인적인 도움제공, 피드백과 강화제공 • 또래교수자 - 학급동료, 상급학생 • 교사의 사전계획이 중요 • 교사의 정기적인 점검필요
컴퓨터활용	• 최근 활용 증가 • 반복학습형 소프트웨어(즉각적 피드백, 주의집중, 동기유발) • 디지털활용교육
자기결정력 증진	• 개인적 결정사항 선택 • 자신의 생활통제 • 자신을 옹호하는 능력

④ 지체장애

지체장애는 시각장애, 청각장애만큼 알려진 장애유형 중의 하나로 신체적 장애를 의미한다. 신체적 장애란 골격·근육·신경계통의 질환, 손상, 기능 및 발달 이상으로 신체의 이동과 움직임 등에 상당히 제한이 있는 장애이다. 「장애인 등에 대한 특수교육법」에서는 지체장애를 지닌 특수교육대상자를 '기능·형태상 장애를 가지고 있거나, 몸통을 지탱하거나 팔다리의 움직임 등에 어려움을 겪는 신체적 조건이나 상태로 인해 교육적 성취에 어려움이 있는 사람'으로 규정하고 있다.

지체장애아동은 단순한 신체적 문제만 가진 단순지체부터 지적장애와 같은 다른 장애를 동반한 중복장애에 이르기까지 정도가 다양하다. 지체장애에는 뇌성마비, 이분척추, 진행성 근위축증, 척수 손상, 외상성 뇌손상, 골 형성 부전증 등 다양한 장애를 포함하며, 이러한 유형들은 신체의 움직임과 이동에 제한을 가진다는 공통적인 특성으로 인해 지체장애로 분류된다.

지체장애아동의 교육은 일상생활 기술지도, 의사소통지도, 전환교육, 여가지도들이 요구되며, 아동이 처한 상황에 따라 안전을 위한 전략, 교수학습 지원전략, 교수환경의 보완 및 수정을 통해 이루어져야 한다. 특히 지체장애아동의 의사표현을 돕는 보완대체 의사소통보조기기(AAC)와 그림 10-3과 같은 앉기, 서기와 걷기 등의 자세를 유지하거나 이동을 돕는 보조공학기기가 지원되어야 한다.

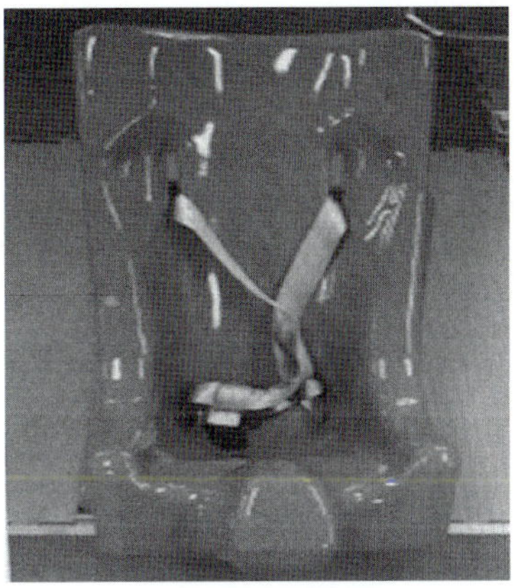
신체지지의자

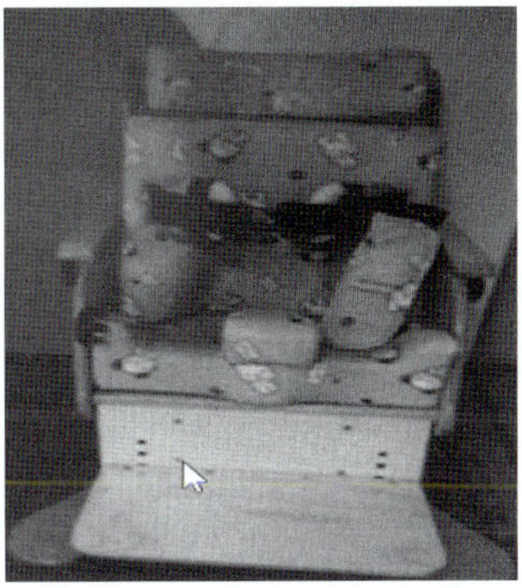
멀티체어

그림 10-3 지체장애아동의 보조공학기기

지체장애아동은 표 10-9와 같은 특성을 갖고 있으며, 이러한 특성은 통합교육현장에서 충분히 고려되어야 하며 지체장애아동의 통합교육을 위한 일반적 지침은 다음과 같다.

첫째, 지체장애아동의 신체적 장애와 필요, 아동의 정보(인지정도, 구어사용능력, 이동능력 등)를 파악한다.

둘째, 사전합의 후 학급의 다른 아동들에게 장애에 대해 알려준다.

셋째, 활동참여제한을 결정할 때 아동의 독립성을 고려한다.

넷째, 개별아동에 따라 교육적 필요가 다름을 인식한다.

다섯째, 개별화 교육계획안 작성 시 다른 전문가와 협력한다.

여섯째, 아동의 부족한 학업이나 정서적인 측면을 고려한다.

일곱째, 경사로나 엘리베이터, 장애인용 화장실, 특수한 책상, 걸상 등 지체장애아동을 위한 시설을 고려한다.

표 10-9 지체장애아동의 특성

지능 및 학업성취	• 지체장애의 유형과 정도에 따라 지능 및 학업성취의 정도가 다양하다. • 장기적인 결석으로 학업성취가 떨어질 수 있다. • 수반되는 장애에 따라 교수방법의 변화가 필요하다.
사회정서	• 성장기 아동의 정서발달에 영향을 미친다. • 학습된 무기력, 우울, 공격성, 위축, 다양한 스트레스를 경험한다. • 간혹 치료 부작용으로 인한 신체적 변화로 정서적 어려움을 갖는다.
신체운동	• 장애의 정도가 심하고 범위가 다양하여 장애 자체로 인한 고려사항이 많다. • 운동기능, 자세, 비정상적인 운동패턴, 이동성의 문제를 갖는다. • 정상적인 운동발달이 이루어지지 않는다. • 조기 물리치료나 작업치료가 필요하다.

⑤ 정서·행동장애

특수교사를 비롯한 학자들은 정서·행동장애에 대한 명확하고 객관적인 정의를 내리고, 이에 대한 의견을 모으는 데 어려움을 갖고 있다. 그 이유는 정서와 행동장애를 정의하는 개념적 모델 간에 상당한 차이가 있으며, 인간의 감정과 행동에 대한 측정이 부정확하거나 다른 장애와 중첩되는 경우가 많고, 아동을 위한 서비스를 제공하는 전문가들의 목적이 상이하기 때문이다.

정서·행동장애에 대한 미국 장애인교육법(IDEA)의 정의는 교육에서 자주 인용한다. 이는 미국에서 특수교육서비스를 받을 수 있는 장애범주들 중의 하나로 '정서장애'라는 용어를 사용하고 있으며, 다음과 같이 정의하고 있다.

1. 다음 중 한 가지 이상의 특성이 장기간 현저하기 나타나며 교육수행에 불리한 영향을 미치는 상태를 의미한다.
   1) 학습에서 무력함을 나타내지만 지능, 감각적 요인이나 건강에는 이상이 없다.
   2) 또래 및 교사와 만족스러운 대인관계를 맺지 못하거나 유지하지 못한다.
   3) 주위 환경이 정상적인데도 불구하고 부적절한 형태의 행동이나 감정을 나타낸다.
   4) 대체로 불행하고 우울한 기분이 만연하다.
   5) 개인이나 학교문제와 관련하여 신체적 증후나 두려움을 보이는 경향이 있다.
2. 정서장애아동에는 조현병(정신분열증) 아동이 포함된다. 심한 정서장애를 가진 것으로 판정되지 않으면 사회적 부적응 아동들은 정서장애에 포함되지 않는다.

이 정의는 사용하고 있는 용어의 모호함이나 실제로 서비스를 필요로 하는 아동들이 정의에서 제외된 것은 잘못된 것이라고 지적한다. 예를 들어, '부적절한 형태의 행동'이나 '만족스러운 대인관계' 등의 용어는 명확한 진단기준이 될 수 없어서 사람마다 다르게 해석할 여지가 있다.

우리나라의 「장애인 등에 대한 특수교육법」에서 제시하고 있는 정서·행동장애 아동의 정의는 다음과 같다.

> 「장애인 등에 대한 특수교육법」에는 정서 및 행동이 또래집단의 규준 혹은 기대 수준을 심하게 벗어나 일반적인 환경하에서 사회적 관계, 감정 조절, 활동 수준, 주의집중력 등의 곤란으로 자신 및 타인의 기능을 방해하며, 학업, 대인관계, 일상생활에 부정적인 영향을 미치는 상태로 정의하고 있다.

즉, 정서 및 행동장애는 자신의 행동이 또래집단의 규준에서 심각하게 일탈하여 학업 및 일상생활 등에서 자신 및 타인을 곤란하게 하는 장애이다.

정서 및 행동장애의 분류는 Myschker의 행동분류(외형적 행동, 내면적 행동, 사회미성숙행동, 사회적 범법)와 DSM-5 분류(과잉행동장애, 품행장애, 품행과 정서의 혼재성장애, 아동기·청소년기 발병형 사회성 기능장애, 틱장애, 아동기·청소년기 발병형 기타 정서·행동장애 등)가 대표적이다.

정서·행동장애의 특성으로는 첫째, 통제결여로 인한 고함과 욕설, 지나친 논쟁과 같은 언어적 공격성이나 친구를 방해하거나 때리기, 물건을 던지는 행위 등의 행동적 공격성을 들 수 있다. 둘째, 과잉통제로 불안장애, 우울장애와 같이 타인과의 상호작용이 거의 없는 미숙하고 위축된 행동을 들 수 있다. 셋째, 지능은 일반아동보다 약간 낮은 90 정도이고, 자기 학년보다 1년 정도 저하된 학업성취 수준을 보인다. 넷째, 가정, 학교, 지역사회의 환경에서 적응의 어려움, 위축이나 회피의 심리적인 특성과 새로운 환경에 부적응을 보인다.

정서·행동장애의 원인은 생물학적 요인(뇌손상, 유전인자, 기질 등 유전적 경향성은 환경적 조건에 의해 강화되거나 약화됨), 환경적 요인(경제적인 어려움의 문제, 열악한 양육환경, 가족 간의 심리적인 갈등, 부모들 간의 관계, 학대, 또래에 의한 거부경험 등)이 있다.

정서·행동장애의 하위유형은 다음과 같다.

첫째, 주의력결핍 과잉행동형으로 심한 주의력결핍과 충동적인 행동의 특성을 보인다.

둘째, 품행장애는 대표적인 외현화 장애로 사람과 동물에 대한 공격성 재산 기물 파괴, 사기 또는 절도, 심각한 규칙위반 등의 반사회적 행동특성을 보인다.

셋째, 불안장애는 익숙하지 않은 상황에서 적응하고자 할 때 나타나거나 막연하게 미래에 발생할지도 모르는 사건이나 막연한 대상에 대해 느끼는 두려움이 크다.

넷째, 우울장애와 양극성장애로 기분이 저조한 상태인 우울장애는 파괴적 기분조절장애, 주요 우울장애, 지속적 우울장애를 포함하고 양극성장애는 우울증과 조증이 반복되어 일상생활에 어려움이 많다.

정서·행동장애아동의 교육을 위한 전반적인 내용은 **표 10-10**과 같다.

표 10-10 정서·행동장애아동의 교육을 위한 내용

통합교육을 위한 일반적 지침	• 교실에서의 행동문제, 사회적 기술, 교과학습의 균형 필요 (체계적인 교수 → 학업성취 → 행동문제 감소) • 기능적인 진단절차의 적용이 강조됨 • 학급 내 일반아동의 준비는 성공적인 통합을 위한 선세 • 부모 참여 및 협력이 필요함
문제행동 지도	• 문제행동은 학급 운영에 영향을 미침 • 부적절한 행동에 대한 체계적인 행동지원 • 수업진행을 방해하는 부적절한 행동에 대한 지원 및 교수전략
사회적 기술 교수	• 사회성 기술 결함 ⇒ 만족스러운 사회적 관계 형성 어려움 • 통합교육을 위한 결정적인 사회성 기술 - 또래/성인과의 갈등 상황에서 감정 조절하기 - 지시 따르기/복종하기/교사의 교수에 주의집중하기 - 하나의 활동에서 다른 활동으로 쉽게 이동하기 • 사회적 행동의 향상을 위한 구체적인 교수전략 • 사회성 기술 교수 시 일반화 촉진에 대한 관심 필요
학습준비 기술지도	• 학업준비기술의 빈약 ⇒ 학업성취에 부정적인 영향 • 학업준비기술의 3가지 구성 요소 - 주의집중력 증진을 위한 교수전략의 필요 - 조직력 증진을 위한 교수전략의 필요 - 반응정확도 증진을 위한 교수전략의 필요

⑥ 자폐스펙트럼장애(autism spectrum disorders)

자폐스펙트럼장애의 가장 널리 사용되고 있는 진단기준은 미국정신의학회(APA)가 발간하는 정신장애의 진단 및 통계편람(DSM)이다.

우리나라에서는 2007년 「장애인 등에 대한 특수교육법」이 제정되면서 자폐성장애로 정서장애와 분리되어 독립된 장애 영역으로 추가되었지만, 최근 DSM-5(APA, 2013)에서는 공식적인 진단명을 '자폐스펙트럼장애(autism spectrum disorders)'로 변경하여, 기존의 전반적 발달장애(PDD)의 하위 유형을 모두 통합하였다.

DSM-5에서는 사회적 의사소통과 사회적 상호작용의 지속적인 결함과 제한적이고 반복적인 행동, 흥미, 관심이 발달 초기에 나타나는 것을 주요 증상으로 보고, 이러한 증상들이 지적장애나 전반적인 발달장애와는 다름을 명시하였다.

자폐성장애의 원인으로는 신경생물학적 요인(두뇌의 크기와 구조, 중추신경계의 신경전달물질인 세로토닌과 신경세포의 시냅스의 기능이상, 변연계나 편도핵 등의 손상 등), 유전적 요인(자폐성장애의 쌍생아 일치율이 그렇지 않은 경우보다 높음), 심리환경적 요인(어머니와의 상호작용에 심각한 문제가 생기거나 홍역, 볼거리, 풍진의 백신이나 환경오염으로 인한 수은중독 등 다양한 원인)이 있다. 최근 복합 유전자의 조합으로 아동이 장애발생 위험에 노출된 상태에서 특정 환경적 요인이 결합될 때 발생한다는 가설이 설득력 있게 제시되고 있으며, 복합적인 생물학적 원인으로 발생하는 행동적 증후군으로 인식되기도 한다. 이에 교사는 치료적 접근보다는 행동적 증후로 인해 발생하는 교육적 필요에 따라 개별적으로 접근하는 것이 바람직하다.

자폐성장애의 특성은 **표 10-11**과 같다.

표 10-11 자폐성장애의 특성

지능 및 학업성취	• 70~85% 지적장애를 동반한 것으로 알려졌으나 최근 자폐성장애 진단절차 정교화와 자폐성장애의 장애범위 확장으로 인해 지능검사상의 점수가 향상되고 있다. • 평균 이상의 지능을 갖고 있더라도 사회성 부족과 상동행동은 학업성취에 부적영향을 미친다. • 10% 정도 자폐적 우수성으로 특정 영역에서 뛰어난 능력과 기술을 보이지만, 전반적인 지적능력과 일반적인 기능과는 무관하다.
사회정서	• 자폐성장애의 핵심적인 결함으로 사회적 행동의 일탈적 결함을 갖는다. • 비구어적 행동의 사용에 결함이 있다. • 발달수준에 적절한 또래관계를 가지지 못한다. • 타인과 감정을 공유하지 못하여 사회적·정서적 상호작용이 어렵다.

의사소통	• 80% 정도가 반향어(echolalia)를 보이고 적절하지 않은 발성과 운율학적 문제 등을 보인다. • 눈 맞춤이나 의미 있는 얼굴표정, 몸짓, 모방에 질적·양적의 결함을 갖는다. • 기능적 의사소통이 어렵다(의도는 있으나 사회적으로 적절한 의사소통적 신호를 사용하는 능력에 결함이 있다). • 아스퍼거 증후군은 언어발달의 지체는 없지만 화용론적 문제를 보인다.
행동	• 반복적이고 상동적인 형태의 제한된 행동을 한다. • 공격행동, 자해행동, 성질부리기, 기물파손 등의 문제행동이 있다. (문제행동의 75~80%는 의사소통적인 기능을 지님) • 감각자극에 대한 과잉반응 혹은 과소반응을 보인다. • 비전형적인 움직임 등의 운동기능장애를 갖는 경우가 있다. • 주의력결핍, 과잉행동장애, 수면문제, 섭식 관련 문제 등을 보인다.

표 10-11과 같은 자폐성장애아동의 특성에 의한 행동적 문제를 해결하기 위해서는 통합교육 환경에서 교육을 받는 것을 권한다. 이는 일반 또래들의 행동을 통해 모방하거나 배운 교육내용을 적용해 볼 상황이 더 많기 때문이며, 지역사회에서 함께 살아가야 할 성인기를 위해서도 필요한 교육적 배치라고 하겠다.

성공적인 통합교육을 위해서는 자폐성장애의 특성이 고려된 아동의 흥미와 관심을 끌 수 있는 프로그램이 마련되어야 한다. 물론 이를 위해서 자폐성장애아동은 조기발견과 조기개입을 통해 주의집중력을 높이고 지시수행이 가능하도록 지속적인 교육을 받아야 한다. 또한 통합학급의 일반 또래아동과 담임교사는 특수교육지원센터를 통해 자폐성장애아동의 특성 및 상호작용 방법에 대해 미리 교육을 받아, 자폐성장애아동의 행동에 대해 긍정적으로 반응할 수 있도록 하는 것이 중요하다.

자폐성장애아동의 교육은 사회 인지적 맥락에서 제공되어야 하며, 단순한 지식이나 언어기술 습득을 위한 교육보다는 생활중심의 기능적인 교육이 필요하다.

⑦ 의사소통장애

인간이 자신의 생각이나 느낌을 표현하고 전달하기 위해 산출하는 음성을 의미하는 '말', 말처럼 생각을 표현하는 신호 및 부호를 이해하고 사용하는 방법을 포함하는 규칙을 지닌 의사소통방법을 '언어', 그리고 느낌이나 생각들을 언어 또는 비언어를 통하여 교환하는 과정을 '의사소통'이라 한다.

의사소통장애란 언어 또는 비언어적 형태의 정보를 교환하는 데 장애가 있다는 것으로, 조음·음운장애, 유창성장애, 음성장애를 포함하는 '말장애'와 단순 언어장애, 실어증의 증상을 일컫는 '언어장애'로 나누어진다. 이는 **표 10-12**와 같이 구분할 수 있다.

표 10-12 의사소통장애의 분류

구분	하위유형	특성
말장애	조음장애	• 조음기관의 해부학적 생리적 문제, 청각장애, 뇌성마비 등 • 첨가, 생략, 왜곡, 대치 등 단어산출상의 어려움
	유창성장애	부적절한 속도나 리듬, 강세, 음절이나 단어를 반복 말더듬, 말빠름증
	음성장애	목소리의 질, 높낮이 억양, 음성의 강도 등이 적절하지 못함
언어장애	구어의 결여	3세 이후에도 자발적 발화가 없음
	질적으로 다른 언어	화용론의 문제로 자폐성장애의 반향어, 사회적 상황에 맞지 않는 의미 없는 말 등으로 의사소통에 어려움
	지연된 언어발달	전형적인 언어발달의 단계는 거치지만 또래에 비해 언어발달의 늦은 속도
	중단된 언어발달	정상적인 언어발달이 진행된 이후에 청각이나 두뇌기능의 손상으로 언어장애를 가지게 됨(실어증 등)

의사소통장애의 원인은 생리학적 결함을 가지는 기질적 요인과 환경적 요인을 포함하는 기능적 요인(언어생활 환경 내에서 언어발달 지연을 시키는 원인)이 있다.

의사소통장애아동의 지능과 학업성취는 평균보다 낮게 나타나며, 이들의 수용언어와 표현언어의 결함은 관계 내의 의사소통을 어렵게 하여, 또래나 주변의 부적 피드백으로 열등감이나 낮은 자존감을 유발하기도 하고, 좌절, 분노, 적대감, 위축 행동을 보이기도 한다.

의사소통장애아동과의 소통에 도움을 주는 전략은 다음과 같다.

첫째, 아동에게 메시지를 전달하기 전에 아동의 이름을 부르고, 아동이 바라볼 때까지 기다려 준다.

둘째, 천천히 그리고 명확하게 들을 수 있도록 크게 말한다.

셋째, 지시는 짧게 한다.

넷째, 주요 단어들을 강조한다.

다섯째, 여러 단계의 교수를 할 때 설명과 함께 회상할 수 있도록 도와주는 시각적 자료를 사용한다.

여섯째, 아동이 반응을 보이지 않을 때 최소한 10초 정도 기다린 다음 아동의 주의를 끌고, 적은 수의 단어를 사용하면서 중요한 단어를 강조하여 다시 메시지를 말해 준다. 아동이 오반응을 보인다면 아동의 주의를 끌어 다른 단어를 사용하여 메시지를 반복하여 말해준다. 아동이 계속해서 오반응을 보인다면 지시를 따를 수 있도록 모델링과 피드백을 반복하여 말해준다.

일곱째, 무엇보다 중요한 것은 화를 내지 않고 상냥하게 메시지를 전달하는 것이다.

⑧ 학습장애

학습장애란 개인의 내적 요인으로 듣기, 말하기, 주의집중, 지각, 기억, 문제해결 등의 학습기능이나 읽기, 쓰기, 수학 등의 학업성취 영역에서 현저하게 어려움을 나타내는 장애이다. 학습장애는 학령 전기 아동들 중 학습에 현저한 어려움을 가지는 발달적 학습장애(developmental learning disabilities)와 학령기 이후 학업에 현저한 어려움을 보이는 학업적 학습장애(academic learning disabilities)로 분류된다. 그 원인은 다양하지만 대체로 신경학적 요인, 유전적 요인, 의학적 요인, 환경적 요인이 작용하고 있다는 연구결과들이 보고되고 있다. 학습장애아동의 특성은 표 10-13과 같다.

표 10-13 학습장애아동의 특성

구분	내용
일반적 특성	• 잠재력에 비해 낮은 학업성취, 교육에 반응이 낮고 빈약한 언어기술 • 비효율적인 정보처리능력, 지나치게 순진하여 괴롭힘을 당함, 의존적, 사회적 결과를 예측하지 못함, 주의집중이 어려움, 충동성, 동기 결여
학업적 특성	기초적인 학습에 어려움 대부분의 과목에 문제를 보임
사회정서적 특성	자아개념, 자존감, 자기통제, 대인관계 등 사회정서적 측면에 부정적
주의집중 및 과잉행동	학습장애의 약 25%가 주의집중 및 과잉행동장애를 가지고 있는 것으로 밝혀지고 있음
인지 및 기억력	인지능력에 문제를 보이기 때문에 기억력에 있어 결함을 보임. 이는 암기를 하기 위한 학습전략을 사용하지 않기 때문임

⑨ 건강장애

건강장애는 만성질환으로 인하여 3개월 이상의 장기입원 또는 통원치료 등 계속적인 의료적 지원이 필요하여 학교생활, 학업수행 등에 교육지원을 지속적으로 받아야 하는 장애이다. 건강장애는 심폐계 질환과 뇌전증으로 나눌 수 있으며, 그 원인은 거의 불명확하지만 다양하다. 건강장애아동은 주로 병원에서 치료를 받는 경우이므로, 치료과정에서 투약되는 약물의 부작용으로 신체적인 고통을 유발하고 우울증, 낮은 자존감과 불안 및 두려움, 열등감 등을 가질 수 있는데 그 특성은 **표 10-14**와 같다.

표 10-14 건강장애아동의 특성

지능 및 학업성취	• 입원치료로 인한 장기결석 또는 정기적인 병원치료로 학업결손의 누적이 있을 수 있으며, 이는 학업성취에 부정적 영향을 미친다. • 학교활동참여에 제한이 있을 수 있으므로 활동수정을 통해 최대한 참여를 유도해야 한다.
사회정서	• 교사의 이해부족, 지나치게 낮은 기대 혹은 과잉보호로 인한 정서적 어려움을 경험한다. • 또래 관계형성에 어려움을 보일 수 있으므로 학교생활의 공백을 극복하기 위한 교사와 또래의 이해가 필요하다.
신체운동	• 학교복귀 후 감염의 위험성이나 만성피로를 보인다. • 교사는 다양한 응급상황에 대한 이해와 대체방안을 준비해야 한다.

건강장애아동 위한 교육방법은 병원이나 가정으로 찾아가는 재택순회교육, 교육권 실현을 위한 병원학교, 개별화된 학습지원과 친구 및 교사와의 교류를 통한 화상강의 시스템을 들 수 있다.

⑩ 발달지체

「장애인 등에 대한 특수교육법」에서 2008년 발달지체 범주가 처음으로 포함된 이유는 유아기 발달의 가소성을 중요하게 생각하기 때문이다. 유아기의 평가는 오류를 범하기 쉬우며, 장애로 진단을 받은 아동이 아니어도 특수교육서비스를 받도록 하여 이들의 발달상태를 제시함으로써 아동의 요구와 능력에 맞는 교육환경을 조성하도록 돕는다.

발달지체는 신체, 인지, 의사소통, 사회·정서, 적응행동 중 하나 이상의 발달영역이 또래에 비해 현저하게 지체된 장애이다. 특별한 교육적 조치가 필요한 영아 및 9세 미만의 아동이 이에 포함된다. 여기에서 말하는 발달영역은 **표 10-15**와 같다.

표 10-15 발달지체아동의 발달영역

신체	소근육과 대근육운동을 조절하고 협응할 수 있는 연령에 적합한 능력의 발달
인지	연령에 적합한 정신적 기능으로서 특히 인식하고 이해하는 영역의 발달
의사소통	자신의 생각과 감정을 표현하고, 타인의 구어, 비구어, 손짓, 몸짓, 문자 등의 표현을 이해하는 능력의 발달
사회·정서	자신의 감정과 타인의 감정을 이해하고, 사회적으로 적절한 행동으로 반응하기 위하여 필요한 연령 및 상황에 적합한 능력의 발달
적응행동	연령에 적합한 자기관리 및 기타 행동으로서 다양한 환경에 성공적으로 적응하는 필요한 영역의 발달

2. 장애아동 및 가족의 특성

장애가족이란, 가족 구성원 중 장애가 있는 가족이 포함되어 있는 가족을 뜻한다. 크게 나누어 자녀가 장애가 있으면 장애아동가족, 부모가 장애가 있으면 장애부모가족, 그리고 부모와 자녀 모두 장애가 있는 가족으로 나눌 수 있다.

장애아동의 가족은 장애아동의 출생 시부터 양육을 하면서 상실감, 충격, 부인, 슬픔, 분노 등의 부정적 정서를 경험한다. 이러한 부정적 정서는 장애아동의 진단 초기에는 심각하지 않다가, 장애인의 성장과 생활과정 동안 슬픔과 스트레스가 고조되어 장애에 대한 적응과 재조직의 단계에 이를 때까지 지속되는 경향이 있다. 아동이 가진 장애는 아동의 부모에게만 영향을 주는 것이 아니라, 장애아동을 둘러싼 다른 가족 구성원 형제자매와 조부모에게도 해당된다.

교사는 장애아동에게 보다 효율적인 교육을 제공하기 위해서 장애아동의 가족에 대해 이해하는 것이 중요하다. 이는 장애아동의 가족 구성원이 장애아동의 과거와 현재, 미래까지 생애 전반에 가장 중요한 생태학적 환경이며, 장애아동의 발달은 가족을 교육의 참여자 및 의사결정권자로 얼마나 참여하느냐에 따라 조기중재와 치료에 효과가 달라지기 때문이다.

1) 장애아동의 부모

일반적으로 자녀의 출생은 가족에게 새로운 기쁨과 행복을 주지만, 가족 구성원의 증가에 따라 부모는 새로운 상황에 적응해 나가야 하며, 부모로서 도전과 책임을 느끼게 된다. 하지만 장애를 가진 자녀의 출생은 부모로서의 일반적인 기쁨과 도전과는 다른 감정을 경험하게 한다.

장애아동의 출생에 대한 부모들의 반응은 그들의 종교, 사회경제적 지위, 자녀의 장애정도, 장애에 대한 사전지식, 출생순위에 따라 다르게 나타나지만, 부모가 그들의 자녀로 인해 경험할 수 있는 기대와 행복을 방해한다. 양육과정에서 장애아동 부모의 슬픔, 스트레스, 낙담 등의 감정과 반응은 장애자녀의 발달과 교육에 부정적인 영향을 미칠 수 있다(Cho, Singer & Brenner, 2003). 장애아동을 가진 부모들은 상황에 따라 약간의 차이가 있지만, 대부분의 부모들은 장애아동을 수용하기 전 일련의 정서적 반응단계를 거친다. 이를 퀴블러 로스 사이클(Kubler-Ross Cycle) 이론이라고 하는데 구체적인 단계는 다음과 같다.

(1) 충격 부인의 단계

자신의 자녀가 장애아로 출생되어 전문가로부터 확인을 받게 되더라도, 부모들은 자녀의 장애를 전형적 부인(denial)한다. 그래서 누군가 좀 더 수용할 만한 진단을 해주길 바라면서 다른 여러 전문가를 찾아다니기도 하고, 증명되지 않은 여러 가지 치료를 하기도 한다.

자녀의 장애를 부인하면서 한편으로는 부모 자신의 잘못으로 자녀가 장애를 갖게 되었다는 죄의식을 갖기도 하고, 주위 환경, 타인이나 신을 비난하기도 한다. 이 단계의 장애아동 부모에게는 이런 느낌과 감정을 갖는 것은 정상적임을 이해시킬 수 있어야 한다. 부모로 하여금 자녀의 한계에 직면하도록 요구하는 것은 오히려 부모가 자신을 방어하게 하는 결과를 낳는다.

(2) 분노와 원망의 단계

부모들은 더 이상 자녀의 장애상태를 부정할 수 없으며 그에 따른 분노, 원망을 하게 된다. 부모들은 이성적으로는 자녀의 문제를 수긍하지만, 정서적으로 집착되어 자녀의 문제에 긍정적으로 지원하지 못한다. 이 단계에서 교사는 전문성을 갖고 아동에게 할 수 있는 과제를 제공하거나 아동발달에 대한 부모상담을 해야 한다.

(3) 타협(bargaining)의 단계

이 단계의 부모님은 장애가 없어진다면 무엇이라도 하겠다는 믿음으로 장애자녀를 위해 애쓴다. 그러나 자녀에게 원하는 결과가 보이지 않으므로 우울과 좌절의 단계로 넘어가게 된다. 교사는 부모의 감정을 수용하고 공감적으로 이해해 주며 비평을 삼가야 한다.

(4) 우울과 좌절(depression and discouragement)의 단계

이 시기의 장애아동가족은 현실을 수용하기 시작하고, 기대했던 자녀의 능력에 대해 슬퍼하며 자녀의 잠재력을 보기보다는 결함만 본다. 이 단계에 있는 가족들에게 전문가는 적극적이고 사려 깊은 경청을 통해 아동의 강점에 대해 지속적으로 상담을 해야 한다. 또한 부모의 정서적 지원을 위해 부모프로그램 등의 자원을 제안 및 소개한다.

(5) 수용(acceptance)의 단계

이 시기의 장애가족은 아동의 강점을 보기 시작하며, 아동의 삶을 향상시키기 위해 긍정적이고 주도적인 입장에서 아동을 지원한다. 이때 전문가는 계속 경청하면서 진전에 대해 격려한다. 그리고 아동의 강점을 강조하면서 가족의 역량 강화를 위해 지원한다.

위에서 말한 퀴블러 로스 사이클(Kubler-Ross Cycle) 이론은 부모와 교사들 모두에게 유용하다. 부모는 이 이론을 통해 자신의 감정을 설명하거나, 같은 경험을 겪는 부모와 정서적 공감을 할 수 있고, 전문가는 부모가 어떤 단계인지 살펴보고 그와 관련된 지식들을 제공할 수 있다.

표 10-16 장애아동부모의 심리적 단계와 상담방법

단계	특성	교사의 지원
충격, 부인	"이런 일은 있을 수 없어" • 자녀에게 장애가 있음을 부인 • 죄책감, 수치심	• 부모의 감정과 행동에 대해 수용하고 경청 • 자신의 감정을 표현하도록 격려
분노, 원망	"왜 내가?" • 자기자신 혹은 전문가 등 타인을 비난 • 장애진단의 정확성에 대해 전문가와 논쟁	• 분노를 표출할 수 있도록 격려하며 경청 • 논쟁하거나 방어하지 않기 • 자녀교육에 지치지 않도록 격려 • 자신을 위한 시간을 마련하도록 권장
타협	"장애가 없어질 수 있다면 뭐든지 하겠어"	• 적극적으로 경청 • 깊은 이해와 지지 • 자녀를 다루는 방법에 대한 비평 삼가
우울, 좌절	• 현실을 수용하기 시작 • 우울해함 • 자녀의 결함만 보려고 하여 무기력해짐	• 적극적 반영적으로 경청 • 자녀의 약점보다는 강점과 능력에 대해 의논 • 우울증이 만성적일 경우 전문적인 상담 제안
수용	"괜찮아, 나는 할 수 있어" • 자녀의 강점을 보기 시작 • 자녀의 삶을 향상시키기 위해 긍정적으로 노력함	• 지속적 경청 • 다른 학생과 비교하지 않도록 하기 • 자녀의 진보에 대해 격려

출처 : 서울특별시교육청(2011).

2) 장애아동의 형제자매

장애아동의 탄생은 그의 형제자매에게도 많은 영향을 미치게 된다.

최근 많은 연구가 형제자매의 심리적·사회적 발달 경험에 대한 연구, 형제자매가 장애학생의 발달에 미치는 영향, 형제자매를 위한 지원프로그램의 효과에 대한 결과를 보고하고 있다.

형제자매는 그들 자신도 장애가 나타나지는 않을까 걱정하기도 하고, 부모가 장애형제에게 많은 시간을 할애할 때 부모의 관심을 받기 위해 퇴행의 행동을 보이는 경우도 있다. 또한 장애형제를 돌보는 문제와 방법, 부담, 친구들이나 이웃의 관심 등에 대해 도덕적, 정신적, 정서적 혼란을 갖게 된다.

때로는 장애형제자매와 자신을 과잉동일시(overidentification)하고, 장애형제로 인해 당황함을 경험하며 수치심, 소외감, 외로움, 상실감, 분노, 책임감, 성취에 대한 압력을 느껴 가족관계에서 욕구불만을 경험하여 대인관계에서 어려움을 느끼게 된다

(정영선·조영숙, 2013).

그러나 모든 비장애형제자매가 이러한 부정적인 영향만 받는 것이 아니라, 가족의 장애아동을 대하는 태도나 양육방식을 통해 긍정적인 영향을 받을 수도 있다. 이에 부모와 교사는 장애형제가 친구들로부터 받는 반응에 대한 감정을 토로할 수 있는 기회를 제공하고, 부모로부터 적절한 관심을 받아야 한다. 장애형제를 돌보는 일에 너무 큰 책임감이 주어지지 않는 범위 내에서 비장애형제들에게 장애형제를 가르치거나 돌보는 일에 참여시키는 것은 위의 문제들을 해결할 수 있는 좋은 방법이다.

최근 가족 중심 서비스라는 개념이 강조됨에 따라 장애아동의 형제자매에 대한 관심이 많아졌다. 이들을 위한 다양한 지원프로그램이 개발되어 비장애형제자매가 정서적·심리적으로 겪을 수 있는 부정적인 감정을 완화시켜 주어야 할 필요가 있다.

비장애형제자매에게 미치는 영향을 정리하면 다음과 같다.

표 10-17 비장애형제자매에게 미치는 영향

긍정직 영향	부정적 영향
• 성숙	• 장애형제자매와 자신을 과잉동일시
• 책임감	• 친구관계에서의 어려움
• 개인 간의 차이 수용	• 죄의식, 수치심
• 자아의식 함양	• 소외감, 외로움, 상실감
• 사회적 유능감(능력)	• 위축된 행동
• 인내(참을성)	• 가족관계에서 욕구불만 경험
• 성실함	• 가족상황에 대한 분노
• 통찰력	• 가중된 책임감
• 감사하는 마음	• 성취에 대한 압력
• 작업적인 기회(이타성)	• 장애형제자매를 대신하여 성공하려는 심리적 부담감

3) 장애아동의 조부모

일반적으로 조부모의 지원은 가족을 위한 사회적 지원 중에서 가장 중요한 지원으로 인식되지만, 손자녀의 장애를 받아들이지 못하는 조부모의 경우 장애아동가족에게 또 다른 스트레스의 요인으로 작용한다. 따라서 장애아동의 조부모가 긍정적인 역할을 제공할 수 있도록 조부모를 지원할 수 있는 방안을 모색하여야 한다.

예를 들어, 장애 손자녀와 함께 놀이를 하거나 산책을 통해 상호작용에 긍정적인 행동을 보여주며, 장애아동의 부모를 위해 손자녀를 돌보아 주거나 때로는 경제적 지원을 한다.

3. 장애아동 및 특수교육 현황

1) 특수교육의 정의와 대상자 선정

인간은 각각 다른 모습을 갖고 태어나 살아간다. 이 세상에 존재하는 사람들 중에 단 한 명도 똑같은 외모와 능력을 가진 사람은 없다. 이런 관점에서 보면 모든 인간은 각각의 강점과 약점이 다를 수밖에 없고, 그중 장애아동은 한 개인이 가진 여러 특성 중 약점을 두드러지게 갖고 있는 아동이라 할 수 있다.

이들을 위한 특별한 교육을 '특수교육'이라고 하고, 우리나라의 경우 특수교육대상은 2013년 개정된 「장애인 등에 대한 특수교육법」에 따라 '특수교육대상자'로 선정 받는다.

다시 말하면, 특수교육(special education)이란 특수교육대상자의 교육적 요구를 충족시키기 위하여 대상자의 특성에 적합한 교육과정 및 특수교육 관련 서비스 제공을 통해 이루어지는 교육이며, 특수교육 관련 서비스란 특수교육대상자의 교육을 효율적으로 실시하기 위해 필요한 인적·물적 자원을 제공하는 서비스로서 상담 지원, 가족 지원, 치료 지원, 보조인력 지원, 보조공학기기 지원, 학습보조기기 지원, 통학 지원, 정보접근 지원 등을 말한다.

특수교육대상자의 선별을 위한 진단평가영역은 **표 10-18**과 같다.

표 10-18 특수교육대상자의 선별을 위한 진단평가영역

<table>
<tr><th colspan="2">구분</th><th>영역</th></tr>
<tr><td colspan="2">장애 조기발견을 위한 선별검사</td><td>1. 사회성숙도검사
2. 적응행동검사
3. 영유아발달검사</td></tr>
<tr><td rowspan="6">진단·
평가 영역</td><td>• 시각장애
• 청각장애
• 지체장애</td><td>1. 기초학습기능검사
2. 시력검사
3. 시 기능검사 및 촉 기능검사(시각장애의 경우에 한함)
4. 청력검사(청각장애의 경우에 한함)</td></tr>
<tr><td>지적장애</td><td>1. 지능검사
2. 사회성숙도검사
3. 적응행동검사
4. 기초학습검사
5. 운동능력검사</td></tr>
<tr><td>• 정서·행동장애
• 자폐성장애</td><td>1. 적응행동검사
2. 성격진단검사
3. 행동발달평가
4. 학습준비도검사</td></tr>
<tr><td>의사소통장애</td><td>1. 구문검사
2. 음운검사
3. 언어발달검사</td></tr>
<tr><td>학습장애</td><td>1. 지능검사
2. 기초학습기능검사
3. 학습준비도검사
4. 시·지각발달검사
5. 지각운동발달검사
6. 시각운동통합발달검사</td></tr>
</table>

특수교육대상자의 선정 및 배치 절차는 보호자 또는 각급 학교장의 신청에 의해서 시작된다. 보호자가 직접 신청하거나 보호자의 사전 동의에 의하여 학교에서 신청을 하면 교육감 또는 교육장의 접수에 의해 특수교육 지원대상자에 대한 적합성 여부를 판단하는 과정을 거친다. 특수교육지원센터에서 실시하는 선정 평가는 전문가에 의해 이루어지며 특수교육지원센터에 의해 이루어진 판단 결과는 학부모에게 회부하여 적기에 특수교육이 이루어질 수 있도록 한다. 특수교육대상자의 선정 및 배치 절차를 그림으로 나타내면 다음과 같다.

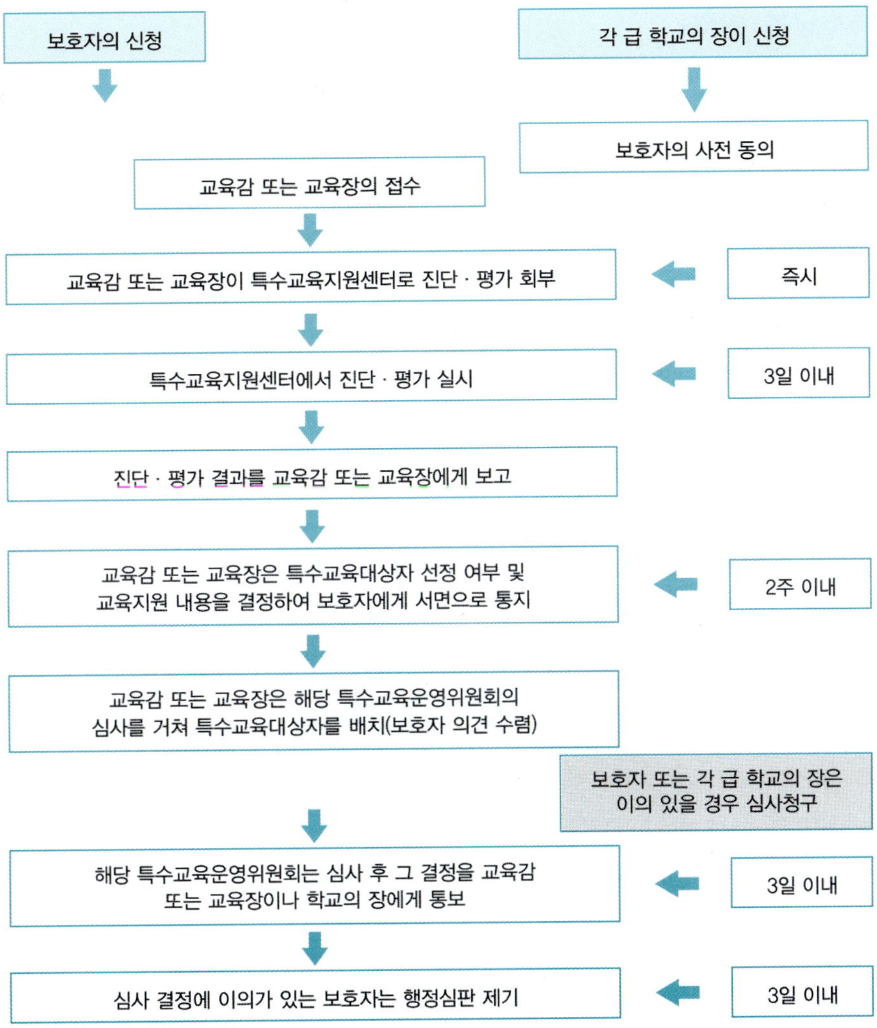

그림 10-4 특수교육대상자의 선정 및 배치절차

2) 특수교육 현황

우리나라 특수교육대상아동의 수는 매년 증가하고 있는 것으로 나타나고 있다. 장애영역별 특수교육대상자 현황을 보면 지적장애아동이 52.2%로 가장 높은 출현율을 보이고 있다. 다음으로는 지체장애, 자폐성장애, 청각장애, 발달지체 순으로 높게 나타나고 있다.

그림 10-5는 장애영역별 현황과 학교급별 현황을 각각 나타낸 것이다. 학교급별 특수아동의 비율은 초등학교, 고등학교(전공과 포함), 중학교, 유치원 순으로 나타나고 있다.

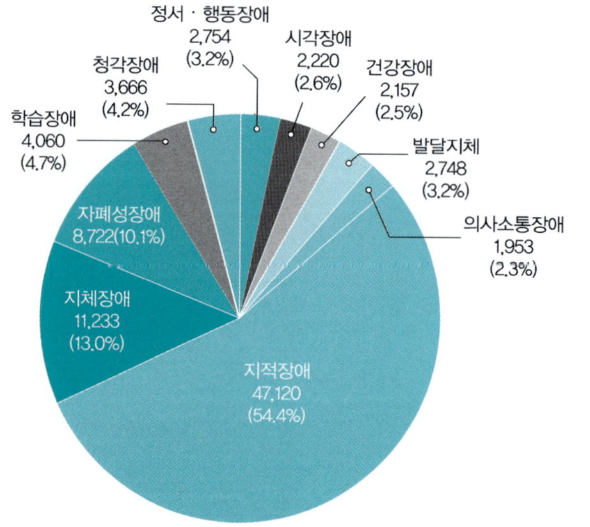

출처 : 교육플러스(2023.1.1.)

그림 10-5 장애영역별 현황

우리나라의 경우 유치원, 초등학교, 중학교, 고등학교 과정에 있는 특수교육대상자의 교육은 의무교육으로 정하고 있으며, 만 3세 미만의 장애영아와 전공과 학생에 대해서는 무상교육을 실시하고 있다. 또한 유·초·중·고등학교별로 각각 4, 6,

6, 7명을 기준으로 1개의 특수학급을 설치할 수 있도록 하여, 대상자의 개별적인 특성에 적합한 개별화교육을 실행하도록 하고 있다. 특수교육대상자가 선정되고 각급 학교에 배치되면, 해당 학교장은 특수교육대상자의 교육적 욕구에 적합한 교육을 제공하기 위하여 매 학년 시작일로부터 2주 이내에 개별화 교육지원팀을 구성하고, 이후의 과정을 진행하여야 한다.

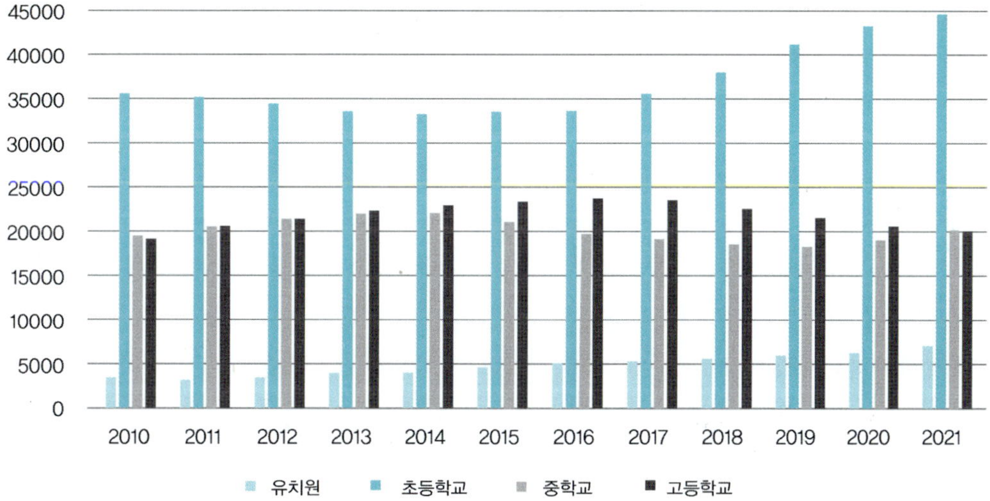

출처 : 교육플러스(2022.4.19.)

그림 10-6 연도·연령별 특수교육대상자 현황

최근 통합교육이 강조되고 확대됨에 따라 특수학교의 수는 크게 증가하지 않았으나 특수학급은 계속 증가하는 추세이다. 기관별 특수교육대상자의 현황을 보면 특수교육대상자의 0.3%가 특수교육지원센터에서 전문적인 특수교육을 받고 있고, 26.4%가 특수학교에서 교육을 받고 있다. 특수교육대상자의 56.5%는 일반학교의 특수학급에서 교육을 받고 있으나, 아직도 특수교육대상자의 16.8%는 전문적인 특수교육의 혜택을 받지 못한 채 일반학교의 일반학급에서 교육을 받고 있는 실정이다. 이러한 문제를 해결하기 위해서는 특수학교나 특수학급의 확대도 필요하지만, 특수학교나 일반학교의 특수학급 및 통합학급 이외에 가정, 시설, 병원, 학교 등에서 순회·파견 형태로 특수교육을 제공하는 순회교육의 활성화도 필요하다 할 것이다.

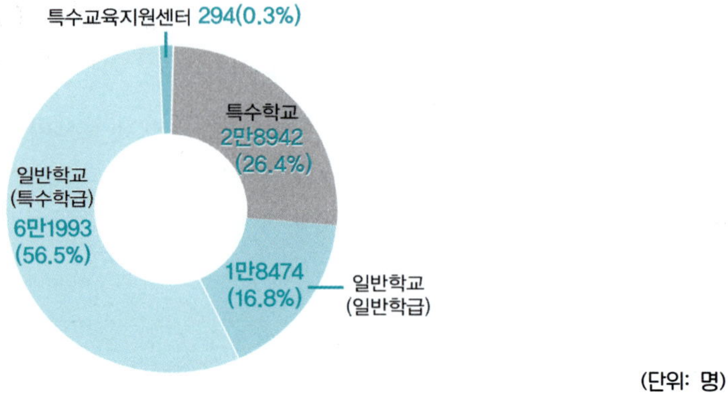

출처 : 교육부(2023). 통계자료(기관별 특수교육대상자).

그림 10-7 기관별 특수교육대상자 배치 현황(2023년 기준)

점차 통합교육이 확대되는 현실을 감안할 때, 특수교육은 특수교사의 전유물이어서는 안 되며, 모든 교사는 장애를 지닌 아동을 포함한 모든 아동들을 하나의 교육체제에서 그들의 잔존, 잠재능력을 최대한 실현할 수 있도록 지원해야 한다. 이런 의미에서 모든 교사들은 필수적으로 특수아동을 이해하여야 하며, 이를 지원하기 위해서는 다양한 특수교육 관련 교직과목의 운영이 필요하다.

4. 장애아동 및 가족을 위한 지원정책

한 가족에 장애를 가진 자녀의 출생은 가족 구성원들로 하여금 여러 가지 크고 작은 심리적·정신적 어려움을 경험하게 하며, 다른 가족과는 차별되는 특별한 요구를 가지게 한다. 장애아동의 가족이 경험하는 문제와 인식을 이해하고, 이를 장애아동 지원의 방향성 결정과 구체적인 적용에 반영하는 것이 점점 더 중요한 과제로 떠오르고 있다. 최근 특수교육에서는 장애아동의 요구뿐만 아니라, 장애아동가족이 필요로 하는 여러 가지 요구도 충족되어야 한다는 것이 인식되면서 장애아동과 그들의 가족에게 관심을 가져야 함이 강조되고 있다(고인숙·류현수, 2018).

1) 장애아동을 위한 지원

「장애인 등에 대한 특수교육법」 제28조(특수교육 관련 서비스)와 동법 시행령 제4장 제29조(기타 특수교육 관련 서비스의 제공) 제1항에 '교육과학기술부장관 또는 교육감은 특수교육 관련 서비스 외에 보행 훈련, 심리·행동 적응훈련 등 특정한 장애유형의 특수교육대상자에게 필요한 특수교육 관련 서비스를 제공해야 한다'라고 기술하고 있다. 이는 특수교육대상자의 장애유형, 장애정도, 특수교육대상자 개인의 요구 등을 고려한 적절한 교육복지지원을 관련 서비스로 규정하였다는 것과 보다 다양하고 특성에 맞는 복지 서비스를 제공할 수 있는 근거가 마련되었다는 데 그 의미가 있다고 할 수 있다. 아동을 위한 지원의 항목은 다음과 같다.

① 교육감은 특수교육대상자와 그 가족에 대하여 가족상담 등 가족지원을 제공하여야 한다.

② 교육감은 특수교육대상자가 필요로 하는 경우에는 물리치료, 작업치료 등 치료지원을 제공하여야 한다.

③ 각급학교의 장은 특수교육대상자를 위하여 보조인력을 제공하여야 한다.

④ 각급학교의 장은 특수교육대상자의 교육을 위하여 필요한 장애인용 각종 교구, 각종 학습보조기, 보조공학기기 등의 설비를 제공하여야 한다.

⑤ 각급학교의 장은 특수교육대상자의 취학 편의를 위하여 통학차량 지원, 통학비 지원, 통학 보조인력의 지원 등 통학 지원대책을 마련하여야 한다.

⑥ 각급학교의 장은 특수교육대상자의 생활지도 및 보호를 위하여 기숙사를 설치·운영할 수 있다. 기숙사를 설치·운영하는 특수학교에는 특수교육대상자의 생활지도 및 보호를 위하여 교육부령으로 정하는 자격이 있는 생활지도원을 두는 외에 간호사 또는 간호조무사를 두어야 한다. 〈개정 2008.2.29., 2013.3.23., 2013.4.5.〉

⑦ 제6항의 생활지도원과 간호사 또는 간호조무사의 배치기준은 국립학교의 경우 교육부령으로, 공립 및 사립학교의 경우에는 시·도 교육규칙으로 각각 정한다. 〈신설 2013.4.5.〉

⑧ 각급학교의 장은 각급학교에서 제공하는 각종 정보(교육기관에서 운영하는 인터넷 홈페이지를 포함한다)를 특수교육대상자에게 제공하는 경우 특수교육대상자의 장애

유형에 적합한 방식으로 제공하여야 한다. 〈개정 2013.4.5.〉

⑨ 제1항부터 제8항까지의 규정에 따른 특수교육 관련 서비스의 제공을 위하여 필요한 사항은 대통령령으로 정한다. 〈개정 2013.4.5.〉

2) 장애아동가족을 위한 지원

가족지원이란 가족의 요구와 필요를 중심으로 가족 구성원 모두를 돕는 프로그램으로 장애아동의 가족지원이란 특수교육대상자들과 그들의 가족을 위해 의료, 복지, 심리, 치료, 교육 등 다양한 발달적 요구에 대응하기 위한 총체적 서비스를 말한다.

장애아동가족지원의 유형은 크게 사회적 지원과 가족 중심 지원으로 나누어 볼 수 있고, 이는 **표 10-19**와 같다.

표 10-19 장애아동가족지원의 유형

유형	내용
사회적 지원	비공식적 지원: 가족, 친구, 이웃들의 사적관계 도움
	공식적 지원: 전문기관과 같은 공적관계 지원
가족 중심 지원	가족의 역량 강화를 위해 부모 스스로가 자신과 아이를 도울 수 있도록 그들의 능력을 강화

최근 장애아동이 급격하게 증가하고 있고 사회와 국가가 장애에 대한 책임을 지는 방향으로 인식이 바뀌고 있다. 이는 가족지원서비스가 장애가족의 어려움을 해결할 뿐만 아니라, 국가적으로 여러 측면에서 효율적이라는 공감대가 형성되고 있기 때문이다. 장애아동가족지원은 장애아동의 양육과 관련된 가족의 욕구와 문제를 파악하고, 그 욕구를 충족시킬 수 있는 다양한 자원과 서비스를 확인하여 가족의 기능을 강화하는 방향으로 자원을 얻도록 함으로써 자녀의 안정된 발달을 촉진할 뿐만 아니라, 가족 구성원의 복지를 향상시킴으로써 궁극적으로 가족의 자립역량을 증진시키는 목적을 가지고 있다(김성천 외, 2009).

장애아동의 가족지원 효과는 **그림 10-8**로 정리해 볼 수 있다.

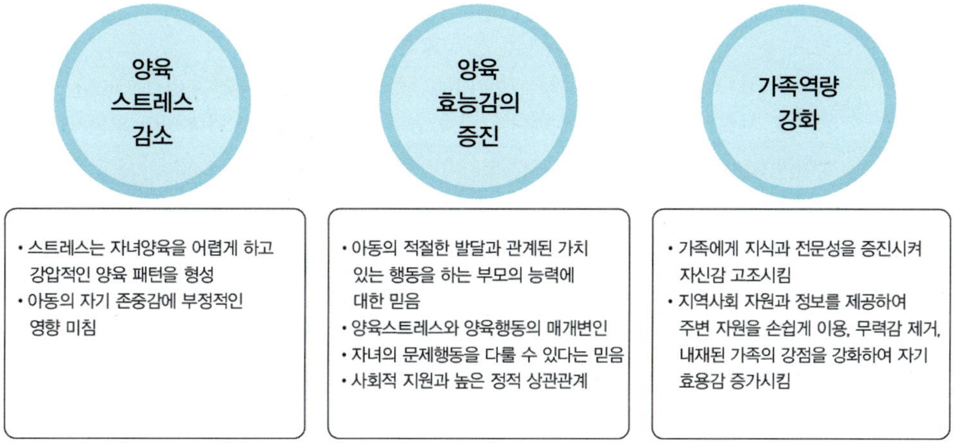

그림 10-8 장애아동의 가족지원 효과

장애아동이 있는 가족에 대한 지원은 국가마다 다소간의 특성을 갖고 다양하게 제시되고 있으나 공통요소는 **표 10-20**과 같다. 지원의 범주는 다소 중복이 있으나, 경제, 의료, 교육, 양육, 정서, 사회적 지원, 지역사회의 영역으로 분류하였다.

표 10-20 장애아동가족 지원서비스의 범주와 내용

구분	항목
경제	교육비나 치료비에 대한 재정적 지원, 이동서비스, 교통비 지원, 장애인 차량구입비 및 연료비 지원, 장애수당 지급, 장애아동 부양수당 지급, 장애아동 의료비 지원, 장애아동 재활보조기구/보장구 구입지원, 장비개조 서비스, 세금감면(소득세, 승용자동차에 대한 특별소비세, 장애인용 수입물품관세 등), 요금할인(통행료, 교통비, 공공시설 요금, 전화, PC, TV, 이동통신 등) 등
의료	장애아동 진단/평가서비스, 치료/의료상담, 가정방문치료, 물리치료/작업치료/언어치료, 수술, 보장구 처방, 가정건강서비스
교육	조기개입/취학전 서비스, 장애아동 행동관리/생활훈련, 직업재활/고용지원서비스, 정보제공/의뢰서비스, 부모와 가족교육, 가정방문 교육
양육	주간보호, 단기보호, 위탁보호, 그룹홈, 가사도우미/수발자/케어서비스/교육보조도우미, 활동지원(활동보조)서비스, 가정 내 휴식/돌봄서비스, 휴식(respite service)/가정 외 서비스, 위기개입서비스
정서	개인/가족상담, 부모/형제/가족지지 집단, 부부간 지원서비스, 여가활동서비스/가족휴식지원서비스

구분	항목
사회적 지원	법률에 관한 무료 전문상담, 재활병/의원 이용, 장애인복지시설 이용, 사회심리서비스(사회적응훈련, 재활정보 제공 등), 장애아동/가족 옹호 서비스, 후견인/미래계획, 보호작업장
지역사회	장애인 시설개선(주택개선 등), 가정봉사(이미용, 반찬, 목욕, 외출, 심부름 등), 지역사회 아웃리치서비스(outreach service), 사례관리

출처 : 임경옥·박경화·조현정(2017).

현재 장애아동가족지원과 관련한 법률은 「장애인복지법」, 「장애인 등에 대한 특수교육법」, 「장애인 차별금지 및 권리구제 등에 관한 법률」, 「건강가정기본법」이 있다. 이 중 「장애인복지법」, 「장애인 등에 대한 특수교육법」, 「장애인 차별금지 및 권리구제 등에 관한 법률」은 장애아동 혹은 그들의 가족에 관한 지원사항 혹은 지원의무를 명시하고 있다. 「건강가정기본법」은 국가 및 지방자치단체의 포괄적 역할 및 책무를 비교적 상세하게 규정하여 이를 장애아동가족지원에도 적용할 수 있다. 구체적인 지원을 살펴보면 다음과 같다.

(1) 정부지원제도

① 장애아동수당

장애아동수당은 아동이 최소한의 생활을 유지할 수 있도록 보호자에게 경제적 지원을 하는 정책으로, 보호자의 경제적 수준 및 장애아동의 정도를 고려하여 일정 금액을 지급하는 제도이다. 장애아동수당은 「국민기초생활보장법」에 의한 수급자 및 차상위계층의 18세 미만의 재가 장애아동으로 보호자에게 지급한다. 국민기초생활 수급자의 경우 중증장애아동인 경우 월 20만 원이며, 경증장애아동은 월 10만 원을, 차상위계층의 경우 중증장애아동은 15만 원, 경증장애아동의 경우 월 10만 원을 지급 받는다.

② 장애인 자녀 교육비

장애인 자녀 교육비 지원은 「장애인복지법」 제38조 및 '동법 시행규칙' 제23조와 제25조에 근거하여 비장애인에 비하여 의료비, 교통비, 보장구구입비 등 교육 간접비용이 높은 저소득 장애인가구의 자녀에 대한 지원으로 저소득 장애인 부모의 자녀가 중·고등학교에 재학 중이거나 장애인 중·고등학생으로서 중증장애인

1~3급 장애인 자녀와 장애학생이 대상이다.

장애자녀가 있거나 장애인 부모자녀 가구에 1992년 1월 1일부터 저소득 장애인 가구 중학생 자녀의 교육비지원을 시작으로, 1995년 저소득 장애인가구 자녀 실업계 고교생 학비지원으로 확대되었다.

위의 장애아동수당과 장애인 자녀 교육비는 현금으로 지원되며, 장애아가족에게 지원되는 현물급여로는 아동양육지원사업(돌봄서비스)이 있다.

장애아동 양육지원사업(돌봄서비스)의 대상은 만 18세 미만 1~3급 장애아동과 거주하는 전국 가구 평균소득 100% 이하 가정으로, 맞벌이가구의 경우, 맞벌이 합산소득의 25%를 감액적용하며 소득의 판별근거는 국민건강보험 납부액을 기준으로 하고 있다.

제외대상은 다른 법령(또는 국가예산) 장애아가족 양육지원사업, 아이돌봄 서비스와 유사한 재가서비스를 받고 있는 자, 예를 들어 장애인 활동지원서비스(활동보조지원서비스가 2018년 활동지원서비스로 용어 변경), 기타 이에 준하는 서비스 수혜자이다.

아동양육지원사업(돌봄서비스)의 지원내용은 장애아가족 문화교육, 가족캠프, 장애가족 상담서비스, 생활지도 등을 제공한다.

③ 장애아동 거주서비스

장애인 거주시설에는 장애유형이 같거나 유사한 장애를 가진 사람들이 주거, 일상생활, 지역사회 생활 등의 서비스를 제공하는 '장애유형별 거주시설'과 장애인보호자의 일시적 부재 등 도움이 필요한 장애인에게 단기간 주거를 제공하는 '단기거주시설', 장애인들이 전문가의 도움을 받아 공동으로 생활하는 소규모의 '장애인 공동생활가정'이 있다.

장애영유아 거주시설은 6세 미만의 장애영유아를 보호하고 재활에 필요한 주거, 일상생활, 지역사회 생활, 요양 등의 서비스를 제공하고 있다.

④ 장애아동 지역사회재활서비스

「장애인복지법」 제35조에 국가와 지방자치단체가 장애인의 일상생활을 편리하게 하고 사회활동 참여를 높이기 위하여 장애유형 및 장애정도별로 재활 및 자립지원서비스를 제공하는 등 필요한 정책을 강구해야 함을 명시하고 있으며, 또한 동법

제19조에는 국가와 지방자치단체가 장애인이 재활치료를 마치고 일상생활이나 사회생활을 원활히 할 수 있도록 사회적응 훈련을 실시하여야 함을 명시하고 있다.

⑤ 장애아동 의료재활서비스

세계보건기구에서는 의료재활을 질병이나 사고로 인한 후유증, 만성질환 등 치료기간이 장기화되기 쉬운 환자의 치료를 적극적으로 촉진시키며 치료와 더불어 물리적·심리적 수단을 보완하는 의료적 조치를 행하는 것으로 정의하고 있다.

「장애인복지법」 제18조에 의하면 국가와 지방자치단체가 장애인에게 생활기능을 익히거나 되찾을 수 있도록 필요한 기능치료와 심리치료 등 재활의료를 제공하고, 장애인의 장애를 보완할 수 있는 장애인보조기구를 제공하는 등 필요한 정책을 강구하여야 함을 명시하고 있다.

장애아동의 조기재활 지원과 그 가구의 경제적 부담을 경감시켜 주기 위한 서비스의 일환으로, '장애아동재활바우처 사업'이 2007년부터 일부 지방에서 시행되어 2009년 2월부터 전국적인 사업으로 확대하여 시행하고 있다.

서비스 이용가능 대상은 전국 가구소득 150%까지 국민건강 의료보험료 금액에 따라 14만 원에서 22만 원까지 차등 지급되고 있다. 바우처사업은 장애아동의 정신적·감각적 기능의 향상과 행동발달을 위한 재활치료에 들어가는 비용을 일부 지원함으로써 가정의 경제적 부담을 경감시킬 수 있게 되었다.

⑥ 장애아동 직업재활서비스

직업재활은 장애인이 자신의 능력에 맞는 직업을 얻고 이를 유지할 수 있도록 하기 위한 직업훈련과 직무지도, 취업알선 등과 같은 일련의 활동을 의미한다. 이러한 활동에는 직업상담과 직업배치, 사후지도가 포함된다.

지원대상은 만 15세 이상 등록 장애인이며, 그중 중증장애인의 자립기반 마련 및 사회참여 증진을 위한 특화직업재활서비스는 지역 내 직업재활서비스 기관을 통해 관련 서비스를 제공하며, 장애청소년을 위한 직업재활사업은 특수학교나 장애인복지관 및 단체 등에서 직업교육과 취업알선 전환기 직업재활서비스를 제공한다.

5. 장애아동복지를 위한 향후 과제

장애아동에 대한 복지사업이 중요한 이유는 유아 및 아동기에 이루어지는 조기대책이 아동의 장애를 최소화하고 치료 재활의 극대화 효과를 높일 수 있기 때문이다. 또한 조기중재는 교육과 재활의 기회를 통해 비장애인과 동등하게 사회에 적응할 수 있는 기회를 제공할 수 있으므로, 모든 장애복지대책에서 가장 중요하고 우선적으로 다루어져야 할 부분이다.

장애아동을 위한 복지 서비스는 아동들이 가지고 있는 잠재력을 최대한 발휘하여 스스로 자립할 수 있는 지원의 기본방향과 전개방법이 되어야 하며, 장애의 성격 및 정도에 따라 여러 측면에서 복합적인 대책이 필요하다.

최근 장애인복지의 패러다임은 분리와 보호에서 탈피하여 자립, 인권, 사회통합을 지향하는 방향으로 발전하고 있다. 이러한 패러다임의 변화에 부응하여 2007년 「장애인 등에 대한 특수교육법」이 제정되고, 장애아동의 사회통합을 위한 다양한 지원들이 이루어지는 등의 노력에도 불구하고, 우리나라의 장애아동복지는 여러 가지 해결해 나가야 할 많은 과제를 안고 있다(정민정·서주은, 2010).

첫째, 국가적 차원에서의 장애아동 복지사업에 대한 체계적 접근이 필요하다.

장애아동은 신체, 정서, 인지, 언어, 학습능력 등의 장애로 인해 보호와 양육, 교육과 재활 및 사회적응에 있어 특별한 교육과 재활치료를 필요로 한다. 그러나 우리나라는 전문화된 장애아동 의료재활기관이 존재하고 있지 않아, 아동의 성장발달을 감안한 교육과 재활서비스가 원활하게 이루어지지 못하고 있다. 현재 전국에 있는 장애아동재활서비스 기관들은 거의 대부분 사설로 운영되고 있다.

우리나라의 장애인 복지정책은 장애가 발생한 이후 치료 중심의 사후 처리적인 정책에 중점을 두고 있어 장애예방사업이 미흡하다. 장애예방을 위해서는 장애위험군 영유아를 위한 국가적 차원에서의 지원들이 이루어져야 한다. 그러나 예산부족 등의 이유로 최근에는 장애아동 재활바우처도 지원되지 못하고 있는 실정이다.

둘째, 복지전달체계 간의 연계 및 통합과 공익광고 등의 홍보사업 확대가 이루어져야 한다.

장애인에 대한 사회적 편견이 많이 존재하고 있으므로 통합교육을 비롯하여 비장애아동과 장애아동이 함께 활동할 수 있는 다양한 프로그램을 개발 및 활성화시켜 장애인에 대한 편견과 인식개선이 공익광고나 홍보사업을 통해 이루어지도록 노력해야 할 것이다. 특히 가치관과 태도가 형성되는 학령기의 비장애아동들을 대상으로 하는 장애이해와 체험을 교과의 필수과정으로 하여, 장애에 대한 편견과 배제가 없는 통합교육이 이루어져야 한다.

셋째, 다양한 재활서비스와 경제적 지원이 보다 확대되어야 한다.

의료 및 교육, 재활치료에서는 전문가 중심의 병리적 관점에서 벗어나 장애아동과 가족의 강점과 자원을 중심으로 해결방안을 모색하고 장애아동의 사회통합을 위한 일반교육, 특수교육을 확대하고 다양화하는 노력이 필요하다.

2014년 장애인 실태조사(김성희, 2014)에 의하면, 장애인은 비장애인보다 장애로 인해 추가로 지출하는 추가비용이 16.4만 원으로 가정경제에 큰 부담으로 나타났다. 이를 극복하기 위해서는 장애아동가정에 대한 소득보장사업과 장애아동의 재활서비스를 위한 경제적 지원이 이루어져야 한다.

넷째, 능동적 복지 및 수요자 중심의 복지전달체계로의 전환이 필요하다.

당사자가 자신들의 복지를 선택하는 장애인 소비자운동이 능동적 복지 및 수요자 중심의 복지지원이라 할 수 있다. 2008년부터 시행된 장애아동 재활바우처 사업과 치료지원 바우저 사업 서비스는 높은 치료욕구를 가진 장애아동과 장애아동가족을 대상으로 한 지원의 사례이다.

수요자 중심의 복지전달체계로의 전환은 구체적으로 읍·면·동의 복지팀과 장애인복지관, 발달장애인지원센터가 협력해 재가 중증장애아동 등 취약가구에 있는 장애아동을 찾아가는 재활, 교육, 상담을 확대하여 이루어진다. 더불어, 시·군·구에 장애인 전담 민관협의체를 설치해 읍·면·동에서 해결이 어려운 장애아동가구에 대해서는 지역사회 민간자원을 연계하고 지속적 사례관리를 실시한다.

다섯째, 지역 내 장애아동 부모교육과 부모회활동을 지원한다.

부모가 자녀의 장애를 이해하고 적절히 양육하기 위해서는 많은 정보와 관련 지식을 가져야 한다. 그러나 장애자녀를 적절히 양육하기 위한 여러 전문가의 견해가 일치되지 않거나 전문적인 용어로 인해 이해가 어려운 점이 많고, 장애자녀의 발달을 위한 서비스나 지역자원의 종류에 대한 정보를 일관적으로 받을 곳이 없다. 이러한 어려움이 해결되도록 지역 내 장애아동 부모의 욕구와 필요에 의한 장애아동 부모교육을 주기적으로 개최하는 것이 필요하다.

또한 장애아동 부모회활동을 지원하여 지역 내 사회통합을 지향하고, 건강한 가정생활을 위한 여러 가지 다양한 프로그램을 통해 장애아동 부모들과 형제자매들의 정서적 지원도 함께 이루어질 수 있어야 한다.

Chapter

11

영유아 보육아동

1. 영유아 보육의 개념 및 필요성

1) 보육의 개념

보육의 개념은 사회변화와 더불어 변화되었는데, 과거에는 아동을 위탁한다는 '탁아'의 의미로 보호의 기능이 중시되었다. 다시 말해, 가정에서 정상적으로 아동을 양육하기 어려운 경우에 하루 중 일정 시간 동안만 타인에 의해 제공되는 보호(care)를 의미하고 있으며 이러한 보호의 개념은 낮 동안만 이루어졌기 때문에 'day care'라는 영어로 표기되었고, 아동을 탁아시설에 맡긴다는 의미가 강했기 때문에 '탁아'(託兒)로 표기되었다.

지금 사용하고 있는 보육의 개념은 「영유아보육법」에서 법적으로 사용되기 시작하였고, "보육이란 영유아를 건강하고 안전하게 보호·양육하고 영유아의 발달 특성에 맞는 교육을 제공하는 어린이집 및 가정양육 지원에 관한 사회복지 서비스를 말한다"(「영유아보육법」 제2조)라고 규정하였다.

아동의 양육이 기혼여성의 취업 증가, 노동시간의 증가, 맞벌이부부 및 가족기능의 해체의 증가로 인해 아동의 양육기능이 가정에서 사회의 책임으로 이관되고 있음에 따라, 보편적 보육사업으로 변화되었다.

현재 우리나라에서 사용하고 있는 보육(Childhood care and education)이라는 용어는 보호(care)와 교육(education)이라는 용어 두 가지를 통합하는 의미이다. 보육의 여러 정의는 부모의 취업 여부, 다양한 계층에 상관없이 단순한 보호차원의 보육사업에서 벗어나 교육과 보호를 통합한 개념으로써 영유아의 보호, 교육받을 권리와 부모의 일할 권리를 보호하는 차원에서 영유아의 교육, 영양, 건강, 안전 등 영유아가 양질의 발달을 할 수 있도록 서비스를 제공하는 것이라 볼 수 있다.

2) 보육사업의 필요성과 의의

성인의 보호가 필요한 아동의 상황은 부모가 맞벌이로 취업을 해야 하는 경우, 아동이 장애를 가진 경우, 빈곤가정으로 아동이 양육에 필요한 기본적 욕구충족이 해결되지 않은 경우를 포함한다. 이혼을 비롯한 가족해체의 증가도 보육사업의 필요성을 가속화시키고 있다.

현대사회는 가족의 핵가족화, 여성의 취업률 증가, 결손가정의 증가와 저출산율로 인해 아동권리의 인식 변화에 따라 보육의 수요가 증가되고 있으며, 보육사업에 대한 욕구가 증대되고 있다. 이것은 0세부터 5세 아동의 무상보육정책을 실시한 것을 기점으로, 전업주부에 대한 자녀도 보육시설을 이용하는 것으로 나타나고 있어 보육시설에 대한 전문성 강화는 필수적이라고 볼 수 있다.

(1) 보육사업의 필요성

① 저출산의 증가에 따른 측면

우리나라 총인구에서 아동인구 비율의 감소는 심각한 사회문제로 대두되고 있다. 아동의 인구가 감소한다는 것은 미래사회에 대비하기 위한 노동력의 부족 및 사회보장 비용부담의 증가로 이어질 것으로 전망된다. 또한 저출산 현상의 추세에는 더불어 아동양육지원 시스템의 부족과 취업여성의 경우 육아와 일을 병행할 수 있는 것에 대한 자녀양육에 대한 부담감과 경제적 측면에서 기인하는 문제라 볼 수 있다.

만 15~49세 가임 여성 1명이 평생 낳을 것으로 예상되는 자녀의 합계출산율이 2022년에는 0.78명으로 감소되어 세계 최저의 출산율을 보이고 있다. 이러한 추세는 2021년보다도 0.03명 감소한 수치로, 한국의 합계출산율은 2016년(1.17명)부터 지속적으로 감소하고 있는 추세이다. 고령화가 진행된 지 오래된 일본마저도 2021년 기준 합계출산율이 1.30명으로 한국보다 높다는 점을 고려한다면 우리나라의 저출산 문제는 심각한 사회문제가 아닐 수 없다.

미래의 우리 사회를 책임질 아동이 건강한 몸과 정서적 안정을 가지고 생활할 수 있도록 보호하는 차원에서와 취업여성이 아기를 안심하며 보육시설에 맡기고 일할 수 있는 분위기를 조성하기 위해 보육서비스의 개선은 반드시 이루어야 할 과제이며, 우리 사회가 가장 시급하게 해결해야 할 문제가 아닐 수 없다.

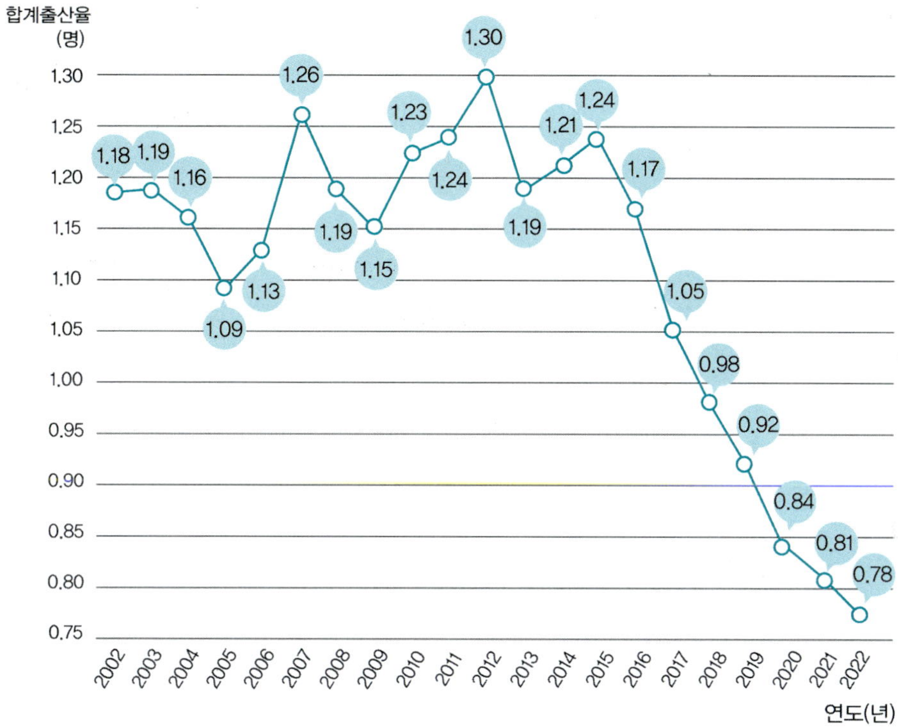

출처 : 통계청(2020). 「2020년 출생통계 국가승인 통계(제10103호 출생통계)」를 바탕으로 재구성함

그림 11-1 한국의 합계출산율 변화

② 가족구조의 변화적 측면

과거 우리나라의 전통적 대가족제도에서 현재 가족구조 변화의 특징은 소가족화 및 핵가족화다. 주된 가구유형은 2인 가구로 자리 잡는 추세이며 1인 가구가 전체 가구의 1/5을 차지하고, 부부와 자녀 중심의 핵가족화가 과반수를 넘어서는 등 가구규모 및 가구유형에 다각적인 변화를 보이고 있다. 이와 같이 가족규모가 축소되고, 확대가족에서 핵가족화로 변화하면서 가족세대 구성이 단순해졌다. 맞벌이가족과 가족분가 및 이혼·사별의 증가는 가족결속력 약화와 함께 가족생활의 여러 영역에 걸쳐 긍정적·부정적인 영향을 미치고 있다. 그 영향은 아동에게 가족형성부터 가족관계 및 가족기능에 이르기까지 결국 다양하게 미치며 자녀양육의 문제로 이어진다. 예를 들어, 이혼률의 증가는 한부모가족의 형태를 가져오게 되고, 아동의

양육을 가정에만 국한하는 것은 어렵다는 것을 알 수 있다.

취업모의 증가의 원인은 산업화에 따른 일의 분화와 전문화로 노동력의 수요가 증대되고, 여성들의 교육수준이 향상됨에 따라 자아실현과 경제적 자립의 욕구, 여가시간의 활용 등의 욕구가 강해졌기 때문에 보육시설의 필요성을 강조하는 가장 대표하는 원인이다.

이와 같은 가족구조의 변화는 시대적 가치관의 변화나 삶의 양식 변화와 연결하여 보육사업의 필요성을 더욱 절실히 말해 준다.

③ 영유아의 발달적 측면

영유아가 성장하는 과정에 있어서 필요한 보육서비스는 영유아의 기본적인 권리를 보장하고 건전하게 발달할 수 있는 기회를 갖는다. 영유아기의 발달은 전 생애에 걸쳐서 영향을 미치는 중요한 시기로, 질 높은 서비스는 영유아 발달에 긍정적으로 작용하여 국가경쟁력 향상에 도움이 된다.

발달의 기초성은 인간 특성의 기초가 영유아기에 형성되며, 이후 발달의 기초가 되어 발달의 방향을 결정짓는다는 것이다.

발달의 적기성은 특정한 발달과업의 성취에 적절한 시기가 있다는 것으로, 즉 발달의 측면마다 어떤 특정한 발달과업의 성취를 위한 최적의 시기가 있다는 것이다. 이와 같은 맥락에서 인생 초기의 경험을 제공하는 보육의 필요성은 절대적으로 중요하다고 볼 수 있다.

④ 아동의 권리와 복지적 측면

영유아보육의 필요성은 기본적으로 영유아를 중심으로 이루어져야 하기 때문에 어떤 경우라도 안정된 가정환경을 제공받아야 할 권리가 있다. 이것은 아동이 건전한 발달에 적합한 보육환경과 사랑의 분위기에서 평등하게 성장할 권리가 있는 것을 의미한다.

UN의 '아동권리에 관한 국제협약'에서도 아동을 보호의 대상뿐만 아니라 적극적인 권리의 주체로 인식, 무차별의 원리, 아동의 최선의 이익 최우선의 원칙, 아동의 생존, 보호, 발달의 원칙, 아동의 의사존중 및 참여의 원칙을 명시하고 있다.

이와 같이 아동은 생명이 존중되는 안전한 환경 속에서 몸과 마음이 튼튼하게 자라도록 필요한 영양을 공급받고, 적절한 지적인 자극을 통해 정신적으로 발달할 과업을 이루어야 한다.

(2) 보육사업의 의의

보육사업은 가정의 안녕과 복지라는 측면에서 중요한 의미를 갖는다. 오늘날 우리가 살아가는 사회는 여성의 사회참여 확대로 인하여 맞벌이가정이 늘어나면서 아동의 보육문제는 이미 단순한 가정의 문제나 책임으로만 바라볼 수 있는 한계를 넘어섰다. 따라서 보육문제를 가정과 함께 아동, 부모, 국가의 차원에서 적극적으로 살펴볼 필요가 있다. 보육사업의 의의를 세 측면에서 살펴보면 다음과 같다(김호년 외, 2017: 216-217).

① 아동 입장에서 본 보육의 의의

- 맞벌이가정 자녀의 경우 부모가 일하는 낮 동안 신체적으로 안전하게 보호받음과 동시에 필요한 생리적 욕구, 즉 식사와 간식, 배설, 낮잠 등의 요구를 충족시킬 수 있다. 물론 방과 후 보육이나 24시간 보육을 실시하는 시설을 이용하여 하루 중 어느 때라도 보호를 받을 수 있다.
- 교육적 환경에서 생활함으로써 인지발달을 촉진시킬 수 있으며, 특히 저소득층 아동의 보상교육도 겸하여 받을 수 있다.
- 또래의 친구 및 다양한 연령의 아동과 접촉함으로써 사회성 발달을 촉진시킬 수 있다.
- 부모가 질병으로 입원, 장기요양하거나 별거와 이혼 등의 가정적 문제가 발생되었거나 죄를 지어 수형 중일 때에도 낮 동안 전문적 보호와 교육을 받을 수 있다.
- 학동기 자녀의 경우에는 방과 후 홀로 지내지 않고 다양한 방과 후 프로그램에 의해 안전, 생활지도, 학습지도의 효과를 기대할 수 있다.

② 부모와 가정의 입장에서 본 보육의 의의

- 맞벌이가정에서 당면하는 문제인 자녀양육 기능을 보충해 주므로 안심하고 생업에 전념할 수 있게 한다. 이를 통해 가정경제의 향상을 기대할 수 있다.

- 부모, 특히 어머니가 사회참여를 통해 자아실현을 이룰 수 있으며, 이를 통해 함께 성숙하는 부부로서의 생활이 더욱 가능해져 부부관계의 질적 향상을 도모할 수 있다.

③ 사회 및 국가적 입장에서 본 보육의 의의

- 건전하게 성장하여 사회적으로 역량을 갖춘 아동은 국가의 발전을 위한 중요한 인적 자원이다. 우수한 인재를 양성하려면 되도록 어린 연령의 영유아들에게 투자하는 것이 효과적이다. 그뿐만 아니라 어린 영유아들에게 건전하게 성장할 수 있는 기틀을 마련해 주면 이들이 성장하여 성인이 되었을 때 사회적으로 문제를 일으키지 않기 때문에 사회적 비용이 들어가지 않는다.
- 보육은 인구의 1/2을 차지하는 여성의 능력이 사장되지 아니하고, 결혼과 자녀 출산 후에도 지속적인 사회 및 경제활동을 할 수 있는 여건을 마련해 줄 수 있다. 이는 국가적으로 여성의 인력을 활용함으로써 국가경쟁력을 높일 수 있는 것이다.

2. 영유아 보육시설의 유형

「영유아보육법」 제10조에 의하면 어린이집을 설치기준에 따라, 즉 설립주체에 따라 분류하고 있다. 다양한 보육수요에 부응하기 위해 보육서비스를 공급하는 주체도 다양하게 하고 있다고 볼 수 있다.

우리나라 「영유아보육법」에 의한 어린이집의 종류는 국공립어린이집, 법인어린이집, 직장어린이집, 가정어린이집, 부모협동어린이집, 민간어린이집이 있다.

「영유아보육법」 제2조에 의하면, “어린이집”이란 친권자·후견인, 그 밖의 사람으로서 영유아를 사실상 보호하고 있는 보호자의 위탁을 받아 영유아를 보육하는 기관을 말한다. 「영유아보육법」 제27조에 의하면, 어린이집 이용대상은 보육이 필요한 초등학교 취학 전 만 6세 미만의 영유아를 원칙으로 하며, 필요한 경우 어린이집의 원장은 만 12세까지 연장하여 보육할 수 있도록 규정하고 있다.

표 11-1 영유아보육법에 의한 보육시설의 종류

종류	설립 주체	내용
국공립어린이집	국가 지방자치단계	• 국가나 지방자치단체가 설치·운영(위탁운영 포함)하는 어린이집 • 상시 영유아 11인 이상
법인어린이집	사회복지법인	• 사회복지법인이 설치·운영하는 어린이집 • 상시 영유아 21인 이상
직장어린이집	사업장의 사업주	• 사업주가 사업장의 근로자를 위하여 설치·운영하는 어린이집 • 상시 영유아 5인 이상
가정어린이집	개인	• 개인이 가정이나 그에 준하는 곳에 설치·운영하는 어린이집 • 상시 영유아 5인 이상 20인 이하
부모협동어린이집	보호자	• 보호자 또는 보호자와 보육교직원이 조합(영리를 목적으로 하지 아니하는 조합만 해당)을 결성하여 설치·운영하는 어린이집 • 보육 영유아를 둔 보호자 15인 이상 출자 및 상시 영유아 11인 이상
민간어린이집	법인(사회복지법인 제외), 단체, 개인	• 국공립어린이집, 법인어린이집, 직장어린이집, 가정어린이집, 부모협동어린이집, 민간어린이집에 해당하지 않는 어린이집 • 상시 영유아 21인 이상

1) 국공립어린이집

국공립어린이집이란 국가나 지방자치단체가 설치·운영(위탁운영 포함)하는 어린이집을 말하며, 국가 또한 지방자치단체의 장이 소속 공무원을 위하여 설치·운영하는 어린이집은 직장어린이집으로 분류된다(「영유아보육법」 제10조). 국가나 지방자치단체는 설치된 국공립어린이집을 법인·단체 또는 개인에게 위탁하여 운영할 수 있으며, 운영에 관한 구체적인 사항은 「영유아보육법 시행규칙」에 의거하여 준수하여야 한다(「영유아보육법」 제24조).

2) 사회복지법인어린이집

사회복지법인어린이집이란 「사회복지사업법」에 따른 사회복지법인이 설치·운영하는 어린이집을 말하며, 법인·단체 등의 어린이집은 각종 법인(사회복지법인을 제외한 비영리법인)이나 단체 등이 설치·운영하는 학교법인이 설치·운영하는 어린이집, 종교단체가 설치·운영하는 어린이집, 근로복지공단이 설치·운영하는 어린이집, 교육훈련시설이 설치·운영하는 어린이집, 그 밖에 보건복지부장관이 정하는 어린이집이 해당된다.

3) 직장어린이집

직장어린이집은 사업주가 사업장의 근로자를 단독 또는 공동으로 사업장 내 또는 그에 준하는 인근 지역과 사원주택 등 사업장 근로자 밀집 거주 지역에 설치·운영하는 어린이집(국가나 지방자치단체의 장이 소속 공무원 및 국가나 지방자치단체의 장과 근로계약을 체결한 사람으로서 공무원이 아닌 사람을 위하여 설치·운영하는 어린이집을 포함)을 말한다(「영유아보육법」 제10조).

직장보육은 자녀 보육에 있어 여성을 고용하고 있는 사업주가 자녀 보육에 필요한 각종 서비스를 제공하는 것으로, 상시 여성 근로자 300인 이상 또는 근로자 500인 이상인 사업장은 직장보육시설의 설치 및 운영을 의무화하고 있다. 다만, 단독으로 설치하기 어려운 경우에는 공동직장어린이집을 운영할 수 있으며, 지역의 어린이집과 위탁계약을 체결할 수 있다.

또한 직장어린이집을 설치하거나 지역의 어린이집과 위탁계약을 체결한 사업주는 그 어린이집의 운영 및 수탁 보육 중인 영유아의 보육에 필요한 비용의 100분의 50 이상을 보조해야 한다.

4) 가정어린이집

가정어린이집은 개인이 가정이나 그에 준하는 곳에 설치·운영하는 어린이집을 말하며, 상시 영유아 5인 이상 20인 이하를 보육하여야 하며, 명칭은 "ㅇㅇ어린이집"이라고 한다.

5) 부모협동어린이집

부모협동어린이집은 보호자 또는 보호자와 보육교직원이 조합(영리를 목적으로 하지 아니하는 조합만 해당)을 결성하여 설치·운영하는 어린이집을 말한다.

보육아동을 둔 보호자 15인 이상이 상호 출자하여 공동으로 어린이집을 설치·운영할 것을 약정함으로써 그 효력이 발생한다. 상시 영유아 11인 이상을 보육하여야 하며, 부모들 나름의 교육철학과 신념에 대한 의지가 투철하고 확고하다면 보육시설의 기본이념 및 교육프로그램이 잘 운영될 수 있으나, 자칫 운영상의 어려움이 있을 수 있다. 조합의 업무집행자는 조합계약 또는 조합원의 3분의 2 이상의 찬성으로 선임하고 시설장을 겸직할 수 있다.

6) 민간어린이집

민간어린이집은 국공립어린이집, 법인어린이집, 직장어린이집, 가정어린이집 또는 부모협동어린이집이 아닌 어린이집으로, 비영리법인 및 비영리단체 또는 개인이 설치·운영하는 시설을 말한다. 민간어린이집은 영유아 21인 이상 300인 미만 규모의 보육을 할 수 있으며, 명칭은 "○○어린이집"이라고 한다.

7) 특수어린이집 유형

보육수요자의 요구를 충족시켜 주기 위해 보육시설의 운영을 다양하게 할 필요가 있다. 맞춤형 보육시설은 특수한 요구를 가진 영유아나 부모의 취업형태에 따라 보육서비스를 제공하기 위해서 시행되고 있다.

표 11-2 운영 특징에 따른 분류

분류	운영 특징
장애아 전담 및 통합보육시설	장애아만을 20명 이상 보육하는 시설 장애아와 비장애아를 통합하여 보육하는 시설(장애아를 3명 이상 통합)
영아전담 보육시설	만 2세 미만(36개월까지)의 영아 20명 이상을 전담하여 보육하는 시설
방과 후 보육시설	초등학교 저학년 아동을 방과 후에 보육하는 시설
시간 연장 보육시설	기준보육시간(07:30~19:30)을 경과하여 21:00 이후까지 시간을 연장하여 보육하는 시설
24시간 보육시설	야간보육이 필요한 아동을 대상으로 24시간 보육서비스를 제공하는 시설
휴일 보육시설	일요일 및 공휴일에 보육하는 시설

3. 영유아 보육과 서비스 현황

보육사업은 여성 취업의 증가로 일과 가정생활 양립이 보편화되면서 바람직한 사회적 육아를 위해서는 자녀양육을 국가·사회가 지원해야 한다는 국민의식이 증대되어 사회적인 이슈로 부각되어 있다. 보육사업은 단순한 양육의 문제가 아닌, 가족과 아동의 복지를 증진하고 여성인력의 활용을 활용하기 위하여 국가경쟁력을 강화시킬 수 있는 중요한 정책으로 인식되고 있는 형편이다.

국가정책 차원에서 추진되고 있는 보육아동 및 연령별 보육연령 현황, 어린이집 설치·운영 현황, 국공립어린이집의 수급현황 등은 다음과 같다.

1) 어린이집 보육아동

어린이집의 보육대상은 0세~만 5세의 취학 전 아동을 원칙으로 한다. 필요한 경우 어린이집 원장은 만 12세까지 연장할 수 있다. 입소 순위는 다음과 같다.

(1) 1순위

- 「국민기초생활보장법」에 따른 수급자(법정)
- 「한부모가족지원법」 제5조의 규정에 의한 보호대상자의 자녀

- 「국민기초생활보장법」 제24조의 규정에 의한 차상위계층(중위소득의 50% 이하)의 자녀
- 「장애인복지법」 제2조의 규정에 의한 장애인 중 보건복지부령이 정하는 장애등급 이상에 해당하는 자(장애부모)의 자녀
- 아동복지시설에서 생활 중인 영유아
- 부모가 모두 취업 중이거나 취업을 준비 중인 영유아
- 「다문화가족지원법」 제2조 제1호에 따른 다문화가족의 영유아
- 자녀가 3명 이상인 가구 또는 영유아가 2자녀 가구의 영유아
- 산업단지 입주기업체 및 지원기관 근로자의 자녀로서 산업단지에 설치된 어린이집을 이용하는 영유아

(2) 2순위

- 기타 한부모·조손 가족, 입양된 영유아, 동일 어린이집 재원 중인 아동의 형제·자매 어린이집을 이용하는 형제·자매

2000년부터 유치원과 어린이집 보육시설의 변화추이를 보면 유치원의 기관 수는 큰 변화가 없는 데 반해 어린이집을 이용하는 보육시설은 급격한 증가를 보이고 있다.

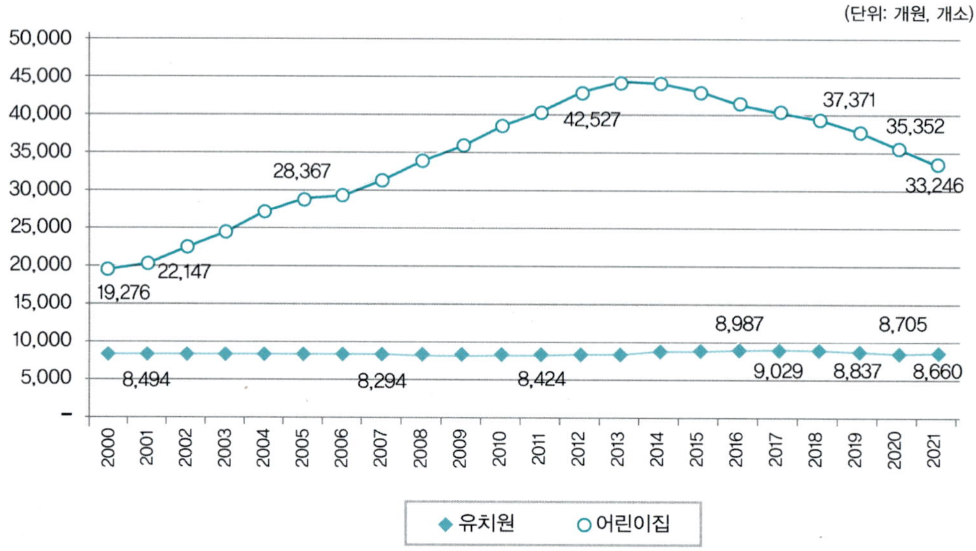

자료 : 1) 한국교육개발원(2021), 교육통계연보.
2) 보건복지부(2021), 보육통계(2021년 12월말 기준).

출처 : 1) 한국교육개발원 교육통계서비스 http://kess.kedi.re.kr/index. 2022. 3.8. 인출
2) 보건복지부 홈페이지 www.mohw.go.kr. 2022. 4. 25. 인출.

그림 11-2 유치원 및 어린이집 기관 수 변화 추이(2000~2021)

어린이집의 유형별 변화 추이를 살펴보면 민간어린이집과 가정어린이집은 점차 줄어들고 있는 추세이다. 하지만 아직도 어린이집 운영의 많은 부분을 민간어린이집과 가정어린이집이 차지하고 있다는 점에서 이 부분에 대한 적극적인 지원이 필요하다. 이와는 달리 국공립어린이집의 수는 점차 증가 추세에 있으나, 아직도 전체 어린이집의 숫자에서 18.8%에 불과한 실정이어서 국공립어린이집에 대한 확대 방안이 마련되어야 할 것이다. 즉, 국공립어린이집의 지속적인 확충과 민간·가정어린이집의 적극적인 지원 및 다양한 정책을 통해 국가적 차원에서의 보육서비스의 질적 수준의 향상을 도모하는 것이 필요하다.

표 11-3 어린이집 유형별 증감 현황(2020~2022)

어린이집 유형별	2020		2021		2022		
	원데이터	전년 대비 증감 (증감률)	원데이터	전년 대비 증감 (증감률)	원데이터	전년 대비 증감	증감률
합계	35,352	-2,019 (-5.4)	33,246	-2,106 (-6.0)	30,923	-2,323	-7.00%
국·공립	4,958	634 (14.7)	5,437	479 (9.7)	5,801	364	6.70%
사회복지법인	1,316	-27 (-2.0)	1,285	-31 (-2.4)	1,254	-31	-2.40%
법인·단체 등	671	-36 (-5.1)	640	-31 (-4.6)	610	-30	-4.70%
민간	11,510	-1,058 (-8.4)	10,603	-907 (-7.9)	9,726	-877	-8.30%
가정	15,529	-1,588 (-9.3)	13,891	1,638 (-10.5)	12,109	-1,782	-12.80%
협동	152	-7 (-4.4)	142	-10 (-6.6)	132	-10	-7.00%
직장	1,216	63 (5.5)	1,248	32 (2.6)	1,291	43	3.40%

출처 : 한국보육진흥원.

2) 어린이집 보육교직원의 배치

보육교직원은 어린이집 영유아의 보육, 건강관리 및 보호자의 상담, 그 밖의 어린이집 관리·운영 등의 업무를 담당하는 자로서 어린이집 원장 및 보육교사와 그 밖의 직원을 말한다.

보육교사의 근무시간은 1일 8시간을 원칙으로 하고, 어린이집의 운영시간(07:30~19:30)을 고려하여 출퇴근 시간은 탄력적으로 조정할 수 있다. 기준 시간을 초과하여 근무하는 경우에는 「근로기준법」 등 관련 법령 규정에 따라 시간외수당을 지급하여야 한다. 보육교사의 배치인원은 연령별 이용 영유아 수로 결정된다.

어린이집 운영을 위한 보육교직원의 배치는 「영유아보육법 시행규칙」 제10조에 제시되어 있어서 이를 준수하도록 하고 있다. 어린이집을 운영하기 위해서는 어린이집 원장과 보육교사를 비롯하여 간호사, 영양사 등을 보건복지부령이 정하는 바에 따라 채용하여야 하며, 보육교직원에 대한 확보 기준은 다음과 같다.

표 11-4 어린이집 보육교직원 배치기준

구분	배치기준	비고
어린이집 원장	전 어린이집별 1인 (다만, 영유아 20인 이하를 보육하는 기관은 어린이집의 장이 보육교사를 겸임할 수 있음)	정원 기준
보육교사	만 1세 미만 : 영아 3인당 1인	현원 기준
	만 1세 이상 만 2세 미만 : 영아 5인당 1인	
	만 2세 이상 만 3세 미만 : 영아 7인당 1인	
	만 3세 이상 만 4세 미만 : 유아 15인당 1인	
	만 4세 이상 미취학 유아 : 유아 20인당 1인 (유아 40인당 1인은 보육교사 1급 자격증소지자여야 함)	
	취학아동 : 20인당 1인	
	장애아 : 3인당 1인 (장애아 9인당 보육교사 1인은 특수교사 자격증소지자여야 함)	
간호사	영유아 100인 이상을 보육하는 어린이집	현원 기준
영양사	영유아 100인 이상을 보육하는 어린이집	현원 기준
조리원 (조리사)	영유아 40인 이상을 보육하는 어린이집	현원 기준 (방과 후 제외)

출처 : 영유아보육법 시행규칙 별표 2(2021.3.30. 개정 기준)를 근거로 재구성함.

어린이집 유형별 보육교직원 현황을 보면 민간어린이집이의 보육교직원이 전체 보육교직원의 37.3%를 차지하여 가장 많고, 다음으로 가정어린이집(24.4%), 국공립 어린이집(23.6%) 등의 순으로 나타났다. 또한 보육교직원 1인당 아동수를 산출한 결과에 의하면 민간어린이집이 보육교직원 1인당 아동수가 4.1명으로 가장 높게 나타나 이에 대한 지원이 확대되어야 할 것이다.

표 11-5 어린이집 유형별 보육교직원 현황

구분			계	국공립 어린이집	사회복지 법인 어린이집	법인·단체등 어린이집	민간 어린이집	가정 어린이집	협동 어린이집	직장 어린이집
보육 교직원 수	인원	계	311,996	73.511	16,975	7,027	116,442	76,144	953	20,944
		남	10,502	1,346	1,670	551	5,931	771	27	206
		여	301,494	72,165	15,305	6,476	110,511	75,373	926	20,738
	비율(%)		100.0	23.6	5.4	2.3	37.3	24.4	0.3	6.7
보육교직원 1인당 아동수(명)			3.5	3.8	3.8	3.9	4.1	2.4	3.4	2.9

출처 : 보건복지부(2022). 2022년 보육통계.

3) 어린이집 설치 및 운영

어린이집 운영 현황을 보면, 최근 들어 전체 어린이집 수는 감소하는 경향을 나타내고 있다. 특히 그중에서도 민간어린이집과 가정어린이집은 감소추세이지만, 국공립어린이집과 직장어린이집은 증가세를 보이고 있다.

(1) 어린이집 설치기준

어린이집의 설치는 영유아보육법령상 설치기준을 모두 갖추어야 한다. 「영유아보육법 시행령」 <별표 1>에는 어린이집 설치기준을 규정하고 있다.

어린이집은 보육수요·보건·위생·급수·안전·교통·환경 및 교통편의 등을 충분히 고려하여 쾌적한 환경을 갖춘 부지를 선정해야 하고, 위험시설로부터 50m 이상 떨어진 곳에 위치해야 한다. 또한 어린이집은 「건축법」의 용도별 건축물의 종류 중 '노유자시설'에 설치할 수 있다.

(2) 어린이집의 명칭과 인가

어린이집의 명칭은 '○○ 어린이집'으로 해야 하며 이 명칭은 국공립어린이집이나 특별자치도지사·시장·군수·구청장의 인가를 받아 설치되는 어린이집만 사용할 수 있으며, 동일한 시·군·구에서는 동일한 명칭을 사용할 수 없다.

어린이집의 설치인가를 받으려는 자는 어린이집 인가신청서에 다음의 서류(전자문서를 포함)를 첨부하여 관할 특별자치도지사·시장·군수·구청장에게 제출해야 한다. 특별자치도지사·시장·군수·구청장은 어린이집을 인가한 경우에 신청인에게 어린이집 인가증을 발급하고, 인가증을 발급받은 어린이집은 방문자가 잘 볼 수 있는 곳에 인가증을 게시하여 인가받은 사실을 확인할 수 있도록 해야 한다.

(3) 어린이집 운영시간

어린이집의 운영시간은 주 6일 이상, 연중 계속 운영하는 것을 원칙으로 하며, 다만 지역 및 시설여건 등을 고려하여 어린이집운영위원회의 결정에 따라 토요일 휴무를 할 수 있다.

*월~금요일: 12시간(07:30~19:30), 토요일: 8시간(07:30~15:30)

또한 보호자의 근로시간 등을 고려하여 미리 보호자의 동의를 받은 경우에는 영유아 및 그 보호자에게 불편을 주지 않는 범위에서 어린이집 운영일 및 운영시간을 조정하여 운영이 가능하다. 토요일에도 어린이집을 운영해야 하지만, 토요 휴무제 확대에 따라 보육아동 수가 감소할 경우에는 보육에 지장을 주지 않는 범위 내에서 교사배치를 달리할 수 있다(교사의 토요일 교대 휴무 가능).

(4) 어린이집의 보육료

어린이집의 보육료 결정 및 수납과 관련하여 원장은 시·도지사가 정한 보육료의 수납한도액 범위 내에서 보호자와 협의하여 수납액을 자율적으로 결정하고, 이를 시장·군수·구청장에게 신고해야 한다.

보육료는 신청일부터 지원하므로, 입소 전 또는 입소와 동시에 주소지 읍·면·동 또는 복지로(http://bokjiro.go.kr)에 보육료 지원 신청을 한다.

- 시·도지사가 결정한 보육료 및 필요경비 수납한도액
- 해당 어린이집의 보육료 및 필요경비의 실제 수납액
- 보육료 지원내역(만 0~5세 보육료, 장애아 보육료, 기본보육료 등)
- 기타 보육료 및 입소료 반환, 보육료 지원기준 등

4. 영유아 보육사업 지원정책

아동의 건전한 발달 도모, 출산율 향상, 여성의 사회진출 증대와 같은 보육정책의 다차원적 목표를 달성하기 위해서는 지원에 대한 구체적인 방안이 필요하다.

우리나라에서 도입된 누리과정과 표준보육과정은 유아보육, 교육의 내실화를 기하고, 양질의 보육서비스를 모든 아동에게 제공하여 기회의 평등을 보장해 준다는 점에서 보육의 중요성은 매우 크다고 할 수 있다.

1) 보육료 지원

영유아를 위한 보육료 지원정책은 어린이집을 이용하는 만 0~5세 아동을 지원대상으로 하며, 어린이집 이용 영유아에 대한 보육료 지원을 통해 부모의 자녀양육 부담을 경감시키고 원활한 경제활동을 지원하기 위한 복지정책의 일환으로 지원대상은 다음과 같다.

- 어린이집을 이용하는 만 0~5세 아동
- 「유아교육법」 제24조 및 동법 시행령 제29조에 의거하여 유치원과 어린이집 등에서 누리과정을 제공받는 유아에 대한 무상교육 기간이 3년을 초과하지 않은 아동

보육료는 신청일로부터 지원이 가능하므로 어린이집을 이용하기 전에 사전 신청이 필요하다. 만약 보육료 신청보다 어린이집에 먼저 입소한 경우에는 신청일 기준으로 보육료가 지원된다.

2) 양육수당 지원

국가와 지방자치단체는 어린이집을 이용하지 않는 영유아에 대하여 영유아의 연령과 보호자의 경제적 수준을 고려하여 양육에 필요한 비용을 지원하고 있다(「영유아보육법」 제34조). 다만, 국가와 지방자치단체는 양육에 필요한 비용을 지원받는 영유아가 90일 이상 지속하여 해외에 체류하는 경우에는 그 기간 동안 양육에 필요한 비

용의 지원을 정지한다. 이 경우, 보건복지부장관 및 지방자치단체의 장은 서면으로 그 이유를 분명하게 밝혀 영유아의 보호자에게 통지해야 한다.

3) 아동수당 지원

아동수당은 아동의 권리이며 아동양육에 따른 경제적 부담을 경감하고, 아동의 건강한 성장환경을 조성하여 아동의 기본적 권리와 복지 증진에 기여하기 위해 도입되었다. 아동수당은 2018년 9월 제도가 시작되어 만 6세 미만의 일부아동(소득·재산 기준 하위 90%)에게 1명당 매월 10만 원씩 시행되었고, 2019년 1월부터는 만 6세 미만의 모든 아동에게 보편 지급되었으며, 2019년 9월부터는 만 7세 미만의 모든 아동에게 연령이 확대되었다. 아동수당은 기존에 양육수당이나 보육료를 받고 있는 아동도 중복해서 받을 수 있다. 아동수당은 한국 국적을 지닌 모든 아동과 한국에서 난민으로 인정된 모든 아동에게 지급된다.

4) 육아근로 지원

최근 우리나라는 저출산과 고령화 추세로 향후 경제활동인구가 급격히 감소할 것으로 예상되는 상황에서, 보육정책의 주요한 목표 중 하나는 육아근로 지원이다. 육아휴직제도는 근로자가 피고용자의 신분을 유지하면서, 일정 기간 자녀의 양육을 위해 휴직을 할 수 있도록 하는 제도이다.

5) 시설보조금

어린이집에 대한 시설보조금 지원의 종류를 살펴보면, 종사자 인건비 지원과 프로그램별 지원 및 운영비 지원으로 구분된다. 2009년부터는 중소도시와 대도시에서 평가인증을 받은 시설에 한해 취사부의 인건비를 지원하고 있다. 프로그램별 지원은 시설의 유형별로 차이를 보이며 민간·가정어린이집에 대해서 영아 보조금과 공공형 어린이집 운영비를 지원해 주고 있다.

5. 영유아 보육정책의 추진과제

최근 정부는 영유아의 건강하고 건전한 발달과 여성의 경제활동 참여에 기여하고 저출산을 해결하기 위한 방안으로 중장기적인 보육정책을 마련하고 있는 실정이다.

보육지원정책의 개선 및 확대는 여성의 사회진출을 용이하게 하고 일·가정을 양립할 수 있게 함으로써 양성평등, 보육비 부담해소를 통한 양육의 질 향상, 보육의 빈부격차 해소를 가능하게 할 것이다. 또한 궁극적으로는 보육지원정책을 통한 저출산 문제해결에도 파급효과를 기대할 수 있다(최미옥, 2017).[1)]

1) 보육유형별

우리나라는 공공 및 민간의 보육시설을 이용하여 일·가정 양립을 지원하고 있는데, 취업부모의 경우 직장보육시설의 설치를 절실히 요구하고 있다. 물론 1991년부터 직장보육시설을 운영하도록 하고 있으나, 직장보육시설 설치사업장의 의무이행률(2009년 기준)이 51.7%로 아직 미흡한 실정이다. 따라서 근로자 수 대비 보육시설 설치는 물론, 직장주변의 보육시설과 연계하여 근무시간에도 자녀에 대한 관리가 가능하도록 지원해 줄 필요가 있다(보건복지부, 2017)[2)].

또한 보육의 국가책임 실현이라는 전략과의 연계에서 보육의 공공성 제고는 주요 추진과제가 되어야 한다. 전문가 조사 결과에서는 '국공립어린이집 확충'이 높은 동의를 얻었다. 다만, 공공성 제고 방안은 국공립 등 시설 확충이라는 양적인 방법이 아니라, 서비스 질 제고(질 관리 포함), 비용지원 등이 모두 포함될 수 있다(이정원·이윤수·김희수, 2017).

1) 최미옥(2017). 보육지원정책의 현황과 전망. 인문사회과학연구, 3(2).
2) 보건복지부(2017). 보육통계.

2) 보육프로그램

보육프로그램에 대한 문제를 제기하고, 그에 따른 해결방안을 살펴보고자 한다.

첫째, 충분한 보육시간을 확보하기 위해서 다양한 보육시설 간의 연계가 필요하다. 현재 우리나라는 지역아동센터, 초등돌봄교실, 드림스타트, 위스타트, 방과 후 아카데미, 방과 후 보육 등과 같은 다양한 프로그램과 사립학원을 이용한 교육과정을 연계하고 있다. 물론 정부에서 지원하는 지역아동센터, 초등돌봄교실 등에 대한 만족도가 높게 나타나 양질의 보육서비스에 대한 기대가 높게 나타났다. 또한 부모가 직장 내 근무시간 동안 긴급상황으로부터 자녀를 보호할 수 있는 주요 의료서비스와의 연계가 필요하다. 따라서 부모의 근무여건에 맞춘 다양한 보육서비스가 제공된다면, 일·가정 양립에 주요성과를 거둘 수 있을 것이다.

둘째, 양질의 보육서비스를 제공받기 위해서는 전문보육인력의 확보와 다양한 보육프로그램의 확보가 필요하다. 미국의 경우 헤드스타트 프로그램을 이용하여 보육전문성의 확보는 물론 보육시설의 개선을 가져오고 있다. 따라서 보육인력에 관한 근무환경의 개선과 지속적인 전문교육을 통하여 보육의 질적 향상을 가져오도록 하며, 보육기관에 대한 전반적인 평가를 통해 보육프로그램의 개선을 가져올 필요가 있다.

셋째, 현행의 활성화 방안은 지원 중심 체제이며 고용확대와 고용안정을 통한 취약한 가계구조의 개선을 위한 방안을 제시하지 못하고 있다. 특히 해체가족의 대부분이 심각한 경제적 불안정성을 내포하고 있다는 점에서 고용안정과 고용확대를 위한 정책적 지원의 부재는 정책적인 효과를 달성할 수 없을 것이다. 이것은 현재의 보육지원정책이 주로 미시적인 접근에 의하여 계획되고 추진되고 있다는 것을 보여준다. 해체가정을 위한 보육지원정책뿐만 아니라, 일반가정을 위한 보육지원정책에 있어서도 거시적인 관점의 정책수립과 시행이 요구된다.

3) 보육지원정책

현재 발표 및 시행되고 있는 활성화 방안은 일반적으로 일반가정과 저소득층을 대상으로 하고 있으며, 보육사업의 활성화를 위한 내용이 주를 이루고 있다. 하지만 해체가족의 지원을 위해서는 아무런 내용이 없다는 것이 문제점으로 지적될 수 있다. 즉, 기존의 보육활성화 방안은 그 계획단계에서부터 주로 양친가정의 여성을 주 대상으로 하여 이루어졌다고 판단할 수 있다. 특히 다양한 형태와 수준의 보육시설 개설과 운영이 요구되고 있으나, 시설 관련 정책의 기조는 이전의 내용과 크게 다를 바가 없다는 것이다.

둘째, 각 정책 시행 주체의 다양성이다. 이것은 정책수립과 시행의 과정에서의 효율성을 떨어뜨릴 수 있으며, 현재 각 소관부처 간의 업무 분장의 불확실성으로 인한 협력이 이루어지고 있지 못하다. 이러한 문제는 해체가족을 위한 보육에서만이 아니라 일반가정을 위한 보육지원정책에서도 동일하게 적용될 것이다. 우리나라는 저소득층을 중심으로 보육비 지원정책을 추진하였으며, 그로 인해 저소득층 밀집지역에 교육복지시설을 지정하여 5세 미만 및 장애아동에 대한 무상보육을 제공하였다.

그러나 중산층 가정의 보육비 부담이 증가함에 있어 유럽과 같이 공공재원을 이용한 무상교육의 확대가 필요하다. 우리나라의 경우 공교육보다는 사교육에 대한 비중이 높고, 민간 보육시설을 이용하는 비중이 높아 정부의 재정지원이 필요하다. 물론 무상교육으로 인한 재정적 부담이 증가할 것으로 예상되고 있으나, 취업부모의 보육비용에 대한 부담이 커서 교육기회의 격차가 발생해서는 안 될 것이다. 따라서 호주 등과 같이 아동의 보육지원을 위해 보육급여를 제공하거나 일본, 미국 등과 같이 출산아동에 대한 아동수당 등을 지급하고, 보육비 부담을 줄이도록 지원해 줄 필요가 있다.

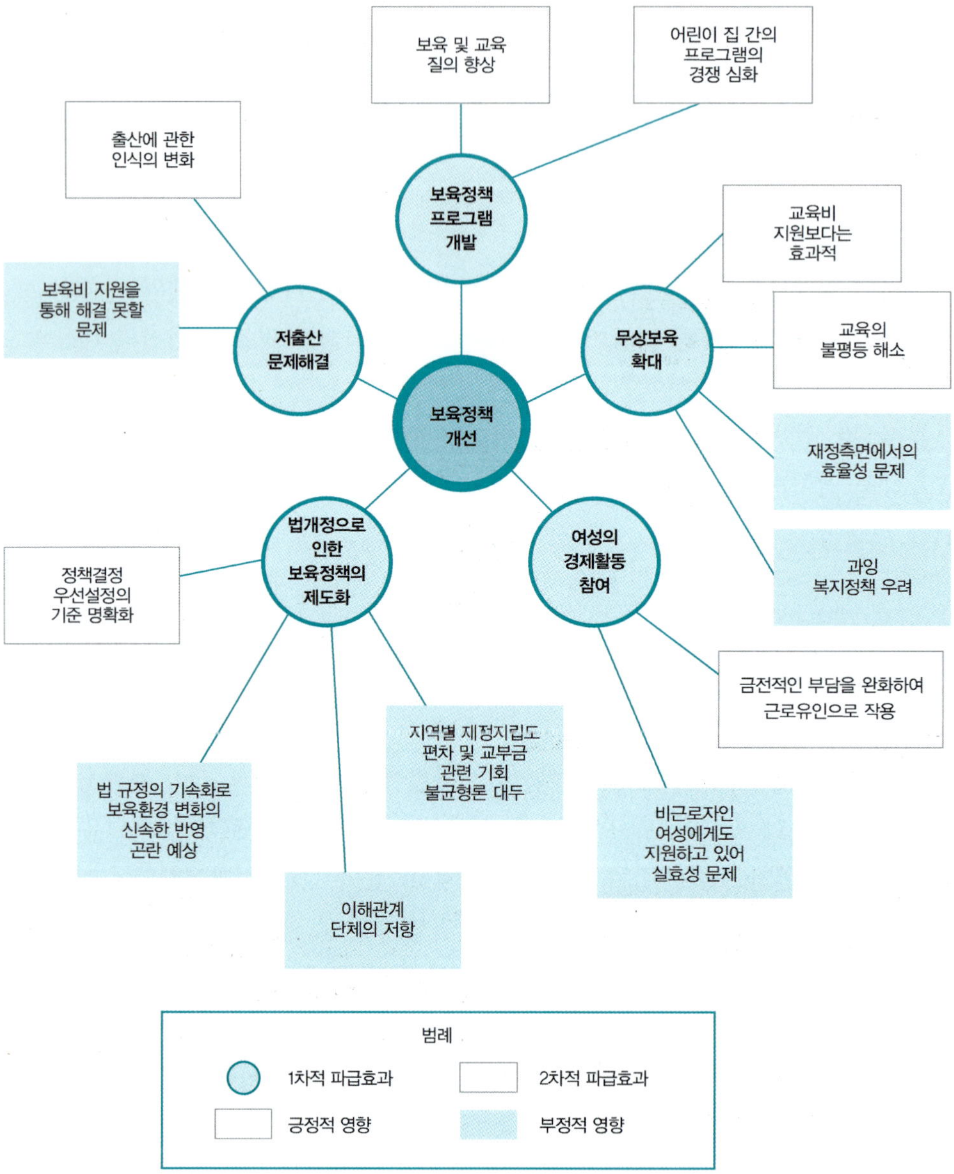

출처 : 최미옥(2017).

그림 11-3 보육지원정책 Future's wheel 분석

퓨처스 힐(Future's wheel)은 정책입안자들이 앞으로 다가올 잠재 문제점들을 파악하고, 문제점에 대한 대응책과 새로운 가능성을 위한 전략을 짜는 데 이용된다. 일종의 구조화된 브레인스토밍 기법으로서 주어진 특정 트렌드에서 파생되는 다양한 사건과의 인과적 결합관계를 규명하는 미래예측 방법으로, 사건을 독립적으로 구별하여 분석하는 다른 미래예측과 구별되는 것이 특징이다. 이러한 퓨처스 힐 분석을 통해 보육지원정책의 문제점 해결과 개선을 통한 1차적 영향으로는 저출산 문제 해결, 보육지원정책 프로그램의 개발, 무상교육의 확대, 여성의 경제활동 참여, 법 개정(제도 개선)으로 인한 보육정책의 제도화 등으로 범주화되었다. 1차 영향은 각각의 2차적 파급효과를 발생하는 바, 그 영향은 긍정적일 수도 혹은 부정적일 수도 있다. 이러한 분석을 통해 긍정적 영향에 대해서는 적극적으로 확대·추진하는 반면에, 부정적 영향에 대해서는 문제점의 진단과 해결을 통해 미래지향적인 바람직한 정책을 모색할 수 있다(최미옥, 2013).

4) 교사의 전문성

'아동의 건강한 성장과 발달 지원' 차원에서 아동 간 생애 초기 경험의 격차를 줄이고 가능한 최상의 보육서비스를 제공하며, 이를 통해 '보육의 국가 책임실현'을 완수하기 위해 '교사 전문성 제고'가 필요하다. 보육교사는 보육현장에서 아동이 건강한 성장과 발달을 할 수 있도록 돕는 전문가로서, 그에 걸맞은 전문성을 갖추어 책무를 다할 수 있어야 한다. 또한 보육교사를 통해 아동의 생애 초기 경험의 격차가 줄어들 수도, 더 벌어질 수도 있는 중요 요인으로서 아동에게 일정 수준 이상 양질의 생애 초기 경험을 제공할 수 있는 전문성이 요구되어야 한다.

보육에 대한 국가 책임은 국가가 모든 아동에 양질의 보육서비스 경험을 제공하였을 때 책임을 실현하였다고 말할 수 있다. 이 때문에 국가는 국가서비스의 대리자인 보육교사의 양성과 자격관리에 적극적으로 참여하여 일정 수준 이상 전문성이 보장된 인력이 배출되도록 해야 하며, 보육 현장배치 이후에 대해서도 관리 책임이 있다고 할 수 있다(이정원·이윤진·김희수, 2017)[3].

3) 이정원·이윤수·김희수(2017). 2018-2022 보육중장기 발전방안 연구. 육아정책연구소.

5) 육아종합지원센터 사업

보육 및 양육에 관한 정보의 수집·제공 및 보육교직원·부모상담 등을 제공하기 위하여 보건복지부장관과 지방자치단체의 장이 설치·운영하는 육아지원 기관을 육아종합지원센터라고 한다(「영유아보육법」 제7조).

지역사회 내 육아지원을 위한 거점기관으로서 어린이집 지원·관리 및 가정양육 보호자에 대한 맞춤형 서비스를 지원한다. 즉, 보육컨설팅, 교직원 상담 및 교육 등 어린이집 지원 기능과 부모에 대한 상담 및 교육, 일시보육서비스 등 가정양육 지원기능의 지역 내 One-stop 육아지원서비스 제공을 하고 있다.

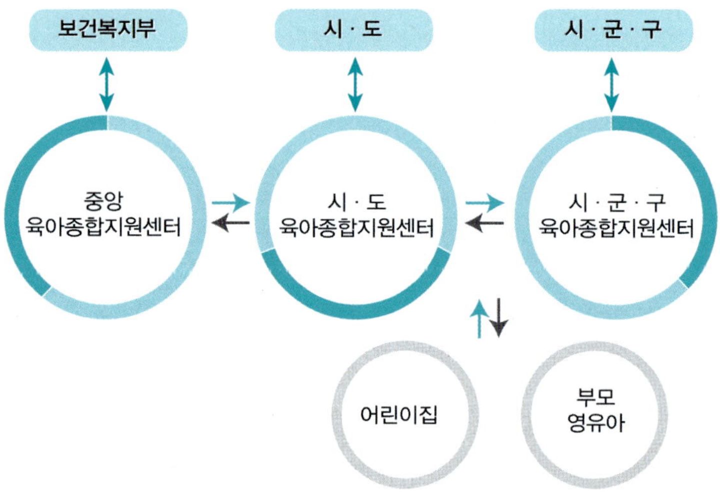

그림 11-4 육아종합지원센터 전달체계

6) 보육의 추진과제

「영유아보육법」 제11조 및 시행령 제19조에 의거해 매 5년마다 수행되어야 하는 대한민국 정부(보건복지부) 수준의 '보육계획' 수립의 '지원'이라는 구체적인 필요성과 목적을 지니고 다음과 같은 조사를 진행하였다.

매 5년마다 수립되는 국가 보육계획은 짧게는 5년의 보육정책의 방향성을 제시하지만, 5년간 추진되는 보육정책의 결과는 한 아동과 가족의 생애를, 나아가 국민

생활과 국가의 미래를 변화시킬 수 있는 막대한 파급 효과를 가져올 수 있다. 이에 향후 5년간의 보육계획은 이전 계획에 대한 철저한 평가와 변화된 환경, 정책 요구에 대한 신중한 분석과 의견수렴을 통해 수립되어야 한다.

다음의 표 11-6의 내용은 이전 계획에 대한 평가 분석 결과와 추가적인 정책 요구 의견수렴 결과 등을 제시한 것이며, 이러한 근거자료에 기반한 보육정책 방향성과 추진과제를 제안하여, 보건복지부에서 자체적으로 추진 중인 '제3차 중장기보육 기본계획' 수립 지원을 위한 기초자료를 제시한다. 또한 앞으로 고려해야 할 정책 환경과 쟁점 등 과거 보육정책에 대한 평가와 향후 보육중장기 발전방향을 제시하기 위한 내용으로 구성되었다(이정원·이윤진·김희수, 2017).

표 11-6 제3차 중장기보육 기본계획 추진과제 및 세부과제

추진 과제명	2차 계획 내 존속 세부과제 및 추가 제안 세부과제	전문가 및 부모 요구에 근거한 세부과제
1. 보육의 공공성 제고	국공립어린이집 확충(존속)	지역 육아지원 공공 인프라 확대 (육아종합지원센터 확충 및 주요 서비스 제공 분소설치 확대)
	어린이집 수급 조절(부실어린이집 퇴출 구조)	공공보육서비스 품질관리 강화
	평가인증의 실질적 질 관리 기능 강화 (컨설팅 연계, 피드백 강화)	
		공공성 제고를 위한 비용지원 내실화(보육료 지원, 인건비 지원 내실화)
2. 교사 근무환경 및 처우개선	근로환경 및 급여개선	지역 육아지원 공공 인프라 확대 (육아종합지원센터 확충 및 주요 서비스 제공 분소설치 확대)
	• 우수인력 보육현장 • 유인 기반 강화 (보육인력의 일-가정 양립 환경 조성)	
3. 교사전문성 제고	보육인력 자격관리체계 개편 (비대면 온라인 교육 양성과정 축소, 자격갱신제 등)	양성·자격체계 강화 (유치원 교사 수준의 강화 지향, 보육교사·보조교사 양성 체계 구분)
	보육인력 역량 지원 강화	현직교사 역량 강화 (보수교육 지원, 현장 컨설팅 강화, 역량강화에 대한 인센티브 강화, 교사 스트레스 관리)

추진 과제명	2차 계획 내 존속 세부과제 및 추가 제안 세부과제	전문가 및 부모 요구에 근거한 세부과제
	부적격 교사 조기발견·관리체계 구축	지속적 전문성 지원·관리 강화 (교사 교육, 이력관리, 스트레스 관리 프로그램 제공)
4. 격차해소를 위한 보육환경 조성		보육현장의 격차 해소 기반 조성 (공통보육과정 실행 기반 확보, 유·보 간 우수 실행 사례 공유, 정보 공유, 유·보 공통의 장학 및 컨설팅 시스템 구축, 유·보 간 시설환경 등 격차 해소)
		가정의 양육환경 격차 해소 (발달환경 평가 수행, 양육환경 취약가구 자녀를 위한 프로그램 개발·제공)
5. 아동발달에 적합한 양육지원		아동발달을 고려한 지원체계 설계
		장애아·다문화가정 아동보육 지원 강화

출처 : 육아정책연구소(2018). 2018-2022 보육중장기 발전방안 연구.

Chapter 12

가정위탁과 입양아동

1. 가정위탁보호사업의 이해와 현황

아동발달의 기본조건 중 하나는 안정된 가정환경과 건강하고 바람직한 부모역할이다. 그러나 부모의 사망이나 이혼, 미혼모에 의한 출산, 가출, 학대, 경제적 이유 등으로 인해 가족이 해체되거나 가족의 기능이 약화되면서 아동의 건전한 성장에 방해가 되는 요인들이 증가하고 있고, 친부모가 있음에도 불구하고 친가정과 분리되는 아동의 수가 증가하여(정익중, 2011), 보호가 필요한 아동이 점차 증가되고 있다.

가정위탁사업은 아동의 권리를 보호하고 아동에게 사랑과 욕구를 충족시킬 수 있는 적합한 환경에서 성장할 수 있도록 돕는 것이다. 그리고 아동이 보호받는 동안 아동과 친가정 사이의 연결고리를 유지해 주므로 안전한 접촉을 유지하고, 위기에 처한 애착관계를 강화하기 위해서 위탁보호아동과 친부모의 방문을 지원하여 위탁보호아동이 조속한 시일에 친부모와 재결합할 수 있도록 하는 것이다.

가정위탁은 입양과는 달리 일정 기간 동안에만 양육되며, 기간은 위탁아동의 가족 사정에 따라 달라진다. 짧게는 몇 개월이 될 수도 있고, 길게는 아동이 자립할 수 있을 때까지 장기간이 될 수도 있다.

1) 가정위탁보호사업의 정의

미국의 아동복지연맹(Child Welfare League of America)의 정의를 따르면 가정위탁보호란 아동이 자기 가정에서 양육될 수 없을 때, 또 입양이 바람직하지 않고 불가능할 경우, 다른 가정에서 일정한 계획된 기간 동안 보호와 양육을 받는 대리보호를 말한다. 즉, 하루 24시간 내내 친부모가 아닌 다른 부모의 가정에 의하여 대리보호를 받는 여러 종류의 양육을 의미한다. 또한 위탁보호는 '아동의 친부모가 아닌 친척 또는 친척관계에 있지 않은 양육자가 아동의 가정 이외에서 아동을 24시간 돌보는 대리적 양육'으로 정의된다(송혜자, 2006). 「아동복지법」 제3조에 의하면, 가정위탁이란 보호대상아동의 보호를 위하여 성범죄, 가정폭력, 아동학대, 정신질환 등의 전력이 없으며, 「아동복지법」이 정하는 기준에 적합한 가정에 보호대상아동을 일정 기간 위탁하는 것이라고 정의하고 있다.

2) 가정위탁보호아동

위탁아동이란 18세 미만의 아동으로 (18세 이상인 경우에도 고등학교 재학하고 있는 아동 포함) 보호자가 양육할 수 없다고 판단되어 보호를 필요로 하는 아동 중 위탁보호로 의뢰된 아동을 말한다. 친부모나 보호자가 질병, 가출, 실직, 수감, 사망 등 그 밖의 사유로 인하여 자녀를 양육할 수 없는 상황이 발생할 경우, 일시적으로 다른 가정에서 아동을 안전하게 돌봐준다면, 자신의 문제를 수습하고 다시 자녀를 양육할 수 있는 능력을 찾을 수 있게 된다.

아동학대 및 방임 등 친부모가 아동의 건전한 성장발달에 치명적인 해를 준다고 판단될 경우, 신속하게 아동을 친부모로부터 격리하고, 적절한 전문가의 치료를 통하여 아동과 친부모는 학대와 방임의 후유증을 줄이고, 심리적인 안정을 되찾게 된다.

3) 가정위탁보호의 주체

(1) 위탁아동

위탁아동보호자가 양육할 수 없다고 판단된 보호를 필요로 하는 아동 중 위탁보호로 의뢰된 아동을 말한다.

(2) 위탁부모

일정 기간 동안 친부모(가정)의 역할을 대신해 위탁아동을 보호·양육하여 친가정 복귀를 돕는 부모(가정)를 말한다.

(3) 친부모

위탁아동의 친부모를 말하며, 아동의 정상적인 보호·양육이 불가능하여 일정 기간 위탁보호를 요청한 부모(가정)를 말한다.

(4) 가정위탁지원센터

시·도(시·군·구)의 가정위탁보호 업무를 지원함으로써 가정위탁지원센터, 위탁아동, 친가정, 위탁가정 4주체와 협력하여 아동이 가정적인 분위기에서 보호·양육되고 건강한 성장 및 행복한 생활을 영위하도록 지원한다.

4) 위탁가정의 유형

(1) 일반가정위탁

일반가정위탁은 아동과 혈연적 관련이 없는 일반가정에 의한 양육을 말한다. 일반가정위탁은 가정위탁지원센터의 조건을 통과해야 하고, 사랑과 정성으로 아동이 건강하게 성장할 수 있도록 도울 수 있어야 한다.

(2) 대리양육가정위탁

대리양육은 부모가 아닌 부양 의무자에 의한 양육을 말한다. 생활능력이 없는 친조부모 또는 외조부모가 아동을 양육하는 경우, 아동의 보호를 위하여 대리양육가정으로 선정하고 아동양육을 위한 양육비를 받는 위탁보호의 한 유형이다.

(3) 친인척가정위탁

친인척가정위탁은 친조부모, 외조부모를 제외한 친인척에 의한 양육을 말한다. 친인척 중 아동을 보호할 수 있는 가정을 선정하여 아동을 보호하는 위탁보호의 한 유형이다.

5) 위탁가정의 기준

(1) 일반요건

위탁가정은 가족 구성원 모두에게 범죄, 가정폭력, 아동학대, 알코올·약물중독 등의 전력이 없어야 한다. 위탁가정으로 적합한지 여부를 가정조사 시 이웃집을 방문하여 주변인들로부터 위탁가정에 대한 평가를 듣는 방법 등을 통해 확인한다. 또한 전염성 질환, 정신질환 여부를 건강진단서 또는 가정조사 등을 통해 확인한다. 또한 가정위탁지원센터에서 실시하는 가정위탁에 필요한 교육을 이수하여야 한다. 다만, 대리양육가정 및 친인척에 의한 위탁가정의 경우에는 가정위탁 후 6개월 이내에 교육을 이수하여도 된다. 추후 가정위탁 후 반드시 확인을 한다.

(2) 일반인에 의한 위탁보호 선정기준

위탁아동을 부양함에 충분한 재산이 있어야 하며, 경제적인 목적이 아닌 선의의 동기로 위탁아동 양육을 결정한 것에 대한 확인이 필요하다.

위탁아동에 대하여 종교의 자유를 인정하고, 사회의 일원으로서 그에 상응한 양육과 교육을 할 수 있어야 한다.

위탁가정은 가정이 화목하고 정신적·신체적으로 위탁아동을 양육함에 현저한 장애가 없어야 한다.

공립아동상담소 또는 이웃 주민 2인 이상의 추천을 받아야 하고, 위탁받는 자의 나이가 25세 이상이어야 한다. 부모인 경우 부모 모두 해당된다.

위탁가정의 아동은 자신의 자녀를 포함 4인을 넘지 않아야 한다. 18세 이상 친자녀는 자녀 수에서 제외된다.

결혼하여 아이를 키워 본 경험이 있는 가정을 원칙으로 하지만, 시장·군수·구청장 및 가정위탁지원센터에서 가정환경이 위탁아동을 건전하게 양육하기에 적합하다고 인정하는 경우에는 특별히 위탁이 가능하다.

6) 가정위탁아동의 현황

(1) 가정위탁아동의 수와 사유

가정위탁 대상아동은 부모 모두 사망하였거나, 부모가 여러 가지 사정으로 자녀를 정상적으로 양육할 수 없을 때 일시적 또는 자립 시까지 가정위탁보호가 필요한 만 18세까지의 아동을 의미하며, 학교에 재학 중인 경우는 학교 졸업 시까지 그 폭이 확대된다(보건복지부, 2015).

연도별 위탁가정 수의 변화를 살펴보면 2000년대 들어서 2010년까지 급격하게 증가하다가 2010년 이후에는 다소 감소하는 추세를 보이고 있다. 이는 매년 보호가 필요한 아동 수의 감소에 비례하여 신규 발생하는 위탁아동의 수가 줄어드는 반면, 위탁보호 중인 아동 중 종결되는 아동의 수는 매년 증가하면서 나타난 결과로 보인다.

2013년에는 「아동복지법」 개정으로 만 18세 이상으로 보호 종결 대상인 아동이 진학, 취업준비 등으로 보호기간의 연장이 가능하게 되면서 종결되는 아동의 수가 감소하였다. 이 영향으로 전체 위탁가정의 수가 전년도에 비해 소폭 증가하는 현상을 보이고 있다.

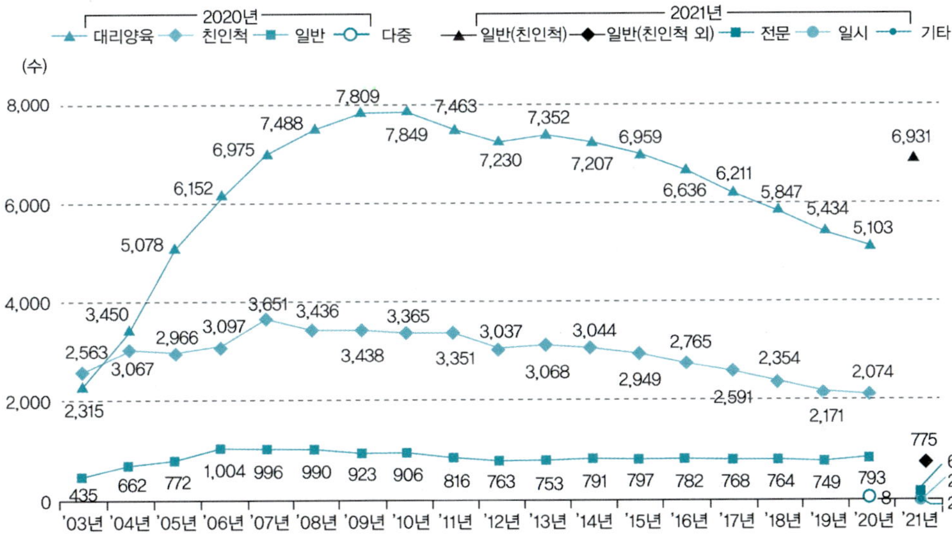

출처 : 보건복지부·아동권리보장원(2022). 2021 가정위탁보호 현황보고서.

그림 12-1 연도별 위탁가정 수

중앙가정위탁지원센터(2017)의 실태 조사에 의하면 가정위탁보호 사유 현황 중 비중이 높은 순서는 이혼(31.4%), 별거/가출(26.3%), 부나 모의 사망(24.2%) 등으로 나타났다. 가정위탁보호의 주 사유는 부나 모의 부재로 발생하는 것으로 해석된다. 따라서 양친 가정이 아니더라도 아동을 양육할 수 있는 대책 마련이 필요하다. 아울러 최근에는 이혼하는 경우 부모 모두 아동양육을 거부하거나 돌볼 수가 없는 경우가 있으므로, 이에 따른 적극적인 홍보와 적극적인 지원서비스가 필요하다.

(2) 가정위탁의 절차

가정위탁의 절차는 두 가지로 나누어진다. 첫 번째는 위탁가정의 보호를 필요로 하는 위탁아동의 가정위탁 절차이다. 보호대상아동이 발견되면 가정위탁지원센터나 지자체의 사회복지전담공무원에 의하여 가정실태파악 조사를 하고, 그 이후 적합한 위탁가정을 찾고 위탁가정에 아동이 배치되어 위탁가정에서의 새로운 관계를 형성하고 양육을 받게 된다. 위탁보호가 종결이 되면 아동은 다시 친가정으로 복귀한다. 위탁아동의 가정위탁의 절차는 다음과 같다.

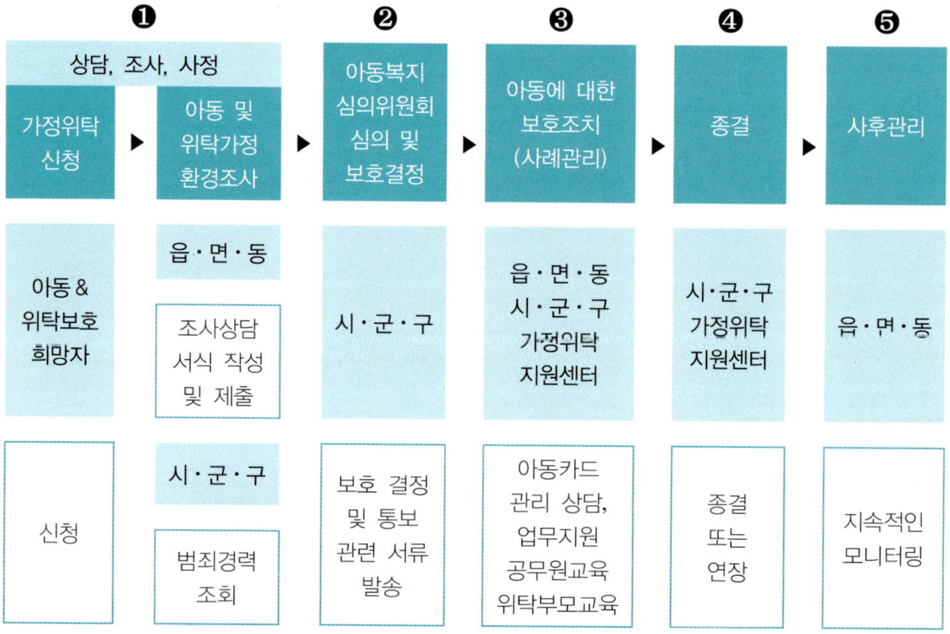

출처 : 중앙가정위탁지원센터(2018). 가정위탁업무안내서.

그림 12-2 위탁아동의 가정위탁의 절차

두 번째는 보호가 필요한 아동에게 위탁가정을 제공해 주는 위탁가정에서의 절차이다. 위탁가정은 가정위탁지원센터 또는 읍·면·동사무소 등의 지자체에 위탁가정신청을 한다. 신청을 하고 나면 위탁가정은 위탁가정 부모교육을 이수하여야 한다. 그 후 가정조사 등을 통하여 위탁가정으로서의 적합성을 평가받고, 위탁가정으로서 적합함을 인정받으면 위탁아동을 맞이할 준비를 한다. 위탁아동이 가정으로 오면 사랑과 정성으로 위탁아동을 양육한다.

(3) 위탁가정서비스 현황

① 위탁아동서비스

아동의 적응상태 및 양육실태 등의 파악을 위해 정기적인 가정방문 및 상담을 실시하여 파악된 욕구에 따라 지원할 수 있는 서비스 계획을 수립하고, 매분기마다 계획의 달성정도를 확인하여 기록한다.

위탁가정에 배치될 때 아동들은 부모로부터 분리해야 하는 슬픔, 위탁가정에서의 생활과 미래에 대한 불안감, 부모와 다시 재결합할 수 있을지에 대한 의문 등이 생길 수 있기 때문에, 부모가 아동에게 직접 아동을 위탁가정에 맡겨야만 하는 상황과 앞으로의 계획을 적절하게 이야기해 줄 수 있도록 하여, 아동의 불안감을 감소하고 극복하기 위한 서비스와 상담을 실시하도록 돕는다.

그 외에 아동 자립 준비 프로그램, 친부모와의 관계 유지, 친가정복귀 프로그램, 심리치료비 지원 연계, 결연후원서비스 연계, 상해보험료 지원 연계, 디딤씨앗통장(CDA) 지원 연계 등으로 지원하고 있다. 특히 디딤씨앗통장은 만 0세~만 18세 미만 가정위탁아동을 대상으로 매월 일정금액을 저축하면 국가(지자체)에서 1:2 정부매칭 지원금으로 월 10만 원까지 같은 금액을 적립할 수 있으며 정부매칭지원은 만 18세 미만까지이지만, 적립계좌는 만 24세까지 계속 저축이 가능하다.

② 위탁부모서비스

위탁부모양성교육을 이수하고 위탁아동을 보호 중인 위탁부모를 대상으로 실시하며, 내용은 위탁아동 양육환경 조성, 위탁아동과의 의사소동, 위탁아동의 행동지도 및 효과적인 훈육 등의 주제로 실시한다. 가정위탁 책정 후 위탁보호 초기에는 매월 위탁가정을 방문하고, 이후 분기별 1회 이상 방문 또는 전화 연결하여 아동의 적응상태 및 양육실태와 애로사항을 파악하고, 이에 따라 적절한 서비스를 제공하거나 연계한다.

아동을 양육하는 동안에 위기상황이 발생될 수도 있고, 양육상의 스트레스가 누적되어 어려움이 있을 수도 있다. 이러한 다양한 양육상의 어려움에 대해 정기적인 상담과 비정기적인 상담을 제공하고 심리·정서적으로 지지한다. 특히 위탁부모가 가정위탁에 긍정적인 관심으로 시작하였다가, 양육 스트레스로 인해 가정위탁에 대해 부정적인 생각이 들지 않도록 심리·정서적 지지를 제공한다. 상담은 방문상담, 내방상담, 전화상담으로 가능하며 상담내용에 따라 유형을 달리한다.

양육상의 경험을 공유하고 정서적 지지를 제공하고자 할 때, 자조모임이 큰 역할을 한다. 자조모임의 활성화를 위하여 정기적인 자조모임을 계획·진행되도록 하고, 참여를 격려하며, 다양한 프로그램이 제공될 수 있도록 한다(보건복지부·중앙가정위탁지원센터, 2013).

③ 친부모를 위한 서비스

상담원은 위탁가정 배치 초기부터 친부모와 아동 간의 지속적 접촉이 이루어질 수 있도록 친부모에게 규칙적인 아동 만남의 중요성을 전달한다.

아동을 위탁가정에 맡기면서 친부모들은 고통스러운 감정들(슬픔, 걱정, 불안, 공허함, 분노, 괴로움, 죄책감, 무감각과 무력감 등)을 경험하게 되는데, 이에 대한 대처 및 심리적 안정을 위한 상담을 실시한다. 친부모는 아동이 좋아하는 것, 싫어하는 것, 아동의 습관과 욕구에 관한 정보를 가장 많이 알고 있는 사람이므로, 친부모가 아동양육의 파트너로 참여할 수 있도록 아동에 대한 지속적인 정보를 공유하고 중요한 결정 시 참여할 수 있도록 한다.

친부모의 역할과 지침에 대하여 아동의 특성과 좋은 부모역할, 스트레스 대처기술, 적극적인 부모의 역할 훈련, 자립을 위한 준비 등의 내용으로 교육을 실시한다(보건복지부·중앙가정위탁지원센터, 2013).

위탁아동과 위탁가정에 대한 서비스에 비해 친부모서비스는 상대적으로 비중이 적고, 친부모와의 접촉 빈도도 적다. 객관적인 수치로 조사된 통계는 없으나, 상당수의 친부모는 아동이 위탁가정에서 안정된 생활을 하고 있음을 확인하면 빠른 시간 내에 아동의 친가정복귀를 위해 경제적으로 자립하고자 노력하기보다는 개별적인 안정화를 찾고자 가정위탁지원센터와 연락이 두절되고, 친가정 만남을 꺼리는 경향이 있다.

2. 가정위탁아동 보호사업의 실천방향과 개선방향

가정위탁보호서비스의 궁극적인 목적은 아동보호의 질적 측면을 높이고, 아동이 친가족과 재결합하여 정상적인 가정생활을 영위하도록 지원하는 것이다. 이 같은 가정위탁의 목적을 달성하기 위해서는 가정위탁보호서비스가 반드시 아동의 권리를 최우선으로 고려하여 설계되어야 한다. 위탁아동의 욕구와 위탁경험에 대한 정보를 근거로 위탁보호서비스가 마련되어야 한다. 즉, 위탁아동의 권익이 최우선되어야 한다는 것이다(허남순, 2009).

1) 배치전후 상담서비스

아동과 부모가 격리되면서 발생할 수 있는 다양한 심리사회적 부적응 문제를 예방하기 위해 부모가 아동을 위탁할 사유가 발생하게 되면, 아동의 배치 이전부터 아동에게 심리사회적 상담을 제공할 필요가 있다. 친부모들은 설문조사에서 아동들을 충분히 준비시키지 못한 채 가정위탁된 점을 지적하였다. 따라서 가정위탁의 사전 평가과정에서 아동을 준비시키는 개입서비스가 제공될 필요가 있다. 그리고 아동이 아무리 혈연관계 속에 있는 대리위탁부모(조부모)와 친인척 위탁부모와 같이 산다고 하여도, 초기 단계에서 위탁부모 및 가족 구성원들과의 관계 형성이 쉬운 과제는 아니다. 따라서 아동이 위탁가정에 배치된 이후 상담원들은 이들의 적응상태를 파악하여 이에 적절한 상담을 제공할 필요가 있다. 이에는 새 가정을 형성하는 데 대한 느낌, 새로운 관계형성(위탁부모 및 가족, 친구 등)에 대한 불안감 및 두려움, 부모에 대한 회상 등이 포함될 수 있다. 특히 기념일 등과 같은 경우 아동이 친부모에 대한 그리움과 상실감 모두를 겪는 이중의 고통을 감안하여, 아동에게 지지적인 상담을 제공할 필요가 있다.

2) 교육지원 서비스

위탁아동과 위탁부모들이 지적한 공통적인 서비스 욕구 가운데 하나는 위탁아동을 위한 교육지원이다. 고령의 대리위탁부모나 친인척 위탁부모는 아동의 학업을 지원해 주지 못하는 어려움을 갖고 있으며, 아동의 학교수업 관련 지원이나 숙제지도 및 감독, 학업성취 등에 있어 많은 한계가 있다. 아동의 학업성취는 독립적인 시민으로 성장하는 데 있어 매우 중요한 결정요인이 되며, 특히 교육열이 치열한 우리나라 현실에서는 매우 중요한 문제로 여겨진다. 따라서 가정위탁센터의 상담원들을 통해 위탁아동들에게 교육서비스를 제공할 수 있는 방안을 모색할 필요가 있다. 예를 들면, 인접지역 사설학원과의 협력을 통해 저비용의 학원수강 지원, 교육인적자원부가 제공하고 있는 대학생을 비롯한 자원봉사자를 통해 1:1 맞춤형 교육서비스 제공, 방과 후 학교와 지역아동센터를 이용한 교육서비스 연계방법 등을 모색할 필요가 있다. 이 외에 지리적 한계를 극복할 수 있는 다양한 온라인 강의 및 학습교재 지원이 가능토록 할 필요가 있다.

3) 양육지원비의 현실화

아동의 더 나은 삶의 질을 위해 다양한 문화서비스 지원과 의료비 지원, 의복비 등의 지원이 필요하다. 요즘은 학생들이 다양한 문화생활을 하고 있고 휴대폰 등을 사용하고 있기 때문에 이에 대한 양육비 지원이 필요하다. 기본적으로 아동양육에 필요한 식비, 의복비, 교육비, 의료비, 교통비, 학용품비 등의 양육비용을 지급하는 것을 원칙으로 하여야 한다. 이러한 재정적 지원에 대해서는 법으로 규정을 명시하여, 아동을 양육하는 것에 대해 위탁가정이 위탁아동으로 인한 경제적 부담을 갖게 해서는 안 될 것이다.

4) 다양한 유형의 위탁아동을 위한 전문 가정위탁 발굴

다양한 문제와 욕구를 가진 아동을 시설이 아닌, 가정에서 보호할 수 있도록 외국처럼 다양한 유형의 위탁가정 형태가 마련되어야 한다. 예를 들어, 장애를 가지고 있거나 문제행동 또는 심한 정서장애가 있는 경우 특수 위탁가정이나 치료적 위탁가정에서 치료적 개입이 이루어진다든지, 아동학대 등으로 긴급하게 친가정에서 분리가 되어야 할 경우 긴급보호나 일시적 보호를 통해 빠른 시간 내에 위탁가정에 배치하여 안정된 보호를 받을 수 있도록 하는 것이다. 또한 위탁가정에 일시적으로 문제가 발생했을 때 대비 방안으로 단기 재위탁이나, 위탁가정의 휴식 등 다양한 위탁가정 제도가 마련되어야 한다(고화순, 2004). 이러한 다양한 유형의 위탁가정을 마련하고 유지하기 위해서는 일반위탁부모의 발굴과정에서 이들 아동을 돌볼 전문성을 갖춘 사람들을 발굴하거나, 기존 일반위탁부모 가운데 특수욕구를 가진 아동을 돌볼 의지가 있는 사람들을 위해 전문교육과정을 제공하여, 이들 위탁부모와 아동에 대한 지원을 다른 위탁아동과 차별화하여 제공할 필요가 있다.

5) 위탁가정에 대한 인센티브 지급

우리나라에서의 가정위탁보호는 요보호아동의 보호를 희망하는 위탁가정에 사회봉사의 차원으로 요구하고 있는 경향이 크다. 선정기준에도 위탁아동을 양육하기에 적합한 수준의 소득이 있어야 하고, 가정위탁보호를 하고자 하는 동기가 경제적 목적이 아닌 선의의 동기로 위탁아동 양육을 결정한 것에 대한 확인이 필요하다고 명시되어 있다. 그러나 위탁부모의 양적·질적 향상을 위해서는 보수를 바라고 하는 것이 과연 부적합한 가정으로만 볼 수 있을 것인가에 대한 고민이 필요하다.

외국에서는 가정위탁보호를 함에 따라 보수를 지급하고 직업의 형태로 운영이 되기도 한다. 지원금은 어떠한 욕구를 가지고 위탁부모의 전문적 지식의 보유 여부에 따라 달라지기도 한다. 반면, 우리나라는 높은 자격 수준을 가지고 질 높은 가정위탁보호가 이루어질 수 있음에도, 봉사차원으로만 아동을 보호해 줄 것을 요구하고 있기 때문에 잠재적 위탁부모를 놓치고 있다. 물론 아동보호라는 선의의 목적이 우선되어야 하겠지만, 다양한 형태의 위탁가정 운영과 전문성을 가진 위탁부모를 양성하기 위해서는 직업의 형태로 수고비를 지급하며 가정위탁보호를 활성화시켜 나가는 것이 필요하다.

6) 친가정지원 프로그램의 강화

우리나라의 가정위탁보호는 아동의 이익을 가족의 이익과 분리해서 인식하는 아동 중심적인 경향이 존재한다. 보건복지부에서 제시하는 가정위탁의 목적은 요보호아동을 가정적인 분위기에서 건전한 사회 구성원으로 자라게 하는 것으로 명시하고 있는데, 이는 아동에 대한 대안적 양육만을 목적으로 하고 있을 뿐 아동이 돌아갈 친가정의 문제해결이나 친가정복귀에 대해서는 목적에 언급하고 있지 않다. 가정위탁보호사업의 궁극적인 목표는 친부모가 아동의 양육 여건 및 기능을 회복하면 친가정으로 복귀하는 것을 목표로 하고 있기 때문에, 친부모의 양육의지와 역량 강화는 가정위탁보호사업에서 무엇보다 중요하다고 할 수 있다. 따라서 「아동복지법」상에도 친가정복귀가 가정위탁보호의 목적으로 명시가 되어야 하고 아동의 친가정 지원에 대한 기능이 강조되어야 한다(박금식 외, 2013). 지역사회 네트워크를 활용하여 통합된 사례관리를 통해 친가정의 상황을 고위험과 일반으로 구분하여 주거안정, 고용, 건강 등 친가정의 개별 욕구를 반영한 서비스 제공이 이루어져야 한다.

3. 입양사업의 이해와 현황

1) 입양의 개념 및 정의

아동은 인류의 미래이며 희망이다. 모든 어린이는 출생과 더불어 친부모의 사랑과 보호를 받으며 건강하게 자라야 할 권리가 있다. 아동의 성장발달에 있어서 가장 바람직한 곳은 가정이며, 가정은 인간생활의 가장 기초적인 원동력을 발휘하도록 하는 삶의 기본 장소이다. 우리나라는 오랜 전통을 통해 가정의 소중함을 잘 간직하고 안정된 가족제도로 유지해 왔으나, 최근 급격한 사회변화로 인하여 전통적인 가족구조가 해체되고 핵가족화되면서 가족의 유대관계가 약화되고 여성의 직장진출, 성윤리 및 가치관의 급격한 변화, 혹은 빈곤 등으로 무책임하고 무능력한 부모가 증가하여 많은 아동들이 안정된 가정에서 성장하여야 할 권리를 박탈당하고 있다. 이는 증가하는 이혼, 미혼모, 아동학대, 경제적 위기 등으로 위기상태에 놓인 아동을 보호할 수 있는 다양한 원조가 필요함을 말하는 것이다.

입양이란 어쩔 수 없이 가족의 붕괴나 해체 혹은 혼외 출산으로 인해 가정의 보호를 받을 수 없는 아동에게 차선책 기능으로 다른 가정에서 그들의 필요를 충족시키고 성장 발달할 수 있도록 배려하는 것이며, 한편 출산이 불가능하거나 출산을 통하지 않고 자녀를 갖고 싶어 하는 성인에게는 의도적으로 친자관계를 형성한다. 입양은 생물학적 친생부모로부터 혈연적 관계가 없는 타인, 즉 입양부모에게 아동의 양육을 포함한 권리와 의무가 이양되는 것이다(Kadushin, 1980; 최운선·안재진·변미희·권지성, 2011 재인용). 아동복지 관점에서 바라볼 때, 입양은 보호가 필요한 아동이 그의 친부모에 의해 양육되는 것이 영구적으로 불가능한 경우 사회가 아동을 양육하고 보호해 줄 수 있는 다른 영구적인 가정을 제공하는 것이며, 불임이거나 또는 불임은 아니지만 출산의 방법을 통하지 않고 추가적으로 자녀를 원하는 입양부모와 여러 원인으로 안정적인 가정을 가질 수 없는 아동이 부모와 자녀관계를 맺어 아동이 안정되고 건강하게 자라날 수 있도록 하는 것이다.

2) 입양의 구성요소 정의

입양은 가정을 필요로 하여 입양되는 입양아동과 입양아를 입양하는 입양부모, 그리고 아동에 대한 친권을 상실했거나, 포기한 입양아의 친부모 등 3자 중심으로 이루어진다. 아울러 이들 세 주역 사이에 매개 역할을 하면서 세 주역들 모두의 권익이 균형되게 이루어지도록 하여 어느 한쪽으로만 권익이 치우치지 않도록 사회복지 서비스를 제공해야 하는 입양기관이 있다. 이렇게 입양은 입양아동, 입양부모, 친부모, 입양기관의 4요소로 구성된다.

(1) 입양아동

입양을 통하여 자신이 태어난 친부모의 체계를 떠나야만 했기에 그의 건전한 신체적·정신적 성장발달을 도와줄 수 있는 다른 영구가정을 보장받기를 원하며, 동시에 자신의 타고난 생물하저 혈통 및 뿌리에 대해 알고 싶어 한다. 이것은 개인의 기본적인 존재적 욕구의 지속성을 위한 욕구이자 권리이다.

법률로 규정하고 있는 입양대상아동의 법적 기준은 「입양특례법」 제9조 "양자가 될 자격"에 명시되어 있으며, 그 내용은 다음과 같다.

① 보호자로부터 이탈된 사람으로서 특별시장·광역시장·도지사 및 특별자치도지사(이하 "시·도지사"라 한다.) 또는 시장·군수·구청장(자치구의 구청장을 말한다. 이하 같다.)이 부양 의무자를 확인할 수 없어 「국민기초생활보장법」에 따른 보장시설

(이하 "보장시설"이라 한다.)에 보호 의뢰한 사람

② 부모(부모가 사망이나 그 밖의 사유로 동의할 수 없는 경우에는 다른 직계존속을 말한다.) 또는 후견인이 입양에 동의하여 보장시설 또는 제20조에 따른 입양기관에 보호 의뢰한 사람

③ 법원에 의하여 친권상실의 선고를 받은 사람의 자녀로서 시·도지사 또는 시장·군수·구청장이 보장시설에 보호 의뢰한 사람

④ 그 밖에 부양 의무자를 알 수 없는 경우로서 시·도지사 또는 시장·군수·구청장이 보장시설에 보호 의뢰한 사람

(2) 입양부모

혈통에 의하지 않고 법적 절차에 따라 부모가 된 자를 말한다. 즉, 생물학적 과정이 아닌 사회적·법적 과정을 통하여 부모가 된 것을 말하며, 새로운 가족 구성원을 얻고 새로운 가족관계가 창조되는 동시에 혈연으로 맺어진 부모, 자식 간에 갖는 동일한 권리와 의무가 주어진다. 현대적 의미의 입양제도가 가정이 필요한 입양대상아동에게 건전하게 양육될 영구적인 가정을 제공해 주는 사회복지 서비스인 것에 중점을 두지만, 자녀를 갖고 싶어 하는 양부모의 개인적 욕구를 충족시켜 주는 기능도 갖고 있다.

「입양촉진 및 절차에 관한 특례법」의 개정에 의하여 2006년부터 미혼의 경우에도 입양이 가능하게 되었다.

「입양특례법」에서 제10조에 양친이 될 자격을 규정하고 있으며, 입양부모가 되기 위해서는 다음의 사항을 모두 갖추고 있어야 한다고 명시하고 있다.

① 양자를 부양하기에 충분한 재산이 있을 것

② 양자에 대하여 종교의 자유를 인정하고 사회의 구성원으로서 그에 상응하는 양육과 교육을 할 수 있을 것

③ 양친이 될 사람이 아동학대·가정폭력·성폭력·마약 등의 범죄나 알코올 등 약물중독의 경력이 없을 것

④ 양친이 될 사람이 대한민국 국민이 아닌 경우 해당 국가의 법에 따라 양친이 될 수 있는 자격이 있을 것

⑤ 양친이 될 사람은 양자가 될 아동이 복리에 반하는 직업이나 그 밖에 인권침

해의 우려가 있는 직업에 종사하지 아니하도록 하여야 한다.

⑥ 양친이 되려는 사람은 입양의 성립 전에 입양기관 등으로부터 보건복지부령으로 정하는 소정의 교육을 마쳐야 한다.

⑦ 그 밖에 양자가 될 사람의 복지를 위하여 보건복지부령으로 정하는 필요한 요건을 갖출 것

(3) 친부모

입양대상아동의 생물학적 부모로 자발적 혹은 비자발적으로 아동양육에 따른 친권을 포기하여 자녀를 입양 보낸 부모이다. 입양대상아동의 발생 원인은 기아, 미혼모의 의한 아동, 가정학대, 부모사망 또는 부모이혼 등에 의한 가족해체, 경제적 빈곤 등을 들을 수 있다.

자신이 낳은 아동을 개인적, 사회적 이유로 직접 양육할 수 없게 되어 그 아동에 대한 부모로서의 양육 보호권을 포기하여야만 하나, 자신과 뗄 수 없는 혈연적 관계를 가진 아동의 생사여부와 복지에 관해 알 수 있는 권리를 갖기를 원하기 마련이다.

입양을 보내기 위해서는 친생부모가 자녀의 친권을 포기하고 입양에 동의하는 절차가 필요하다. 2012년 「입양특례법」에 의하면 입양을 위해서는 친생부모의 동의가 있어야 하며, 입양동의는 아동 출생으로부터 일주일이 경과해야 할 수 있음을 명시하고 있으며, 이 기간을 입양숙려기간이라고 한다. 입양숙려기간 중 친생부모가 아동을 직접양육을 결정할 경우, 입양기관은 지원받을 수 있는 사항과 법률적 효력 등에 대한 상담을 할 것을 명시하고 있다.

(4) 입양기관

상기한 입양의 세 구성요소의 모두의 권익이 균형 있게 이루어지며 어느 한 팀의 권익에 치우치지 않을 때에 그 발전이 기대될 수 있다. 이렇게 입양아, 입양부모, 친부모 삼자에게 사회복지 서비스를 감당해야 하는 입양기관은 입양과정에 있어서 중요한 비중을 차지한다.

입양기관의 역할은 첫째, 친부모에 관한 부분으로서 친부모의 친권포기의 경우

그들 자신의 아동을 포기할 것인지 하지 않을 것인지의 결정은 친부모 자신이 해야 하는 어려운 결단임을 이해하고, 그들의 고통을 깊이 이해하여야 한다. 친권포기는 그들에게 너무도 사적인 것이며 고통스러운 것이다. 입양기관에서는 그들의 친권포기 여부에 대한 결정을 존중해야 하며, 상담원들이 입양을 유도하는 쪽으로 아동포기를 강요하거나 권유해서는 안 된다.

둘째, 양부모에 대한 입양기관의 역할은 입양을 원하는 양부모가 입양을 결정하기까지 최선의 선택과 결정을 내릴 수 있도록 조력하는 것이다. 이는 정확한 입양에 대한 정보를 제공하고, 사전교육을 통하여 양부모의 입양에 대한 올바른 가치관을 정립하도록 도우며 왜곡된 입양이 되지 않도록 지속적이며 전적으로 개입해야 하는 것을 포함한다.

셋째, 입양을 원하는 일반인들에게 입양에 대한 올바른 인식을 고취시키고, 입양을 적극적이며 긍정적으로 수용할 수 있는 사회분위기를 조성하는 역할을 감당하여야 한다.

개정된 「입양특례법」에 입양기관의 설립변경에 관한 절차는 보건복지부장관의 허가를 받도록 하고 있으며, 입양기관의 의무는 제21조에 다음과 같이 명시하고 있다.

① 입양기관의 장은 입양의뢰된 사람의 권익을 보호하고, 부모를 알 수 없는 경우에는 부모 등 직계존속을 찾기 위하여 노력을 다하여야 한다.
② 입양기관의 장은 입양을 알선할 때 그 양친이 될 사람에 대하여 제10조에서 정한 사실을 조사하여야 한다.
③ 입양기관의 장은 양친이 될 사람에게 입양 전에 아동양육에 관한 교육을 하여야 하며, 입양이 성립된 후에는 보건복지부령으로 정하는 바에 따라 입양아동과 그에 관한 기록 등을 양친 또는 양친이 될 사람에게 건네주고, 그 결과를 특별자치도지사·시장·군수·구청장에게 보고하여야 한다.
④ 입양기관의 장은 입양업무의 효율 및 입양기관 간의 협력체계 구축을 위하여 입양아동과 가족에 관한 정보를 보건복지부령으로 정하는 바에 따라 제26조에 따른 중앙입양원에 제공하여야 한다.
⑤ 입양기관의 장은 입양업무에 관한 사항을 보건복지부령으로 정하는 바에 따라 기록하여야 한다. 이 경우 입양기록은 전자문서로서 기록할 수 있다.
⑥ 제5항에서 정한 입양업무에 관한 기록은 입양아동에 대한 사후관리를 위하여 영구보

존하여야 한다.
⑦ 제4항에 따른 정보의 범위 및 내용과 제5항에 따른 입양기록 및 전자기록의 보존 등 에 필요한 사항은 보건복지부령으로 정한다.

3) 입양의 방법에 따른 정의

(1) 비공개입양

비공개입양이란 입양아동뿐만 아니라 주위의 모든 사람들에게 입양에 대해 숨기고 양육하는 것을 말한다. 혈연에 입각한 우리나라 가족제도 안에서 입양은 입양아동이 부정적인 오해와 편견으로 부당한 대우를 받을 수 있는 것을 우려하고, 불임사실을 알리지 않기 위해서 입양부모가 입양 사실을 감추고 비밀로 한다.

그 비밀을 계속 유지하기 위해서 입양부모는 입양 전부터 임신한 듯 연기를 하고 출산 시기에 맞춰 신생아를 입양하며, 입양 후에는 입양 사실을 모르는 새로운 곳으로 이사를 가기도 한다. 입양부모는 입양 사실을 비밀로 하였기에 양육에 부딪히는 문제들을 도움을 받지 못하고, 스스로 해결하기 위해 노력을 해야 하므로 양육에서 오는 스트레스가 매우 가중될 것이다. 그리고 입양아동이 입양이 되었던 사실을 알게 될 경우, 그 사실에 대한 충격과 자신을 속여 왔다는 가족에 대한 실망감과 불신감을 갖게 될 수 있는 부정적인 요소가 잠재되어 있다.

입양아동은 자신이 버려진 존재로 주어 왔다는 절망적인 시각으로 자신을 열등하게 해석하고, 입양은 수치스럽고 감춰야 하는 부끄러운 일이라 생각하며, 그 자신이 부끄러운 존재로 낙인감을 갖게 된다. 심지어 입양 사실을 극복하지 못하고 자살이라는 극단적인 선택을 하는 경우도 있다.

자신의 정체성에 물음을 갖고 혈육을 확인하고자 하는 것은 인간의 본능적인 욕구인데 거짓으로 출생신고를 하고 입양아의 생물학적 유전적 사실의 알권리를 박탈하고 있는 이러한 비공개입양은 입양문화를 저해하는 요인 중에 하나이다.

(2) 공개입양

공개입양이란 입양아동에게 입양된 사실을 공개하고 양육하는 것을 말한다. 입양아동뿐만 아니라 때에 따라서는 확대가족과 소속된 단체나 이웃, 주위 사람들에게도 입양된 사실을 공개한다. 그 공개의 범위는 입양가족에 따라 매우 다양하다.

공개입양은 입양아동의 정신적 상처를 최소화하는 것이다. 즉, 공개입양의 장점을 살펴보면, 첫째, 입양된 아동들끼리의 만남을 통해 혼자만 입양되었다는 소외감을 갖지 않고 친밀한 친분관계를 통해 양부모가 채워주지 못하는 부분을 자기들끼리 극복하는 데 큰 힘이 될 수 있다. 둘째, 입양부모들도 자조집단의 접촉을 통해 안정감과 용기를 가지고 지속적으로 입양을 받아들일 수 있다. 셋째, 공개입양을 하면 입양부모들은 많은 준비를 하게 되는데 입양을 입양으로 받아들이는 구체적인 방법들을 구상하게 된다. 넷째, 공개를 통해 주변 사람들에게 입양에 대한 부정적인 선입견을 버리고 올바른 입양인식을 갖게 할 수 있다.

공개하였다고 해도, 아동의 성장단계에 맞는 입양사후프로그램과 교육으로 지속적으로 입양에 대해 이야기를 나누는 것이 아동의 올바른 정체성 확립에 있어 바람직하다. 입양 사실 공개시기는 보통 학령기 전인 7세 이전이 적합하다는 전문가들의 조언을 참조하여 아동의 인지능력에 맞게 이해할 수 있는 시기에 알려준다. 자녀를 양육하면서 어려서부터 부모님과 입양에 대한 긍정적인 이야기를 나누고, 자조모임을 통해 입양에 대해 자연스럽게 접촉할 기회를 제공하고 입양아동이 입양에 대해 자기 성장단계에 맞게 이해할 수 있도록 배려해야 한다. 공개입양을 할 경우, 입양에 대해 주변 사람들에게 긍정적이고 올바른 입양인식을 함양시킬 수 있게 된다. 현재 우리나라 입양현황을 살펴보면, 자조모임의 지지를 받으면서 공개입양이 보편화되고 확산되고 있다.

(3) 개방입양

개방입양이란 입양아동의 양육과 성장과정을 친생부모와 입양부모가 함께 정보를 나누거나 만남으로 지속적인 교류를 갖는 것을 말한다. 이는 친생부모가 아동이 입양부모 안에서 잘 성장하는 것을 보면서 안도할 수 있고, 입양부모도 친생부모의 유전적 기질을 파악하고 입양아동을 잘 양육할 수 있는 장점을 가질 수 있다. 현재 우리나라에서도 완전개방입양으로 친생모의 출산과 산후조리를 입양부모가 함께하고 양육과정에 친생부모가 개입하는 사례가 있지만, 입양아동의 연령이 2세 미만의 가족사례이므로 입양아동에게는 정체성의 혼란이 가중될지 어떨지는 아직 그 사례가 돌출된 바 없기에 입양아동에게 긍정적인 제도인지 확인할 수 없는 실정이다. 앞으로 개방입양의 실효성에 대해 지속적인 연구가 필요하다.

현재 개방입양으로 친생부모와 서로 왕래하는 가족들의 입양아동의 연령이 신생아에서 2세 미만 유아이므로, 친모의 왕래는 서로가 합의하여 이루어지고 있지만, 아동의 인지능력이 발달함에 따라 만남의 방법과 횟수 호칭에 대해 고민하게 된다. 공개입양이 한국 입양 홍보회와 입양부모들의 자조모임을 통해 지속적으로 발전해 나가고 있지만, 그 효과의 확실성은 정확히 돌출되어 있지 않은 상태이므로 개방입양으로 지향하고 있는 가족들에게는 아직까지 다양한 전문적인 정보가 부족한 실정이다. 하지만 어느 쪽을 선택해 양육하든 아동이 최우선으로 배려되어야 하고 존중되어야 한다는 배경은 동일하다.

4) 입양아동의 정서적 특징

입양가정에서 성장하는 것은 생물학적 가족에서 자라는 것과는 다르다. 입양아동은 입양되지 않은 아동과 동일한 발달적인 과제를 가지지만, 자존감과 정체성과 같은 발달적 이슈들은 입양아동에게 있어서 긴장되고 독특한 의미를 가진다. 자신이 누구인지를 확인하기 위해서 입양아동은 입양이 자신과 다른 사람들에게 어떤 의미를 가지는지를 이해해야 한다.

입양아의 연령에 따라 나타나는 문제들을 보면, 학교에 들어가기 전인 유아기에는 입양에 대한 적절한 이해를 하지 못한다. 그러나 6세가 지나서 학령기가 됨에 따라 입양의 의미와 그 복합성을 서서히 깨닫기 시작하게 된다. 즉, 입양이 되기 위해서는 자신이 먼저 친생부모에 의해 포기되어졌다는 것을 점점 깨닫기 시작한다는 것이다. 따라서 입양아는 친부모 상실과 뿌리의 상실을 깨닫게 됨으로써 그 상실에 슬퍼하게 된다. 이 시기의 아동이 상실을 슬퍼하는 것은 문제행동이 아니라 당연한 현상임을 입양부모는 이해하고, 슬픔에서 벗어날 수 있도록 도와주어야 한다. 사춘기가 되면 아동은 한 개인의 정체감을 형성하는 시기에 들어가는데, 이때 입양아는 그 자체가 갖고 있는 복합적인 성격으로 인해, 비입양아보다 더 어려운 시기를 거치게 된다. 성인이 되었을 때 입양아는 친부모를 찾아 나설 계획을 세우기도 하는데, 이런 욕구는 입양부모에 대한 거부가 아닌 입양아가 자신의 뿌리를 찾고자 하는 자연스러운 욕구임을 알아야 한다(배태순, 2013).

브로진스키, 스미스, 브로진스키(Brodzinsky, Smith, Brodzinsky, 1998)에 의하면, 입양가족은 다음과 같은 발달단계를 겪는다고 한다.

표 12-1 입양가족의 발달단계

발달단계	부모	아동
부모기로의 전환	• 입양에 대한 결정 내리기 • 입양절차와 관련하여 불확실성과 불안감 극복하기 • 입양과 관련된 사회적 편견 극복하기 • 입양결정을 내릴 때 가족과 사회적인 지원 찾기	
영아기	• 입양부모로서의 정체성 확립 • 적절한 부모역할 모델과 입양과 관련된 현실적인 기대감 갖기 • 입양아를 가족에 통합하고 안정적인 애착관계 형성하기 • 입양아의 친생 가족에 대한 생각과 감정을 정리하기	
유아기	• 입양 사실을 알려주기 시작하는 단계 • 입양 사실을 알려주는 것과 관련된 불안감과 불확실성 극복하기 • 입양에 대해 의사소통할 수 있는 가족 내 자연스러운 분위기 형성	
아동기	• 입양의 의미를 이해하도록 돕기 • 입양으로 인한 상실감을 극복하도록 돕기 • 친생 부모에 대한 긍정적인 견해 형성 • 입양에 대한 열린 의사소통 유지	• 자신의 입양 이야기를 알게 됨 • 입양에 대해 지속적으로 질문함
청소년기	• 계속되는 입양 관련 상실감을 극복하도록 돕기 • 친생가족에 대한 긍정적인 견해 형성하기 • 친생가족 찾기에 대한 자녀의 흥미와 계획을 지원하기 • 친생부모를 찾을 때 현실적인 기대감을 가질 수 있도록 돕기 • 입양에 대한 열린 의사소통 유지하기	• 입양을 안정적인 정체감에 통합하기 • 입양상실 극복하기 • 친생가족과 유산에 대한 사고와 느낌 정리하기 • 부모와 입양에 대해 열린 의사소통 유지하기

5) 입양가정아동의 현황

(1) 국내외 입양현황

아동 자신이 결함을 가지고 있거나 또는 가정적인 결함으로 인해 자신의 가정에서 건전한 양육이나, 보호가 어려운 아동들을 대상으로 국가나 민간단체가 중심이 되어 입양이 이루어지고 있다. 우리나라의 경우 초기에는 국외입양이 주로 이루어졌으나, 국내입양 우선추진제 등 국내입양 활성화 정책의 영향을 받아 2008년부터는 국내입양 아동 수가 해외입양 아동 수보다 많아졌다. 그러나 우리 사회의 혈연중시 문화, 입양에 대한 부정적 인식 등으로 아직도 국내입양이 여전히 저조한 것이 실정이다. 우리나라의 입양기관은 현재 국내에 21개, 국외에 4곳이 있다. 대표적인 입양기관으로는 홀트아동복지회, 동방사회복지회, 대한사회복지회 등이 있다.

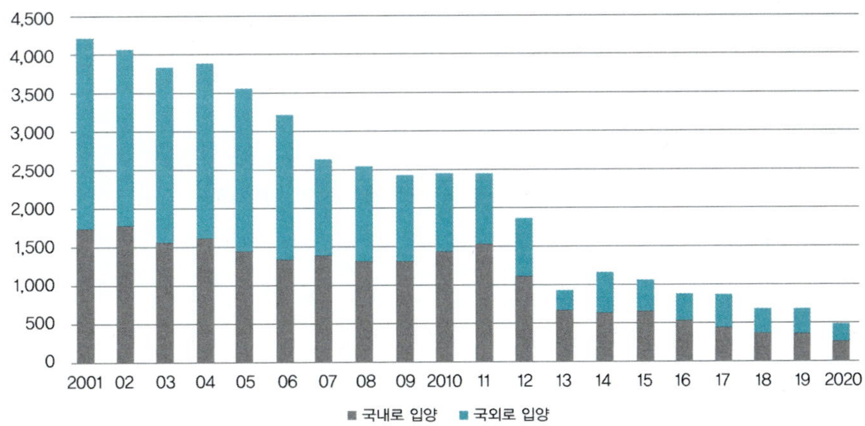

출처 : 보건복지부(2022).

그림 12-3 2001~2020년 입양아동 수의 변화

(2) 입양아동의 성별

입양아동의 성별을 보면, 국외로 입양되는 아동과 다르게 우리나라 입양아동의 성별은 여아가 높음을 알 수 있다. 과거 대를 이을 목적으로 입양을 하던 것과 달리, 현재 입양동기가 가족의 화목을 위해서 하는 경우가 늘어나면서 여아가 남아에

비해 얌전하고, 향후 청소년 시기의 사춘기과정과 성장과정에서 문제소지가 낮을 것이라는 기대에 생후 3개월 내의 건강한 여아가 입양되고 있는 추세이다. 따라서 입양선호도에서 남아의 경우는 국외입양이 계속 증가되고 있는 실정이다.

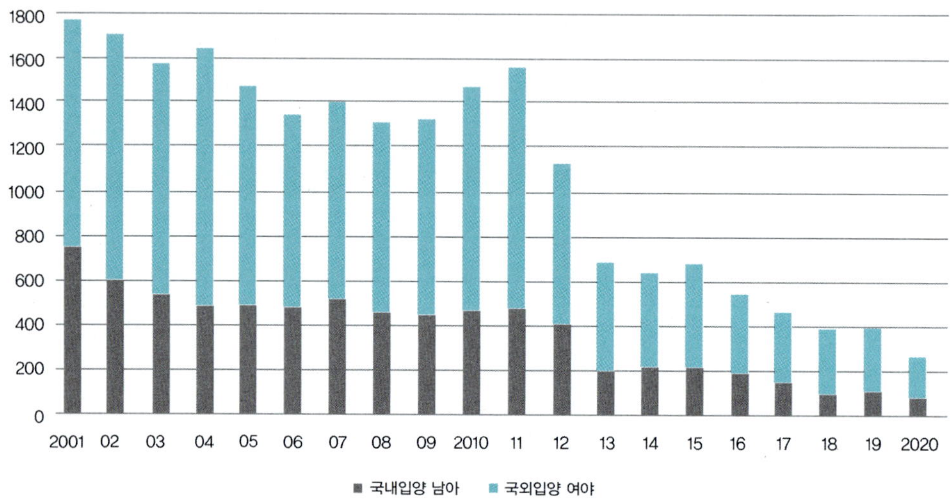

출처 : 보건복지부(2022).

그림 12-4 2001~2020년 성별에 따른 국내 입양아동 수의 변화

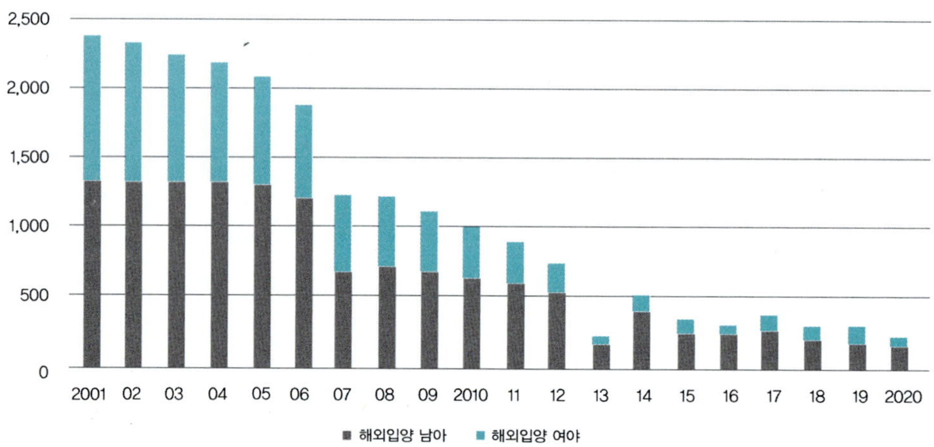

출처 : 보건복지부(2022).

그림 12-5 2001~2020년 성별에 따른 해외 입양아동 수의 변화

(3) 입양부모의 소득

입양부모의 소득과 관련된 통계자료를 보면, 입양은 특별하지 않은 평범한 사람들도 많이 하고 있다는 것을 알 수 있다. 입양가정의 소득수준을 보면, 2017년 한 해 동안 입양을 한 465가정 중 224가정(48.2%)이 전년도 도시근로자 가구당 월평균 소득 120% 이하에 속하는 것으로 나타났다. 또한 465가정 중 이미 친자녀가 있는 경우는 160가정(34.4%)이며, 4개 주요 입양기관 현황에 따르면, 2명 이상을 입양한 경우도 82가정(17.6%)에 달했다. 이는 입양이 특별한 사람이거나 경제적으로 여유가 있어야만 한다는 인식에서 점점 벗어나고 있는 것을 시사하고 있다.

표 12-2 입양부모의 소득

구분	계	친자유무	
		친자유	친자무
계	465	160 (34.4%)	305 (65.6%)
기준중위소득 30% 이하	-	-	-
기준중위소득 30% 초과, 50% 이하	14 (3.0%)	9	5
기준중위소득 50% 초과, 전년도 도시근로자 가구당 월평균소득 이하	140 (30.1%)	71	69
전년도 도시근로자 가구당 월평균소득 초과, 전년도 도시근로자 가구당 월평균소득 120% 이하	70 (15.1%)	26	44
전년도 도시근로자 가구당 월평균소득 120% 초과	241 (51.8%)	54	187

출처 : 보건복지부(2017).

4. 입양가정아동사업의 실천방향과 개선방향

1) 입양의 절차

입양은 크게 국내입양과 해외입양으로 나눌 수 있다. 국내입양과 해외입양은 입양절차는 같으나, 해외입양의 경우 외국인이 국내에서 아동을 입양하는 경우에는 국내입양 절차와 동일하며, 다만 아동의 본적지 또는 주소지 관할 가정법원에서 입양인가를 받아야 한다. 또한 국외 출국 전에 보건복지부 장관으로부터 해외이주 허가를 받아야 한다.

(1) 부부와 가족 간의 충분한 합의

입양은 부부의 자발적인 의사로 부모가 되길 동의하고 원해야 한다. 입양을 하기 전에는 부부뿐 아니라 가족들과도 충분한 합의를 하여야 한다. 우리나라의 문화는 가족관계가 아주 밀착되고 깊게 연루되어 있어서 가족 한 사람이 자기가 원하는 사람에 대해 개인적인 결정을 내리지 않는다. 대체로 다른 가족의 승인이 필요하다.

입양에 대한 확신을 가지고 입양을 하여야 한다. 입양을 하는 데에는 입양아동을 친생자처럼 사랑해야 하는 소명이 있으며, 가족이 아니었던 배우자와 사랑으로 가정을 이룬 것처럼 아동 또한 사랑으로 자녀로 받아들일 수 있어야 한다.

(2) 입양상담

입양을 원하는 부모는 전화나 내방상담을 통하여 입양기관의 입양절차에 대하여 문의를 하고 상담을 받는다. 입양기관은 입양상담원으로부터 입양에 대하여 입양을 원하는 부모에게 안내를 하고, 신청요건에 적합한 부모는 입양상담원과 시간을 정하여 부모개별면접을 한다. 면접을 통하여 상세한 입양정보를 얻은 후, 양부모로서의 입양신청규정(기혼인 경우 25세 이상 아동과의 연령차가 60세 미만, 미혼일 경우 35세 이상 아동과의 연령차 50세 이하의 심신이 건강하고 아동이 성인으로 성장할 때까지 충분한 경제적, 정서적 지원과 사랑을 줄 수 있어야 함)에 적합한지의 여부를 알아보고, 입양신청에 관하여 자신의 생각을 입양상담원과 상담한다.

(3) 입양신청서 및 서류접수

입양부모의 자격을 얻고 입양을 결정하면 입양기관에 양친가정조사서와 구비서류를 준비하여 입양기관에 접수한다.

구비서류는 가족관계증명서, 혼인관계증명서, 주민등록등본, 부부건강진단서 등 입양기관마다 약간의 구비서류 차이가 있다.

(4) 입양부모의 가정조사 및 가정방문

입양을 희망하는 부모는 입양기관의 사회복지사의 2회 이상의 가정방문을 받고, 입양기관에서는 입양을 희망하는 가정의 가정조사를 하여 양친가정조사서를 작성한다. 이런 과정을 통하여 입양을 구체적으로 준비하고, 입양을 희망하는 부모에게는 입양에 대해 심사숙고할 수 있는 기회를 준다.

(5) 입양부모교육

입양기관으로부터 소정의 입양 관련 내용을 교육받는다. 교육이수 후 양친교육이수증명서를 발급받는다.

(6) 입양대상아동 선보기

입양기관에서 입양부모에게 적합한 아동을 찾아서 아동의 출생배경, 건강상태 등 전반적인 아동에 대한 정보를 알려주고, 입양을 희망하는 부모와 아동이 직접 만나보는 기회를 갖는 것이다. 해외입양의 경우에는 이 절차를 서면자료와 사진을 보내 대신한다.

(7) 가정법원에 입양서류 제출

가정법원에 입양허가신청서를 제출한다.

(8) 입양아동 인도

가정법원의 입양허가가 결정된 후 아동을 양부모에게 인도한다. 이때 아동 관련 물품 및 기록도 함께 전달 받는다.

(9) 입양신고

가정법원의 허가서를 첨부하여 가족관계 등에 관한 법률에 정하는 바에 따라 신고한다.

(10) 입양 후 사후관리

아동을 입양한 후 아동에 대해 1년 동안 입양기관을 통해 사후서비스를 제공받는다.

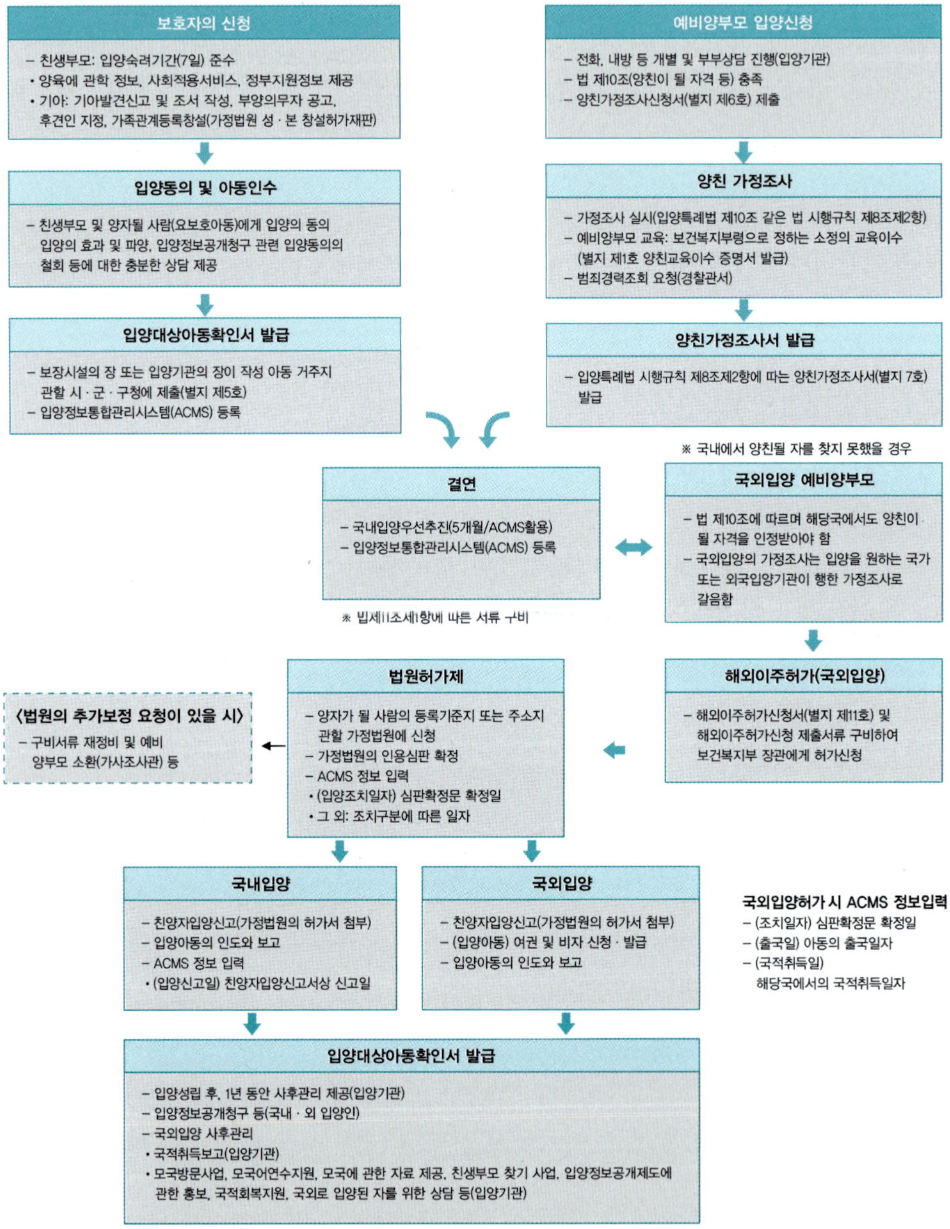

그림 12-6 입양절차

2) 입양에 대한 인식개선

우리나라는 혈연 중심 국가이기 때문에 유독 본인 자식에 대한 애착이 강하다. 최근에는 이러한 경향이 많이 개선되었으나, 외국과 비교하면 아직도 입양에 대한 인식개선이 필요하다. 이러한 편견을 해소하고 관심을 증진시키기 위해 초등학교에서부터 대학교에 이르기까지 교과과정을 통한 입양에 대한 인식 전환의 교육이 필요하다.

아울러 성공적인 입양사례를 발굴하고 홍보의 체계화를 구축함으로써 국민들의 입양아동에 대한 심리적 두려움을 감소시킬 수 있도록 해야 한다. 정부는 행복하게 성장한 입양인, 입양가족 이야기를 TV, 신문, 잡지 등을 통하여 흔하게 접할 수 있도록 노력하는 반면 부정적인 또는 편파적인 입양 관련 뉴스 및 드라마 소재는 입양 활성화에 좋지 않은 결과를 초래할 수 있다는 것을 유의해야 한다.

3) 양부모 선정절차의 전문성

양부모가 될 자에 대한 자격에 관한 문제가 입양절차에서 가장 중요한 부분임에도 우리의 경우에는 이와 같은 입양부모에 대한 조사가 입양기관의 주도로 이루어지고 있으며, 특히 이러한 입양기관이 어떠한 공적 기관이 아닌 민간기관이라는 문제점이 있다. 외국의 입양에서 나타나는 특징은 입양부모의 적격성을 평가하는 데 있어 국가(공공)의 역할이 중요하다는 점이다. 우리의 경우 양부모자격조사가 민간입양기관에 의해 전적으로 주도되고 있다는 사실은 문제가 된다. 결국 이와 같은 역할을 담당해야 할 곳은 보건복지부인데, 보건복지부가 직접 이와 같은 조사업무를 수행하는 것은 앞서 검토한 바와 같이 현실적으로 어려울 수 있으므로, 이후에 언급될 중앙입양원을 통한 양부모 될 자의 자격에 대한 조사 및 관리업무를 전담하게 하는 방안을 생각해 볼 수 있을 것이다.

양친 될 자에 대한 조사는 예비입양부모가 특별한 보호가 필요한 아동을 잘 양육할 수 있도록 준비할 뿐 아니라, 입양아동을 키우면서 직면하게 될 여러 가지 어려움을 잘 이해하고 대처할 수 있을지에 대해서 평가하는 과정이므로 고도의 전문성이 요구된다. 우리의 경우 학위 요건과 실무 경험요건 등을 상향 조정하고, 입양과정에서의 실무능력을 좀 더 엄격하게 평가할 수 있는 기준을 마련할 필요성이 있지만, 이러한 자격을 가진 자를 선발한다고 하더라도 이들에게 입양업무에 있어서의 전문성을 기대하기는 어렵다. 현재 입양기관에서는 입양 관련 실무자들에 대한 입양 관련 교육을 전혀 실시하고 있지 않은데, 입양업무를 시작하기 전에 중앙입양원이 교육프로그램을 개발하여 입양업무에 대한 기본적인 지식을 습득시키고, 이후에도 지속적으로 교육·훈련·평가를 통해 업무역량을 제고하는 방안을 검토해 볼 수 있을 것이다.

4) 입양 전제 가정위탁 확대

외국의 대다수의 국가들은 입양 전에 이루어지는 사전 가정위탁에 대한 필요성을 인정하는 동시에 이에 대해 긍정적인 평가를 내리고 있다. 그러나 우리나라는 관행적 입양 전제 가정위탁으로 인해 아동의 복리 및 생명보호가 보장되지 못한다고 생각하고 있다. 사실상 입양 전 가정위탁을 하는 주된 이유가 입양할 아동이 입양부모가 원하는 아이인지를 파악하기 위한 목적을 위한 방안으로 활용되었다는 문제 또한 지적되어 왔다. 현재와 같이 입양기관에서 가정위탁에 대한 결정 및 양부모 심사를 전적으로 맡겨 놓을 수는 없으므로, 보건복지부와 같은 정부기관이나 그 외의 공공기관에 의한 심사 및 결정을 대안으로 고려할 수 있을 것이다. 외국의 경우에도 입양 전 가정위탁에 대한 심사는 궁극적으로 입양기관을 감독하는 기관이나 정부 또는 공공기관에서 판단하고 있다는 점을 참고한다면, 입양기관 주도로 작성된 양부모 자격평가나 관련 서류의 객관성을 확보하기 위해서는 중앙입양원의 심사라는 해결책을 고려해 볼 수 있다. 가정위탁에 대한 결정을 중앙입양원에서 담당하게 된다면 전문가로 구성된 위원회를 통해서 이에 대한 결정을 내릴 수 있을 것이다. 그리고 서류 심사를 통해 가정위탁을 허가받은 후에, 해당 양부모가정에서 위탁된 아동이 생활하는 동안 양부모에 대한 적합성 심사는 궁극적으로 법원의 입양에 대한 결정 여부를 통해 이루어질 수 있을 것이다. 특히 중앙입양원에서 이와 같은 관리 및 감독업무를 전담하게 된다면, 수개월의 가정위탁 기간 동안 해당 아동이 위탁된 가정에서 잘 적응하고 있는지에 대한 평가에 관한 보고서를 작성하고, 해당 보고서는 궁극적으로 가정위탁에 대한 평가 근거로서 작용할 수 있을 것이다

(사법정책연구, 2018).

5) 가족생활주기에 따른 부모교육 구성 및 확대

입양 전에는 현재의 8시간 교육에 입양대상아동이나 예비입양부모의 특성에 맞게 차별화된 내용을 추가로 교육받도록 하는 예비입양부모교육 강화방안이 필요하다.

추가교육 내용은 연장아(입양대상아동의 연령대), 장애아, 난임·불임가정, 친생자녀 유무 등으로 구분하여 구성할 수 있으며, 현재의 8시간 의무교육이 결연 이전에 실시된다면, 결연 이후 법원 허가까지의 기간을 활용하여 추가교육을 실시할 수도 있을 것이다. 예비입양부모교육을 통해 입양이 입양부모 자신과 아동에게 함축하는 의미를 통찰하는 기회를 가지고, 이러한 과정에서 심리적으로 자신의 삶을 돌아볼 수 있는 시간이 필요하므로(변미희·안재진·강지현, 2015) 최소 두 차례에 걸친 교육은 입양부모에게 유익하다고 볼 수 있다. 그러나 이러한 시간이 너무 짧은 관계로 정기적인 교육 실시, 교육 실시 방법 다양화 등 부모교육에의 접근성을 확보하는 것이 우선되어야 한다.

현재 국내입양가정을 대상으로 입양기관의 사후관리 기간은 1년이지만, 그 이후 자녀가 성장하면서 입양부모로서 입양공개 이슈 등의 여러 가지 정보를 필요로 하게 되므로 입양부모상담 및 교육이 지속적으로 필요하다. 아울러 입양아동의 성장에 따른 개별 맞춤 부모교육, 아버지교육, 장애아동 및 특별한 돌봄이 필요한 아동의 차별화된 부모교육이 필요하다(육아정책연구소, 2017).

6) 사후서비스 프로그램의 지속성 및 접근성 강화

사후서비스 프로그램에 대한 접근성 강화를 위해 시·군·구에 위치한 육아종합지원센터 혹은 건강가정지원센터 등의 지역사회자원을 이용하여 프로그램이 제공되어야 한다. 입양가정은 그들만의 독특한 고민과 필요로 하는 정보가 있는 것은 분명하지만, 그와 동시에 일반가정에서 궁금해 하는 정보 또한 필요로 하고, 일반가정에서 해결해야 하는 문제들을 동일하게 경험하고 있다. 그러므로 1차적으로는 현재 사후서비스를 담당하고 있는 기관이나 단체에서 그들의 인력으로 프로그램을 실시하면서, 시·군·구에 위치한 육아종합지원센터나 건강가정지원센터를 실시장소로 활용하는 방안이 있을 수 있다.

2차적으로는 육아종합지원센터 혹은 건강가정지원센터에서 입양가정을 대상으로 교육이나 상담을 제공할 수 있도록 안내서를 보급하는 것이며, 이를 통해 지역사회 서비스 이용이 활발해질 뿐만 아니라 입양가정이 특별하다는 인식에서 보편적인 지원대상이라는 인식으로의 전환에도 기여할 수 있을 것이다.

입양가정 대상 사후서비스가 지속적으로 실시되기 위해서, 그리고 어느 지역에 거주하든지 질 높은 서비스를 제공하기 위해서 온라인으로도 프로그램이 제작되었으면 한다. 일반적인 입양부모 프로그램뿐 아니라, 아버지들을 위한 프로그램, 또한 입양형제자매를 둔 비입양형제자매를 위한 상담 혹은 프로그램 등 다각적인 접근에서의 프로그램이 개발되고 보급되면 입양아동의 양육에 많은 도움이 될 것이다.

7) 특별한 요구를 지닌 아동에 대한 전문적 개입

연장입양아동의 적응을 위해 입양 후 초기 개입이 아주 중요하므로, 입양 초기 2~3년간 입양기관 실무자가 직접 혹은 상담 전문가와 연계하여 부모에게 도움을 제공할 수 있는 제도 마련이 필요하다. 연장입양아동은 분리경험 횟수가 많거나, 생부모와 살다가 신생아 때가 아닌 어느 정도 자란 후에 입양이 의뢰되는 등 적응에 어려움을 가질 수 있는 여러 요인을 가지고 있다.

현재 마련되어 있는 심리치료 지원을 확대하여, 전문가의 판단에 의해 실제 치료가 필요한 아동 및 연장입양아동이 우선 적용되는 방법을 모색할 수 있을 것이다.

아울러 장애입양아동의 건강한 발달과 적응을 위해서는 입양아동 지원의 관점에서 현재처럼 비장애아동과는 구별된 양육보조금 지원과 의료비 지원을 강화하면서도 근본적으로는 장애아동 지원체계의 개선이 이루어져야 한다. 장애영유아의 발달특성으로 인해 그들에게는 치료와 교육, 가족지원 등 여러 전문영역의 서비스가 동시에 필요하며, 가족 중심의 조기개입서비스는 일상활동을 통해 장애영유아의 발달을 촉진할 뿐만 아니라 가족의 역량을 높일 수 있다(최석범, 2016).

8) 자조모임 활성화

공개입양이 긍정적으로 성공하기 위해서는 적극적인 자조모임활동은 반드시 필요하다. 많은 입양부모들이 자조모임을 통해서 다양한 양육정보를 공유하면서 긍정적인 입양문화를 개척해 왔다. 대부분의 입양가족이 자녀에게 언제 어떤 방법으로 어떻게 입양 사실을 알려줘야 하는지 항상 고민하고 도움을 요청하고 있다. 이처럼 적극적으로 자조모임에 참여하게 되면 같은 조건, 같은 관심사를 갖고 있는 사람들이 모였다는 것 자체만으로도 심리적으로 매우 안심이 되고, 현재 대면되어 있는 혼자서 해결할 수 없는 문제를 지혜롭게 극복해 나갈 수 있는 지식을 터득하고, 언제든지 양육에 필요한 정보나 조언을 얻을 수 있고, 예비입양부모에게는 좋은 멘토의 역할을 해줄 수 있으므로 공개입양활성화에 일조하게 된다. 성공적이고 긍정적인 사례뿐만 아니라, 불편한 감정이나 부정적인 사례도 같이 서로 공유하면서 도움을 주고받으며 문제를 해결하게 될 경우 좋은 방향으로 해결책을 찾아 나갈 수 있으므로, 적극적인 자조모임 참여는 성공적인 공개입양을 위해서는 꼭 필요하다.

Chapter

13

시설아동

1. 시설아동보호사업의 이해

시설아동보호사업은 우리나라 사회복지 서비스의 한 분야로 오랫동안 중추적 역할을 담당해 왔다. 1981년 우리나라에 「아동복지법」이 제정된 이후 대부분의 아동복지는 시설아동 중심으로 이루어졌다. 그러나 최근 들어 사회복지 서비스 개념이 시설보호에서 지역사회보호로 패러다임이 전환되면서, 시설아동보호사업과 관련하여 아동에 대한 처우를 비롯한 다양한 문제들이 대두되고 있다. 시설보호(institutional care)는 재가보호나 지역사회보호와 대비되는 개념으로, 공공기관이나 민간기관에 의해 시설에 아동이 배치되고 나면 아동보호의 책임이 부모로부터 시설로 이전되어 보호기관이 막중한 책무를 지니게 된다. 따라서 시설아동보호사업에 대한 개념과 기능 그리고 현재의 시설아동보호사업의 실태 등을 파악하여 발전적인 방향으로 나아가야 한다.

1) 시설아동보호사업의 개념 및 특성

시설아동보호사업이란 여러 가지 이유로 양육자가 없는 아동이나 있다고 하더라도, 여러 가지 이유로 아동을 직접 양육하지 못할 경우 타인이 부모역할을 대리하여 일정한 시설에서 아동과 혈연의 관계가 없는 성인의 보호 아래 24시간 집단보호를 제공하는 시설의 보호서비스이다. 시설아동보호사업은 아동양육과 관련된 서비스 중에서 최후의 안전망에 해당되는 대리적 서비스로, 생활시설뿐만 아니라 아동치료시설, 그룹홈, 위기센터, 일시보호시설 등을 모두 포괄하는 광역의 의미를 갖고 있다(Whittaker, 2000).

시설아동보호사업은 입양사업, 가정위탁사업과 함께 부모가 아동을 양육할 능력이 없거나 그 역할을 회피할 때 제공되는 완전한 대리보호사업이다. 대리보호사업 중에서 입양사업이 영구적인 특성을 지니는 반면, 가정위탁사업은 일시적이다. 하지만 입양사업이나 가정위탁사업 모두 가정을 통해 이루어지는 데 비해, 시설아동보호사업은 일시적인 면에서는 가정위탁사업과 동일하나 집단의 형태로 이루어진다는 점에서 차이가 있다.

과거의 시설아동보호사업은 대부분 사회적으로 보호를 필요로 하는 아동을 집단으로 장기간에 걸쳐 수용하는 것이었으나, 최근에는 아동을 일시적으로 보호하면서 아동과 그 가족에 대한 치료서비스를 제공함으로써 아동을 가정으로 복귀시키는 것을 목적으로 하고 있다. 따라서 시설아동보호사업에서는 부모가 없는 아동만이 아니라 이혼 등으로 인해 가족이 해체된 경우의 아동, 학대나 방임에 노출되어 있는 아동을 대상으로 집단보호와 더불어 사회적 적응을 도와줄 수 있는 치유기능까지 제공되어야 한다. 미국아동복지연맹(CWLA, 2004)에서는 시설아동보호사업에서 제공할 수 있는 서비스 내용으로 아홉 가지를 제시하고 있다.

표 13-1 미국아동복지연맹의 아동복지시설 표준서비스

서비스 유형	예시활동
① 상담서비스(counseling)	상담활동, 심리적 조력활동
② 보건(health)	정신적·육체적·사회적 건강관리
③ 영양(nutrition)	신체의 성장 발육을 위한 영양관리
④ 교육(education)	생활에 필요한 지식, 기술, 인성
⑤ 일상생활 경험(daily living experience)	삶에 필요한 습관이나 감각경험
⑥ 자립생활 기술(independent living skills)	생활훈련, 대화기술, 자아인식
⑦ 옹호서비스(advocacy)	권익 옹호, 자기결정권 강화
⑧ 재결합서비스(reunification services)	가족 보존과 재결합 지원
⑨ 퇴소 후 서비스(aftercare services)	퇴소 후 관리, 추수지원서비스

이와 같이 시설아동보호사업은 아동의 보호, 양육, 상담심리치료, 문제행동의 교정 및 치료, 교육 및 생활기술의 습득, 가족관계의 개선기술 등 아동의 복지를 위한 다양한 목적을 가지고 있으며 다음과 같은 특성을 지닌다(이성규, 2001; 임시아, 2017 재인용).

첫째, 아동의 혈연관계가 아닌 타인에 의해 인간의 사회적·기초적 욕구와 가정의 대리역할 및 환경을 제공하는 장소적 개념이다.

둘째, 시설은 가족이나 부모의 역할을 대리하는 보조역할을 하는 것이다.

셋째, 친부모나 원가정에서 개별적인 가족들의 보호, 양육을 받기 어려운 아동들이 문제의 성격에 따라 관리상의 효율을 위해 집단으로 보호받는 장소이다.

넷째, 친부모나 원가정이 아닌 사회가 양육 주체가 되는 제도적 개념이다.

2) 시설아동보호사업의 장단점

시설아동보호사업의 일차적인 목적이 대상아동의 수용과 보호에 있다고 한다면, 이차적인 목적은 일차적인 목적을 넘어서 대상아동의 건전한 성장과 발달 및 사회적 치료에 있다. 즉, 대상아동을 장기적으로 집단 수용하여 보호하는 일에 그치는 것이 아니라, 아동과 그 가족에 대한 치료서비스 등의 전문적 서비스를 제공하여 아동을 가정으로 복귀시키는 일에 중점을 두고 있다. 무엇보다도 요보호아동의 건강한 성장과 발달을 지원하는 일이 우선되어야 하며, 시설보호아동에게서 나타나는 가족의 역기능적인 문제를 최소화하여야 한다. 이를 위해 과거의 부적절한 생활경험으로 인해 생긴 상처를 치유하여 심리적·정서적으로 안정을 되찾을 수 있도록 도와주어야 하며, 필요에 따라서는 사회화 과정을 통해 생활 전반에 걸친 서비스를 제공하여야 한다. 시설보호아동은 대체적으로 가족의 해체나 붕괴, 부모의 학대, 유기 등을 경험하였고, 이로 인해 심리적으로 상처를 안고 있는 경우가 많다. 따라서 이들에게는 의식주의 문제만이 아니라, 사회·심리적인 문제도 해결될 수 있도록 적절한 치유과정이 필요하다. 궁극적으로는 시설에서 퇴소하여 자립할 수 있도록 하는 훈련이나 과정이 필요하다.

시설아동보호사업의 이러한 목적이나 운영 방향에 비추어 보면, 요보호아동시설을 통해 아동을 보호하고 치유하는 과정은 여러 가지 장단점을 지니고 있다. 특히 시설보호아동의 경우 대부분 집단생활을 하게 되어 있어 집단생활로 인하여 발생하게 되는 장단점을 모두 경험하게 된다. 따라서 시설보호아동에게 장단점의 상호보완적 기능을 고려하여 단점으로 인한 폐해를 가급적 최소화할 수 있도록 해야 한다. 시설아동보호사업이 아동의 성장발달에 미치는 영향을 장단점으로 구분하여 제시하면 **표 13-2**와 같다.

표 13-2 시설아동보호사업의 장단점

구분	내용 및 특성
장점	• 집단통제와 감독을 통해 아동을 보다 안전하게 보호해 줄 수 있다. • 집단의 통제과정을 통해 통제력이 떨어지는 아동의 충동을 조절해 줄 수 있다. • 자제력이 부족한 아동에게 자신에 대한 통제력을 향상시켜 줄 수 있다. • 부모로부터 결핍된 점을 다른 사람들과의 상호작용을 통해 보완할 수 있다. • 아동들에게 다양한 부모상(parental figure)을 선택 및 제공해 준다. • 심리적·감정적으로 손상된 점을 집단생활을 통해 지지를 얻을 수 있다. • 지역사회에서 수용하기 어려운 아동의 행동특성을 보다 넓게 수용해 준다. • 아동에게 적합한 양육과 함께 치료의 기능을 담당할 수 있다. • 개별적 욕구를 충족시켜 주기 위한 다양한 프로그램을 제공할 수 있다. • 모든 아동이 다르다는 것을 인식하게 되고 서로 무능력함을 보완하는 기회를 경험한다. • 집단생활을 통해 다른 아동과의 상호작용이 이루어져 사회성과 이타심을 길러 사회에 대한 적응력을 높일 수 있다. • 개인적인 치료가 요구되는 아동들에게 필요한 욕구를 채워 줄 수 있고, 문제해결에 도움을 줄 수 있다. • 청소년들을 위한 적절한 기능을 수행함으로써 지역사회의 청소년 문제해결에 도움을 준다.
단점	• 부모와 격리된 생활로 심리적·사회적 문제를 겪을 수 있다. • 시설보호아동에 대해 사회적으로 낙인을 받을 수 있다. • 시설보호아동 개개인이 가지는 욕구를 충분하게 충족시켜 주기가 어렵다. • 집단생활의 지나친 규정과 규율이 아동에게 심리적·정신적 부담이 될 수 있다. • 과도한 집단생활의 규율이 따뜻한 인간관계 형성에 방해가 될 수 있다. • 대인관계나 사회와의 접촉 기회가 적어 대인관계 폭이 축소될 수 있다. • 제한된 일과로 인해 개인의 자유가 제약받을 수 있다. • 행동반경의 제한으로 교우의 폭이 좁아진다. • 집단생활로 인해 창의적인 사고가 발휘되지 못할 수 있다. • 정서적인 활동에 대한 경험의 기회가 부족하여 공격적이고 부정적인 성격을 가질 수 있다. • 제한된 집단생활로 경제적·문화적 경험의 기회가 부족하다. • 시설보호를 받는 아동의 경우 자기 고유의 개성을 상실할 수 있다. • 충분한 정서적인 욕구발산의 기회 및 발표기회가 없어서 파괴적이고 부정적인 성격이 될 수 있다.

3) 시설보호아동의 특성

시설보호아동의 대부분은 유아기 또는 아동기에 부모와의 분리경험이 있으며 가정의 결손, 즉 미혼모, 부모의 이혼 또는 별거, 부모의 사망, 편부나 편모 등의 이유로 보호를 받고 있다. 따라서 시설보호아동은 생활환경이나 학습조건, 정서적 환경 등에 있어서 일반가정의 아동보다 결핍된 상태에 있다. 시설보호아동은 일반아동에 비해 자존감이 낮고, 자기주장이나 자기표현, 자아통제력이 부족하며, 시설보호라는 특수한 환경에서 생활하기 때문에 일반가정의 아동과는 다른 경험을 하게 된다. 시설보호아동이 일반아동의 특성과 차이를 보이는 원인은 환경적인 결핍요인이 가장 크다(김미경, 2018; 김현진 2017; 김양균, 2016). 주로 생활하는 공간인 시설이 인적·물리적으로 결핍된 상태여서 아동의 전반적인 발달과 성격, 사회적응 등에 있어서 부정적인 영향을 미치게 된다(최수진, 2018; 박지윤, 2017). 이들의 특성을 몇 가지 요약하면 다음과 같다.

(1) 사회부적응

시설보호아동은 사회부적응 문제를 지니고 있다. 시설보호아동은 대부분 집단거주 환경으로 다수의 아동들이 동시에 보호를 받는 생활을 하기 때문에, 사회적응에 있어서 일반가정 아동에 비해 여러 가지 문제점을 지니고 있을 가능성이 높다.

시설보호아동은 집단 내에서 보호를 받음으로써 통제된 집단 환경 속에서 자신의 욕구보다는 전체의 기준이나 목표에 맞춰서 상호작용을 하게 되므로, 정서적 관계에서 친밀하고 따뜻한 관계를 맺기가 어렵고, 가정에서 성장하는 아동이 경험하지 못하는 생활을 경험하게 된다. 즉, 시설생활은 아동이 따뜻한 인간관계를 맺기에는 제약이 많으며, 개인이 집단에 매몰되어 인성을 상실하거나 개성의 발달 또는 정서적·신체적·창조적 능력의 발달에 대한 기회를 놓치기 쉽다. 또한 시설보호아동은 일반가정의 아동보다 문화적으로 실조된 환경에서 생활하기 때문에, 아동의 심리사회적 욕구를 충족시킬 인적·물적 자원과 경험이 매우 부족한 실정으로 사회부적응을 초래할 가능성이 높다(한미현 외, 2007). 따라서 시설보호아동은 일반가정의 아동에 비해 부적응이나 반사회적 행동에 대한 경험이 높은 편으로 아동들의 적극성과 인내심이 부족하다. 또한 폐쇄적인 특성이 있어서 자신의 처지, 환경, 비밀 등을 지키려는 경향이 강하며 타인과 쉽게 가까워지지 않는다. 즉, 방어적 성향이 강하고 사회적응력이 부족하지만 인정을 매우 그리워하며, 내면적으로는 따뜻한 인간관계를 갈망한다. 자신을 진정으로 이해해 주고 인간적으로 대해 주는 사람과의 관계는 쉽게 발전한다.

(2) 발달지체

시설보호아동은 신체, 정서, 인지, 사회성 발달에 있어서 지체현상을 보인다. 이들이 보이는 지체현상의 특징은 다음의 몇 가지로 요약할 수 있다(한미현 외, 2007).

첫째, 신체발달 측면에서 시설보호를 받고 있는 초등학생의 경우, 체위측정 및 영양섭취 상태를 조사한 결과, 대부분의 아동이 신장과 체중 면에서 한국소아발육표준치에 뒤떨어지고 있으며, 영양소 섭취량도 권장량에 미치지 못하여 인지발달에 영향이 있는 것으로 나타났다.

둘째, 정서발달 측면에서 시설보호아동은 일반아동에 비해 적절히 자신의 의견을 주장하며, 자신의 감정 상태를 잘 통제할 수 있는 정서조망능력이 부족하다. 또한 시설보호아동은 일반적으로 이중인격을 가지는 경향이 있다. 즉, 표면적으로는 규칙에 순종적이지만 내면적으로는 반항적인 경향을 갖고 있다.

셋째, 인지발달 측면에서 시설보호아동이 집단생활로 인해 개별적인 지적자극을 잘 받지 못하는 경우가 많아서 인지발달지체, 학습장애, 창의성 부족, 집중력 부족, 언어발달지체 등의 발달지체가 나타난다.

넷째, 사회성 발달 측면에서 어린 시절 시설보호의 경험이 있는 아동이 보이는 사회적 관계의 특성은 성인들의 관심과 인정을 보다 많이 추구하는 성인 지향적이었다. 또래관계에서도 어려움을 많이 겪고 특별한 친구가 적어 불안할 때 또래로부터의 정서적 지지에 의존하는 경향이 적으며, 또래관계 양상도 부적절하고 부정적이다.

이러한 시설보호아동의 일반적 특성에도 불구하고 시설보호아동이라고 하더라도 시설의 정서적 분위기, 사회적 성숙을 촉진하는 환경여부, 지역사회와의 관계 등에서 바람직한 시설환경의 구비 등은 발달에 긍정적 영향을 미친다.

(3) 정서불안

시설보호아동들은 부모와 사회로부터 정서적 박탈감을 경험한 경우가 대부분이다. 따라서 정서적 박탈감으로 인한 정서적 불안을 지니고 있어 대체로 반항적이고, 충동적이며 자제력이 부족하여 비우호적인 관계를 유지하는 경우가 많다. 이러한 정서불안을 극복해 내기 위해서는 무엇보다도 주변 사람들의 적극적인 애정과 심리적 갈등해소, 가정이라는 따뜻한 분위기를 조성해 주는 일이 우선되어야 한다.

정서불안에 놓인 아동들은 자신감이 결여되어 있고, 환경에서 오는 위축감으로 인해 스스로 하고자 하는 계획을 수립하는 일에 매우 소극적이다. 특히 시설이라고 하는 환경이 일반가정 환경과는 달리 특수한 환경적 특성을 지니고 있어서 일반가정보다 문화적으로 실조된 환경이므로 언어발달, 감각발달 등 자극시킬 만한 인적·물적 경험이 부족하고(김주아 외, 2012), 정서함양을 위한 경험과 교육기회가 부족하여 정서불안의 원인이 되고 있다.

시설보호에서 일어나는 아동의 생활은 일반아동의 가정생활과 달리 대부분 상하의 관계, 시설 종사자와의 관계, 잦은 방문자와 봉사자, 원내의 잡무 등으로 집중력이 떨어지고 산만한 일상이 되기 쉽다. 이러한 집중력이 떨어지는 일상의 생활은 아동에게 정서불안의 요인이 된다.

(4) 학교생활 부적응

시설보호아동은 동네에서 또래의 아이들과 어울릴 기회가 적어 사회적응성에 문제를 일으킬 수 있다. 특히 학교라고 하는 집단생활에서 부적응문제에 직면하게 된다. 시설보호아동은 일상적으로 외부지원과 봉사자를 통해 도움을 받는 일에 익숙해져 있어 대부분의 일에 있어서 의존적인 성향이 있다. 어떤 일에 있어서 스스로의 힘에 의해 성취하는 성취감을 맛볼 기회가 적다. 특히 시설이라는 사회적 제약과 편견에서 성장한 탓에 학생 스스로가 제한적으로 변모하며, 자신의 처지와 실력을 살피기 시작할 때는 도전적이기보다는 먼저 물러서서 현재의 상황이나 처지를 파악하고 현실에 안주하려는 특성이 있어, 학교생활에 대한 적응력이 일반아동에 비해 떨어진다.

2. 시설아동보호사업의 실태와 현황

1) 시설아동보호사업의 유형

시설아동보호사업이 실시되는 아동의 복지시설은 「아동복지법」 제52조에서 시설의 종류에 대해 규정하고 있다. 시설아동보호사업이 이루어지는 아동복지시설은 생활시설과 이용시설로 구분된다. 생활시설에는 아동양육시설, 아동일시보호시설, 아동보호치료시설, 공동생활가정, 자립지원시설이 있고, 이용시설에는 아동상담소, 아동전용시설, 지역아동센터가 있다.

2017년 10월 「아동복지법」을 개정하면서 시설아동보호사업의 유형에서 아동직업훈련시설[1]과 아동복지관[2]을 아동복지시설에서 삭제하였다. 현행 「아동복지법」에서 규정하고 있는 아동복지시설은 다음과 같다.

표 13-3 아동복지시설의 종류

종류	대상 및 서비스 내용
아동양육시설	보호대상아동을 입소시켜 보호, 양육 및 취업훈련, 자립지원서비스 등을 제공하는 것을 목적으로 하는 시설
아동일시보호시설	보호대상아동을 일시보호하고, 아동에 대한 향후의 양육대책 수립 및 보호조치를 행하는 것을 목적으로 하는 시설
아동보호치료시설	아동에게 보호 및 치료 서비스를 제공하는 다음 각 목의 시설 가. 불량행위를 하거나 불량행위를 할 우려가 있는 아동으로서 보호자가 없거나 친권자나 후견인이 입소를 신청한 아동 또는 가정법원, 지방법원 소년부지원에서 보호 위탁된 19세 미만인 사람을 입소시켜 치료와 선도를 통하여 건전한 사회인으로 육성하는 것을 목적으로 하는 시설 나. 정서적·행동적 장애로 인하여 어려움을 겪고 있는 아동 또는 학대로 인하여 부모로부터 일시 격리되어 치료받을 필요가 있는 아동을 보호·치료하는 시설
공동생활가정	보호대상아동에게 가정과 같은 주거여건과 보호, 양육, 자립지원 서비스를 제공하는 것을 목적으로 하는 시설
자립지원시설	아동복지시설을 퇴소한 사람에게 취업준비 기간 또는 취업 후 일정기간 보호함으로써 자립을 지원하는 것을 목적으로 하는 시설
아동상담소	아동과 그 가족의 문제에 관한 상담, 치료, 예방 및 연구 등을 목적으로 하는 시설
아동전용시설	어린이 공원, 어린이 놀이터, 아동회관, 체육·연극·영화·과학실험전시 시설, 아동휴게숙박시설, 야영장 등 아동에게 건전한 놀이, 오락, 기타 각종 편의를 제공하여 심신의 건강유지와 복지증진에 필요한 서비스를 제공하는 것을 목적으로 하는 시설
지역아동센터	지역사회 아동의 보호·교육, 건전한 놀이와 오락의 제공, 보호자와 지역사회의 연계 등 아동의 건전 육성을 위하여 종합적 아동복지 서비스를 제공하는 시설

출처 : 법제처(2024). 아동복지법 제52조.

1) 아동복지시설에 입소되어 있는 만 15세 이상의 아동과 생활이 어려운 가정의 아동에 대하여 자활에 필요한 지식과 기능을 습득시키는 것을 목적으로 했던 시설이다.

2) 지역사회 아동의 건전 육성을 위하여 심신의 건강유지와 복지 증진에 필요한 서비스를 제공하는 것을 목적으로 했던 시설이다.

2) 시설아동보호사업의 범위

시설아동보호사업 대상자의 선정은 요보호아동에게 가장 도움이 되는 최선의 방법이 무엇인가를 우선적으로 고려하여 결정해야 한다. 선택할 수 있는 여러 가지 가운데 시설아동보호사업의 서비스가 아동에게 가장 큰 도움이 될 수 있다고 판단될 때, 시설아동보호사업에 참여하도록 한다. 이러한 시설아동보호사업의 범위에 대해 프리들랜더(Friedlander)는 시설보호가 필요한 아동의 범위를 다음과 같은 일곱 가지의 경우로 설명하고 있다(Friedlander, 1974; 임시아, 2008 재인용).

첫째, 부모의 심한 질병 또는 상해로 인하여 더 이상 가정에 머무를 수 없게 된 아동으로서, 친부모와의 정서적인 밀착관계로 인해 다른 가족과 같이 지내기를 거부하는 아동의 경우이다.

둘째, 가족의 역기능, 스트레스 또는 이혼 때문에 비롯된 아동의 문제가 가정에 남아 있을 수 없을 정도로 심각하거나, 위탁가정에서조차 건전한 정서적 관계를 맺을 능력이 없는 아동의 경우이다.

셋째, 이전의 위탁가정에서 크게 실망하였거나 깊은 마음의 상처를 입어 아직 새로운 가정에 적응하기 어려운 경우의 아동이다.

넷째, 위탁가정이 수용하기 곤란한 건강 또는 행동상의 문제를 가져, 전문적 관찰과 지도, 통제된 환경에서의 의료 또는 정신과적 치료가 필요한 아동의 경우이다.

다섯째, 형제가 너무 많아 몇몇 위탁가정으로 분리되어야 하지만 서로 헤어지기를 원하지 않는 형제집단의 경우이다.

여섯째, 원가족으로부터 독립하고자 하였고 위탁가정으로부터도 독립하려는 경향을 보이는 아동과 청소년의 경우이다.

일곱째, 가족의 문제로 인하여 단기간의 보호가 필요하나 그 기간 동안 집단생활의 경험을 하는 것이 보다 유익할 것으로 판단되는 청소년의 경우이다.

하지만 우리나라의 경우 아동양육시설이나 일시보호시설에 들어갈 수 있는 대상아동의 선정기준은 매우 제한적이다. 「아동복지법」 제15조에 따르면 시설아동보호사업의 서비스 대상자는 '보호조치가 필요한 아동'으로 한정하고 있다. 이러한 규정에 따라 보건복지부(2016)에서는 아동양육시설 및 일시보호시설 대상아동의 선정기준을 다음과 같이 규정하고 있다.

첫째, 보호자가 없거나 보호자로부터 이탈된 아동, 둘째, 보호자로부터 학대받은 아동, 셋째, 보호자의 학대로 아동학대예방센터에 신고되어 동 센터가 시·도지사에게 보호조치를 의뢰한 아동, 넷째, 기초생활보장 수급자로서 보호자의 질병, 가출 등으로 가정에서 보호하기 어려운 아동, 다섯째, 시·도지사 또는 시·군·구청장이 특별히 보호가 필요하다고 결정한 아동 등이다. 그럼에도 불구하고 이러한 규정은 시설아동보호사업의 수혜아동을 보호자가 없는 아동이거나 보호자로부터 이탈된 아동, 또는 보호자로부터 학대를 받는 아동으로 제한하고 있다.

3) 시설아동보호사업의 현황

저출산 문제의 등장으로 출산 아동 수가 줄어들고 있음에도 불구하고, 요보호아동의 발생은 줄어들지 않고 있다. 요보호아동은 보호자가 없어 보호를 필요로 하는 아동이나 보호자로부터 이탈된 아동, 학대받는 아동 등으로 보호자가 아동을 양육하기에 부적합하거나 양육할 능력이 없는 경우이다. 과거에는 요보호아동이 고아나 미아, 기아, 부랑아 등이 대부분이었으나, 최근에는 가출이나 비행아동, 아동학대 등이 발생 요인이 되고 있다. 이러한 사회적 변화에 맞춰 최근에는 시설아동보호사업에서 아동양육시설 이외에 아동상담이나 아동심리 치료 프로그램을 제공하는 등 아동복지시설의 다양화를 시도하고 있다. 전반적으로 시설아동보호사업을 특별히 보호가 필요한 아동만이 아니라, 일반아동도 동일한 권리의 주체로 존중하여 건전하게 보호하고 육성하는 것을 기본 방향으로 운영하고 있어, 요보호아동만을 대상으로 아동의 특성에 따라 보호하고 양육하는 것에서 벗어나, 지역사회 모든 아동을 대상으로 하는 아동을 위한 종합서비스 시설로 운영하는 방향으로 전환하고 있다. 요보호아동은 시설아동보호사업에 참여하도록 하기보다는 입양이나 가정위탁, 그룹홈 등을 통하여 가정의 보살핌을 받도록 하는 것을 우선으로 하고 있다.

아동복지시설은 「아동복지법」 제52조에서 아동복지시설의 유형을 구분하고 있다. 아동복지시설에는 아동양육시설, 아동일시보호시설, 아동보호치료시설, 공동생활가정, 자립지원시설, 아동상담소, 아동전용시설, 지역아동센터, 아동보호전문기관 등이 있다.

2019년 말 현재 전국에는 280여 개의 아동복지시설이 개설되어 있다. 정부에서는 보호시설의 특성에 적합한 효율적인 운영이 되도록 시설운영의 자율성을 강화해 나가고 있으며, 시설운영의 다양화를 도입하여 단순히 아동보호기능만을 수행하는 것이 아니라, 상담, 급식, 방과 후 교육, 각종 프로그램의 운영 등으로 지역사회의 모든 아동이 참여할 수 있도록 참여대상을 확대해 나갈 방침이다. 궁극적으로는 시설이 요보호아동만을 위한 것이 아니라 모든 아동을 위한 지역사회의 아동종합복지시설로 전환해 나갈 방침이다.

표 13-4 아동복지시설 연도별 현황

(단위: 개소)

연도	양육시설	직업훈련시설	보호치료시설	자립지원시설	일시보호시설	종합시설	계
2015	243	-	11	12	12	3	281
2016	243	-	11	12	12	3	281
2017	242	-	11	12	12	3	280
2018		-	11	12	12	3	279
2019		-	12	13	13	3	281
2020		-	12	15	10	-	274

출처 : 한아름(2023). p. 8.

표 13-5 아동복지시설 아동 현황

(단위: 개소, 명)

구분	양육시설		보호치료시설		자립지원시설		일시보호시설		종합시설		아동상담소	전용시설	개인양육시설		계	
	시설	인원	시설	인원	시설	인원	시설	인원	시설	인원			시설	인원	시설	인원
시설 수 또는 인원	240	10,585	12	469	13	218	13	275	3	118	10	7	13	74	281	11,665

출처 : 최현숙(2021). p. 11.

3. 시설아동보호사업의 기능과 원칙

1) 시설아동보호사업의 기능

시설아동의 보호는 비록 가정은 아니지만, 아동을 가정 못지않은 양육 환경과 보호를 통해 아동의 성장발달에 도움을 줄 수 있도록 여러 가지 시설의 장점을 살려 양육과 보호 기능을 수행하고자 하는 데 그 목적이 있다. 따라서 시설아동의 보호는 집단생활의 장점을 살려 사회적·의료적 서비스가 아동에게 최대한 주어질 수 있도록 강구되어야 한다. 예를 들면, 소집단 중심의 보호활동 실시, 의료 및 정신과 검사의 진료, 질 높은 수준의 교육, 오락 및 직업훈련, 건전한 공동체의 일원으로서의 성장과 발달을 도울 수 있는 최소한의 기본적인 시설의 구비 등이다. 이러한 시설과 대책을 통해 시설의 미비로 인해 발생하는 비인격화 문제를 해결해 나가야 할 것이다. 시설아동의 보호는 부모님이 자녀를 보살펴주는 혈연적 관계와 같을 수는 없지만, 다음과 같은 기능을 수행하면서 최소한의 인격을 보장하는 생활을 유지하고자 노력하여야 한다(이용주 외, 2016).

(1) 기초기능

기초기능은 시설이 종래부터 담당해 오던 기능으로 경제적 활동과 연계된 생활보장의 기능으로 보호기능, 교육기능, 전문적 처우기능을 포함한다. 즉, 생명보존활동에 필요한 의식주 서비스를 제공하는 일상적 보호와 이에 필요한 생활환경 정비를 수행하는 보호기능, 발달이 다른 시설아동들이 각자가 발달과정에 도달할 수 있도록 지원하는 교육기능, 시설아동이 해결하거나 도달해야 할 생활과제를 설정하여 이를 해결하기 위한 치료·교육·훈련·자립지원 등의 서비스를 제공하는 전문적 처우기능 등을 말한다.

(2) 고유기능

고유기능은 수용보호 중심의 시설에서 시설아동이 주체적으로 자립생활을 할 수 있도록 하기 위해 정착되어야 하는 기능이다. 시설아동이 애정 어린 보살핌을 받아

사회 구성원으로 성장하여 사회보존과 사회발전에 기여할 수 있도록 하는 것이 본래의 기능이다. 그러기 위해서는 시설아동의 문화생활, 사회참여, 가치 있는 삶을 추구하기 위한 문화적 생활기반을 확충해 나가야 한다. 시설과 지역의 상호교류를 촉진하여 사회복지센터로서의 역할을 수행하는 문화적 기능을 하며, 시설아동에 대한 주민과 관계기관의 차별, 편견, 소외 등에 대응하여 시설아동의 권익을 옹호하고 시설아동의 친권 대행, 후견 등을 수행하는 변호적 기능을 포함한다.

(3) 파생기능

파생기능은 기초기능과 고유기능이 상호관계를 유지하면서 앞으로 시설이 확충·강화해 나가야 하는 기능이다. 단위시설로는 대처하기 어려운 시설아동의 복잡하고 다양한 생활문제를 여러 사회적 지원을 개발하고 연락을 조정하며, 네트워크체제를 통해 해결해 나가는 조정개발 기능과 긴급한 상황에 처한 아동에게 일시보호나 단기입소를 제공하여 응급상황을 잘 극복할 수 있도록 지원하는 긴급·단기지원 기능이 해당된다.

2) 시설보호아동사업의 기본원칙

모든 아동은 보호의 대상이며 권리의 주체로서 자신의 권리를 주장할 뿐만 아니라, 사회의 구성원으로서 올바르게 성장할 권리를 가진다. 하지만 시설아동보호의 대상자들은 이러한 권리의 일부를 제약받는 경우가 있다. 아동권리의 보호 차원에서 이들의 권리를 존중해 주고 최우선적으로 고려되어야 한다. 시설보호아동의 권리보장에 문제가 있을 때에는 이를 즉각적으로 해결하고 보호받도록 조치를 취해야 한다. 시설아동의 욕구가 충족되고 아동의 특성이 반영되는 적합한 서비스가 제공되어야 한다.

시설아동의 권리를 보호하고 존중되기 위해서는 다음과 같은 기본적 보호원칙이 지켜져야 한다(김미영, 2018).

(1) 인권보장의 원칙

시설아동의 보호에 있어서 인권이 보장되어야 함을 나타내는 말로, 아동을 보호의 대상이 아닌 권리의 주체로 인식하고 필요한 아동복지 서비스를 제공해야 한다는 원칙이다. 아동을 더 이상 성인의 축소판이나 소유물이 아닌, 독특한 개인 및 독립적 인격체로서 무한한 잠재능력을 지닌 존재로 보아야 한다는 의미이다. 아동의 생존과 발달을 위하여 의식주를 제공받고 안정된 생활을 누리며, 학대와 착취로부터 보호되고 교육받을 권리와 함께 자신의 견해를 표현할 권리를 보장해 주어야 한다.

(2) 가정보호 중심의 원칙

아동의 원가정이 가정으로서의 정상적인 기능을 수행하지 못하여 이를 대신할 수 있는 다른 보호 장소가 요구될 경우, 가능한 한 가정과 유사한 환경에서 보호하여 아동과 가정에 제한적인 요소를 최소화하여야 한다. 아동양육의 최적의 장소는 가정이며, 가정보다 더 좋은 곳은 없지만 시설보호가 필요할 수밖에 없는 경우에는 가정과 같은 생활환경을 정비하고, 시설아동들에게 필요한 교육, 상담, 자립훈련 등의 서비스를 제공하는 것이 필요하다. 가정보호 중심의 원칙은 이러한 시설보호의 단점을 잘 보완하면서 가정과 같은 분위기에서 가족과 같은 따뜻한 인간관계를 느끼며, 정서적으로 안정되고 아동의 잠재능력을 최대한 계발할 수 있도록 보호와 지도가 필요하다는 것을 의미한다.

(3) 개별화의 원칙

시설아동의 보호에 있어서 아동들의 개별적인 특성의 차이를 올바로 인식하고, 그에 적합한 개별화 서비스를 제공해야 한다는 것이 개별화의 원칙이다. 아동의 특성을 인정하면서 아동의 신체, 인지, 정서적 발달, 사회적 발달 등에 있어서 균형 있는 성장과 발달을 이루기 위한 최적의 원조가 무엇인지가 검토되어야 하며, 그에 적합한 서비스를 제공하여야 한다.

아동의 입장에서 보면 각자 연령의 차이도 있고, 각자의 능력이나 개성이 다르므로 성격 차원에서도 이질적인 요소들이 있기 때문에 개별아동 중심으로 지원이나 보호가 이루어져야 한다.

(4) 전문적 보호의 원칙

시설아동 보호는 전문가에 의해서 이루어져야 한다. 이를 전문적 보호의 원칙이라고 하는데, 시설아동의 보호서비스는 아동 및 아동 주변의 환경적 측면에 대한 이해를 바탕으로 전문적인 지식과 기술을 적용할 수 있는 전문가에 의해서 이루어져야 한다는 원칙이다.

아동에게 직접적인 서비스를 제공하는 아동복지전문가는 일상생활의 기본적인 케어 및 지도가 치료적·교육적 차원에서 전문성이 확보된 전문가에 의해 이루어져야 하며, 더 나아가 지역사회 내 관련 기관과의 협력체계를 구축하는 문제까지 포함하여 아동이 필요로 하는 다양한 욕구를 충족시킬 수 있는 전문적 능력을 갖추고 있어야 한다.

(5) 적극적 사회참여의 원칙

아동보호서비스의 궁극적인 목적은 적극적인 참여활동을 통한 사회적응이다. 따라서 시설아동 보호에 있어서도 사회적 보호 안에서 사회화시키는 기능이 수행되어야 한다. 아동은 자신이 소속되어 있는 사회에 적응하기 위해서 필요한 지식과 기능, 태도, 가치관, 신념, 생활양식 등을 배우고 익혀 나가기 때문이다. 특히 집단적 보호를 받고 있는 아동의 경우에는 일반가정의 아동과 비교할 때, 여러 가지 다양한 것을 체험하고 학습하는 경험이 제한될 수 있어 소극적인 태도를 가질 수 있다. 따라서 아동의 사회생활 영역이 폐쇄적이고 제한적인 생활영역에 머무르지 않고, 지역사회의 폭넓은 교류의 장을 통하여 사회의 한 구성원으로 건강하게 살아갈 수 있는 다양한 지원을 하는 것이 필요하다.

4. 시설아동보호사업의 실천방향과 과제

시설보호를 받는 아동은 부모와 격리되어 생활함으로써 심리사회적 문제를 경험하게 되고 자신에 대한 긍정적 인식의 정도가 낮을 수 있다. 뿐만 아니라, 집단생활이라는 문화를 경험하게 되어 자신의 고유한 개성을 상실할 가능성이 높아지는 등 다양한 문제를 지니게 된다. 이러한 여러 가지 문제에 대해 스피치(Spitz, 1945)는 '시설병'이라고 말하면서, 건강한 아동을 시설에서 오랜 기간 동안 수용함으로써 초래되는 병이라고 하였다. 이러한 예는 육아시설에서 자란 아동이 신장과 체중 그리고 지능이 일반가정에서 자란 아동에 비해 좋지 않은 사례를 볼 수 있다.

시설에서 생활하는 아동은 따뜻한 인간관계를 경험하는 데 있어서도 여러 가지 제약이 따른다. 집단에 매몰되어 개인의 특성을 발달시킬 기회를 놓치기 쉽고, 집단생활을 통해 성장한 아동들이 협동심이나 자기주장, 감정표현 능력 등이 부족하다. 이러한 문제를 해결해 나가기 위해서 우리나라 시설보호사업은 다음과 같은 점이 개선되어야 한다.

1) 시설보호사업에 대한 정부지원의 확대

아동복지에 대한 정부의 적극적인 지원이 필요하다. 현재의 아동복지시설은 시설이나 예산 측면에서 열악한 실정이다. 특히 보육사를 비롯한 인력에 대한 지원확대와 보호아동 수의 축소가 이루어져야 한다. 아동의 건전한 성장과 발달에 영향을 미치는 보육사에 대한 지원이 확대되어야 한다. 뿐만 아니라 보육사를 비롯한 아동복지시설에 근무하는 직원들의 인건비를 확대함과 동시에 근무여건을 개선해 나가야 한다. 또한 보육사 1인당 보호아동 수를 축소하여 개별아동의 특성이 고려된 보육과 교육활동이 이루어질 수 있도록 해야 한다.

낙후된 시설환경의 개선에도 정부의 지원이 필요하다. 현대화된 시설과 함께 아동들의 놀이공간을 확대해 나가야 하며 학습실, 컴퓨터실과 같은 특별활동실도 지원되어야 한다.

2) 시설의 소규모화

저출산으로 인하여 전체적인 아동 수는 축소되고 있는 데 반해 가출, 비행, 정서장애 등으로 인한 특수보호를 요하는 아동 수는 증가추세에 있다. 하지만 이에 대한 대책이 마련되지 않고 있는 실정이다. 요보호아동을 무조건적으로 대규모 생활시설에 입소시켜 획일화된 생활을 하도록 하는 것도 바람직한 해결책은 아니다. 대규모 시설에서의 생활이 비인간화를 초래할 수 있다. 대규모 생활시설이 갖는 여러 가지 부정적인 영향을 최소화할 수 있도록 가정과 유사한 소규모 시설을 활성화할 필요가 있다. 소규모 보금자리제도(cottage system)나 공동생활가정(group home) 등이 그 예가 될 수 있다. 이러한 소규모 시설은 비록 가정에서 양육할 수 없는 아동에게 가정과 비슷한 환경을 제공하여 가정과 같은 분위기를 느낄 수 있도록 공동생활을 가정처럼 운영하는 방식으로 확대해 나가야 한다.

3) 시설인력의 전문화

시설아동에게 양질의 프로그램을 제공하기 위해서는 좋은 환경의 마련과 함께 시설 종사자의 전문성이 확보되어야 한다. 현재 시설에 입소하는 아동들은 심리적·정서적 측면의 문제를 안고 오는 아동들이 많다. 그러나 오늘날 대부분의 시설은 아동의 양육에 초점을 맞추고 있어 수요자의 욕구를 만족시키지 못할 뿐만 아니라, 조기에 해결하지 못하여 또 다른 문제를 야기하는 요인이 되고 있다. 시설입소와 동시에 필요한 전문적 상담이나 치료를 받을 수 있도록 관련 분야의 전문성을 갖춘 전문 인력 확보가 추진되어야 한다. 단순히 아동을 시설에서 보호하는 차원을 넘어, 전문적인 상담과 치료가 적기에 이루어질 수 있도록 체계적인 인력확보와 운영이 이루어져야 한다.

전문 인력을 담보하기 위해서는 시설 종사자에 대한 처우개선도 이루어져야 한다. 전문 인력에 대한 이직을 사전에 방지하기 위해서는 처우개선과 함께 지속적인 교육을 통해 전문성을 강화해 나가는 방안이 추진되어야 한다.

4) 시설의 지속성 강화 및 지역화

시설의 지속성이란 위탁보호시설이 이곳저곳을 전전하는 것이 아니라, 한곳에 영구적으로 머물 수 있는 장기적·지속적으로 시설을 확보하는 것을 말한다. 서구의 선진국에서는 보호아동에 대한 장기적 계획을 매우 중시한다. 하지만 우리나라의 경우에는 일시적 보호나 단기적 문제해결에 초점을 맞추다 보니, 보호시설의 잦은 이동과 함께 아동이나 사회복지사의 지속성도 확보되지 못하는 문제가 발생한다. 보호시설의 지속성 확보를 통해 아동과 사회복지사의 지속성 문제도 해결될 수 있도록 하는 방안 마련이 시급하다.

시설의 지역화는 아동보호시설을 아동만을 위한 시설이라는 인식에서 벗어나, 지역사회의 아동이나 지역주민도 함께 활용할 수 있는 지역 고유의 사회기관이라는 인식으로 전환하는 것을 말한다. 이러한 시설의 지역화는 앞에서 언급한 '시설병'으로부터 벗어날 수 있도록 하는 장점이 있으며, 아동들이 시설에서 퇴소한 후 사회에 적응함에 있어서 시설보호아동에 대한 일반인의 편견을 없앨 수 있다는 장점이 있다.

5) 원가족 복귀 프로그램의 활성화

원가족 복귀 프로그램은 가족 재결합 프로그램을 말한다. 최근 아동보호시설에 입소한 대상자들의 경우, 가족해체로 인해 입소하는 경우가 많아 친부모가 생존해 있는 경우를 흔히 볼 수 있다. 따라서 시설보호아동과 부모 간의 관계회복에 관심을 가질 필요가 있다. 가정의 경제적 여건이 좋아지거나 가족 간의 관계가 회복될 경우, 부모가 생존한 보호아동의 경우에는 시설보호의 목적인 원가족으로 돌아갈 수 있도록 관련 프로그램을 활성화할 필요가 있다.

일반적으로 부모들은 자녀를 보호시설에 입소시키면 자신의 책임과 역할이 줄어들었다고 생각하여 원가족 복귀에 어려움을 겪게 된다. 어쩔 수 없는 상황에서 부모가 아동을 보호시설에 입소시켰다 할지라도, 지속적으로 만날 수 있도록 다양한 프로그램을 통해 기회를 마련해 주고, 법적으로도 부모나 연고자의 정보제공을 의무화하는 등의 책임을 강화하는 방안이 마련되어야 한다. 비록 아동은 가족과 떨어져 집단생활을 하고 있다고 할지라도, 원가족과의 원만한 애착관계가 안정적으로 지속될 수 있도록 다양한 관련 프로그램을 활성화할 필요가 있다. 또한 원가족 복귀를 희망하는 아동과 가족에게는 의무적으로 가족상담 프로그램과 부모교육에 참여하도록 하고, 친부모가 시설보호아동을 가정에 복귀시키기를 희망할 때에는 아동의 주거비, 생계비, 양육비에 대한 지원도 보장되어야 한다.

6) 자립 프로그램 및 사회적응 프로그램의 확대

시설보호아동은 궁극적으로는 언젠가는 양육시설을 떠나기 마련이다. 따라서 시설보호아동이 사회에 나아가 독립적인 생활을 할 수 있도록 준비시키는 일이 필요하다. 금전관리나 일상생활기술교육, 직업과의 연계교육 등이 모두 이러한 독립을 위한 자립교육 프로그램이다.

자립을 준비하는 프로그램의 경우 늦어도 고등학교 1학년 때부터는 계획을 세워 추진하여야 한다. 자립계획은 장기적인 면과 단기적인 면으로 구분하여 실시하되, 경제적인 부분과 건강한 가정의 형성이라는 부분을 통합적으로 포함할 수 있도록 하여야 한다. 따라서 자립 프로그램에는 아동의 일상생활지도, 자립 및 사회적응을 위한 프로그램, 진로 및 취업 정보제공 등이 포함되어야 한다.

또한 자립 프로그램에는 퇴소 후의 경제적인 면만이 아니라 건강한 가정을 형성하여 가정적으로도 안정될 수 있도록 건강가족의 특성, 시설아동의 가치관교육, 정서교육, 진로교육, 생활지도교육, 미래가정 형성교육 등이 통합적으로 포함되도록 운영하는 것이 바람직하다.

학업을 계속하기를 희망할 경우에는 경제적인 어려움 없이 계속 공부할 수 있도록 지원하여야 하며, 자립지원을 희망할 경우에는 정착금을 현실화하여 자립활동이 가능하도록 지원해야 한다.

퇴소 후에도 퇴소 아동들을 대상으로 적성검사나 상담활동, 직업알선 등 지속적인 사후관리서비스가 제공되도록 하여야 한다.

7) 시설에 대한 과정 중심 평가체계 확립

우리나라의 아동복지시설 평가는 3년을 주기로 실시하고 있다. 하지만 이러한 아동복지시설의 평가는 결과에 초점이 맞춰져 있어, 결과 중심의 총괄평가의 성격을 지니고 있다.

아동복지시설의 평가는 무엇보다도 아동의 욕구를 얼마나 만족시키고 있는가와 관련된 과정 중심의 평가를 소홀히 해서는 안 된다. 눈에 확 드러나는 결과도 중요하지만, 눈에 보이지 않는 과정의 하나하나도 아동의 욕구와 무관하지 않다. 아동의 욕구에 초점이 맞춰진 다양한 관점에서 이루어지는 과정 중심의 평가가 실시되어야 한다.

미국아동복지연맹의 아동복지시설의 표준 프로그램 또는 COA[3)]의 아동복지시설의 인증 프로그램의 평가와 같은 표준화된 평가체계를 갖추는 일도 중요하다. 표준화된 평가체계를 통해 아동복지시설의 양적 평가와 질적 평가를 병행하는 종합적 평가방식을 마련하고, 이를 통해 과정 중심의 다양한 평가방식을 활용하는 평가체계를 확립해 나가야 한다.

3) 미국평가인증협회(COA: The council on accreditation for children and family service)에서는 아동 및 가족복지 분야의 시설 및 서비스에 대한 평가기준과 지표를 개발함과 동시에 관련 분야에 대한 평가를 지속적으로 수행해 오고 있음.

Chapter

14

다문화가정아동

1. 다문화가정아동의 이해

한국 사회에서는 고학력화 추세, 여성의 사회경제적 참여의 증가 등으로 인한 결혼 연령의 상승이 연쇄적으로 이어지며 만혼화 현상이 두드러지고 있다. 그리고 전통적으로 내려온 남아선호사상으로 인하여 남성 대 여성의 비율이 크게 벌어지고 있어서, 그 결과 결혼 상대자를 구하지 못한 남성들이 늘어나고 있다. 이런 현상은 도시보다는 농어촌 지역에서 더 많이 발생되고 있다. 국내에서 배우자를 찾지 못한 남성들은 중국, 베트남 등지의 아시아 지역 여성을 배우자로 맞는 사례가 증가하는 추세이다. 다문화가정이란 국제결혼을 통해 형성된 가정을 지칭한다. 그리고 국제결혼가정이란 국어사전에 국적을 달리하는 남녀가 결혼하는 일이라고 정의하고 있다. 즉, 다문화가정이란 서로 다른 종족 간에 이루어진 가족 공동체를 의미하며, 다른 말로는 이중문화가정이라고 부를 수 있다. 다문화가정이 증가되면서 다문화사회가 되어 가는 한국 사회에서는 당연히 다문화가정 자녀들이 늘고 있다. 그리고 다문화가정 자녀들이 생활 속에서 많은 어려움을 겪고 있는 실정이다. 이에 이 장에서는 이러한 다문화가정의 개념과 다문화가정의 복지대책에 대해서 알아보고자 한다.

1) 다문화

'다문화'는 하나 이상의 복수의 문화를 말한다(이종복 외, 2014). 즉, 한 나라 안에 몇 가지 문화가 공존하는 것을 말하는데, 여러 문화라는 의미를 가지고 있는 다문화의 의미는 언어와 문화, 관습, 종교, 인종, 계층, 직업 등의 차이에서 발생하는 문화를 의미하기도 한다. 기존의 단일문화에 대비되는 개념으로서, 동일한 혈통과 문화를 추구하던 단일문화에 다른 문화들이 통합되어 여러 문화가 공존하는 상태를 말하기도 한다.

다문화사회는 "기존 문화가 존재하는 사회 안에 새로운 문화가 유입되고, 사회 구성원으로서 차이와 다양성이 있음에도 불구하고 함께 살아가는 사회"이다. 한국 사회는 다양한 문화가 공존하는 사회로 진입하고 이미 다양한 배경을 가진 외국인이 한국 사회 구성원으로 더불어 살아가고 있으며, 일부는 한국인으로 편입되고 있는 상황이다.

다문화라는 용어는 1990년대 중후반에도 일부 지원 단체에서 사용하기는 했지만 운동의 의제는 아니었다. 이런 '다문화'라는 용어가 정부 정책과 이주노동운동 진영에서 광범위하게 사용되기 시작한 것은 2005년경으로, 국제결혼 이민여성의 수가 급격하게 증가함에 따라 결혼여성이민자의 처우가 주요한 사회적 이슈로 다루어지게 된 것과 관련이 깊다.

2006년에 '다문화'란 단어가 정부 공식용어로 최초 등장한 이래, 2007년 12월 31일 기준 우리나라 체류외국인은 106만 6,273명이었다. 그 숫자는 2018년 3월 말 기준으로 225만 4,085명이 되었고 10년 동안 118만 7,812명, 즉 2배가 증가하였다. 국내 체류 외국인 수 증가추세가 현재와 같이 지속된다면 2020년에는 외국인·이민자와 그 자녀 수가 총인구 5.5% 수준인 270만 명, 2025년에는 250만 명, 2050년에는 인구 10%에 해당하는 400만에 이를 것으로 추산한 일부 통계에 가까워지고 있는 셈이다(박길남, 2014). 이는 현재 국내 체류 중인 외국인 수와 향후 늘어나게 될 다문화가정 자녀 수를 고려해 보면, 이민사회를 의미하는 외국인 10% 시대가 머지않았다. 중소도시 초등학교에서는 이주배경을 가진 학생들이 선주민 학생들 비율을 넘어선 곳이 있으며, 최근에는 전교생 66%가 이주배경을 가진 가정 학생들로 구성된 경기도 한 초등학교가 다문화영역 국제혁신학교로 소개된 바 있다(백미혜, 2018). 또한 연구자들에 따라 견해가 상이하지만, 최근 남북관계가 급진전하면서 북한이탈주민을 다문화 범주에 포함시킬지에 대한 논의도 확장될 것으로 판단된다. 이런 흐름에서 2030세대의 경우 이주배경을 가진 학령인구의 증가 및 이주배경 세대의 사회진출이 예상됨에 따라 깊은 고민이 필요할 것이다.

2) 다문화가정

우리나라는 1990년대 이전까지 '단일민족'이라는 인식이 강하여 다문화가정에 대한 지원은 물론 인식이 일반적이지 않았다. 그래서 다른 민족과 다른 인종에 대한 배타성이 높다고 한다. 하지만 1990년대 이후 외국인근로자와 국제결혼의 증가로 인해서 다문화가정이 가정형태의 한 축을 담당하고 있다.

2003년 30여 개의 시민단체로 구성된 건강가정시민연대는 '국제결혼', '혼혈아' 등의 차별적 용어를 추방하고, 대신 '다문화가족'이나 '다문화가족 2세'로 부르자고 제안하였다.

이 제안은 큰 호응을 얻었고 여러 관련 단체에서 국제결혼, 혼혈아 등이 주는 부정적 이미지를 해소하고자 다문화가정으로 고쳐 부르게 되었다. 그러나 '다문화가정'이라는 용어가 짧은 시간에 급격하게 확산되면서 이와 관련된 용어가 다르게 사용되고 있기도 하다. 예를 들면, 보건복지부 정책에서는 다문화가족이란 용어를 사용하며 대상 범위도 국제결혼가정만을 의미하지만, 교육부 정책에서는 2008년부터 다문화가정을 외국인근로자가정과 국제결혼가정을 포괄하는 개념으로 쓰고 있다(이민경, 2010). 이미 우리 사회 내에서도 일반적으로 국제결혼가정과 외국인근로자가정을 다문화가정으로 고쳐 부르는 것에 사회적인 합의가 진행되었다. 최근에는 외국인근로자들의 국내취업이 증가하면서, 외국인근로자 중에도 여러 형태로 가족을 동반하여 거주하거나 국내에서 가족을 형성하는 사례가 나타나고 있으며, 나아가 1990년 반사회주의 체제의 와해와 더불어 북한체제가 식량난으로 붕괴될 조짐을 보이던 시기에 탈북자가 늘어나게 되었고, 이에 다문화가정의 범주를 국제결혼가정, 외국인근로자가정, 새터민가정으로 세분화하여 분류하고 있다. 그러나 최근에는 해외공관 자녀도 포함시키는 견해도 있다. 즉, 외교관 등 해외공관 근무자 자녀의 경우 그 성장 배경이 일반적인 국내가정 자녀들과 다르므로 이들도 다문화가정 자녀에 포함시킬 수 있다는 것이다.

표 14-1 다문화가정의 유형

구분	내용
국제결혼가정	① 한국인 남성과 외국인 여성의 결혼으로 이루어진 가정 ② 한국인 여성과 외국인 남성의 결혼으로 이루어진 가정
외국인 근로자가정	① 맞벌이를 위해 자녀와 함께 이주한 경우 ② 본국에서 남편과 사별·이혼한 후 여자 혼자 한국에 입국하여 일하다가 자녀를 데리고 온 경우 또는 부부가 자녀와 한국에 왔다가 어느 한쪽이 본국에 돌아가고 다른 한쪽이 자녀를 데리고 남아 있는 경우 ③ 자녀와 함께 외국인 여성이 한국인 남성과 재혼한 경우 ④ 부모 없이 혼자 한국에서 체류하고 있는 외국인근로자 자녀의 가정
새터민가정	① 탈북자 출신으로 중국이나 조선족과 결혼한 사람이 배우자와 함께 입국한 후 북한이탈 주민으로 신고하여 남한에 정착하는 경우 ② 탈북자 출신의 남성 또는 여성이 입국한 후 한국 여성 또는 남성과 결합하여 이룬 가정 ③ 탈북자 출신으로 결혼하지 않고 단독으로 또는 동료와 함께 생활하는 가정

「다문화가족지원법」에 의하면, 다문화가정(다문화가족)이란 다음 각 목의 어느 하나에 해당하는 가족을 뜻한다.

> 가. 「재한외국인 처우 기본법」 제2조 제3호의 결혼이민자와 「국적법」 제2조부터 제4조까지의 규정에 따라 대한민국 국적을 취득한 자로 이루어진 가족
> 나. 「국적법」 제3조 및 제4조에 따라 대한민국 국적을 취득한 자와 같은 법 제2조부터 제4조까지의 규정에 따라 대한민국 국적을 취득한 자로 이루어진 가족

종합해 보면, 다문화가정이란 서로 다른 국적, 인종, 문화를 가진 남녀가 이룬 가정 혹은 법적 관계로 구성된 집합체를 다문화가정이라고 정의할 수 있을 것이다.

하지만 최근 급증하고 있는 한국 남성과 저임금 국가 출신 여성과의 결혼을 가리켜 다문화가정이라고 의미를 좁히기도 한다. '다문화'라는 용어가 특정한 소수자 집단과 연결되어 사용되고 특히 이들이 겪는 어려움과 지원의 필요성을 부각시키는 맥락에서 사용됨으로써, 다문화 관련 용어가 일종의 낙인효과를 불러일으키고 있는 현실이 이러한 비판의 근거로 제시될 수 있다. 특정한 성격의 집단을 '다문화가족'으로 명명하거나 특정한 배경을 지닌 개인을 '다문화아동이나 다문화청소년'으로 부르면서, 마치 이들이 다문화아동 혹은 다문화사회에 대한 표상을 대변하는 것처럼 인지되는 것은 반성적으로 성찰할 필요가 있다(이민정·이수정, 2011).

2020년 다문화가구 가구원은 1,093,228명으로 한국인 배우자 159,244명(14.6%), 결혼이민자 173,104명(15.9%), 귀화자 186,025명(17.0%), 자녀 263,379명(24.1%), 기타 동거인 311,476명(28.5%)으로 구성되어 있다.

표 14-2 다문화가구 가구원 현황

(단위: 명, %)

합계	한국인 배우자	결혼이민자	귀화자	자녀	기타 동거인
1,093,228	159,244	173,104	186,025	263,379	311,476
구성비	14.6	15.9	17.0	24.1	28.5

출처 : 행정안전부(2021). 2020년 지방자치단체 외국인주민 현황(2020.11.1. 기준).

이처럼 늘어나고 있는 다문화 가구원들을 직시하며 미래지향적 발전을 위해 사회가 다문화적으로 변화됨을 인식하고, 다양한 문화적 배경이 존재하고 함께 살아가야 함을 인정하고 단일국가라는 이미지를 스스로 극복해야 한다.

이렇게 다인종·다문화사회로 진입하고 있는 한국 사회에서 관심을 가져야 할 것은 자신과 집단의 정체성을 올바르게 인식하고 형성하는 동시에, 평등성과 다양성을 기초로 편견에서 벗어나 다양한 문화를 인식하고 전 세계의 사람들이 함께 협력하여 추구할 수 있는 이상을 구현하는 방안에 관한 것이다(김영옥 외, 2008). 다문화사회의 이상을 실현하기 위해서는 사회적인 합의하에 바람직한 다문화사회의 인간상 정립을 중요하게 생각해야 하며, 다문화사회라는 단편적인 지식의 습득이 아닌, 다른 사람과 더불어 살아가는 인간, 다양한 문화가 가진 요소들을 이해하고 인정할 수 있어야 한다.

3) 다문화가정아동

다문화아동은 다문화가족이라는 개념 내에서 정의되어 왔다. 다문화가족이라는 용어는 1980년 후반부터 '한 가족 내에 다양한 문화가 공존한다'라는 의미로 사용되었으며, 국제결혼, 이중문화가정, 서로 다른 인종 사이에서 태어난 자녀를 일컫는 혼혈인가족 등을 의미하였다(정하성·유진이·이장현, 2007).

다문화가족은 과거에 사용하던 혼혈인가정과 그 2세인 혼혈인이라는 용어에 상징적 차별성이 존재한다는 이유로 차별성을 시정하기 위한 대안으로서 사용되었지만, 최근에는 다문화아동의 범위가 넓어져 한쪽 부모가 외국인이거나 한국인 부모 사이에서 태어났으나 부모가 이혼을 하고 외국 출신 배우자와 재혼을 함으로써 외국 출신의 새어머니나 새아버지와 함께 사는 경우, 외국 출신 여성이 본국에 자녀를 두고 한국 남성과 결혼을 한 후 자녀를 입양하는 형식으로 한국으로 데려온 경우 등 다양한 형태를 포함하고 있다.

다문화가정 자녀는 '한국인과 결혼한 외국인 배우자 사이에서 출생한 아동'으로 정의할 수 있다. 이들은 「국적법」 제2조 제1항에 따라 출생과 동시에 한국 국민이 되므로 헌법 제31조에 의한 교육권을 보장받는다. 2018년 교육부에서는 다음과 같이 다문화학생을 유형화하며 다문화학생 지원에 대한 요구를 파악하고 있다.

표 14-3 다문화학생의 유형

구분		내용
국제결혼가정 자녀	국내 출생 자녀	• 한국인과 결혼이민자 사이에서 태어나 한국에서 성장한 경우 - 한국어 구사에 어려움은 없으나, 학습에 필요한 문장이나 어휘를 이해하는 데 곤란을 겪는 경우 존재 - 사춘기에 진입하면서 다문화에 대한 고정관념에 불편함을 느끼며, 심리정서 지원 요구
	중도 입국 자녀	• 결혼이민자가 한국인과 재혼한 이후에 본국에서 데려온 경우, 한국인과 결혼이민자 사이에서 태어났으나 결혼이민자 본국에서 성장하다가 입국한 경우 등 - 새로운 가족과 한국 문화에 적응하기 위한 스트레스가 발생하며, 정체성 혼란이나 무기력 등을 경험하는 경우 존재 - 한국어능력이 부족하여 공교육 진입과 적응에 어려움 발생
외국인 가정자녀		• 외국인 사이에서 태어난 경우(조선족, 중앙아시아 고려인, 시리아 난민 등 포함) • 정주여건이 불안정하여 학업을 지속하기 어려운 경우 존재 ※ 유엔아동권리협약에 따라 미등록 이주아동의 교육권 보장

출처 : 교육부(2018). 2018년 다문화교육 지원계획.

4) 다문화가정의 아동 현황

다문화가정아동은 '국제결혼을 한 부부 사이에서 태어난 대한민국 거주자'를 말한다. 최근 언론 및 시민단체에서는 동남아시아 지역 여성결혼이민자 자녀를 'Kosian(Korean + Asian)'으로 부르고 있지만, 이들에게 별도 명칭을 부여하는 것은 낙인효과를 불러와 혼혈이라는 부정적인 인식을 심어줄 수 있기 때문에, 가치중립적인 '다문화가정아동'이라는 말을 사용하는 것이 바람직하다고 지적한다.

다문화가정 자녀를 위한 정책은 초기에는 결혼이주여성과 한국인 사이에 출생한 자녀와 외국인근로자 자녀에 초점이 맞추어져 있었으나, 다문화가정 자녀의 유형이 다양화됨에 따라 2010년부터는 중도입국자녀도 정책대상에 포함되었다.

우리나라는 1980년대 중반부터 저출산 및 농촌 총각 결혼문제로 인해 결혼이주여성이 급속하게 증가하였으며, 이에 따라 다문화가정의 자녀도 함께 증가하게 되었다.

한국 사회는 고령화와 저출산으로 인해 인구가 줄어들고 낮은 출산율로 인해 전체 학생 수도 급격히 감소하고 있으나, 다문화학생 수는 꾸준히 증가하고 있다. 지난 10년간 통계를 보면 초·중등학교(각종학교 포함) 전체 학생 수는 연평균 2.4%가 줄어들어 전체적으로 감소하고 있는 추세이지만, 다문화학생 수는 연평균 13.6%

증가하여, 전체 학생 수에 대한 다문화학생 수의 비중이 점차 확대되어 가고 있는 실정이다.

표 14-4 다문화학생 수 현황

(단위: 명, %)

연도	전체 학생 수[1]	다문화학생 수[2]				
		다문화학생 계		국제결혼가정		외국인가정[3]
		학생 수	비율	국내출생[4]	중도입국[5]	
2012	6,730,467	46,954	0.70	40,040	4,288	2,626
2013	6,489,349	55,780	0.86	45,814	4,922	5,044
2014	6,294,148	67,806	1.08	57,498	5,602	4,706
2015	6,097,297	82,536	1.35	68,099	6,261	8,176
2016	5,890,949	99,186	1.68	79,134	7,418	12,634
2017	5,733,132	109,387	1.91	89,314	7,792	12,281
2018	5,592,792	122,212	2.19	98,263	8,320	15,629
2019	5,461,614	137,225	2.51	108,069	8,697	20,459
2020	5,355,832	147,378	2.75	113,774	9,151	24,453
2021	5,332,075	160,058	3.00	122,095	9,427	28,536
2022	5,284,164	168,645	3.19	126,029	9,938	32,678
연평균 증감률	-2.4%	13.6%	-	12.1%	8.8%	28.7%

주 : 1) 초등학교, 중학교, 고등학교, 각종학교의 총 학생 수
2) 초등학교, 중학교, 고등학교, 각종학교의 다문화학생 수(국제결혼가정+외국인가정 자녀)
3) 외국인 사이에서 출생한 자녀
4) 국제결혼가정 자녀 중 국내에서 출생한 자녀
5) 국제결혼가정 자녀 중 외국에서 태어나 부모와 함께 중도에 국내로 입국한 자녀

출처 : 한국교육개발원(2023). 연도별 다문화학생 현황 (kess.kedi.re.kr/교육통계서비스의 자료를 연도별 학생 수와 다문화학생 수를 산출하여 재구성한 것임)

국내에 거주하는 외국인 주민과 다문화가정이 크게 증가함에 따라 우리 사회 구성원이 다양화되고 있고, 이주배경을 지닌 사회 구성원의 증가에 따라 학교에서도 다문화 배경을 가진 학생들이 꾸준히 증가하여, 2014년에는 다문화가정 학생이 처음으로 전체 학생의 1%를 넘어섰다. 2021년 다문화가정 학생은 26만 6,321명인 것으로 조사됐다. 다문화가정의 6세 미만 유아 수를 고려하면, 향후 초·중등학교에

재학하는 다문화가정 학생 수와 전체 학생 중 차지하는 비중은 더욱 높아질 것으로 예상된다.

학교급별 다문화학생 수는 미취학아동 105,939명, 초등학생 107,265명, 중고생 53,117명으로 나타나, 학교급이 낮을수록 학생 수가 많은 것으로 나타났다.

표 14-5 학교급별 다문화가정 학생 수

구분	국내출생		귀화 및 외국 국적		계	
	학생 수	비율	학생 수	비율	학생 수	비율
미취학 아동	102,273	40.6%	3,666	25.6%	105,939	39.8%
초등학생	101,828	40.4%	5,437	37.9%	107,265	40.3%
중고생	47,876	19.0%	5,241	36.5%	53,117	19.9%
합계	251,977		14,344		266,321	

출처 : 행정안전부(2021). 2020년 지방자치단체 외국인주민 현황(2020.11.1. 기준).

2. 다문화가정아동의 적응과 부적응

1) 한국어 능력

다문화가정에서 가장 많이 언급되는 문제가 한국어의 문제이다(한국청소년정책연구원, 2009). 국내에 정착한 다문화가정 결혼이민여성들에게 의사소통의 어려움은 남편이나 가족 구성원과 대화를 기피하게 만들고, 스스로 고립시키는 부정적인 결과를 초래하며, 그 결과 결혼생활 자체를 어렵게 한다. 한 연구에 따르면 국제결혼 부부 중 90% 이상이 대화 시 한국어를 쓰며, 필리핀 부인은 53%가 영어와 한국어를 섞어 쓰고 있다고 한다(조승호, 2011).

언어 상호작용에 있어 가정의 충분한 모국어 습득 환경과 주된 양육자인 어머니의 사용언어 및 의사소통 유형은 아동의 언어발달에 직접적인 영향을 미치게 되어, 학교에 들어가서도 학습능력 부진으로 이어질 수 있다. 따라서 한국어는 국내에서 기본적인 삶을 영위하는 데 필수적인 요소로, 한국어를 제대로 숙지하지 못한다는 것은 원만한 생활이 어렵다는 것을 의미한다. 국제결혼가정의 경우, 어머니가 한국

말이 서툴고 아버지는 생업에 종사하느라 아이들을 돌보아줄 시간이 없어 공부를 봐주지 못하는 경우가 많다.

이런 다문화가정의 아동들은 한국의 일반 저소득층 가정과 크게 다르지 않을 것으로 보인다. 외국인근로자들은 한국의 교육기관을 통해 한국어를 배우려면 대학에 설치되어 있는 한국어 교육과정이나 사설학원을 이용해야 하지만, 이 또한 비용과 이용여건이 쉽지가 않다. 새터민 또한 같은 민족이지만 남북한의 언어나 학교체제 등의 차이로 인해 학교 수업을 따라가지 못하여 학력 격차가 발생하게 된다. 한국어 습득에 작용하는 요인으로 부모의 출신국가, 한국의 체류기간, 지역사회의 인프라 등을 파악해 본다. 다문화가정아동들이 살고 있는 지역 내에 한국어를 접하거나, 학습할 수 있는 각종 외국인센터 및 공공기관이 있으면 큰 도움이 될 것이다.

2) 가정환경적 요인

다문화가정의 경우, 자녀양육과 교육을 매우 중요시하지만 어려운 문제로 인식하고 있다. 다문화가정도 일반가정처럼 자녀의 양육이나 교육이 주로 아내들의 몫이며, 아동기 때부터 전적으로 아내가 담당하는 경우가 많다. 외국인 어머니 같은 경우에는 교육적 관심과 열의가 높아도 언어능력의 부족으로 인해 직접적으로 자녀들에게 한국어를 가르치지 못한다. 이는 취학 전까지 심각한 문제로 드러나지 않으나, 학교에 입학하게 되면 양상이 달라진다. 또한 다문화가정은 생활의 어려움으로 맞벌이를 하는 경우가 적지 않다.

시간적 여유로 인해 주 양육자가 한국어를 배우지 못하고, 직접 아동을 돌보지 못하는 힘든 환경에 처해질 수밖에 없다. 이러한 가정의 자녀들은 언어발달이 지체되어 학습능력과 이해도가 떨어지며, 지나치게 소극적이거나 폭력 내지 과잉행동장애(ADHD)를 보이는 등의 정서장애를 보이는 경우도 있다. 다문화가정의 부모들은 한국어 문제뿐만 아니라 사교육비 부담과 자녀가 커감에 따라 의사소통이 잘 안 되는 점 등의 어려움을 호소하지만, 이 어려움을 상담하고 호소할 만한 대상이 부족함으로 인해 부모로서의 양육효능감은 상실되어 간다. 다문화가정의 아동들이 지닌 잠재력을 최대한 발휘하고 역량을 개발하기 위해서는 가정의 영향을 면밀히 분석할 필요가 있으며, 부모의 한국어 능력, 양육효능감, 자녀의 교육에 대한 기대 등 부모요인을 중심으로 관계를 살펴볼 필요성이 있다.

3) 학교환경 요인

여러 연구결과를 보면, 다문화가정아동들은 학업성취가 떨어진다고 보고되고 있다. 언어능력의 부족으로 인해 문장 이해력도 떨어지고 맞춤법이 정확하지 않은 특성이 보이며, 사회문화적 배경의 괴리로 인해 사회과목에 대한 어려움 역시 많이 지적되고 있다. 다문화가정 자녀에게 학습문제뿐만 아니라, 교우관계 역시 많은 어려움을 겪는다고 보고된다. 한국어 능력수준으로 인해 반이 편성되는 다문화가정 아동들은 자신보다 적게는 한두 살, 많게는 네 살 이상 차이가 나는 학생들과 함께 생활하게 된다. 개인적 특성의 차이로 슬기롭게 잘 헤쳐 나가는 아동들도 있지만, 소극적으로 교우관계를 형성해 나가는 것이 대부분이다. 여기에는 교사의 역할이 매우 중요하다. 교사가 문화 다양성에 대해 긍정적인 태도를 가질수록 다문화가정의 아동에 대한 긍정적인 태도가 증가한다(조영달, 2008). 그러나 교사의 중요성에도 불구하고 다문화가정아동을 담당하는 교사들의 경우 일반적으로 다문화가정아동에 대한 정보도 없고, 다문화교육에 대한 지식과 경험이 부족하며, 어떤 교육적 접근을 해야 하는지 판단조차 하기 힘든 전혀 준비가 안 된 상태가 대부분이다. 교사들은 아동들의 지도뿐 아니라 학부모들과 상호작용하는 것에 대해서도 어려움을 느낀다. 한국어 부족으로 인해 위축된 부모들은 교사와 상호작용하는 것을 어렵게 느끼고, 학교교육에 있어 무관심으로 대응한다.

2021년 전국 다문화가족 실태조사에 따르면, 다문화가족 자녀의 학업중단 사유 중 가장 높은 것이 학교생활문화가 달라서였고(18.3%), 학교공부가 어려워서였다(18.0%).

이러한 조사를 살펴볼 때, 다문화학생을 위한 상담 및 공부법 지도 등 다양한 방안을 모색해야 한다.

표 14-6 다문화학생 학업중단율 현황(최근 5년간, 2017~2021)

(단위: 명, %)

연도	초등학생			중학생			고등학생			합계		
	재적 다문화학생 수	학업 중단자	학업 중단율	재적 다문화 학생 수	학업 중단자	학업 중단율	재적 다문화 학생 수	학업 중단자	학업 중단율	재적 다문화학생 수	학업 중단자	학업 중단율
2017	82,806	819 (126)	0.99 (0.15)	15,983	235 (83)	1.47 (0.52)	10,598	224 (145)	2.11 (1.37)	109,387	1,278 (354)	1.17 (0.32)
2018	93,116	809 (101)	0.87 (0.11)	18,127	243 (80)	1.34 (0.44)	10,969	210 (148)	1.91 (1.35)	122,212	1,262 (329)	1.03 (0.27)
2019	103,958	822 (99)	0.79 (0.10)	21,747	250 (116)	1.15 (0.53)	11,520	230 (167)	2.00 (1.45)	137,225	1,302 (382)	0.95 (0.28)
2020	107,770	619 (117)	0.57 (0.11)	26,830	186 (93)	0.69 (0.35)	12,778	182 (134)	1.42 (1.05)	147,378	987 (344)	0.67 (0.23)
2021	111,430	755 (173)	0.68 (0.16)	34,048	264 (135)	0.78 (0.40)	14,580	293 (238)	2.01 (1.63)	160,058	1,312 (546)	0.82 (0.34)

주) 괄호 안은 '해외출국, 유학, 질병' 사유를 제외한 학업중단율
출처 : 경기다문화뉴스(2022.10.11).

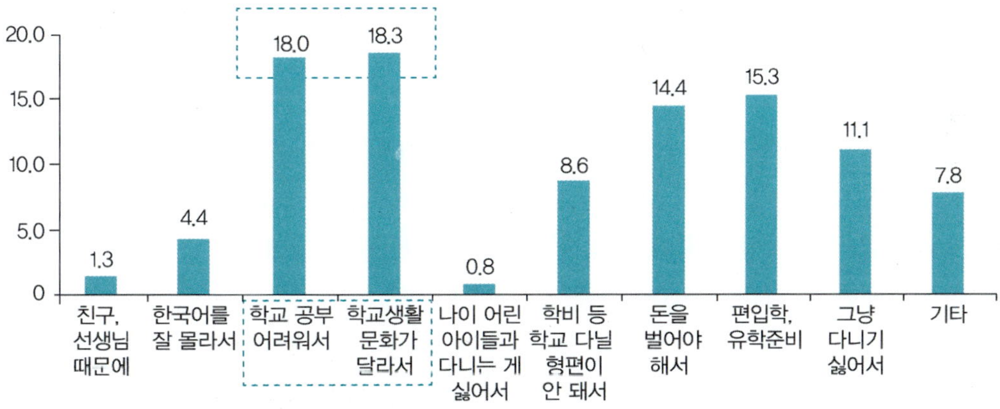

출처 : 여성가족부(2015). 전국 다문화가족 실태조사.

그림 14-1 다문화가족 자녀의 학업중단 사유

4) 정체성과 가치관

다문화가정아동들의 정체성과 가치관 형성과정이 정부와 학교의 준비부족과 언어, 문화에 제대로 적응하지 못한 주 양육자인 어머니의 영향으로 인해 많은 문제가 있다고 판단된다. 교육과정에서 전개되는 구체적인 과제를 적절히 처리해 가면서 부모로서 자신의 역량을 증진하고, 그 성과를 토대로 자신감을 형성하며 자녀와의 관계를 발달시키고, 또 다른 과제에 대응해 가는 측면은 매우 약하다(한국교육개발원 연구보고서, 2009). 또한 다문화가정의 부모는 공식적인 교육이나 언어정책과는 별도로 아동들에게 부모의 다른 출신국에 대한 이해와 자긍심을 키워 줄 것인지, 아니면 한국인으로서 정체성을 형성해야 하는지에 대한 정체성 교육에 대해 고민하고 있는 것으로 나타났다. 각기 다른 국가에서 다른 문화와 다른 가치관을 가지고 살아온 부모로 인해 다문화가정아동들은 가치관의 혼돈을 겪게 되고, 그에 따른 부적응현상을 겪게 되는 경우도 발생한다.

5) 이중언어

언어는 의사소통의 가장 중요한 방법이다. 다문화가정아동들은 한국어와 다른 언어를 배울 수 있는 기회가 될 것이라 생각하지만, 주 양육자의 서툰 한국어 자극은 전체적인 언어발달의 부진을 야기하는 이중언어주의라는 부정적인 모습을 보인다. 주 양육자인 어머니의 모국어 사용 정도는 어머니의 출신 국가에 따라 차이가 있다. 일본, 중국, 필리핀 세 나라만 살펴본 결과, 일본 어머니들이 모국어를 가장 많이 사용하고, 다음이 필리핀, 중국 순으로 나타났다. 다문화가정 초등학생일 경우, 한국어와 어머니 나라 언어를 둘 다 잘하는 아동일수록 한국 문화와 어머니 나라의 두 문화를 더 많이 즐기고, 이를 긍정적으로 생각할수록 학교 적응이 높아지는 것으로 나타났다(조승호, 2011).

이중언어교육의 원리는 모든 아동은 부모의 재산이나 직업, 인종과 관계없이 평등한 교육기회를 가져야 한다는 평등의 원리, 인권의 차원에서 실행되어야 한다는 인권의 원리, 사람은 교육적 처방만 제대로 해 준다면 여러 개의 언어를 습득할 수 있다는 점을 고려한 개인의 능력개발 극대화 원리를 기억하며 실행하여야 한다(김선희, 2010).

3. 다문화가정아동의 복지사업

1) 교육지원사업

최근 들어 교육지원사업은 다문화 학생 맞춤형 지원 확대를 위해 노력하고 있으며, 특히 60개이던 다문화유치원을 116개로 확대하였다. 또한 청소년기 전문상담가 시범사업 운영을 2017년에는 3개 시·도까지 확장하여 성장주기별 지원 강화를 실시하였다. 아울러 다문화 학생들의 강점 개발을 위하여 '글로벌브릿지'를 17개소에서 20개로 확대 운영하였으며, 중도입국·외국인가정 자녀 한국어·한국문화교육을 위한 예비학교도 124개소에서 179학급으로 확대하였다.

한국어(KSL) 교육과정을 개정하고 한국외대 재학생과의 '모국어 멘토링'을 도입하여 한국어가 서툰 중도입국·외국인학생의 학교생활을 적응하도록 지원하고 있다. 또한 학교 구성원의 다문화 이해를 제고하기 위해서 모든 학생을 대상으로 다문화교육을 실시하는 '다문화 중점학교'를 확대하고, 예비교원 단계부터 체계적으로 다문화교육 역량을 함양할 수 있도록 교원자격검정 및 교원양성기관 평가에 다문화교육을 반영하였다.

다문화교육 우수사례 공모전과 '다문화교육 포럼 및 성과보고회'를 개최하여 다문화교육 성과를 확산하고 있으며, 다문화교육 활성화 기반 마련을 위해 법무부 보유 중도입국자녀 정보를 활용한 취학지원, 다문화·외국인정책기본계획의 수립에 참여하는 등 범부처 협업을 강화해 나가고 있다.

표 14-7 2018년 교육부 다문화교육 추진과제

추진과제		
학교 구성원의 다문화교육 참여 확대	다문화학생 맞춤형 교육지원 내실화	중도입국·외국인학생 교육 사각지대 해소
[학교] 교과수업에 다문화교육 반영	**[유아기]** 출발선의 평등을 위한 발달지원	**[교육지원]** 공교육 진입 지원
[학교] 다문화교육 프로그램 참여 확대	**[아동기]** 기초학력 보장을 위한 학습지원	**[언어학습]** 맞춤형 한국어 교육 제공
[교원] 다문화교육 역량 강화	**[청소년기]** 우리 사회 인재로 성장지원	**[지역연계]** 이주민 밀집지역 지원

학교 구성원의 다문화교육 참여 확대	
	[협업체계] 중앙·지역 역할정비 및 범부처 협력
	[법령체계] 다문화교육 근거법령 제정 추진

출처 : 교육부(2018). 2018년 다문화교육 지원계획.

교육부에서는 '함께 배우며 성장하는 학생, 다양하고 조화로운 학교'라는 비전과 다양한 문화가 공존하는 성숙한 교육환경 구축, 다문화학생 교육기회 보장 및 교육 격차 해소라는 목표로 위와 같은 다문화교육 지원을 시행하였다.

2) 복지지원사업

저출산과 평균수명의 연장으로 급속한 고령화를 겪고 있는 한국 사회는 국제결혼, 이주노동자, 유학생 및 탈북자 등으로 다문화라는 새로운 현상에 직면해 있다. 총인구의 정체 속에 다문화가정 인구가 증가하면서 다문화가정은 한국 사회가 필연적으로 당면하고 해결해 나가야 할 중요한 과제이다. 이는 언젠가 다가올 한반도 통일의 시대에 대비하기 위해서도 중요하고, 고령화로 경제적 활력의 감소가 우려되는 한국 사회의 생산력 제고를 위해서도 필요하다. 이에 따라 2006년 4월 국정과제회의에서 범정부 차원의 '여성결혼이민자 가족 사회통합 지원 대책'을 수립하고 추진하기 시작한 바 있다. 이 대책에는 정부의 12개 관련 부처가 참여하여 27개 소 과제를 분담하였다(보건복지가족부, 2008).

2007년 12월에는 정부 내에 다문화가정 업무 전담부서를 설치하고 2008년에는

「결혼중개업 관리에 관한 법률」과 「다문화가족지원법」을 시행하였다.

다문화가족지원센터는 「다문화가족지원법」의 시행에 따라 지역의 결혼이민자가족지원센터가 개편된 기관으로, 다문화가족의 안정적인 정착과 가족생활을 지원하기 위해 한국어 문화교육, 가족교육 상담, 자녀지원, 직업교육 및 다문화 인식개선 등 다양한 프로그램을 통합적으로 제공 및 연계하는 원스톱서비스 기관이다.

다문화가족지원센터는 다문화가족을 대상으로 한국어교육, 다문화사회 이해교육, 가족교육, 자조집단 육성 및 다문화가족 역량 강화 등의 종합서비스를 지원하여 다문화가족의 조기적응 및 사회경제적 자립지원을 도모하는 것을 목적으로 하고 있다.

2017년 전국적으로 217개 다문화가족지원센터가 운영되고 있다. 기본사업으로 한국어 교육이 있다. 이는 국립국어원 발행교재로 수업이 진행되며, 결혼이민자 등 다문화 구성원에 대한 가족 내 역할 및 가족문화에 대한 이해력 향상을 위해 다문화가족 구성원이 가족, 지역사회 등 한국 생활 전반에 대한 적응을 용이하기 위해 다문화사회 이해교육을 실시한다.

다문화가족 구성원이 경제활동을 할 수 있도록 취·창업 프로그램을 제공하고 있으며, 다문화가족의 한국 사회적응을 서로 나누며 유대감을 형성하도록 여러 모임을 만들어 사회인으로서의 주체적 역량을 강화할 수 있는 자조적 모임도 가진다.

다문화가족이 한국 생활에 필요한 정보를 제공하고, 부부·부모·자녀관계 개선 및 성·경제문제 등 심리·정서 관련 상담을 통해 다문화가족의 내부 스트레스를 완화하고 자존감을 향상하도록 개인·가족 상담도 실시하고 있다.

특성화 사업으로는 초등학생 및 미취학아동을 대상으로 이중언어교실을 운영하며, 언어발달에 문제가 발생하거나 그 문제해결을 위한 언어발달 지원사업도 하며 입국 초기 상담·교육지원, 행정·사법·병원 등 방문 시 통역·번역 서비스도 지원하고 있다.

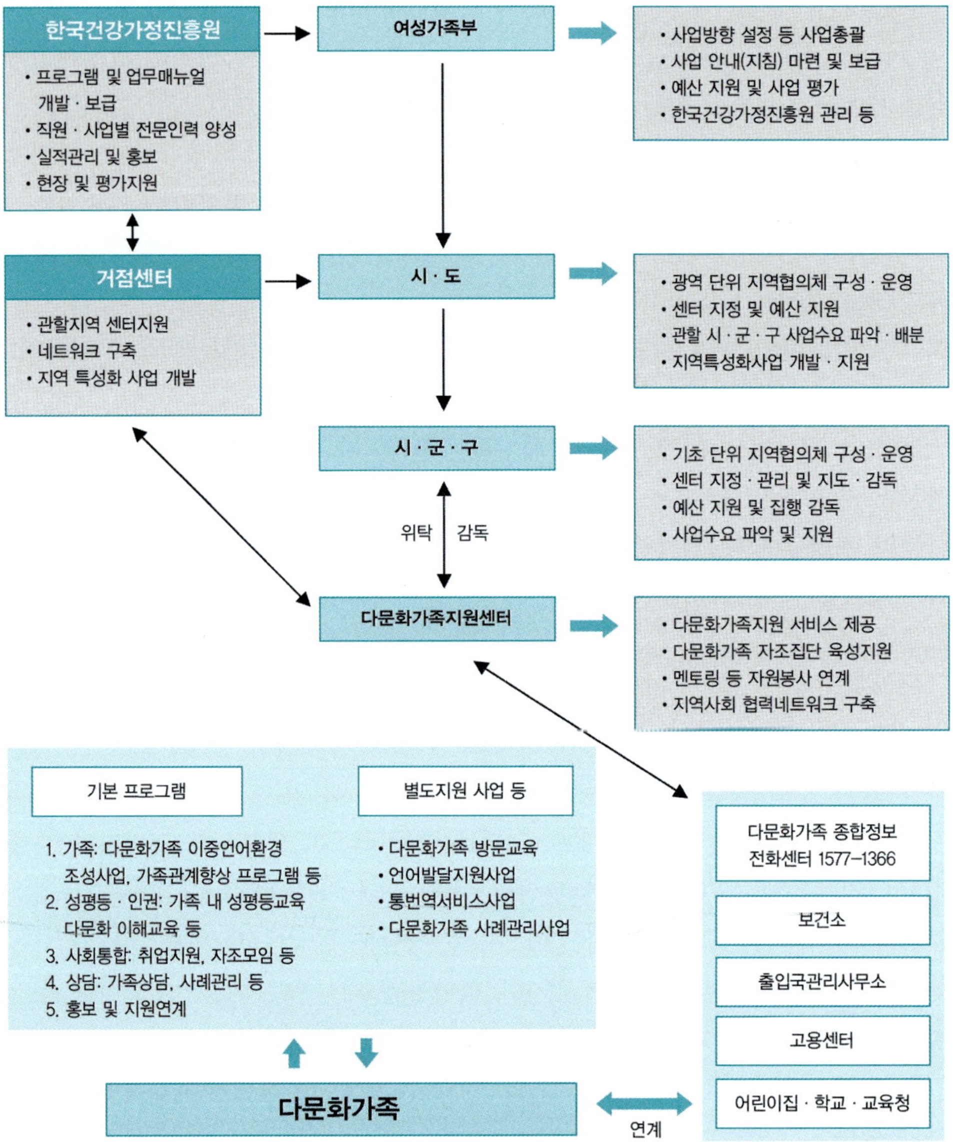

그림 14-2 다문화센터 사업추진계획

홍보 운영 프로그램으로는 센터 이용시간 동안 자녀를 일시 보호 및 육아 관련 서비스를 제공하는 육아정보나눔터를 운영하며, 센터 내 기존 프로그램 및 외부기관의 연계를 통해 멘토링·자원봉사단을 구성하여 지원한다. 또 지역사회 구성원들이 결혼이민자들과 다양한 문화를 체험하는 기회를 제공하여 다문화에 대한 인식을 개선하고, 기관협약 및 외부 사업을 연계하여 서비스를 제공받을 수 있도록 정보를 제공하는 일을 한다.

이외에도 다문화가족지원센터는 다문화가족의 한국 사회적응을 위하여 가족 내 관계 증진을 위한 집합교육(가족, 성평등, 인권 등), 한국어교육, 방문교육, 상담, 정보 안내, 결혼이민자 통·번역 서비스, 자녀 언어발달 지원서비스 등을 제공하고 있다.

3) 다문화가정아동을 위한 법령

(1) 유엔 아동권리국제협약

유엔은 어린이와 청소년을 보호하기 위해 1989년 '아동의 권리협약'을 만장일치로 채택하였다. 우리나라는 1991년에 가입하였다. UN이 정한 아동권리협약에 따르면, 아동이익 최우선의 원칙, 무차별의 원칙, 아동의 생존·보호·발달의 원칙, 아동 의사존중의 원칙 등 4대 원칙을 준수하도록 하고 있으며, 생존의 권리, 발달의 권리, 보호의 권리, 참여의 권리와 같은 아동의 4대 기본 권리를 보장하도록 하고 있다. 따라서 모든 아동은 기회균등의 조건에서 교육받을 권리가 있고, 특히 초등교육은 의무적으로 모든 사람에게 무상으로 제공되어야 한다. 우리나라는 1991년 이 협약에 비준하였고, 1991년 12월 20일 발효하였으므로 이 협약의 적용을 받고 있다. 제2조 제1항은 "당사국은 자국의 관할권 안에서 아동 또는 그의 부모나 후견인 인종, 피부색, 싱별, 인어, 종교, 정치적 또는 기타의 의견, 민족적, 인종적 또는 사회적 출신, 재산, 무능력, 출생 또는 기타의 신분에 관계없이 그리고 어떠한 종류의 차별을 함이 없이 이 협약에 규정된 권리를 존중하고 각 아동에게 보장하여야 한다"라고 명시하고 있다(임한나, 2009).

(2) 초 · 중등교육법

'UN아동권리협약'에 근거하여 교육부의 「초·중등교육법 시행령」이 부분적으로 개정되었다(2008년 2월). 「초·중등교육법」에 의하면, 우리나라의 국적을 취득한 이주아동의 경우 한국 학교에 입학하여 교육을 받을 수 있어 교육 기회와 관련하여 법적인 문제가 전혀 없다. 그러나 명시적으로 이주노동자 자녀의 교육권을 보장하는 규정은 없다. 2001년 3월 교육인적자원부는 불법체류 노동자 자녀의 교육권을 보장하기 위한 행정지침을 마련하였으나, 상황이 반전되지 않아 2003년 1월 UN아동권리원회는 이주아동의 교육권을 보장하지 않는 한국 정부에 모든 외국인 어린이에게도 한국 어린이들과 동등한 교육권을 보장하라고 권고하였다. 이를 받아들여 「초·중등교육법 시행령」 제19조 제1항을 개정하고, 그 후 이주노동자 자녀의 초등학교 입학이 허용됐다. 그 후 2008년 2월에 개정하여 현재까지 이르고 있다. 이에 핵심인 내용은 다문화사회의 전진에 따라 「초·중등교육법」을 개정하여 외국인근로자 자녀들에게 간소한 절차만 거쳐 초등학교 입학을 허가하도록 하였다.

동법의 개정으로 외국인근로자 가정의 자녀들이 초등학교에 입학하는 것을 허용하고 있으며, 「초·중등교육법 시행령」 제75조와 제82조에 따라 학교의 경우 학칙과 학교장에 의하여 입학이 허용되고, 고등학교의 경우 일반전형 이외의 방법으로 입학전형을 실시하는 것을 인정하고 있다. 즉, 외국인근로자 자녀는 국내에서의 학교에 따른 졸업상을 취득하면 다음 단계의 학교로 진학이 가능하다.

(3) 다문화가족지원법

「다문화가족지원법」은 2008년 3월 21일 제정되어 동년 9월 22일 시행되었으며, 다문화가족 구성원이 안정적인 가족생활을 할 수 있도록 함으로써 삶의 질 향상과 사회통합에 이바지함을 목적으로 하고 있다. 「다문화가족지원법」에서 정의하는 “다문화가족”이란 「재한외국인 처우 기본법」 제2조 제3호의 결혼이민자와 「국적법」 제2조부터 제4조까지의 규정에 따라 대한민국 국적을 취득한 자로 이루어진 가족, 「국적법」 제3조 및 제4조에 따라 대한민국 국적을 취득한 자와 같은 법 제2조부터 제4조까지의 규정에 따라 대한민국 국적을 취득한 자로 이루어진 가족을 말한다.

「다문화가족지원법」 제5조에서 국가와 지방자치단체는 다문화가족에 대한 사회적 차별 및 편견을 예방하고, 사회 구성원이 문화적 다양성을 인정하고 존중할 수 있도록 다문화에 대한 이해교육과 홍보 등 필요한 조치를 하여야 한다고 명시하여 다문화가족에 대한 이해증진을 도모하고 있다.

제6조에서는 국가와 지방자치단체는 결혼이민자 등이 대한민국에서 생활하는 데 필요한 기본 정보를 제공하고, 사회적응교육과 직업교육·훈련 등을 받을 수 있도록 필요한 지원을 할 수 있다고 명시하였다.

제7조에서는 국가와 지방자치단체가 다문화가족이 민주적이고 양성평등한 가족관계를 누릴 수 있도록 가족상담, 부부교육, 부모교육, 가족생활교육 등을 추진하여야 하며, 이 경우 문화의 차이 등을 고려한 전문적인 서비스가 제공될 수 있도록 노력하도록 하였다.

제10조에서는 국가와 지방자치단체는 아동 보육·교육을 실시함에 있어서 다문화가족 구성원인 아동을 차별하여서는 아니 되며, 다문화가족 구성원인 아동이 학교생활에 신속히 적응할 수 있도록 교육지원책을 마련하여야 하고, 특별시·광역시·도·특별지치도의 교육감은 다문화가족 구성원인 아동에 대하여 학과 외 방과 후 교육 프로그램 등을 지원할 수 있다고 하였다. 또한 국가와 지방자치단체는 다문화가족 구성원인 아동의 초등학교 취학 전 보육 및 교육지원을 위하여 노력하고, 그 아동의 언어발달을 위하여 한국어교육을 위한 교재지원 및 학습지원 등 언어능력 제고에 필요한 지원을 할 수 있도록 하였다.

제16조에서는 보건복지부장관은 다문화가족 지원정책의 시행을 위하여 필요한 경우에는 다문화가족 지원에 필요한 전문 인력과 시설을 갖춘 법인이나 단체를 다문화가족지원센터로 지정하여, 다문화가족을 위한 교육·상담 등 지원사업의 실시, 다문화가족 지원서비스 정보제공 및 홍보, 다문화가족 지원 관련 기관·단체와의 서비스 연계, 그 밖에 다문화가족 지원을 위해 필요한 사업을 수행하도록 하고 있다.

(4) 재한외국인처우기본법

2007년 7월 외국인 정책수립 추진체계, 재한외국인 등의 처우, 국민과 재한외국인이 함께 살아가는 환경 조성 등에 관한 내용을 중심으로 「재한외국인처우기본법」이 제정되었다.

「재한외국인처우기본법」의 목적은 재한외국인에 대한 처우 등에 관한 기본적인 사항을 정함으로써 재한외국인이 대한민국 사회에 적응하여 개인의 능력을 충분히 발휘할 수 있도록 하고, 대한민국 국민과 재한외국인이 서로를 이해하고 존중하는 사회환경을 만들어 대한민국의 발전과 사회통합에 이바지하는 데 있다.

「재한외국인기본법」 제4조는 "재한외국인에 대한 처우 등과 관련되는 다른 법률을 제정 또는 개정하는 경우에는 이 법의 목적에 맞도록 하여야 한다"라고 규정하고 있어 다른 다문화 관련법의 상위법 성격을 지닌다.

법무부 장관은 관계 중앙행정기관의 장과 협의하여 5년마다 외국인 정책에 관한 기본계획을 상호주의 원칙을 고려하여 수립하고, 이를 외국인 정책위원회의 심의를 거쳐 확정하도록 되어 있다(제5조). 관계 중앙행정기관의 장은 기본계획에 따라 소관별로 연도별 시행계획을 수립하고, 지방자치단체 장은 기본계획 및 중앙행정기관의 시행계획에 따라 당해 지방자치단체의 연도별 시행계획을 수립·실시하도록 되어 있다(제6조).

다문화에 대한 이해 증진에 대한 조항에서는 국가·지방자치단체는 국민과 재한외국인이 서로의 역사·문화 및 제도를 이해하고 존중할 수 있도록 교육, 홍보, 불합리한 제도의 시정, 그 밖에 필요한 조치를 위해 노력하여야 한다고 명시하고 있다(제18조).

따라서 「재한외국인처우기본법」은 단순히 재한외국인 처우와 관련된 사항뿐만 아니라 외국인과 다문화정책 전반에 관한 기본법적인 성격을 지닌다.

표 14-8 주요 관계법령 현황

법령명	다문화교육 관련 내용	한계
유엔 아동권리협약	• 모든 아동에게 교육권 보장 및 무상교육 제공	• 협약의 내용을 뒷받침하는 국내법규 불충분
초·중등교육법	• 다문화학생이 체류자격과 관계없이 공교육에 진입할 수 있도록 서류요건 완화 등	• 학교에서의 다문화교육 실시 근거, 구체적 교육지원 내용 등 미비
다문화가족 지원법	• 다문화가족 자녀를 위한 교육시책 마련 및 다문화가족에 대한 편견 예방 교육 실시	• 다문화가족 정의 제한적(부모 중 한국인 포함)
재한외국인 처우기본법	• 외국인의 사회적응 지원 및 다문화에 대한 이해 증진	• 미등록 이주아동 제외, 구체적 지원내용 미비

출처 : 교육부(2018). 2018년 다문화교육 지원계획.

4. 새터민가정의 아동복지사업

1) 새터민아동

새터민은 '탈북자'의 대체용어로 '새로운 터전에서 삶의 희망을 갖고 사는 사람'이라는 뜻의 순우리말이다. 통일부에서 2005년 '탈북자'라는 용어가 거부감을 주는 등 부작용이 있다는 지적에 따라, 여론조사를 비롯한 국민의 의견수렴 과정을 거쳐 '탈북자'의 대체 용어로 '새터민'을 선정하여 사용하고 있다.

새터민아동은 북한에서부터 육체적·정신적 위험에 노출되어 있었으며, 제3국과 남한에서의 새로운 환경에 대처할 만한 자원을 갖고 있지 않다. 탈북가정에서의 은둔 생활, 폭력과 죽음의 위험 속에서 스스로가 자신을 지켜야만 한다. 새터민아동들은 탈북과정과 제3국에서의 생활에서 겪은 신체적·심리적·정서적 어려움, 남한사회라는 새로운 환경에 적응 등의 사회적 어려움 속에서 중요 발달과정을 겪어 나가고 있다(최명선·최태산·강지희, 2006).

새터민아동의 발달 특성을 구체적으로 살펴보면 다음과 같다. 신체적 특성으로 또래의 남한 아동에 비해 키가 작고 체격이 왜소한 편인데, 이는 90년대 북한의 극심한 식량난으로 인해 성장기에 해당하는 아동들의 정상적인 신체적 발육이 어려워졌으며, 남한 입국과정에서의 불충분한 영양공급 또한 원인이 되었다. 남한의 외모중심주의 문화 속에서 새터민아동들의 신체적 열등감은 부정적인 자아정체감 형성과 같은 심리적 특성을 야기할 수 있다(정현정, 2008). 새터민아동은 발육부진과 영양결핍 등으로 또래의 남한 아동들에 비해 왜소한 신체로 위축감과 열등감을 느낀다. 이는 타인에 대한 태도뿐 아니라 새터민아동 자신에 대한 태도에도 영향을 미치게 된다(조소연, 2002).

새터민의 대부분은 북한에서의 경제난으로 인한 굶주림과 체제 불안 속에서 정치적 탄압으로 가족의 사망이나 심각한 빈곤을 견디지 못해, 살아남기 위해 지인이나 가족과 함께 또는 홀로 무작정 북한을 떠난 사람들로 신체적 발육에 어려움을 가지고 있다.

새터민아동의 심리적인 특성에서는 새터민아동들이 탈북과정에서 헤어진 가족에 대한 그리움과 죄책감, 탈북자라는 사실을 다른 사람들이 아는 것을 꺼리는 데서 오는 예민함과 스트레스, 같은 반 또래보다 나이가 많은 데서 오는 열등의식과 자기 비하감, 남한 아동 혹은 남한 사람들의 새터민에 대한 부정적인 인식 등의 문제를 제시하였다(이기영, 2002).

새터민아동은 정신건강 측면에서 상당한 부적응 양상을 나타내고 있다. 그들에게 많은 심리적 어려움이 있다는 것을 예상할 수 있다. 새터민아동은 어린 나이에 탈출과 도피, 은신, 방황을 경험하며 심리적·정서적 상처를 입게 된다. 새터민아동의 심리적인 특성은 남한 문화의 적응과정에서 심리적 불안정을 겪고 있으며, 특히 고독감과 소외감에 시달리고 있다는 것이다.

탈북과정에서 여자의 경우 인신매매나 성폭력 등에 시달리기도 하고, 남자아이들의 경우 이리저리 떠돌며 구걸을 하거나 절도, 굶주림, 학대, 노동 등 기본권조차 박탈당하고 생명의 위협을 받는 절박한 상황을 경험하게 된다(김진섭, 2008).

새터민아동들 중 다수가 북한에서 겪은 기아의 고난과 가족의 죽음 또는 생이별의 경험, 탈북과정과 제3국 체류기간에 겪은 공포 등으로 불안증상을 나타낸다. 특히 부모들이 먼저 탈북하고 자녀들은 고국의 친인척에 일정 기간 맡겨져 있다가 나중에 부모가 다시 찾으러 오거나, 중국에서 합류하는 경우에 아동들이 유아기 부모와 안정적으로 형성해야 하는 애착에 있어서 문제를 가질 수 있다.

이러한 격리불안과 심리적인 공포는 아동들에게 심리·정서적인 영향을 미칠 수 있는데, 공격적이고 폭력적인 행동으로 자주 나타난다. 더불어 새터민아동들은 과거 힘든 경험으로 인한 외상 후 스트레스 장애(Post-Traumatic Disorder, PTSD)의 어려움을 겪기도 한다.

마지막으로 사회적인 특성을 살펴보면, 새터민아동은 남한 입국 후에도 상이한 남북한 사회의 문화 속에서 변화를 경험하며 남한의 경쟁적 교육체제 속에서 받는 압력과 학교 부적응, 갑작스러운 대중문화매체에의 노출에 따른 문화적 결핍감과 열등감, 또래관계 형성의 어려움 등 이들이 동시적으로 감당해 내야 하는 과업을 안고 있다. 그들은 배움에 대한 갈망으로 공부에 대한 의욕은 매우 높으나, 장시간 수업에 집중하지 못하고 오래 앉아 있는 것을 힘들어하고 일부 과목을 제외하고는 학습을 거의 따라가지 못한다.

시간이 지남에 따라 개인차가 있으나 개인의 학습의지와 주위 환경, 그리고 심리적인 안정이 주어질 경우에는 학습을 따라갈 수 있게 된다. 그러나 심리적인 안정을 얻지 못했을 때 학습을 못 따라가는 기간이 길어지게 된다(박모란, 2002).

육체적·심리적·정서적 어려움으로 인하여 소외감, 열등감, 불안 등을 경험하는 새터민청소년의 경우에는 폭력을 행사하거나 남한 또래와 패싸움을 하는 등 비행을 저지르기도 하는 것으로 나타났다(길은배, 2003). 그뿐 아니라, 자존심에 손상이 오거나 누군가가 조금만 건드려도 거친 욕설과 태도, 심한 폭력성까지 나타내는 등 분노와 격렬한 공격성을 나타내는데, 이러한 행동은 상대의 나이와 장소에 상관없이 발생한다. 이러한 공격성이나 폭력성은 북한 사회의 문화적 특성과 공개처형, 아사자, 구타 장면, 처벌받는 사람의 목격으로 외상적인 사건을 보았던 문화적 환경 속에서 폭력성이 내재되어 있기 때문에 쉽게 공격성을 표출하는 것이라고 볼 수 있다.

이러한 문제들은 정상적인 가정의 아동들처럼 부모의 지지를 통해 해결되기는 현실적으로 어렵다. 새터민아동은 학교생활 이후 가정 내에서 홀로 방치가 되는 경우가 대부분이며, 부모와의 대화 수준도 매우 저조하다.

또한 남한 이주 이후 부모가 이혼을 했거나 새로운 가족 구성원이 생기게 되거나, 보호자 없이 단독으로 탈북한 탈북아동의 경우가 많기 때문이다. 뿐만 아니라, 남한 입국 후 남북한의 문화적 가치관의 차이로 인해 겪게 되는 심리적 혼란과 갈등, 그리고 고립된 생활경험은 새터민아동의 자아통제력의 발달을 저해하는 요인이 되고 있다(정진경·정병호·양계민, 2006).

적응이라는 개념은 개체와 환경 간에 균형 있고 조화로운 관계를 유지해 나가는 행동과정인 동시에 욕구좌절이나 갈등을 합리적으로 해결해 나가는 행동과정이라고 할 수 있다(Lazarus, 1981). 아동에게 급격한 환경적·심리적 변화는 자아 및 자신을 둘러싼 환경에 대한 인식을 새롭게 바꾸게 한다. 새터민아동이 변화된 환경에 빠르게 적응하기 위해서는 자신에 대한 올바른 인식과 타인과의 조화로운 관계형성이 중요할 것이라고 생각된다.

과거 국외의 난민들에 대한 연구를 살펴보면 매우 심각한 다양한 문제를 가지고 있는 것으로 보고되고 있다(Flaskerud & Nguyen, 1988; Hirayama & Etigok, 1993). 초기 1~2년은 적응에 있어서 위기 기간으로, 적응의 양상은 기간에 따라 달라진다고 하였다.

스토버(Stover, 1994)가 의 미국에 정착한 난민을 대상으로 한 연구에서는 강박적인 행동, 대인적 민감성, 적대감, 좌절감 등의 문제행동이 표출되고 있으며, 이러한 심리적 문제는 난민들이 고국에서 경험한 무수한 상실의 결과로서 온 슬픔이 해결되지 않은 데서 비롯되는 것으로 설명되고 있다.

새터민아동은 남한 입국 후 상당한 부적응 양상을 나타내고 있으며, 이들이 경험하고 있는 부적응은 탈북과 제3국에서의 경험으로 인하여 형성된 후 해결되지 못한 채 남아 있고, 쉽게 없어지기 어렵다.

2) 새터민가족의 아동복지사업

(1) 북한이탈주민 상담 지원

북한에서 남한으로 이주한 주민이 풍요로운 삶을 누릴 수 있도록 주택, 취업, 교육, 의료 등을 체계적으로 상담해 준다.

지원대상은 국내에 입국한 북한이탈주민으로 개입의 시급성과 적절성을 고려하여 우선 지원한다. 지원내용은 사회에 진출한 북한이탈주민에 대한 심층적 이해를 바탕으로 거주지에서 심리상담, 의료/교육/복지/취업지원 등 전문적 종합서비스를 제공한다. 남북하나재단에 문의 후 신청하며 지원절차는 다음과 같다.

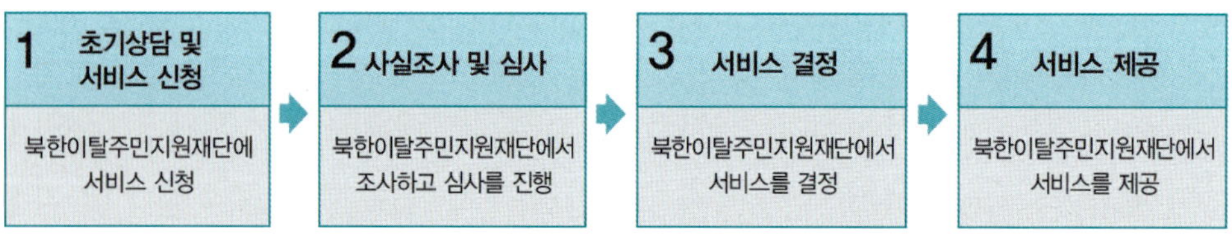

그림 14-3 북한이탈주민 상담 지원절차

(2) 다문화 · 탈북학생 멘토링 지원

다문화가정의 학생과 북한에서 남한으로 이주한 학생이 학교생활에 잘 적응하여 기초학력이 향상되도록 대학생이 돕는 프로그램이다.

지원내용은 다문화가정의 학생과 탈북학생의 기초학습을 지도하고 탈북학생의 진로와 생활을 지도한다. 멘티가 되는 탈북학생, 다문화가정의 학생은 시 · 도 교육청에 신청하고, 멘토가 되는 대학생은 대학교에 신청한다. 지원절차는 다음과 같다.

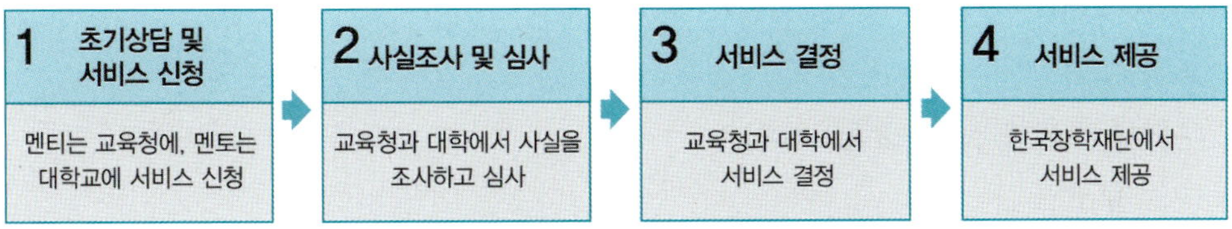

그림 14-4 다문화·탈북학생 멘토링 지원절차

(3) 탈북학생 교육 지원

탈북학생 교육 지원은 북한에서 남한으로 이주한 학생이 우리 사회의 통합된 일원으로 적응하여 통일 미래의 맞춤형 인재로 성장할 수 있도록 지원한다.

지원내용은 탈북학생에게 맞춤형 멘토링 프로그램을 제공하고, 이를 위해 시·도 교육청 및 학교에서는 학교별 사업비를 지원한다. 지원절차는 다음과 같다.

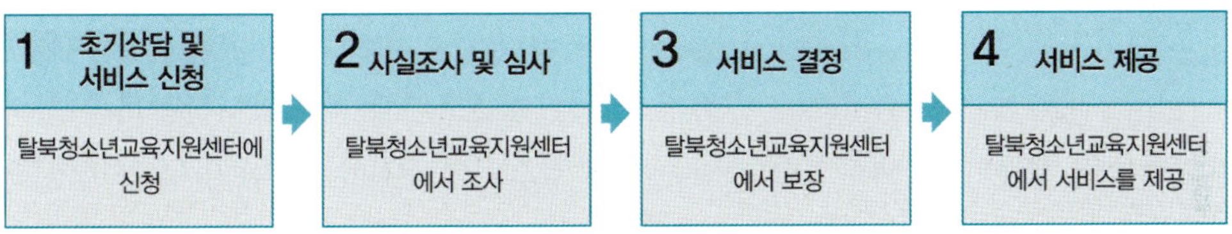

그림 14-5 탈북학생교육 지원절차

(4) 다문화보육료 지원

어린이집을 이용하는 다문화가정의 영유아 자녀에게 보육료를 지원하여 부모의 양육에 대한 부담을 덜고, 부모가 원활한 경제활동을 할 수 있도록 돕는다. 지원대상은 다문화가족 자녀 중 초등학교 취학 전 만 0세~만 5세 아이이며, 보호자의 소득수준에 관계없이 지원받을 수 있다.

다문화가족의 결혼이민자(인지신고 또는 귀화허가를 받은 자 포함)와 대한민국 국적을 취득한 자 사이에서 출생한 자녀는 동일세대 여부와 상관없이 지원할 수 있다.

단, 대한민국 국적인 아동에 한해 지원이 가능하며, 취학대상아동이 취학을 유예하는 경우 만 5세아 보육료 재지원이 가능하다. 보호자가 읍·면사무소 및 동주민센터를 방문하여 보육료 지원 신청을 하면 된다.

(5) 북한이탈주민 교육 지원

북한에서 남한으로 이주한 청소년이 학교생활에 적응하여 우리 사회의 건강한 구성원이 될 수 있도록 돕는다. 지원대상은 탈북청소년(제3국 출생 포함)이며, 일반학교 적응이 어려운 탈북청소년의 지원을 위해 운영 중인 민간 대안교육시설을 지원한다.

탈북청소년의 방과 후 학습지도를 위한 방과 후 공부방을 지원하며 일반학교에 재학 중인 탈북학생의 학교적응 및 맞춤형 교육을 지원하기 위해 탈북학생 통일전담교육사를 운영하고 있으며, 탈북 중·고교생 및 대학생 대상으로 장학금 및 제3국 출생 정원 내 특례입학을 지원하기 위한 탈북청소년 장학사업을 실시하고 있다. 9세 이상 탈북청소년 및 제3국 출생 탈북민 자녀 대상 인터넷을 이용하여 영어문법과 발음, 어휘 등을 배울 수 있도록 실시간 화상영어교육강좌의 수강을 지원하며, 만 3세~초등학생이 주 1회 방문학습을 받을 수 있도록 방문학습지 비용을 지원하고 있다. 대학진학을 준비하는 탈북청소년과 학부모에게 대학입시박람회를 통해 입시정보를 제공하며, 대학입학을 앞둔 탈북청소년이 온라인 강의 및 오프라인 오리엔테이션에 참여할 수 있도록 예비대학 프로그램을 제공하고 있다. 지원절차는 다음과 같다.

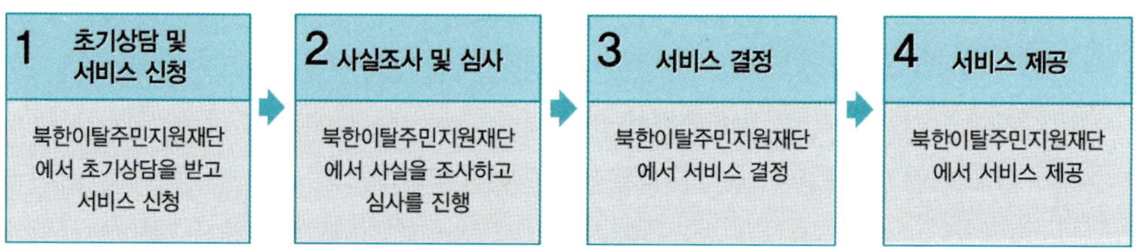

그림 14-6 북한이탈주민 교육 지원절차

(6) 사랑의 그린 PC 보급

장애인, 다문화가정, 북한이탈주민 등 정보소외 계층에게 사랑의 그린 PC를 무상 보급하여 정보활용 능력을 향상시키고 정보격차를 해소하고자 한다.

지원대상은 장애인, 소년소녀가정, 다문화가정, 북한이탈주민, 저소득층, 차상위계층 등으로 정보취약계층에게 무상으로 PC를 보급한다. 다른 복지사업과 중복되지 않도록 사랑의 그린 PC 통합관리시스템에서 중복 수혜검사 후 선정한다. 보급 후 2년 미만일 경우에는 재보급이 안 된다. 지원절차는 다음과 같다.

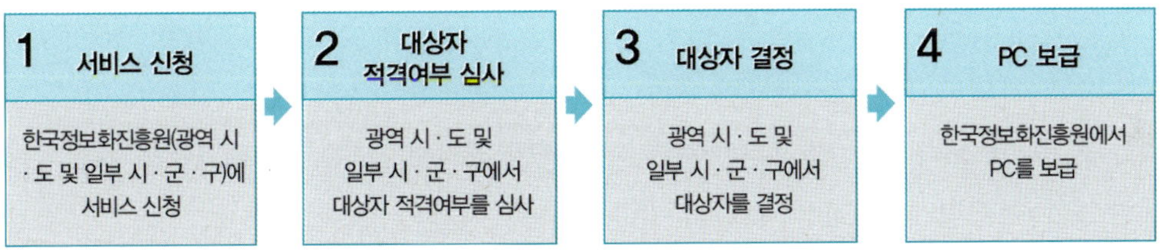

그림 14-7 사랑의 그린 PC 보급절차

(7) 이주배경청소년 지원

다문화가족의 청소년과 국내로 이주해 온 청소년들이 우리 사회에 잘 적응할 수 있도록 상담과 진로지원 프로그램 등을 실시하고 있다. 지원대상은 다문화가족의 청소년, 탈북청소년, 중도입국청소년(부모의 국제결혼이나 재혼 등으로 입국한 청소년 등)이다. 이주배경청소년 초기적응 지원프로그램인 레인보우스쿨 운영(전국 23개소, 전일제 · 주말 등), 이주배경청소년 진로지원을 하는 무지개 Job아라, 내-일을 잡아라 등을 운영하며 탈북청소년 적응 및 자립 지원을 위해 비교문화체험학습(연 1회, 1박 2일), 동기야 놀자(격월, 1일) 등을 운영한다.

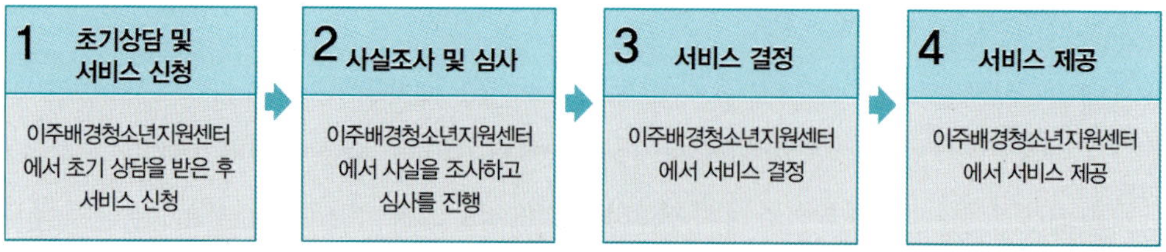

그림 14-8 이주배경청소년 지원절차

(8) 북한이탈주민 교육비 지원

북한에서 남한으로 이주한 주민이 안정적으로 정착하고 꿈을 실현할 수 있도록 교육비를 지원하고 있다. 보호를 필요로 하는 북한에서 남한으로 이주한 만 24세 이하의 중·고등학생과 만 34세 이하 대학생의 교육비를 지원하고 있다. 북한에서 남한으로 이주한 보호대상 주민의 선정기준은 아래와 같다.

> 거주지 보호 기간(5년)이거나 대학입학 자격을 취득한 지(고졸 검정고시 합격일, 북한에서의 학력을 남한에서 인정한 날) 5년 이내의 만 34세 이하의 주민. 전문대/사이버대/평생교육시설 등은 연령 제한이 없음.

지원내용은 중·고등학생은 해당 학교에서 입학금, 수업료, 학교운영지원비 및 기숙사 사용료를 면제하고, 국·공립대학생은 해당 대학에서 입학금, 수업료 및 기성회비를 면제한다.

사립대학생은 해당 학교가 보조금교부신청서를 통일부에 제출하여 입학금, 수업료를 정부에서 50% 보조한다. 지원절차는 다음과 같다(복지로, 2018).

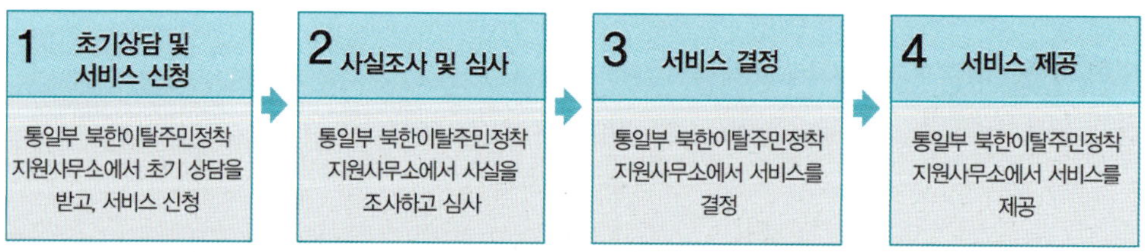

그림 14-9 북한이탈주민 교육비 지원절차

PART 03

아동권리와 복지의 미래

Chapter

15

아동권리와 복지의 전망 및 과제

1. 아동권리의 전망 및 과제

1) 아동권리의 전망

세계적으로 지난 20세기는 아동의 처우에서 많은 변화가 있었다. 아동기에 대한 관심과 아동의 권리에 대한 인식이 증가했으며, 아동양육 환경의 변화로 파생된 문제에 대해 사회적으로 대처하려는 노력들이 있었다.

유엔은 1989년 11월 아동권리협약을 채택하면서 이를 기념하기 위해 '세계 아동의 날'을 만들었다. 196개국이 가입한 이 협약은 세상 모든 아동들에게 생존·보호·발달·참여 권리가 있음을 규정한다.

우리나라의 국가인권위원회(인권위)가 2018년 11월 20일 '세계 아동의 날'을 맞아 "국가와 사회는 가정과 학교 및 지역사회에서 아동들의 생존과 안전을 보호하고, 아동들이 차별을 경험하지 않으면서 주체적으로 성장할 수 있게 모든 노력을 기울여야 한다"고 촉구했다. 인권위는 아동 및 청소년 정책 기본계획 등 다양한 분야의 많은 정책에 UN(유엔) '아동권리협약' 정신이 깃들고, 아동인권 보장이 큰 맥락으로 자리 잡게 되기를 바라지만 아동들이 처한 우리 사회 현실을 보면 그 약속은 충분히 지켜지지 않음을 지적했다.

우리나라 아동들의 과도한 사교육은 아동들을 스트레스에 노출하고, 신체적·정신적 건강에 부정적인 영향을 끼치는 결과를 낳고 있다. 또한 학교폭력, 사이버따돌림의 정도와 빈도도 증가하고 있으며, 이를 해소하기 위한 여가와 문화활동의 기회가 부족하다.

2018년 11월 제5·6차 유엔아동권리협약 이행 아동보고서는 '교육으로 인해 고통받는 아동'을 주제로, 대한민국에서 아동이 경험하는 과도한 학습시간, 성적차별, 학업스트레스, 교육격차 등의 아동권리 침해사례와 아동이 제안하는 권고사항을 담고 있다.

정부가 아동보고서의 권고사항을 실천할 것과 국회의 교육 관련 정책 개선 활동과 지속적인 모니터링이 이행될 것을 촉구하며, '유엔아동권리협약 제31조'에서 "모든 어린이는 충분히 쉬고 놀 권리가 있다"고 규정한 것처럼, 모든 아동들이 연령에 적합한 놀이와 오락활동에 참여할 수 있는 권리를 인정해야 한다. 또한 다양한 놀이기회와 놀이공간을 통해 창의적 사고와 문제해결능력을 키워야 할 것이다.

초록우산어린이재단, 국제아동인권센터, 유니세프한국위원회는 2018년 11월 국회 정론관에서 '유엔아동권리협약 이행 대한민국 아동보고서 발간' 기자회견을 열고, 성인·아동 1천472명을 상대로 한 설문조사 결과를 담은 아동보고서를 발표했다.

보고서에 따르면 놀 권리가 보장되지 않는 원인에 대해 응답자의 50.8%가 '과도한 학구열', 34.6%가 '놀면 안 된다는 사회적 분위기' 때문이라고 답했다. 반면 충분하지 않은 '놀이문화 교육', '놀이시설'은 각각 3%, 4.4%를 기록했다. 즉, 초·중·고교생들의 놀 권리가 지켜지지 않는 가장 큰 이유는 한국 사회의 과도한 학구열 때문이라는 것이다.

보고서는 아동의 놀 권리 교육 실시, 학생 인권보장을 위한 「교육법」 개정, 선행학습 유발 행위 금지 모니터링 강화, 지역에 따른 교육격차 해소 등을 정부에 권고했다.

우리나라는 2016년 4월 국가인권위원회 산하 아동권리위원회를 두었고, 아동청소년 관련 국제인권조약 가입 및 그 조약의 이행에 관한 연구, 모니터링, 권고 및 의견표명을 할 수 있도록 하였다.

교육부는 2015년 개정 교육과정의 범교과 학습주제 10개에 인권교육을 포함시켜 인권교육을 교과와 '창의적 체험활동' 등 교육활동 전반에 걸쳐 통합적으로 편성·지도하도록 하였다.

2016년에는 유엔아동권리협약을 반영한 '아동권리헌장'을 제정·발표하고 홍보영상을 만들어 배포하였으며, 여성가족부는 청소년희망센터와 함께 매년 인권토론회 및 포럼을 개최하여 청소년의 권리현황을 파악하고 있다.

2018년 인권위는 "학교교육 과정에서 인권교육이 이뤄지긴 하지만 교과과정상에서 차지하는 정도가 미미할 뿐 아니라 학교폭력예방교육, 성교육 등 굉장히 분절적으로 이뤄지고 있다"면서 이를 모두 통합해서 종합적인 인권교육을 초·중·고 과정에서 받을 수 있도록 하고, 사회에 나가서도 전 생애에 걸쳐 인권교육을 받을 수 있도록 해야 한다고 하였다. 인권위는 이를 위해 '인권교육지원법' 등의 제정을 서두를 예정이다.

또한 국가인권위원회 위원장 명의의 성명을 통해 성차별적 사회를 바꾸기 위한 주요 키워드로 인권교육을 제시하면서 구조적 성차별을 개선하고, 성 평등한 사회로 바꿔 내기 위한 방안을 추진해 나가겠다고 밝혔다.

아동권리는 전 사회영역, 전 생애적으로 인권교육을 받을 수 있는 체계 속에서 인권친화적인 학교문화 조성이 중요하다고 보이며, 아동의 평등한 권리보장과 실현을 위해 아동뿐만 아니라 학교관리자 등 교원 대상의 통합 인권교육이 추진되어야 할 것이다.

2) 아동권리의 과제

우리나라는 아동을 독립된 인격체로 존중하는 사회적 인식이 여전히 부족하다. 또한 아동지원보호 인프라의 지역 간 격차, 경쟁적 입시문화로 인한 스트레스, 놀이여가의 부족 등은 아동권리 실현의 장애요인이다(대한민국정부, 2017).

또한 아동을 위한 정책을 수립하는 과정에서 아동의 목소리를 듣기 위해 아동의 참정권과 의사결정권을 인정하는 부분은 아직까지 찾기 어려운 상황이다. 아동권리에 대한 인식도 여전히 낮은 실정이고, 아동과 관련된 주변 성인들조차도 아동은 성인의 보호하에 있어야 하는 미성숙된 존재로 여기는 경우가 많다.

아동의 권리와 관련하여 아동이 성장하는 데 영향을 주는 다양한 환경들, 즉 가정과 양육기관, 학교, 지역사회, 지방자치단체 및 중앙정부의 정책 등은 아동을 보는 관점이 무엇인가에 따라 방향이 달라질 수밖에 없다.

학교와 교사가 학생을 대하는 태도, 지역사회에서 아동을 바라보는 태도 등은 아동권리와 밀접한 상관이 있다. 우리 사회가 어떠한 시각으로 아동을 바라보고 있는지가 아동의 권리경험에 중요한 영향을 미치고 있기 때문에, 단순히 보호의 대상이 아닌 권리의 주체로 인정하려는 성숙된 사회적 분위기를 만들어야 하며, 이를 위한 문화적·제도적 접근이 필요하다(굿네이버스, 2017). 아동 자신들도 자신들의 권리가 무엇인지 알고 그 권리를 행사하기 위해서 필요한 것이 무엇인지를 알 수 있도록 학교현장에서의 교육적 접근도 필요하다.

학교교육에 아동권리협약의 4대 아동권리인 생존권, 보호권, 발달권, 참여권에 대한 내용과 인권능력을 구성하는 요소인 인권적으로 사고하고 판단하는 능력, 인권적으로 행동하는 행위능력이 교육내용에 포함되어야 한다(류미령, 2017).

(1) 아동권리교육 프로그램이 효과적이기 위한 조건

아동권리교육 프로그램이 효과적이기 위해서는 다음과 같은 조건이 필요하다.

첫째, 유아의 표준교육과정에 아동권리가 포함되어야 하고 초등학교 교과목으로도 아동권리가 포함되어야 한다. 청소년 또한 청소년의 권리에 대한 올바른 이해를 위해서 아동권리를 교육할 수 있는 제도적 뒷받침이 되어야 한다. 즉, 아동권리교육의 대상을 유아로부터 시작하여 다양한 형태의 아동권리교육이 병행되어야 한다.

둘째, 아동권리에 대한 소책자를 제작하고 교사 교육과정에도 필수과목으로 지정해야 하며, 아동의 적극적 참여와 체험을 할 수 있는 프로그램이 이루어져야 한다.

셋째, 교육제도적 측면과 복지, 문화, 여가, 상담 등 부서별로 연계성 있는 다양한 홍보와 이해가 필요하다.

이러한 문화적·제도적·교육적 접근과 함께 가장 중요한 것은 아동권리를 구체화하여 실현하기 위해서는 협약에서 부여된 아동의 모든 권리에 대한 가치전환이 필요하다. 아동의 양육과 발달의 일차적인 책임은 부모에게 있다. 특히 영유아기의 어린 아동들은 양육자에게 의존도가 무척 높기 때문에 영유아의 부모들은 이들의 권리실현에 중요한 역할을 한다. 따라서 부모의 참여와 역량 강화를 위한 지원이 강화되어야 할 것이다. 또한 지역사회, 지방정부, 중앙정부 등에서 정책 입안 시 아동의 권리가 지켜지고 실행되는지를 확인하고, 지속적인 모니터링을 통해 조정해 나가야 할 것이다.

(2) 아동의 권리에 대한 인식과 실제적 보장의 강화

사회의 구성원이 아동권리의 소중함을 알고, 우리 사회의 아동권리 침해 실태와 문제점을 인식하여 아동의 권리를 옹호할 수 있도록 교육하고 계몽하는 것이 필요하다.

아동권리 실현을 위해서는 국가가 정책적으로 아동의 권리를 보장해 주는 법적 장치를 마련함과 동시에 아동복지정책 및 서비스의 대상과 종류, 정책을 집행할 행정체계, 재원들을 아동권리를 실현하는 데 초점을 맞추어 정책의 틀을 잡는 것이 필요하다.

국가는 이를 법적으로 명시하고 중앙정부와 지방자치단체가 아동권리 증진의 책임을 게을리 이행할 경우, 통제할 수 있는 제도를 도입하여 공공의 책임을 다하도록 해야 한다.

한국의 현실과 관련된 아동권리의 과제는 다음과 같다.

첫째, 우리나라는 UN아동권리협약인 무차별의 원칙, 아동 최선의 이익 원칙, 아동생존 보호 및 발달의 원칙, 아동 의사존중의 원칙의 주요 원칙이 잘 지켜지기에는 법적 구속력이 없다. 이는 한국의 아동권리를 실현하는 데 커다란 장애가 되는 문제이다. 그러므로 실제적인 서비스 내용이 실질적으로 실현 가능하도록 관련 법이 제정 및 개정되어야 한다.

「아동학대방지법」이 2014년 「아동학대범죄의 처벌 등에 관한 특례법」으로 제정되었지만 아동학대 관련 단체는 아직도 법적 구속력이 없다.

둘째, 아동권리에 대한 인식 부족과 아동권리협약 이행에 대한 관심 부족의 문제가 지적된다. 이를 위해서는 우리나라의 아동인권과 사상이 후진국이라는 생각을 벗어나 좀 더 우리의 이론과 사상에 대해 연구할 필요가 있다. 예를 들면, 현재 대학교육 현장에서 아동발달의 이론과 그 이론을 정립한 학자 등에 대해서도 외국의 이론과 학자들만을 가르치고 배워 왔다는 것이다. 한국의 인간발달 이론을 살펴보면 인간발달을 전 생애적으로 바라보는 관점 등은 서양을 시대적으로 앞선다. 또한 소파 방정환의 아동해방사상과 업적을 보면, 아동권리의 역사도 서구의 아동인권의 태동과 동시대임을 알 수 있다. 방정환은 이미 1910년 말부터 아동중심사상을 펼쳤고 아동해방의 가치를 주장했다.

2. 아동복지의 전망 및 과제

1) 아동복지의 전망

우리나라 아동복지정책의 다양한 문제점은 「아동복지법」의 개정 등을 통해 꾸준히 변화와 발전을 보여 왔지만, 사회의 빠른 변화속도에 대한 대안적 방안으로는 미흡한 실정이다.

정책공급자 중심으로 접근 설계되어 왔던 기존의 제반 아동복지정책을 수요자인 아동권리를 기초로 전환하는 것이 아동정책의 수립과 접근의 기본방향이 되어야 할 것이며, 이를 위해서는 아동의 삶의 질에 대한 다각적인 측면의 이해와 관심이 전제되어야 할 것이다.

(1) 아동복지에 대한 새로운 인식

오늘날 아동복지의 개념은 종전의 자선적인 접근과는 달리 사회발전에 호응하고 이념과 목적을 가진 것으로, 아동복지사업의 수행을 위해 전문적인 원칙과 지식 기술을 확립해야 할 것이다. 아동복지는 보건과 교육 등을 포함한 다학문적 접근이 필요하나, 실천적인 면에서 사회복지의 한 분야로서 사회복지사의 적극적인 활동이 필요하다. 아동에 대한 이해와 전문적인 개입방법에 대한 지식의 습득과 훈련을 통하여 아동복지 전문가가 사업을 수행하여야 한다(공계순 외, 2013).

(2) 지역사회 중심의 재가복지 강화

그동안 사회복지정책의 주된 사업이 수용시설 보호였다면, 이제는 지역사회를 거점으로 하여 재가아동서비스를 강화하여야 한다.

오늘날 아동복지의 대상은 모든 아동이며, 아동은 책임을 다하는 부모와 안정된 가정 속에서 성장하는 것이 가장 바람직하므로 국가와 사회는 아동양육의 기본단위인 가정이 제 기능을 수행할 수 있도록 지원하여야 한다. 아동이 가정을 이탈하지 않도록 예방하거나 불가피하게 가정이 없는 경우, 가정을 만들어 주어야 한다. 또한 우리나라는 아동을 위한 문화시설이나 사회복지 서비스 기관이 대도시에 편중된 편이므로 지역적으로 균형 있게 발전되도록 노력하여야 한다.

(3) 잠재된 욕구의 예측과 확인

현재 추진되고 있는 여러 가지 정책이나 프로그램에 대한 정확한 평가를 새로운 정책과 프로그램의 개발에 반영하여, 급속하게 변화하는 사회 속에서 달라질 아동의 욕구나 문제를 정확하게 예측하여 이에 대한 대책을 사전에 준비할 수 있도록 하여야 한다.

가족의 해체와 가족유형의 변화에 따른 아동의 새로운 욕구와 주 양육자인 여성의 사회진출 증가로 인한 아동보육서비스의 요구는 계속 증가되고 있다. 또한 청소년폭력, 약물오용의 문제와 북한이탈가족, 이주노동자가정, 결혼이주여성의 가정에서 야기되는 아동의 욕구도 사회적 관심사가 되고 있다.

이와 관련된 아동복지 욕구의 예측은 예방적 차원에 가치를 둔 아동복지정책 측면에서 더욱 열린 기회제공에 초점을 둠으로써 사회 내에서 해체와 파괴된 문제에 자원을 집중하기보다는 건강한 발달, 안전한 환경, 적절한 교육과 고용 그리고 성장에 초점을 맞춰야 한다.

즉, 미래지향적 가치를 지닌 아동복지를 위해 가정의 해체, 적은 자녀 수, 사회환경의 변화, 과학의 발달로 인한 다양한 아동의 욕구와 문제, 극심한 사회계층 간의 괴리로 인한 사회 전반의 빈곤확산 문제 등을 감안하여 정책 방향이 결정되어야 한다.

아동복지의 실천적 모델은 미래의 가치에 정책이 주어질 때 건강하고 독립된 가족과 아동을 위한 복지를 발전시킬 수 있으리라 전망된다.

이런 점에서 지방정부와 지역사회는 조직이나 기관과 서로 유기적인 협력체계를 마련하여, 아동과 가족의 욕구에 효과적으로 대응할 수 있는 서비스를 개발하고 제공하기 위해 다음과 같은 역할을 수행해야 할 것이다.

첫째, 지역사회와 지방정부와의 긴밀한 관계가 필요하다. 아동보호의 일차적 책임은 가정에 있다고 할 수 있지만, 가정이 책임을 제대로 행하지 못할 때는 국가가 적극적으로 개입할 필요가 있다. 부모의 역할을 지지하고 보충하는 입장에서 생활보장을 기본선으로 하고 궁극적으로 이상적인 생활을 목표로 삼는다.

둘째, 아동복지시설의 개선이 필요하다. 가정에서 양육되지 못한 아동을 수용 보호하는 곳이지만, 시설에 수용되어 있더라도 아동들은 일반가정의 아동과 같다는 전제에서 가정을 대리하여 가정의 분위기를 제공하면서 양육하거나 보호되어야 하며, 가족 구성원의 서비스가 제공되어야 할 것이다.

그러기 위해서는 대규모 시설보다는 소규모 그룹홈의 형태로 전환되어야 할 것이다.

셋째, 사회복지관 중심 정책의 개선이 필요하다. 현행 복지관은 정부보조 기준의 불합리 및 수준미흡, 이용료 수입금 비중의 과다 및 지역별 격차, 사업분야별 지출의 불균형, 사회복지사의 업무량 과다 및 열악한 근무환경 등의 한계점을 가지고 있다.

넷째, 가족정책 차원의 아동복지정책이 필요하다. 예를 들면, 맞벌이가정을 위한 탁아서비스와 방과 후 보육 등을 들 수 있다.

다섯째, 아동복지와 관련된 인력의 전문화를 들 수 있다. 가정과 사회의 위기에서 예방적 차원의 아동상담사업이나 정서장애, 유기, 학대 등으로부터 심리치료 서비스까지 전담할 인력을 확대 배치할 것이 요청된다. 또 앞서 언급한 바와 같은 소규모 시설의 확충과 가정정책적 측면에서 시설 종사자의 증원이 필요하다.

현재 이러한 인력은 전문대학 및 대학의 유아교육학과, 아동학과, 아동복지 관련 학과에서 전문 인력을 양성하고 있지만, 아동복지시설의 열악한 근무환경으로 실제 전문 인력의 확보가 어려운 실정이다.

2) 아동복지의 과제

현대사회는 지식정보와 4차 산업혁명의 사회로 급변하고 있다. 제4차 산업혁명은 초연결(hyperconnectivity)과 초지능(superintelligence)을 특성으로 하기 때문에 기존 산업혁명에 비해 더 넓은 범위(scope)에 더 빠른 속도(velocity)로 크게 영향(impact)을 끼친다. 그러므로 사회복지 분야에 있어서도 종래의 시설보호와 치료적 방식의 아동복지정책으로는 대처할 수 없게 되었다.

2015년 '아동정책기본계획의 수립' 등을 계기로 아동복지정책은 기존의 정책 중심이었던 사회적 보호를 필요로 하는 아동을 위한 선별적인 아동정책으로부터 보다 보편적인 방향으로 확대되고 있다.

아동의 관점과 권리를 기초로 한 아동 삶의 질에 대한 종합적인 평가는 아동일반을 대상으로 하는 보편주의적 아동복지정책의 수립과 추진의 기초가 될 수 있다. 이를 바탕으로 아동복지정책이 추진해야 할 과제는 다음과 같다.

첫째, 무엇보다도 먼저 일관성 있는 아동복지정책의 구현이 있어야 한다. 우리나라 복지담당부서는 정권이 바뀔 때마다 빈번하게 교체되어 체계적이고 전문적인 복지행정이 이루어지기 어려운 실정이었다. 보건복지부와 국가청소년위원회, 여성가족부의 일부가 보건복지부로 통합되었고, 여성부가 다시 여성가족부로 명칭이 변경되면서 청소년 업무는 여성가족부에서, 아동 업무와 영유아 보육업무는 보건복지부에서 담당하는 등의 사실들은 아동복지행정이 일관적이지 못한 예라고 볼 수 있다.

우리나라의 저출산율의 문제 또한 아동과 관련된 모든 복지 서비스 체계가 하나로 통합되어 운영된다면 복지업무의 일관성과 효율성을 기대할 수 있을 것이다.

둘째, 아동복지 예산의 확충이다. 아동가족 공공부문 예산 중 보육을 제외한 아동복지 예산은 전체 GDP 대비 0.1%에 불과한 현실이고, 2016년 아동학대 관련 예산은 국비와 지자체 예산을 포함하여 372억 800만 원에 불과하였다(한겨레, 2016).

아동학대 사건이 발생할 때마다 범정부 종합대책이 마련되지만, 실천력을 가지고 추진되고 아동의 현실을 개선시키기 위해서는 아동보호체계가 작동할 수 있는 적절한 예산이 필요하다. 더구나 2014년 아동학대 관련 업무의 국고환수 이후 아동학대예방 예산은 보건복지부 예산항목으로 편성되지 못하고 '범죄피해자보호기금'과 '복권기금'에서 충당되고 있다. 아동보호를 위한 안정적인 국가예산의 확보 없이 학대예방대책의 실효성을 기대하기 어렵다.

셋째, 취약계층아동들의 삶의 실태에 대한 객관적인 파악과 이를 기초로 한 정책형성이 필요하다. 전국적 차원에서 빈곤아동과 학대아동의 조사를 실시하여 현황을 파악하고, 이에 대한 실태파악 후 지속적이고 체계적인 대응책을 마련해야 할 것이다.

넷째, 학대아동을 포함한 다양한 폭력과 사회적 배제로부터 취약한 아동들을 보호하는 사회적인 안전망의 재편과 강화가 시급하다. 아동보호에 있어 국가의 공공성과 책무성을 강화하고, 아동대상별로 나누어진 중앙부처 간의 연계를 통해 아동 및 청소년의 생애주기의 변화에 대응할 수 있도록 아동보호서비스와 청소년보호서비스가 통합 연계되어 운영될 수 있는 보호체계를 마련해야 할 것이다(보건복지부, 한국아동권리모니터링센터, 2011). 분리된 개별 아동보호체계 및 양육체계들을 총괄기획 및 조정할 수 있는 컨트롤타워를 구축함으로써 아동보호의 사각지대를 최소화하고, 지속적인 모니터링 체계를 확보해 나가야 한다.

아동학대 발굴의 궁극적인 목적은 조사와 처벌이 아닌, 취약한 위기상황의 가족을 위한 사회적 지원체계를 마련하여 아동학대의 비극적인 사건을 사전에 예방하는 데 두어야 한다.

다섯째, 아동 및 가족 지원체계의 강화를 위해서는 지자체 아동복지 공무원의 전문성 확보가 필요하다. 지자체 아동보호전담공무원의 업무과중과 순환보직에 따른 잦은 인사이동은 아동복지, 특히 아동보호전담공무원의 전문성 확보를 어렵게 하는 조건으로 작용하고 있다. 순환보직제도의 예외적용 또는 개선을 통해 인력의 전문성을 제고하여야 하며, 보호대상아동의 배치결정에 있어 중추적인 역할과 기능이 필요하다. 현재 「아동복지법 시행령」에 따라 설치된 지역의 아동복지심의위원회 구성 및 활동이 산발적으로 이루어져 대부분의 지역에서 유명무실한 상황이다.

여섯째, 아동학대 및 위기아동에 대한 예방적 조기개입을 위해서 지역사회의 다양한 조직과 자원을 기초로 하는 취약한 위기가족에 대한 사회적 지원을 강화해 나가야 한다. 신고를 기반한 현행 아동보호체계보다는 지역사회의 다양한 활동과 자원을 기초로 하여 아동학대뿐만 아니라, 학대의 위기요인으로 작용하는 빈곤, 실직, 가족해체 등의 다차원적 발달위기에 직면한 아동과 가족에게 사회적 지원과 보호를 제공하는 것이다. 이는 현행 신고 후 사후대응 중심적인 한계를 극복하고, 지역공동체 중심의 아동보호망의 회복을 의미한다.

일곱째, 질도, 폭력, 약물오남용 등 문제행농을 하거나 정서장애, 행동장애 등으로 문제를 일으키는 아동을 예방하고 치료하기 위한 사업을 체계적으로 실시해야 한다. 외국의 경우 문제행동을 하는 아동을 조기에 발견하여 적절한 보호 등의 지원으로 문제청소년이 되는 것을 막고 이를 위한 사회적 비용을 지원하고 있으나, 우리나라는 비행청소년과 범죄청소년을 위한 분류심사원, 보호관찰소, 소년원 등 교정보호시설은 갖추고 있지만 예방을 위해 문제아동을 조사, 판정, 분류, 치료를 제공하는 전문아동복지시설이 없다. 일본은 공립아동상담소가 이 일을 병행하고 있는데, 우리나라도 아동상담소를 전문화시켜서 문제행동의 예방, 치료기능을 강화시켜야 할 것이다.

여덟째, 아동복지 서비스를 전문적으로 수행할 수 있는 전문 인력을 배출해야 한다. 아동복지의 대상이 빈곤하거나 보호자가 없는 아동에서 문제행동을 하거나 학대받는 아동으로 그 비중이 바뀌고, 아동의 욕구와 문제가 다양화되면서 이러한 욕구를 충족시키고 문제를 해결할 수 있는 인력이 준비되어야 한다. 따라서 아동복지에 대한 학제 간 연구와 다양한 실천의 장에서 필요한 기법의 개발과 실습을 통한 학습 등이 절실하며, 아동복지를 위한 전문가와 사회복지와 함께 하는 특정 아동복지영역에 대한 전문가로서의 아동복지사가 필요한 시점이다.

참고문헌

고인숙·류현수(2018). 아동권리와 복지. 서울: 동문사.
고화순(2004). 우리나라의 가정위탁보호사업의 실태와 활성화 방안에 관한 연구. 중앙대학교 행정대학원 석사학위논문.
공계순·박현선·오승환·이상균·이현주(2013). 아동복지론(4판). 서울: 학지사.
관계부처합동(2015). 제1차 아동정책기본계획.
교육과학기술부(2012). 다문화학생 교육 선진화방안.
교육부(2016). 특수교육 연차보고서.
교육부(2017). 교육기본통계. 한국교육개발원.
교육부(2018). 2018년 다문화교육 지원계획.
교육부. http://www.moe.go.kr
국가법령정보센터 http://www.law.go.kr
국립국어원(2018). 표준국어대사전. 서울: 국립국어원.
국립특수교육원(2009). 특수교육학 용어사전.
굿네이버스(2017). 대한민국 아동권리지수.
권은선·구인회(2010). 빈곤이 아동의 건강에 미치는 영향. 한국사회복지학, 62(4).
길은배(2003). 북한이탈 청소년의 남한사회적응실태 및 지원방안 연구. 서울: 한국청소년개발원.
김미경(2018). 환경체계 집단놀이치료가 공격성향 시설아동의 공격성 감소와 사회성 향상에 미치는 효과. 대구대학교 대학원 석사학위논문.
김미선(2010). 다문화가정 자녀의 교육원리. 한국교원대학교 교육대학원 석사학위논문.
김미영(2018). 아동 권리와 복지. 서울: 양성원.
김민정·박순득·정혜란(2018). 아동권리와 복지. 서울: 동문사.
김삼석(1989). 시설청소년과 일반청소년의 성격특성과 생활적응 수준에 관한 비교연구. 동아대학교 대학원 석사학위논문.
김선희(2010). 다문화가정 자녀를 위한 교육지원 방안. 동아대학교 교육대학원 석사학위논문.
김성경·김혜영·최현미(2017). 아동복지론. 경기: 양서원.
김성천·권오형·최복천·심석순·신현옥·임수경(2009). 가족중심의 장애아동 통합지원 체계구축 연구. 보건복지가족부.
김성희(2014). 2014년 장애인실태조사. 보건복지부·한국보건사회연구원, p. 394.
김아름·박은영·김재선(2017). 아동학대 대응체계 강화를 위한 유관기관의 역할과 법제 개선방안. 육아정책연구소, 2017 연구개발적립금 사업 02.
김양균(2016). 시설아동의 불안정애착과 공격성에 관한 질적연구. 건신대학원 대학교 석사학위논문.
김윤재 외(2017). 아동복지론. 서울: 동문사.
김윤재·조상희·박스잔·고미향(2017). 아동복지론. 서울: 동문사.
김주아·류헌수·최용득(2013). 아동복지론. 서울: 동문사.
김진섭(2008). 탈북아동의 남한사회에서의 초기 적응 연구. 연세대학교 교육대학원 석사학위논문.

김현옥·박해선(2018). 빈곤아동의 행동문제에 영향을 미치는 양육자-가족요인에 관한 지역사회 지지요인의 조절효과. **아동교육, 27(3).**

김현진(2017). 시설보호 아동이 지각한 심리적 양육환경이 탄력성에 미치는 영향. 부산대학교 대학원 석사학위논문.

김호년 외(2014). **아동복지론.** 경기: 공동체.

김호년·김성재·김현정·박 윤·우수경·이시진·장정애·이인원(2016). **아동권리와 복지.** 경기: 양성원.

노 혁(2002). **청소년복지론.** 서울: 대학출판사.

노병일(2015). **학교사회복지론.** 서울: 창지사.

노병일(2018). **아동권리와 복지.** 경기: 지식공동체.

다누리. https://www.liveinkorea.kr/

대한민국정부(2017). **제5-6차 유엔아동권리협약 국가보고서.**

류미령(2017). 인권교육을 통한 아동권리 증진방안. **법과인권교육연구, 10(1),** 155-156.

박금식·김현지·하두진(2013). 부산지역 가정위탁보호아동의 위탁 보호실태 및 개선방안연구. (재)부산여성가족개발원, 116-117.

박길남(2014). **빗물이 흘러 강이 되는 다문화.** 경기: 북스타.

박모란(2002). 탈북아동의 남한사회적응 연구. 서울여자대학교 사회복지대학원 석사학위논문.

박은혜·김정연·표윤희(2018). **지체장애학생교육.** 서울: 학지사.

박지윤(2017). 아동복지시설 퇴소 청소년의 또래관계 경험. 이화여자대학교 사회복지대학원 석사학위논문.

배태순(2013). **입양 성공의 요건.** 경남: 경남대학교출판부.

백미혜(2018.4.26). 다문화학생들, 세계시민으로 자라다오. [온라인자료]

법제처(2017a). 아동복지법.

법제처(2017b). 영유아보육법.

변미희·안재진·강지현(2015). **예비입양부모교육 교재 개발 연구.** 서울: 중앙입양원.

변숙영. (2013). 델파이조사를 통한 가정위탁지원 서비스 개선 방안 연구. **한국직업교육학직업교육연구, 32(4).**

보건복지부(2010). 2009 다문화가족지원센터 사업 결과보고서.

보건복지부(2016). 보건복지통계연보.

보건복지부(2016). 유엔아동권리위원회 국가보고서 최종권고사항.

보건복지부(2017). 2016 보건복지백서.

보건복지부(2017). 보육통계.

보건복지부(2017). 아동보호서비스 업무 매뉴얼.

보건복지부(2017). 아동분야 사업안내(아동정책과).

보건복지부(2018). 2018 아동보호서비스 업무 매뉴얼.

보건복지부(2018a). 보육사업안내.

보건복지부(2018b). 보육통계.

보건복지부(2022). 2021 아동학대 연차보고서.

보건복지부(2022). 2022 아동학대 주요통계.

보건복지부(2022). 2022년 보육통계.

보건복지부. 2018 국민기초생활보장 안내.
보건복지부. http://www.mohw.go.kr
보건복지부 · 아동권리보장원(2022). 2021 가정위탁보호 현황보고서.
보건복지부 · 중앙가정위탁지원센터(2013). 가정위탁지원센터 통합업무매뉴얼.
보건복지부 · 중앙아동보호전문기관(2018). 2017 전국아동학대 현황보고서.
보건복지부 · 중앙입양원(2017). 2017 입양실무매뉴얼.
보건복지부 · 한국아동권리모니터링센터(2011). **유엔아동권리협약 제3-4차 국가보고서 및 권고사항 자료집**, 530.
복지로. http://www.bokjiro.go.kr
서보준 · 김우호 · 김극명 · 서명환 · 송은희 · 이정미 · 전대성 · 정정란 · 조 웅(2017). **아동권리와 복지**. 경기: 공동체.
서울특별시교육청. https://www.sen.go.kr/
송혜자(2006). 가정위탁보호사업의 문제점과 활성화 방안 - 충북지역을 중심으로. **우암논총**, 28, 1-22.
아동권리보장원. https://www.ncrc.or.kr/
여성가족부(2015). 전국 다문화가족 실태조사.
여유진(2018). **아동빈곤의 현황과 복지대책**. 보건복지포럼.
오난희(2003). 북한이탈아동 · 청소년의 남한사회적응에 관한 사례연구. 가톨릭대학교 대학원 석사학위논문.
오정수 · 정익중(2016). **아동복지론**. 서울: 학지사.
오정수 · 정익중(2018). **아동복지론**. 서울: 학지사.
육아정책연구소(2018). 가정입양가정의 서비스 이용 현황 및 개선방안.
육아정책연구소(2018). 2018-2022 보육중장기 발전방안 연구.
윤광보(2010). **특수교육 교과 교재연구 및 지도법**. 경기: 양서원.
이경준 · 손은경 · 김동례 · 신지혜 · 김미정(2017). **아동권리와 복지**. 서울: 동문사.
이기영(2001). 탈북청소년의 남한사회 부적응문제에 관한 유형분석. 한국청소년개발원. 연구보고 01-R21.
이덕희 · 윤춘모 · 조경자 · 한현지 · 홍인혜(2018). **아동권리와 복지**. 서울: 동문사.
이소현 · 박은혜(2011). **특수아동교육**. 서울: 학지사.
이용주 · 조숙영 · 김정희(2016). **아동권리와 복지**. 경기: 공동체.
이정원 · 이윤수 · 김희수(2017). **2018-2022 보육중장기 발전방안 연구**. 육아정책연구소.
이종복 · 이성순 · 김재열 · 김현희 · 정명희 · 홍은미 · 이영진 · 조윤희(2014). **다문화사회의 이해와 복지**. 경기: 양서원.
이찬욱(2014). **한국사회와 다문화**. 경기: 경진출판.
이효정 · 강현정 · 김갑순 · 김민정 · 김성숙 · 이선자 · 이영희 · 최경희(2017). **아동권리와 복지**. 경기: 공동체.
임경옥 · 박경화 · 조현정(2017). **특수교육학개론**. 서울: 학지사.
임한나(2009). 다문화청소년의 복지에 대한 욕구분석. **청소년문화포럼**, 논문 Vol 22.
정민정 · 서주은(2010). 장애아동 특성에 따른 서비스 현황 및 욕구조사에 관한 연구 - 바우처사업 수혜자를 중심으로-. **한국가족복지학**, 15(4), 157-173.

정병호 · 정진경 · 이향규(2006). **북한이탈주민 교육지원체계 연구**, 교육인적자원부.

정영선 · 조영숙(2013). 장애아부모상담. **장애아동인권연구**, 4(2), 47-61.

정영애 · 장화경(2012). **가족과 젠더**. 서울: 교문사.

정옥분 · 정순화 · 손화희 · 김경은(2017). **아동권리와 복지**. 서울: 학지사.

정은희 · 이주미(2015). 2015년 빈곤통계연보. **보건사회연구원 연구보고서, 2015-34.**

정익중(2011). 위탁아동 패널 연구를 통해 본 가정위탁 - 위탁아동의 발달유형과 예측 요인. **제6회 가정위탁 세미나 - 한국 가정위탁의 미래**, 29-63.

정하진 · 유진이 · 이장현(2007). **다문화청소년이해론**. 평택대학교 다문화가족센터.

정현정(2008). 음악 심리치료가 새터민 아동의 문화적응 스트레스에 미치는 효과. 이화여자대학교 교육대학원 석사학위논문.

조소연(2002). 북한이탈아동의 사회적응 멘터링프로그램 기초연구. 숙명여자대학교 대학원 석사학위논문.

조승호(2011). 다문화가정 자녀를 위한 교육정책 연구. 한양대학교 행정 · 자치대학교.

중앙가정위탁지원센터(2017). 가정위탁보호현황보고서.

중앙가정위탁지원센터(2018). 가정위탁업무안내서.

중앙다문화교육센터. http://www.nime.or.kr/

중앙육아종합지원센터. https://central.childcare.go.kr/ccef/main.jsp

최명선 · 최태산 · 강지희(2006). 탈북아동 · 청소년의 심리적 특성과 상담 전략 모색. **놀이치료 연구**, 9(3).

최미옥(2017). 보육지원정책의 현황과 전망. **인문사회과학연구**, 3(2).

최석범(2016). 장애유아 가족중심 조기개입체계 제도화 필요. 에이블뉴스.

최수진(2018). 시설아동의 시설 내 사회적 자본과 자아탄력성이 학교생활 적응에 미치는 영향. 한남대학교 대학원 석사학위논문.

최운선 · 안재진 · 변미희 · 권지성(2011). 국내 입양아동의 입양됨에 대한 인식연구. **인간발달 연구**, 18(4), 169-182

최현숙(2021). 아동복지시설 종사자의 직무스트레스가 직무만족과 조직 몰입, 이직 의도에 미치는 영향에 관한 연구. 배재대학교 대학원 박사학위논문.

통계청(2018). 경제활동인구조사.

통계청(2020). 2020년 출생통계.

통계청. http://www.kostat.go.kr

한겨레신문. (2016.01.21.). 아동학대예산, 복지부 공식항목엔 없다.
https://www.hani.co.kr/arti/society/rights/727390.html

한국교육개발원 교육통계서비스. http://kess.kedi.re.kr/index

한국교육개발원(2009). 다문화가족 역량개발을 위한 통합적 교육지원 방안 모색. 연구보고서 RR 2009-12-1.

한국교육개발원(2023). 연도별 다문화학생 현황.

한국보육진흥원. https://www.kcpi.or.kr/

한국성과학연구협회(2019). **성, 사랑, 가정 II**(성교육가이드북). 서울: 광연재.

한미현 · 문혁준 · 강희경 · 공인숙 · 김상희 · 안선희 · 안효진 · 양성은 · 이경열 · 이경옥 · 이진숙 · 천희영(2007). **아동복지**. 서울: 창지사.

한성심 · 송주미(2017). **아동복지론**. 서울: 창지사.
한아름(2023). 지역사회로 열린 아동복지시설 계획에 관한 연구. 홍익대학교 대학원 석사학위논문.
행정안전부(2021). 2020년 지방자치단체 외국인주민 현황.
행정안전부. http://www.mois.go.kr
허남순(2009). 가정위탁보호제도의 과제와 발전 방안. 제3회 가정 위탁정책세미나.
황해익 · 남미경 · 서보순 · 김병만(2016). **아동권리와 복지**. 경기: 정민사.

Brodzinsky, D. M., Smith. D. W., & Brodzinsky, A. B.(1998). *Children's adjustment in adopted Developmental and clinical issues*. Thousand Oaks, C.A; Sage.
Cho, Singer & Brenner(2003). A comparison of adaptation to childhood disability in Korean immigrant and Korean mothers. *Focus on Autism and Other Developmental Disabilities, 18*(1), 9-19.
Costin, L., Bell, C. & Downs, S.(1991). *Child Welfare: Policies & Practice*. Longman.
CWLA(2004). *CWLA Standards of excellence for residential group care services.* Washington: The child welfare league of America.
Flaskerud, J. H & Nguyen, T. A.(1988). Metal Health Needs of Vietnamese.
Friedlander, W., & Apte, R.(1974). *Introduction to Social Welfare.* Englewood Cliffs: Prentice-Hall.
Friedlander, W., & Apte, R.(1980). *Introduction to social welfare*. NJ: Prentice-Hall.
Hartman & Laird(1983). *Family-Centered Social Work Practice*. New York: The Free Press.
Hirayama & Etigok(1993). Metal Health Promoton for Southeast Asian Refugees in the USA.
Kadushin, A. & Martin, J.(1988). *Child Welfare Services(4th Ed.).* N.Y.: Macmillan Publishing Company.
Lazarus, R. S.(1981). *The stress and coping paradigm models for clinical psychopathology*. New York: Spectrum Publications.
Liederman, D. S.(1995). Child welfare overview. In *Encyclopedia of Social Work(19th ed)*. Washing D.C. NASW Press.
Meyer, C.(1985). The institutional context of child welfare. *A handbook of child welfare,* 100-116. N.Y.: The Free Press.
Muzi, M. J.(2000). *Child development*. NJ: Prentice Hall.
Stover, E. D. & Stover, M.(1994). Biblical storytelling as a form.
Whittaker, J. K.(2000). The future of residential group care. *Child Welfare, 79*(1), 59-74.
www.kgnews.co.kr/news/articleView.html?idxno=513622 2018.4.26

저자소개

강경자

숙명여자대학교 문학 박사(아동복지 전공)
매화어린이집 원장
한국영리더십센터 대표
현) 신구대학교 유아교육과 교수

신태진

부산대학교 교육학 박사(교육학 전공)
전) 창원문성대학교 유아교육과 교수

신효순

위덕대학교 특수교육학 박사
현) 위덕대학교 특수교육학부 교수
'우리교실웃는아이'에서 장애아동의 연극지도

이규은

고려대학교 교육대학원 교육학 석사
인하대학교 대학원 교육학 박사
중국 연변대학교 객원교수
한국학교보건학회 회장
현) 동서울대학교 사회복지학과 교수

이은희

위덕대학교 교육학 박사(유아교육 전공)
울산 으뜸과학유치원 원장
울산과학대학교 유아교육과 겸임교수
전) 위덕대학교 유아교육과 교수

개정판

아동권리와 복지

초　판 1쇄 발행 / 2019년 3월　5일
초　판 2쇄 발행 / 2020년 9월　5일
초　판 3쇄 발행 / 2021년 8월 25일
개정판 1쇄 발행 / 2024년 8월 30일

●

공저자 / 강경자 · 신태진 · 신효순 · 이규은 · 이은희
발행인 / 이　중　수
발행처 / **동　문　사**

●

서울특별시 서대문구 홍제원 1길 12
(홍제동 137-8)
Tel: 02)736-3718(대), 736-3710, 3720
Fax: 02)736-3719
등록번호: 1974.04.27 제9-17호
가격: 25,000원

●

ISBN: 979-11-6328-595-3(93330)
E-mail: dong736@naver.com
www.dongmunsa.com